被誤解的臺灣老地名

陸傳傑 著

①

空・間・篇

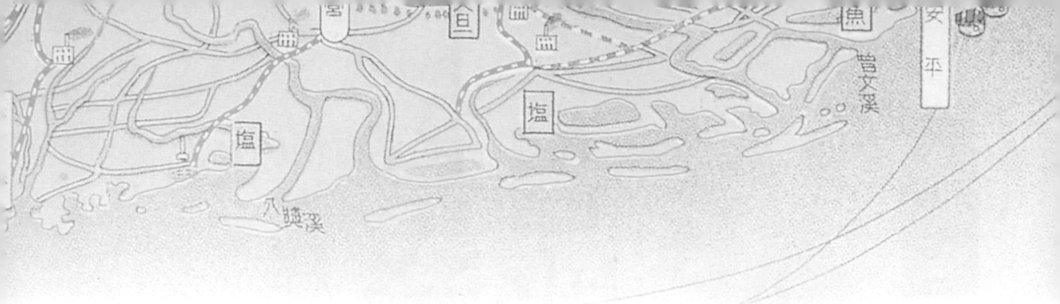
安平
曾文溪
塩
塩
八掌溪

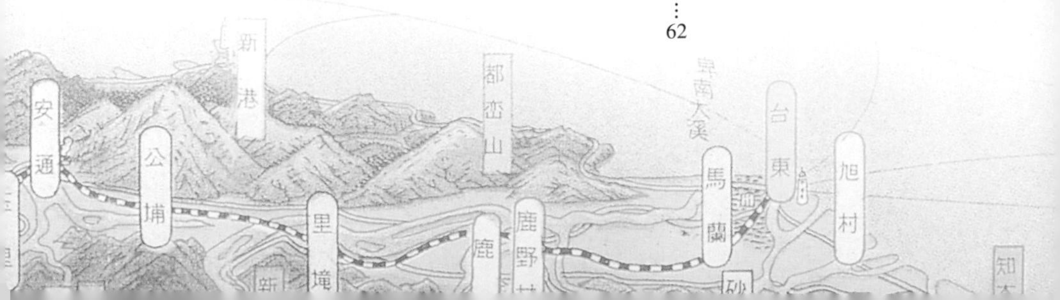
新港
都巒山
卑南大溪
台東
旭村
安通
公埔
里壠
鹿野
馬蘭

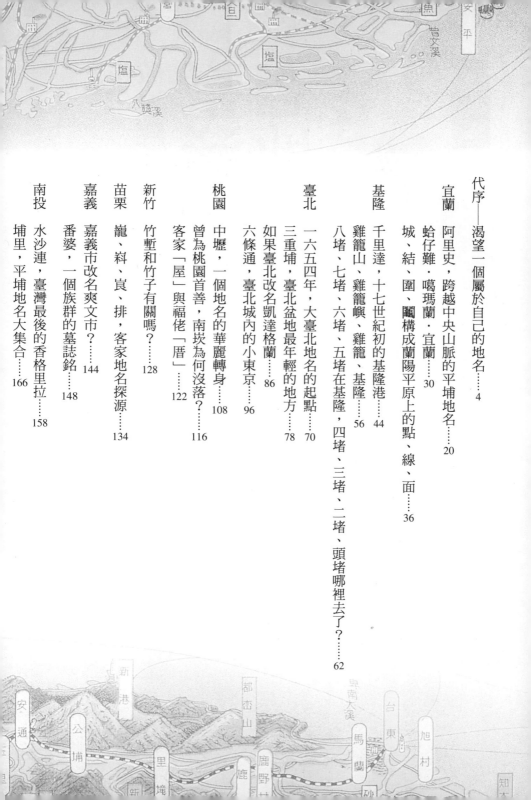

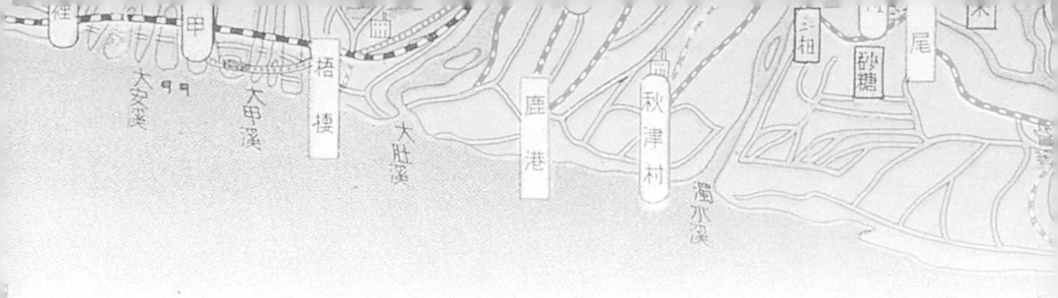
梧棲
鹿港
秋津村
砂糖
大安溪
大甲溪
大肚溪
濁水溪

秀姑巒溪
大石
鳳林
林田
林田村
砂糖
豐田
豐田村
壽
吉野村
吉野
花蓮港
花蓮溪
木瓜溪
コルフ場
タツキリ溪
砂金
大魯閣大山
大タロコ
三錐山
清水斷崖
大濁水溪
ビヤナン鞍部

代序

渴望一個屬於自己的地名

除了馬公，紅毛城是童年時代我最熟悉的地名。

一九五〇年代末我出生於馬公街區，出生後不久全家搬遷到朝陽里關帝廟西南面一個僅有十戶人家的小眷村，至今我還沒見過比這眷村還小的眷村。大概是太小了，這個眷村竟然連個村名都沒有。

當時一般眷村的命名有幾種類型，一是根據所在地的地名，如「澎湖一村」、「澎湖二村」；有的是根據興建經費開徵的稅捐、規費命名，如「貿商十村」、「影劇八村」、「公路二村」；還有就是根據軍種命名，如「陸光」、「海光」、「大鵬」、「飛駝」等；其餘的就是什麼「介壽新村」、「四知八村」、「自立新村」之類的八股村名。

我們那個小眷村據說是中華民國婦女反共聯合總會出錢蓋的，按慣例應該得命名為「婦聯X村」。單位主官似乎覺得叫「婦聯X村」太女性化了，又不想得罪婦聯總會，乾脆就按下不表。當時婦聯總會的大當家可是蔣宋美齡！得罪婦聯總會不等於和蔣宋美齡叫板？

不過一個才十戶人家的眷村叫什麼「婦聯X村」，婦聯總會大概也不覺得有麼好光彩，也就不計較了。如此一來，我們那個眷村成了個「無名」新村。

一九六〇年眷村建成後，澎湖各公務機關似乎覺得那兒是塊風水寶地，於是什麼警光新村、臺電宿舍、中油宿舍便緊挨著我們這個小眷村拔地而起。不愧是後起之秀，各單位宿舍面積都比我們大，外觀也比我們氣派。尤其是稅捐處宿舍，小區外院牆高築，牆內花園洋房，那個年代的豪宅也不過如此。相較之下，我們那個小眷村建材簡陋，格局狹隘，和其他眷舍比起來簡直就像個貧民窟。更難為情的是，連個村名都沒有，別人問起住處，「電力公司宿舍隔壁那個小眷村」，真是令人汗顏！

當時澎湖人將關帝廟周遭的部落稱之為紅毛城，紅毛城的西面是火燒坪，我們那個小眷村介於火燒坪與紅毛城之間，若按地籍地號的劃分應該是在火燒坪的範圍內。所以外人問及住處所屬的地面，一般會說火燒坪。可我們那兒離火燒坪部落還相當遠，離紅毛城部落才不過兩、三百公尺，單說火燒坪怕會讓人誤解，

日治時代拍攝之馬公朝陽里紅毛城遺址，當時馬公紅毛城僅存一道低矮的殘牆。

所以通常還會加上一句，「紅毛城的南面」。沒有一個屬於自己的地名，有時是很麻煩的。因此，像都市的上班族渴望擁有一棟屬於自己的房子，我渴望一個屬於自己的地名。

話雖如此，童年時代我對紅毛城並沒有過多的聯想，也從來沒有深究過這個地名的意含，只不過偶而會有些許困惑。母親是澎湖人，她說紅毛城是用閩南語，令我的困惑是，父親帶著濃厚北方腔調的國語竟將紅毛城念作「紅木埕」。為什麼閩南語的「毛」到了國語會變成「木」？

直到國中我才發現父親的「紅木埕」是「官方說法」，紅木埕才是正兒八經的地名。但另一個迷惑又隨之而來，為什麼澎湖人將「紅木埕」稱之為「紅毛城」？多麼奇怪的地名，難道這兒曾經有一座長「紅毛」的城？當時我還不知道「紅毛」指的是荷蘭人。

直到離開澎湖到臺灣唸高中，我才知道「紅毛」指的是荷蘭人，我對紅毛城的疑惑不但沒解決，反而引發更多的疑問。澎湖老家的紅毛城跟荷蘭人有什麼關係？當地為什麼會被叫做紅毛城？

五、六十年前，馬公郊區關帝廟的周遭住戶稀稀疏疏，連棵樹都沒有，所謂紅毛城不過是一道低矮的石牆，哪有什麼城？如果真有城的話，眷村南面的那座

〈Pehou〉1753 阿姆斯特丹

圖中在馬公朝陽里標示了一座荷蘭堡壘。長期以來馬公居民一直稱呼朝陽里武廟一帶為紅毛城，日治時代也以其諧音「紅木埕」為地名。

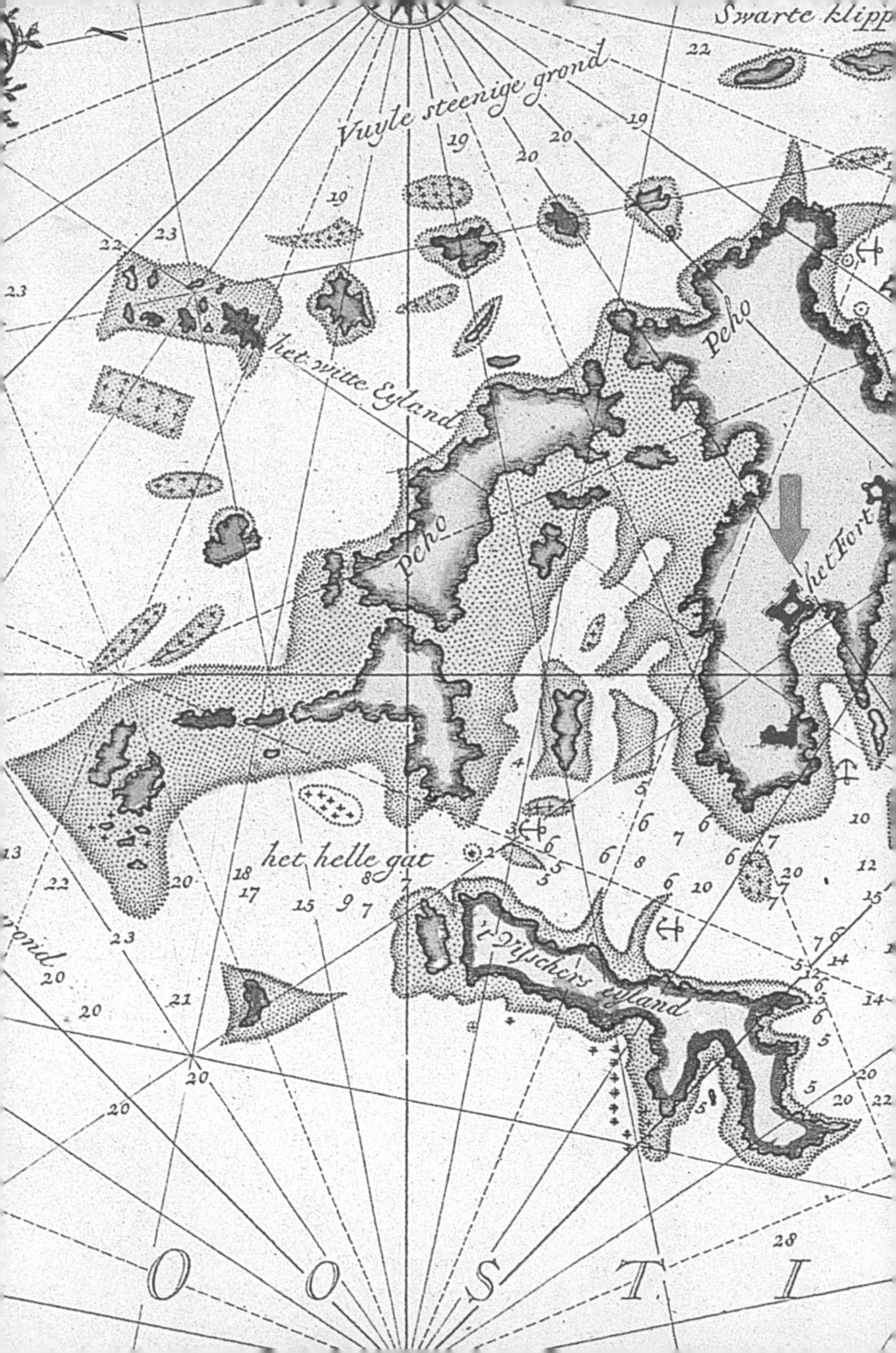

Swarte klipp
Vuyle steenige grond
het witte Eyland
Peho
Peho
het Fort
het helle gat
't Visschers eyland
O O S T I

姑婆嶼
中墩嶼
紅毛城
西衛
上帝廟
偽鎮衙門
右營
媽宮
左營
水仙宮
教場
西城
大菓葉
小菓葉
小池角
內垵
西嶼頭
花嶼
案山仔
蒔裡汛
風櫃尾
口角仔
桶盤嶼
雞籠仔
貓嶼

軍營可能性還更大些。那座軍營的正式名稱是「北辰營區」，不過當地百姓都將它稱之為「土城」。土城位在紅毛城部落的正南方五、六百公尺處，當中隔了一座廢棄的農場。在當地人的認知中，「土城」並不在紅毛城這個地號名的範圍內，所以沒人會認為這座軍營是紅毛城。

被稱為「土城」的軍營還真名符其實，因為它四周環繞著一道土城牆，城牆下還有城壕，小時候我常在城壕邊撈大肚魚、蝌蚪回家餵鴨子。雨季後，城壕內甚至還可以划獨木舟。聽說一個充員兵因為貪玩，半夜溜出軍營，一不小心跌落城壕中竟然淹死了，此後好長一段時間，沒人敢靠近城壕……。後來那座軍營連帶著土城被剷平了，改建成現在的北辰市場。聽當地老人說這座土城在前清時就有了，可還沒弄清它的來歷，這座土城便消失得無影無蹤。

上大學後，在文史材料上讀到荷蘭人在澎湖構築的紅毛城應該在馬公風櫃里的風櫃尾，那麼舊居附近的紅毛城又是怎麼一回事？當時在澎湖，沒聽人說過風櫃尾有紅毛城，澎湖人口中的紅毛城指的就是朝陽里關帝廟一帶，和風櫃尾沒什麼關係，什麼時候風櫃尾也冒出個紅毛城？

小時候，四阿姨嫁到風櫃，母親帶我去風櫃玩過幾回。依稀記得當時風櫃村很小，村前村後都是港，沒看過有什麼城……。三十年前有關臺灣的文史資料寥

《澎湖志略》附圖，乾隆 8 年

周于仁主修

本圖大概是中方最早標示馬公紅毛城的古地圖之一，年代比它更早的《康熙臺灣輿圖》並沒有標示馬公紅毛城。本圖顯示當時馬公紅毛城是一座完整的堡壘，難道當時曾經重修過？

若晨星，我的疑問根本不知道從哪兒找答案。近年有關臺灣的文史資料、鄉土教材空前發展，甚至荷蘭時代繪製的地圖也能方便取得，至此，我的疑問才有了較明確的答案。

現在澎湖風櫃尾的紅毛城對研究臺灣史的學者都不陌生，但卻很少人能一窺全貌。主要原因是風櫃尾紅毛城地處偏遠，離風櫃村還有一段距離，且長期位於軍事禁地之內，連風櫃人對它都很陌生。所以，風櫃尾紅毛城建城的年代雖早於安平的熱遮蘭城，卻因長期湮沒於歷史之中而不名。一九八〇年代初期，荷蘭學者在軍方的同意下，曾經進入軍事禁區實地考察過一回。地方政府一直不重視風櫃尾紅毛城的歷史價值，反而在附近修復了一些次要的歷史遺跡，實在令人費解。

二十餘年前，我在《大地地理雜誌》任職期間負責製作過澎湖專輯，為了確認風櫃尾紅毛城的位置，我曾兩度赴風櫃尾考察。第一次駐軍還在，風櫃尾紅毛城的入口還有衛兵把守，當然進不去，只能繞著海岸轉了一圈，結果什麼也沒看著，失望而返。

第二回，守軍撤了，可整個城堡內外長滿了銀合歡，不但看不出全貌，連行走都很困難。正在想法子，忽然來了一輛巡哨的軍用吉普車在城堡內轉了一圈，

《重修福建臺灣府志》附圖，乾隆 7 年
劉良璧主修

本圖顯示馬公紅毛城是城垣有缺口的，說明當時紅毛城雖已殘破，但部分城垣可能還在。

南白沙仔嶼
小烈嶼
籃笨嶼
大烈嶼
中墩
港尾
大赤嵌
城前
小赤嵌
通樑灣
瓦硐港
目嶼
姑婆嶼
小門頭嶼
文良港
果葉仔
紅毛城
暗澳
洪籃草
龜壁港
右營
東西衛
橫礁
竹篙灣
合界頭
二崁
大池角
蟳仔澳

小門
白公礁
空殼礁
合界頭
大池角
小池角
二崁
緯馬灣
內塹
砲台
砲台
牛心灣
獅公礁
四角山
大倉嶼
大烈
小烈
長崁
砲台
城
雞籠
汛
虎井
桶盤嶼

算是巡視完畢。吉普車軋倒了城堡內密密麻麻的銀合歡，為我掃平了障礙，所以吉普車一走，我便毫不費力、順順當當的踩著倒伏的銀合歡，輕鬆的步入紅毛城。但四下一望，所謂城堡不過是一座由四面土牆構成的土圍子，面積大概也就一千平米左右，空蕩蕩的，什麼人造物也沒有，更看不出荷蘭城堡的蛛絲馬跡。

後來向齊柏林徵調了一批澎湖的空拍圖片。當第一回看到鳥瞰風櫃尾的空拍照時，一時竟不敢相信自己的眼睛……四座稜堡的方形城堡輪廓清清楚楚的突出於風櫃尾的最尾端，那不正是傳說中的風櫃尾紅毛城嗎？和齊柏林再三徵詢，他確認了拍攝地點的確是在馬公港出海口附近、風櫃尾的上空。我認為那是一張風櫃尾紅毛城最完整的圖像。

兩度親臨現場，我對風櫃尾紅毛城的整體樣貌毫無概念，而齊柏林的空照竟將風櫃尾紅毛城清晰完整的呈現出來，真是令人感動莫名。於是我立即決定將這張空拍選為專輯的破題跨頁圖片。齊柏林執導的紀錄片《看見臺灣》之所以賣座、感動人心是有其一定道理的。這篇澎湖專輯刊出後，一位知名的臺灣史學者來電詢問這張照片的出處。後來這張照片也被這位學者，當作一篇論文的主要材料發表了。

史料記載，天啟年間福建巡撫南居益威逼荷蘭東印度公司退出澎湖時，要求

《澎湖廳志》附圖，光緒 20 年
林豪主撰

本圖將馬公紅毛城誤寫為紅木埕。日本人大概是根據這份地圖，也將「紅毛城」誤為「紅木埕」，並定為正式地名，一直沿用到現在。

荷蘭人除了撤軍，還必須將建好的城堡拆毀。如今從現場看來，荷蘭應該是如實照辦了，因為現在風櫃尾紅毛城內外連一塊磚頭也找不著了。

荷蘭人之所以遵照南居益的指示辦理，除了大軍威逼之外，建材稀缺也是主要的原因。據說風櫃尾紅毛城的城磚是不遠千里從巴達維亞（印尼雅加達）運來的，拆了風櫃尾紅毛城後，荷蘭人沒將這些磚頭扔到海裡，而是拿去蓋熱蘭遮城，風櫃尾紅毛城算是又借屍還魂了。

至於老家附近的朝陽里紅毛城，也就是「官方說法」的紅木埕，又是怎麼一回事？依據已故中研院院士曹永和的考據，這兒的確有一座古城堡的遺址，但並非荷蘭人興建的紅毛城，而是明末福建水師王夢熊修築的「暗澳城」。

暗澳與朝陽里的紅毛城相鄰，曹院士引經據典，指證歷歷，似乎無可辯駁，但這個說法卻令我悵然若失。之所以如此，倒不是我喜歡和荷蘭人攀比，而是這個一度被我「據為己有」的地名，竟然被學術地位無比崇高的院士認為是個「山寨版」地名，我的感受當然不會是正面的，這也是人之常情。

曹永和是大學問家，其主張必然有所本，可是澎湖人口中的紅毛城（紅木埕）是否真的就是曹院士主張的暗澳城？我個人認為還有幾點值得斟酌之處。

其一，朝陽里紅毛城和暗澳雖然相鄰，但在澎湖人看來卻是兩個不同的地理

二戰期間美軍繪製的馬公地圖

本圖在現今北辰市場的位置，標示了一座方形的土城。地方耆老說這座土城建於日治之前，但說不清具體的年代，文史學者也沒有弄清它的來歷，現在這座土城已因改建市場消失得無影無蹤。

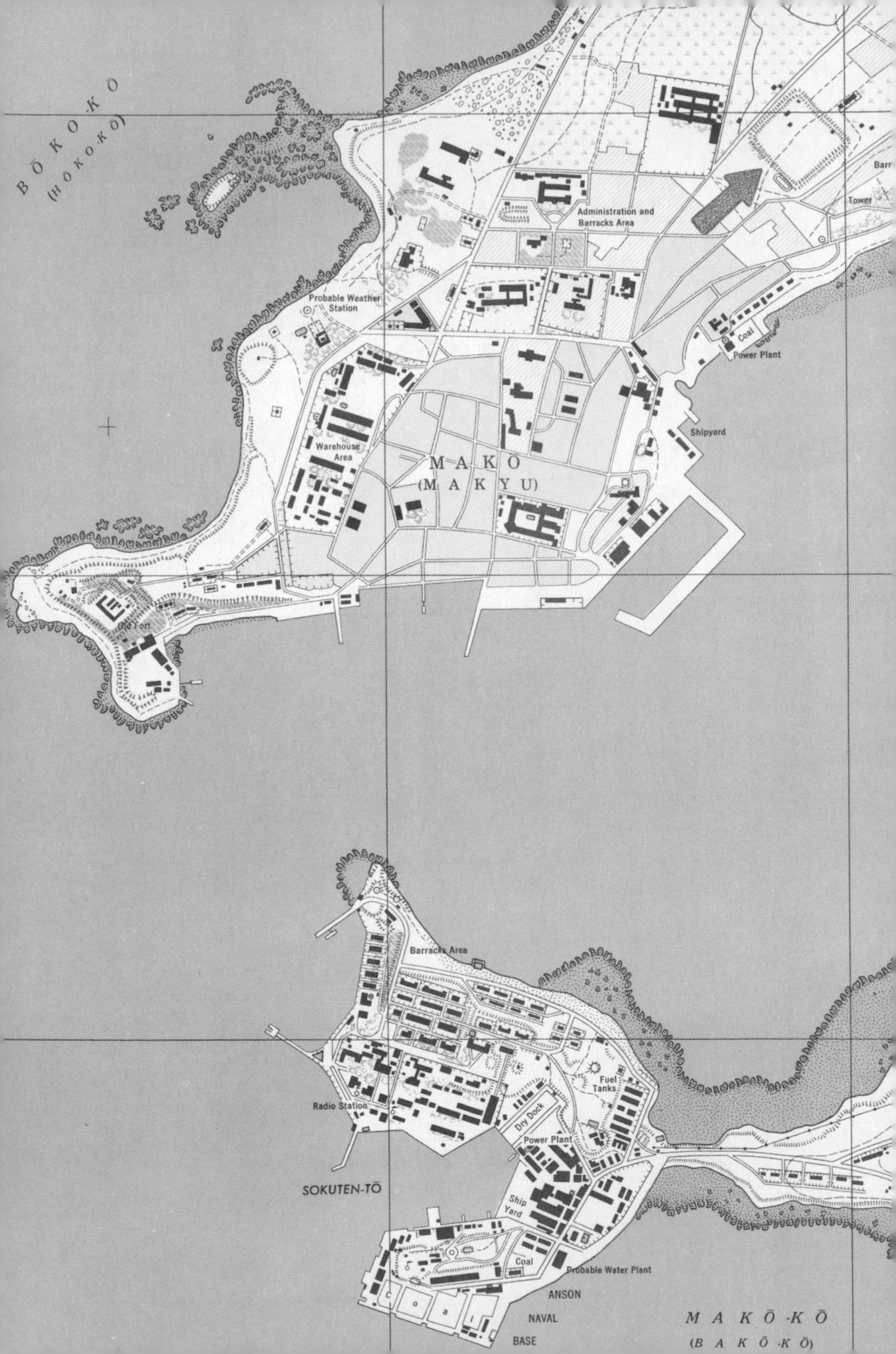
BŌKO-KŌ
(HOKO-KŌ)
Tower
Administration and
Barracks Area
Probable Weather
Station
Coal
Power Plant
Shipyard
Warehouse
Area
MAKO
(MAKYU)
Old Fort
Barracks Area
Fuel
Tanks
Radio Station
Dry Dock
Power Plant
SOKUTEN-TŌ
Ship
Yard
Coal
Probable Water Plant
Coal
ANSON
NAVAL
BASE
MAKŌ-KŌ
(BAKŌ-KŌ)

概念。暗澳指的是澎湖文化中心附近的灣澳窪地，紅毛城則位於暗澳西鄰的高地上，沒有一個澎湖人會將朝陽里紅毛城視為暗澳所涵蓋的範圍。

其二，明末清初，暗澳一度是官署所在之地，這些官署離朝陽里紅毛城直線距離不過幾百米，對其狀況應該不會陌生，因為任何軍事堡壘，在冷兵器時代都是十分重要的戰略資源，不可能被忽視。明、清官員對朝陽里紅毛城雖不像對臺南的普羅文西亞城（赤崁樓）、熱遮蘭城（安平古堡）一樣反覆加以利用，反而是任其傾頹而不顧，但對其所在位置及狀況卻不可能忽略無視，且歷年重修方志時也都詳細記載了當時的狀況，並在附圖中描繪了具體的位置。反而位於風櫃尾的紅毛城在方志中極罕出現。所以有清一代，無論是官方還是民間，一致認同朝陽里城堡遺址就是紅毛城，從來沒有「暗澳城」之說。如果曹院士所言王夢熊所修築的暗澳城真實存在，其最大的可能應該是在「北辰營區」，即當地百姓口中的土城。

其三，一六二九年荷蘭第四任臺灣長官普特曼斯（Hans Putmans）曾巡視過澎湖，在其日記中曾提到距離天后宮半小時腳程處，有一座廢棄的中式城堡。之後荷蘭東印度公司繪製的澎湖古地圖中，也將這座城堡標示出來，並註明為中國城。結合普特曼斯日記、荷蘭古地圖來審視明代史料記載的暗澳城，將其視為

「北辰營區」這座土城的所在應該是極其恰當的。

不過令人費解的是，普特曼斯日記與荷蘭古地圖都沒有朝陽里紅毛城的記載與標示。我想這大概是曹院士主張朝陽里紅毛城即「暗澳城」最不好辯解的地方。不過對熟諳「北辰營區」土城與朝陽里紅毛城相關位置的我而言，荷蘭澎湖古地圖雖然不算精確，但其中標示的中國城堡，再怎麼看都不可能是朝陽里紅毛城。

我認為曹院士主張朝陽里紅毛城即「暗澳城」最大的誤區，很可能是曹院士根本不知道「北辰營區」土城的存在。我想他如果知道「北辰營區」土城的存在，那麼對朝陽里紅毛城即「暗澳城」的主張可能會有另一層的考量。

其四，朝陽里紅毛城遺址現在已淹沒於民宅之中，難以推斷其面積大小，但日治時期澎湖仕紳、馬公國校的老校長莊東先生曾對朝陽里紅毛城遺址做過實地考察，莊東推斷朝陽里紅毛城的基座是以巨石構築，大小和風櫃尾紅毛城、臺南赤崁樓差不多。如果莊東的說法屬實，那麼我們很難認定朝陽里紅毛城是明代福建水師構築的暗澳城。

荷蘭人構築的城堡，準確的說，比較接近炮臺。因為荷蘭的兵員人數較少，主要是以強大的火砲控制險要，而非屯兵把守，所以城堡不必求大，能架礮即可。反之，中方火砲技術較差，兵源人數較具優勢，築城是為了屯兵，架炮為輔，如果朝陽里紅毛城真是王夢熊所構築的暗澳城，規模應該不太可能那麼小。

其五，一六二〇年代初期荷蘭人進駐澎湖之後，不可能單單只修築一座風櫃尾的紅毛城，因為風櫃尾的腹地狹小，不但沒有足夠的空間提供商品交易所需的場地，更致命的是此處朝北冬季北風強勁，根本無法泊靠商船。風櫃紅毛城興建的目地，純粹是作為控制馬公港出入口的要塞，荷蘭人應該還需要在商品交易市集的所在構築另一座城堡以為保障。

暗澳地處馬公內海的深處，風平浪靜，腹地開闊，座北朝南，冬季位於下風處，利於大型帆船停泊，應該是個理想的商品交易地點。如今暗澳已成為澎湖最大的漁港所在便是最大的明證。如果荷蘭人以此為商品交易基地，那麼在朝陽里紅毛城一帶構築砲臺便絲毫不令人感到意外了。

因為這座炮臺一方面可以監控下方的暗澳，另一方面又可以控制馬公本島東、西兩半部之間的通道。如果荷蘭人決定在澎湖設立商品交易基地，暗澳應該是十分理想的地點，而監控暗澳的炮臺也沒有比朝陽里紅毛城更合適。暗澳當時可能已經形成一定規模的聚落，荷蘭人占領澎湖目地便是為了設置貿易站，居住環境、生活設施的便利性應是首要考慮，作為貿易集市，暗澳應該比風櫃尾更加適合。

其六，根據荷蘭文獻記載，貿易站轉移至安平之後，荷蘭人仍以馬公內海作為避風之處，因為臺灣海峽遇到暴風時，安平不利大型船舶靠，荷蘭東印度公司的商船會從安平轉移到馬公或高雄。所以荷蘭東印度公司繪製的臺灣的地圖中，除了安平一帶，澎湖群島是最詳細的地方。可見即使荷蘭人已退出澎湖，仍在利用澎湖的地理優勢。十七世紀中期大明帝國崩潰在即，已無暇顧及海外荒島澎湖了。所以不能排除荷蘭人再度利用朝陽里的紅毛城。

根據上述六點的推論，我認為紅木埕的古城遺址以荷蘭紅毛城的可能性較大。在此信口雌黃，非敢於挑戰曹院士崇高的學術地位，而是出於愛鄉人的一片眷戀故土之情。

註：近年秋惠文庫收藏之嘉慶年版《臺灣輿圖》所繪之朝陽里紅毛城，已證實此城為西式之荷蘭城堡。

阿里史，跨越中央山脈的平埔地名

臺灣平埔族歷史上，阿里史是一個極富傳奇與悲劇色彩的地名。目前以阿里史為名的至少有四個，一個在埔里，一個在宜蘭三星鄉，另一個在羅東，阿里史的祖居地在臺中潭子。

為什麼會有四個阿里史？這和乾、嘉時代一位叫潘賢文的巴宰海族岸裡社族人有密切的關係。在他的帶領下，中部地區好幾個社群、近千名平埔族人，越過中央山脈，數年間輾轉於蘭陽溪兩岸，縱橫捭闔於漳、泉族群與官府、海盜之間。最後被官府以殺人的罪名斬首示眾，結束了傳奇的一生。

潘賢文率領的平埔族群大遷徙在中部地區是跨越族群的，也是清代平埔族四次大遷徙的頭一回，具有指標性的作用。

潘賢文真實的身分，學界說法不一，目前比較能夠確定的是，他的平埔族名字叫「大乳汗毛格」（Toanihanmoke，漢字音譯以閩南語發音為準），且曾擔任番屯的屯丁。至於他為何帶領族人大規模的遷徙？學界也有不同的說法。

有些學者認為，潘賢文可能是因為競爭岸裡社總頭目職位的失敗，忿而率眾東遷；也有說法潘賢文是因為盜用部落的田租收入，並鼓動族人抗繳田賦，被官府通緝才率眾逃亡的。

如果只是個人的因素，很難說明有近千的群眾願意跟隨潘賢文翻越大山，離鄉背井，到一個未知的世界去開創新天地。上述兩種說法，或許只能解釋表面現象。潘賢文可能是一個魅力十足的領袖，能吸引上千的群眾追隨他，但促成此次大遷徙的背景因素，應該和當時中部平埔族社會長期以來醞釀著深層次內部矛盾有關。當矛盾表面化之後，才爆發部分族人出走的風潮。

清政府將跟隨潘賢文出走的平埔族人稱之為「流番」，視為不穩定的族群，可能爆發嚴重的治安問題。而且「流番」之中許多人曾擔任屯丁，擁有清政府配發的火銃，更增添治安上的風險。從清政府的視角，這批人是攜械叛逃的民團，當然會令清政府的官員萬分警惕。但他們遷徙的目的地，卻是當時還未納入清政府版圖的噶瑪蘭，因此清政府並無軍事鎮壓的法理依據，所以官員只能密切的監視其動向。

清代臺中地區的巴宰海族分為岸裡、樸仔籬、阿里史、烏牛欄四大社群。雖同屬巴宰海族，但這四大社群似乎各管各的，在漢人進入中部之前，並沒有形成

【潘賢文領導遷徙噶瑪蘭之中部社群】

東螺社 / 彰化縣埤頭鄉元埔村
北投社 / 南投縣草屯鎮北投里
大甲社 / 臺中市大甲區義和里
吞霄社 / 苗栗縣通霄鎮通西里
阿里史社 / 臺中市潭子區潭秀、潭陽里
烏牛欄社 / 臺中市豐原區田心里
岸裡社 / 臺中市豐原區翁子、翁明、翁社里
阿東社 / 彰化市香山、牛埔里

岸裡社番把守之圖

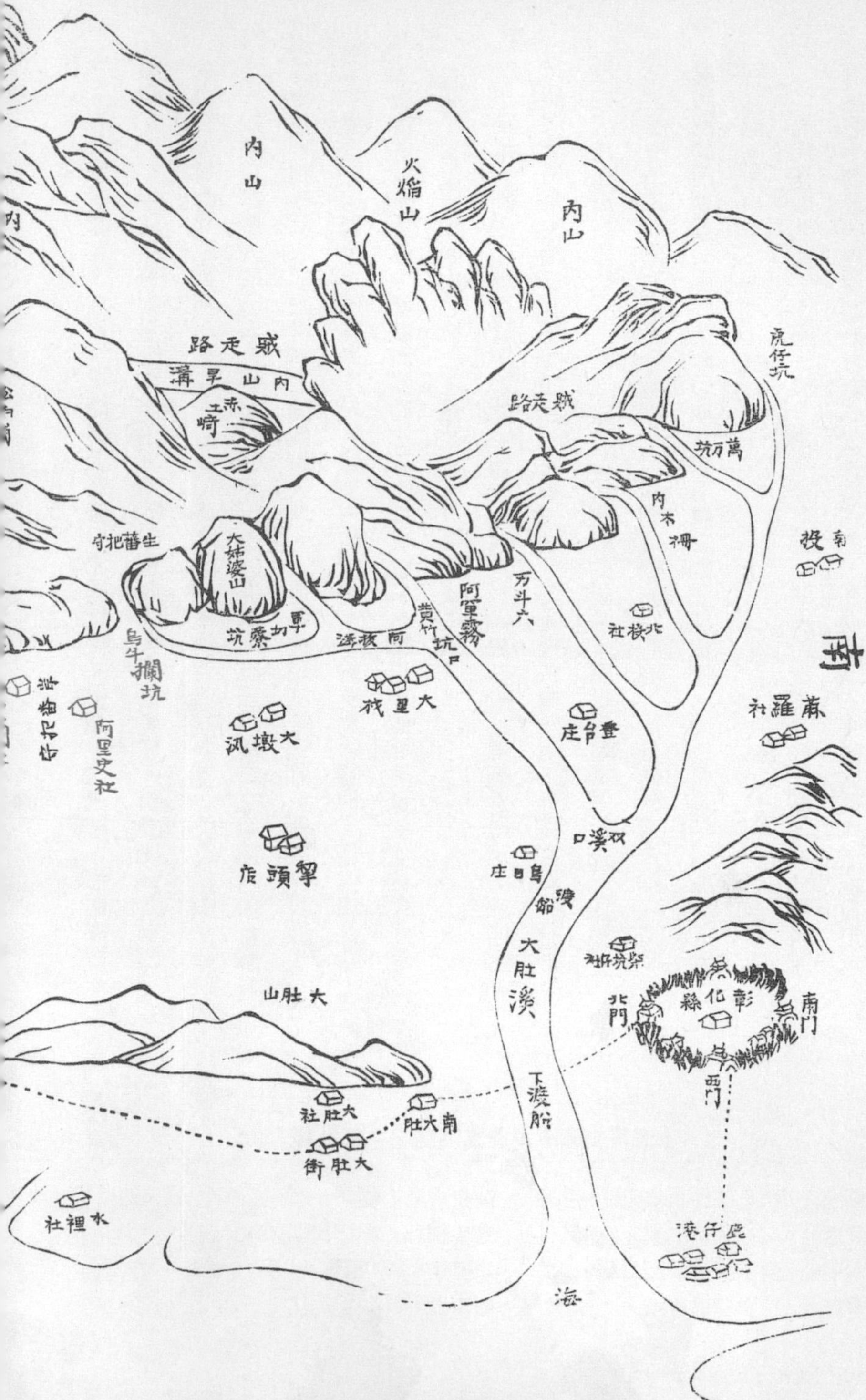

乾隆五十一年林爽文の亂を作せるさき所在熟番清軍に隨ひて打仗出力す而して今の臺中附近なる岸裡社番大に功あり本圖は同社番把守の情形を示せるものにして實に當時實地の描寫に係り現に同社頭目たりし潘永安の家に藏せり

《岸裡社番把守之圖》

伊能嘉矩改繪。乾隆末年，福康安平定「林爽文事件」後，因為清政府不信任漢人，制訂了平埔族屯丁把守山地隘口的政策，此政策對平埔族的命運影響極大。屯丁之制一直持續到日治時代。

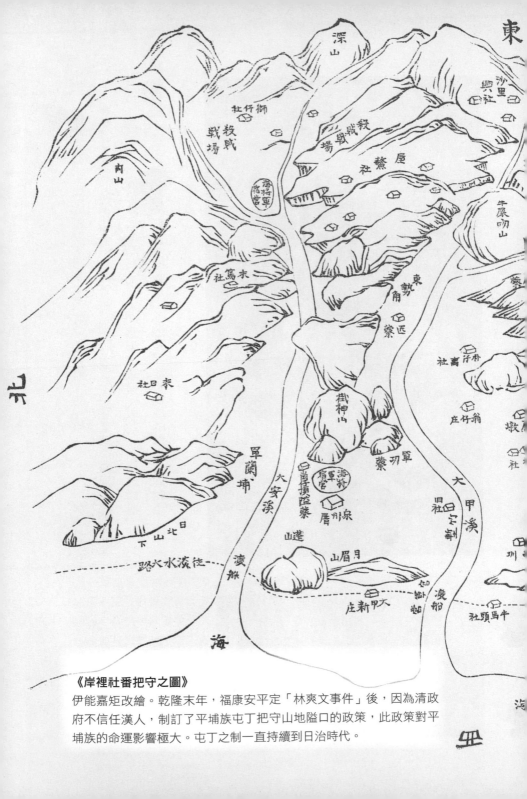

部族同盟。其中岸裡社可能是巴宰海族群中勢力最大的一個。

岸裡社主要的領域相當現今的豐原、神岡一帶，由葫蘆墩、翁仔、麻里蘭等八個小社組成。對清政府的官員而言，拍宰海可說是「模範」。歷代岸裡大社的頭目、土官不但多次協助清政府彌平中部地區其他平埔族的叛亂，又和漢人開墾大戶密切合作，共同開發農地。

岸裡社阿穆家族第三代總土官潘敦仔是與客家大墾戶張達京積極合作的代表人物，他曾進京面聖，乾隆授予「大由仁」稱號。

平埔族把守隘口的屯丁，他們是從清代到日治時代，臺灣唯一合法擁有火槍的族群。

康熙三十八年苗栗通霄的平埔族稱亂，官軍和西拉雅的麻豆社北上平叛。當時岸裡社社眾因為協助官軍平亂有功，開啟了岸裡社和清政府的合作關係。康熙五十四年岸裡社正式歸附清政府，頭目阿穆被授予岸裡社總土官的稱號。之後，諸羅縣令周鍾瑄准其所請，將大甲溪以南數萬甲荒地撥交阿穆家族開墾，此後岸裡社與清政府的關係更加密切，幾乎可說是清政府在中部地區的代理人。

岸裡社第三代總土官敦仔和客家人張達京的合作關係更為後世傳頌，兩人不但合作開闢荒地，還聯手協助清政府平息以大甲社為首的道卡斯族起義事件。事平後，雍正為示攏絡，還特賜敦仔御衣一襲。此後敦仔協助清政府平叛更加賣力。乾隆三十五年，敦仔赴北京面聖，被授予「大由仁」的稱號。

岸裡社一次又一次的協助清政府平叛，清政府授予岸裡社龐大的土地以為攏絡，但岸裡社社眾並沒有能力開發，只能出租土地，交由漢人耕種，收取租金度日。大部分社眾沒有貨幣經濟的經驗，很快地落入金錢消費的陷阱，因而積欠了龐大的債務，最後只能典當了所有土地。失去土地的同時，又喪失了原有的生活能力，相當多的平埔族人因此淪為赤貧。

另一部分社眾和漢人、官府的關係較好，能有效地處理租佃關係，因而獲得了土地開發的實際利益。於是平埔社會開始分裂，內部矛盾叢生。在這個主要的矛盾之下，其他枝枝節節的恩怨情仇，不過是引發矛盾的星火罷了。

其實潘賢文率眾遷徙噶瑪蘭之前，引發矛盾衝突的星火已被點燃。至於引爆點究竟是什麼，已經無關緊要了。這次規模龐大、跨族群的遷移行動，說明平埔族群內部的矛盾普遍存在於中部地區所有的族群之中。

問題的起源雖然來自漢人開墾集團的介入與清政府的干預，但矛盾卻爆發於平埔族群的內部。潘賢文與阿穆家族之間的衝突，清楚的說明這個內部矛盾的癥結所在。阿穆家族援引公權力對潘賢文等進行控訴，最後潘賢文只得選擇離去。

潘賢文到了噶瑪蘭之後，並沒有順利的在這片新天地安頓下來。當時噶瑪蘭還未正式畫入清政府的版圖，先前搶入開發的漳、泉、閩、客集團之間，正進行殘酷的地盤爭奪戰，甚至連海盜都介入其間。潘賢文所率的平埔群眾正陷入險境。

起初，潘賢文所率的平埔社眾因為擁有大量的火銃，還為各方忌憚，連遠在竹塹的淡水廳官員也特意拉攏他。官方為了制衡噶瑪蘭各方勢力，給予潘賢文相當多的金錢與物質供應以為奧援。漸漸的潘賢文幼稚的政治手腕被各方看穿，又因為缺糧，原本是潘賢文最重要政治資本的火銃也被賣給了閩南人，從而喪失了自保的能力。最後終於被對手設計，送交官府正法示眾。

當時噶瑪蘭還未納入清政府的版圖，所以他並非是被清政府的官員緝拿歸

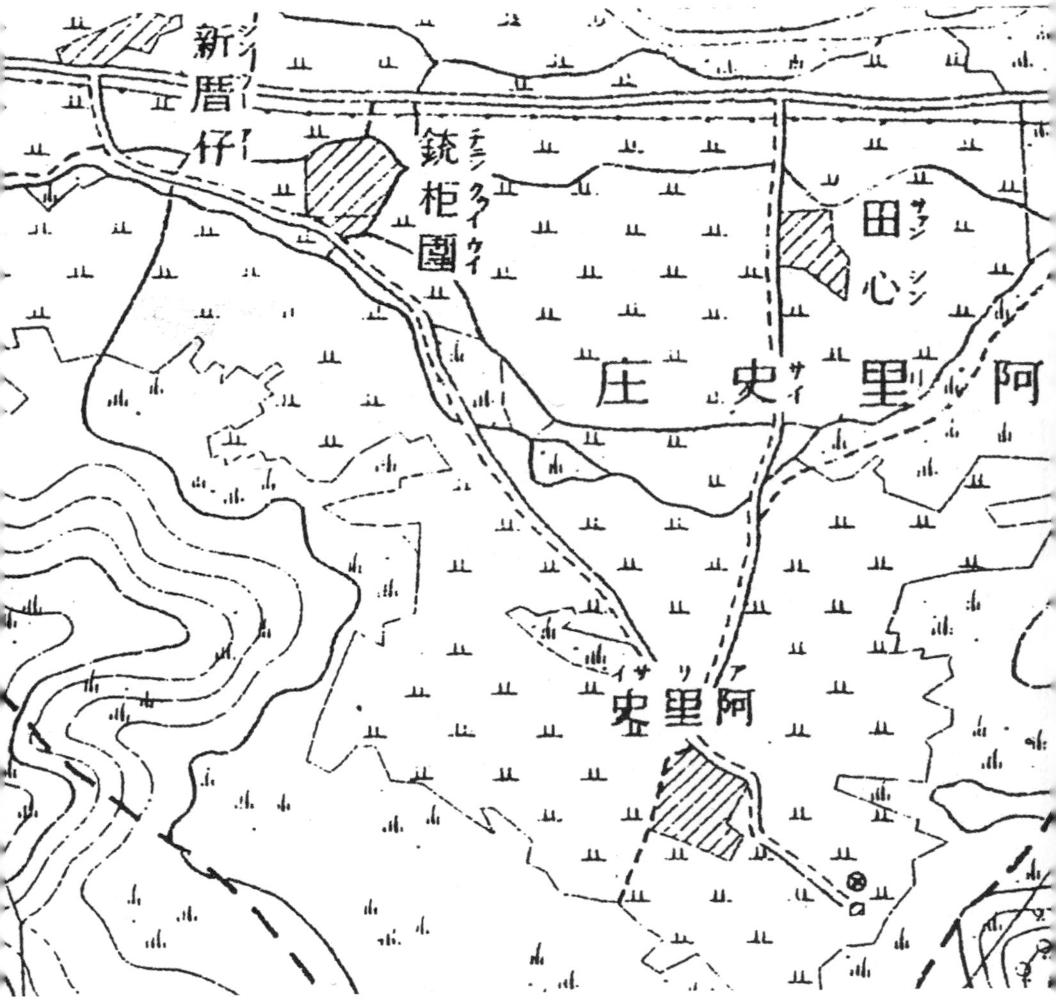

宜蘭三星鄉的阿里史是潘賢文率領的千人越嶺長征最後的據點。

【中部平埔社群遷徙宜蘭之相關地名】

北投社 / 羅東鎮北成里
叭哩沙 / 三星鄉
番婆洲 / 三星鄉月眉村
阿里史 / 羅東鎮西安里
阿里史 / 三星鄉拱照村
阿里史 / 蘇澳鎮蘇西里
阿東社 / 羅東鎮開元里

案的，據說是被他的敵對仇家漳州人抓捕送官的。諷刺的是，他被處決的罪名竟是殺害跟隨他翻山越嶺而來的阿東社族人。清政府對這次千人大遷徙一直充滿戒心，所以雖然他殺人所在地是清政府的「治外」，但清政府卻樂於施行「治外法權」。

潘賢文被正法後，千人大遷徙、輾轉數年的結果，只留下今天宜蘭三星鄉以阿里史為地名的沙洲。清政府將噶瑪蘭納入版圖之後，原本核定阿里史的田賦為白銀千兩，當官員到現場勘驗時，對這片劣質的沙地也不禁搖頭嘆息，最後只核下田租充作宜蘭仰山書院的「膏火之資」以為了結。

故事並沒有就此結束。潘賢文死後，蘭陽溪兩岸全數納入他的仇家漳州集團的勢力範圍，但沒過兩年，羅東爆發瘟疫，漳州人認為是潘賢文的冤魂作祟，於是建了一座大眾爺廟供奉他的神主牌位，祈求瘟疫得以平息。後來大眾廟幾經重建，成了現今羅東的城隍廟，而潘賢文的神主牌位依然被供奉在廟中，被尊為「羅東開拓功德主」。

跟隨潘賢文東遷的族人，後來大都因生活無著，被迫再度翻越中央山脈返回中部故里。但返回故里的族人還是無法就此安定下來，因為情勢正在惡化，他們開始醞釀另一次規模更大的遷徙。

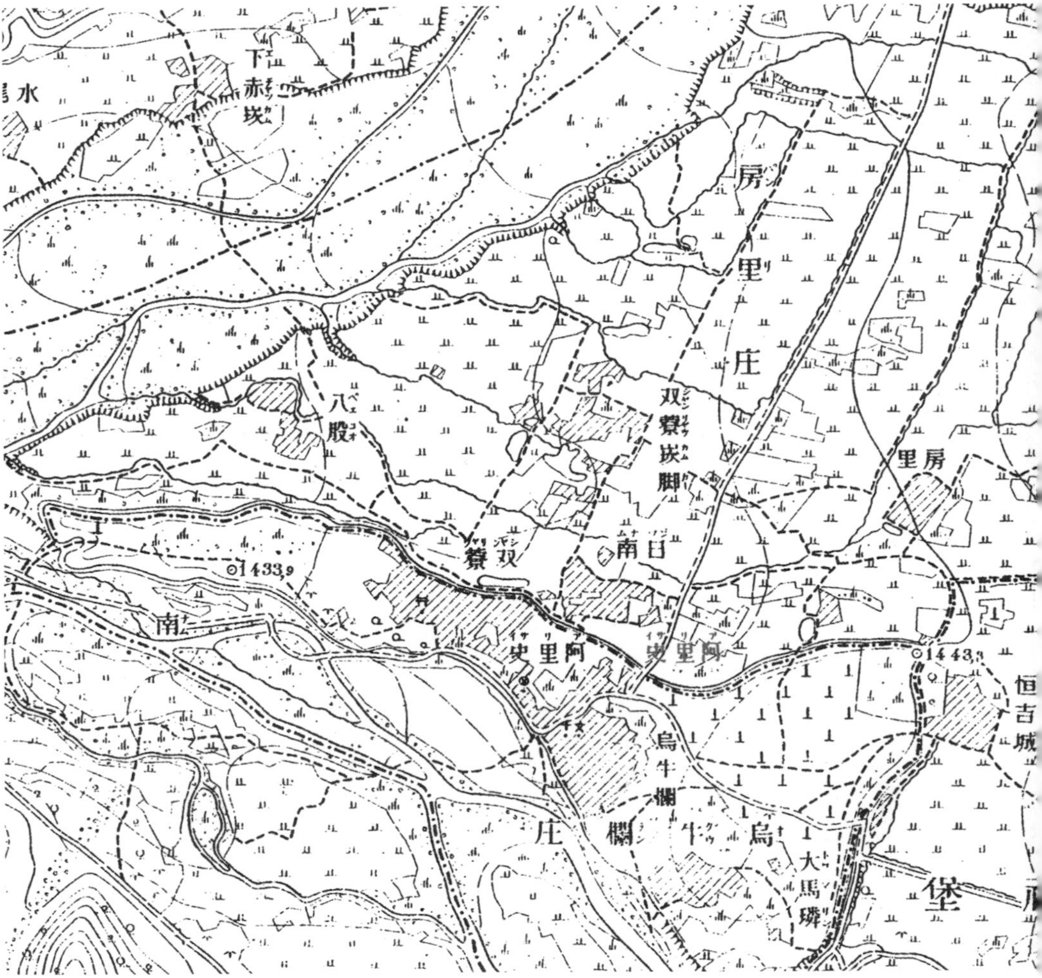

阿里史社最後的落腳處是埔里房里庄，那兒匯集了中部的主要平埔族群。

蛤仔難・噶瑪蘭・宜蘭

日治初期伊能嘉矩曾在宜蘭採訪噶瑪蘭族人，記錄的口碑如下：「我們的祖先叫 Avan，他從 Mareryan 乘船出海，在臺灣北部登岸；沿海東進，迂迴三貂角，抵達此地，名為蛤仔難（Kavanan）。當時漢人還沒來，只有先住於山腳平原的山番，我們只好住在海岸荒地。雙方常在酒醉之餘爭鬥，於是兩隊開戰，結果我方勝利，對方只好退居山中，我們占領了平原地區。我們自稱 Kuvarawan（平地人），稱先住民為 Pusorram（山地人）。」根據伊能的紀錄，「蛤仔難」或「噶瑪蘭」應該是「平地人」的意思。

西班牙人在臺灣北部設立貿易基地時曾進入噶瑪蘭地區，西班牙文獻稱之為 **Cabaran**（噶瑪蘭），並將此地納入管轄。一六四四年荷蘭占領雞籠後也曾討伐過噶瑪蘭，根據荷蘭人的記錄當時噶瑪蘭有四十個村落，人口近一萬人。入清之後，對噶瑪蘭的記載始於「蛤仔難三十六社」之說。此後相關文獻基本上都延續了「蛤仔難三十六社」的說法。

蘭陽平原主要是由蘭陽溪沖積而成的三角洲平原，呈喇叭狀，形勢相當完整。十九世紀之前，噶瑪蘭人是蘭陽平原上最主要的住民。蛤仔難歷代社群名稱與數量或有增減，但從十七世紀中葉到現在，蘭陽平原基本上維持了「蛤仔難三十六社」形成的基本空間架構。

十八世紀末，漢人開始有組織的入墾蘭陽平原。其中最具知名度的是以吳沙為首的漳州人集團。民間流傳一種說法：漢人入墾蛤仔難是出自官方授意的。

傳說吳沙早年在瑞芳一帶的山區燒炭為生，為人豪邁，講義氣，樂於資助友人。乾隆末年，林爽文之役失敗後，林之餘黨多為漳州客籍人士，為逃避官方追捕相率投奔同為漳州客籍的吳沙。當亡命之徒聚集到一定的數量，清政府的官員恐生事端，便授意吳沙率領眾入墾蛤仔難。當時蛤仔難還未納入清政府的版圖，官員希望借此將這些亡命之徒驅之境外，已擺脫管轄上的「燙手山芋」。

吳沙集團入墾蘭陽平原之後，很快的便完成蘭陽溪北岸的拓墾。吳沙過世後，家族成員繼續率領群眾向溪南地區拓展。吳沙集團或許真的和林爽文黨徒有關，因為他們的組織相當嚴密，有的開荒，有的負責警戒，所以拓墾進行得很有效率，完全是一套近似軍事化的作戰占領行動。

後來清政府雖然查覺到這種近乎軍事化行動的拓墾，為噶瑪蘭社群的生存空

《臺灣遙寄》馬偕牧師攝

織布的噶瑪蘭婦人。

間構成嚴重的威脅，可能引發嚴重的族群對立，造成不可收拾的治安事件。於是便制訂了一些保障噶瑪蘭社群的措施，但終究未能挽救其淪亡的命運。

根據中外文獻的記載，從十七世紀中葉到十九世紀二〇年代，蘭陽平原上的噶瑪蘭人由一萬人減少為五千人，到了日治初期又減少了二分之一，噶瑪蘭人都到哪去了？

除了部分被漢人同化外，另一部份選擇移出蘭陽平原，溪北地區的噶瑪蘭人移向東北海岸，溪南地區的則向花蓮遷移。至今花蓮新社一帶還留下「加禮宛」等噶瑪蘭的地名，說明了這段令人心酸的遷徙歷史。如今花蓮的噶瑪蘭人因為和阿美族混居、通婚，有些地方已經很難區分阿美、噶瑪蘭的界線。雖然如此，噶瑪蘭人在臺灣的平埔族群中還算是較顯性的族群，近年在爭取民族正名的行動上相當活躍，噶瑪蘭族現已成為官方認定的少數民族。

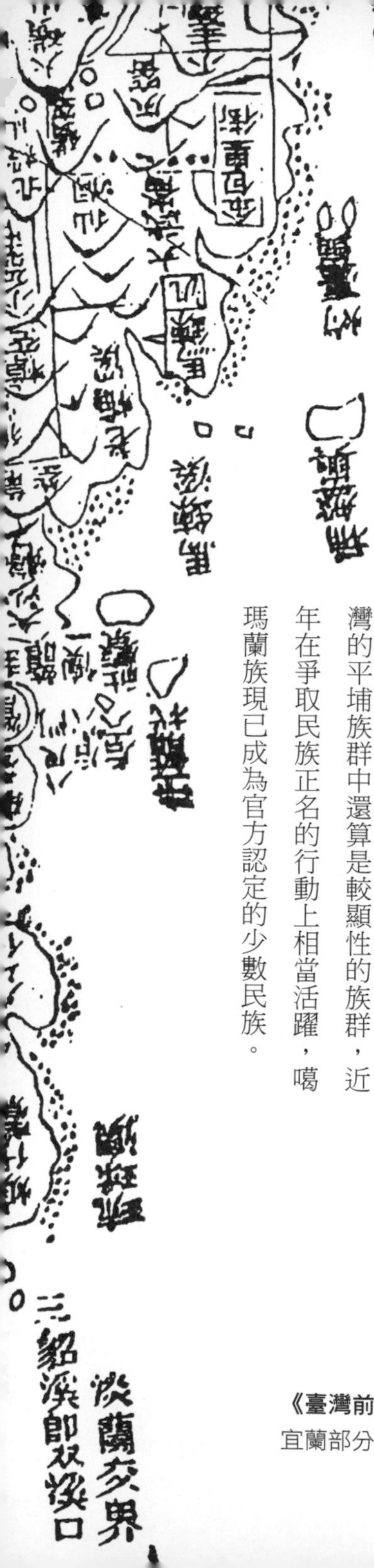

《臺灣前後山輿圖》
宜蘭部分。

宜蘭縣城
北關
金面山
五方旗
大溪
龜山
烏石港
加禮遠港
馬賽港
石城仔
草嶺
大里簡
七結
六結
七星嶺
湯圍
三圍
白石

【蛤仔難三十六社】

社　群	清代地名	日治時代庄名	現代地名
打馬煙	頭圍堡三抱竹打馬煙	頭圍庄三抱竹打馬煙	頭城鎮竹安里
多羅美遠	頭圍堡大福庄社頭	壯圍庄大福庄社頭	壯圍鄉新社村
抵美簡	頭圍堡白石角大竹圍	礁溪庄白石角大竹圍	礁溪白雲村
奇立丹	四圍堡奇立丹庄	礁溪庄奇立丹	礁溪鄉德陽村
抵百葉	四圍堡抵百葉庄	礁溪庄抵百葉	礁溪鄉德陽村
淇武蘭	四圍堡淇武蘭庄	礁溪庄淇武蘭	礁溪鄉二龍村
踏踏	四圍堡踏踏庄	礁溪庄踏踏	礁溪鄉玉田村
哆囉岸	四圍堡	礁溪庄	
瑪僯	四圍堡瑪僯庄	礁溪庄	礁溪鄉玉光村
武暖	四圍堡武暖庄	礁溪庄	礁溪鄉光武村
高東	四圍堡瓦窯庄	礁溪庄	礁溪鄉光武村
辛仔罕	四圍堡辛仔罕庄	礁溪庄辛仔罕	宜蘭市新生里
抵美	四圍堡抵美庄	礁溪庄抵美	壯圍鄉美城村
麻芝鎮落	四圍堡	員山庄珍仔滿力	宜蘭市進士里
珍仔滿力	員山堡珍仔滿力	員山庄珍仔滿力	宜蘭市進士里
擺離	員山堡珍仔滿力	員山庄珍仔滿力	宜蘭市進士里
芭荖鬱	員山堡芭荖鬱	員山庄芭荖鬱	員山鄉惠好村
辛仔羅罕	民壯圍堡功勞辛仔羅罕	壯圍庄功勞	壯圍鄉功勞村
抵美福	民壯圍堡抵美福庄	壯圍庄抵美福	壯圍鄉美福村
奇立板	民壯圍堡廍後庄奇立板	壯圍庄廍後奇立板	壯圍鄉東港村
麻里霧罕	民壯圍堡廍後庄麻里霧罕	壯圍庄廍後麻里霧罕	壯圍鄉壯六村
流流	民壯圍堡壯六庄	壯圍庄壯六	壯圍鄉功勞村
歪仔歪	民壯圍堡歪仔歪庄	羅東街歪仔歪	羅東鎮
掃笏	二結堡頂五結庄掃笏	羅東街五結掃笏社	五結鄉福興村
打那岸	羅東堡打那岸庄	羅東街打那岸	羅東鎮新群里
里腦	羅東堡補城地庄里腦	冬山庄補城地里腦	冬山鄉補城村
珍珠里簡	羅東堡珍珠里簡庄	冬山庄珍珠里簡	冬山鄉珍珠村

社　　群	清代地名	日治時代庄名	現代地名
奇武荖	羅東堡奇武荖庄	冬山庄奇武荖	冬山鄉三奇村
打那美	紅水溝堡打那美庄	冬山庄打那美	冬山鄉永美村
武　罕	羅東堡武罕庄	冬山庄武罕	冬山鄉武淵村
武　淵	羅東堡武淵庄	冬山庄武淵	冬山鄉武淵村
南搭吝	羅東堡武淵庄	冬山庄武淵	冬山鄉武淵村
加禮宛	利澤簡堡頂清水庄加禮宛	五結庄頂清水加禮宛	五結鄉季新村
利澤簡	利澤簡堡頂清水庄利澤簡	五結庄利澤簡	五結鄉季新村
婆羅辛	婆羅辛仔宛	婆羅辛仔宛	
仔　宛	利澤簡堡頂清水庄	五結庄頂清水	五結鄉季新村
留　留	利澤簡堡頂清水庄留留	五結庄頂清水流流	五結鄉季新村
猴　猴	利澤簡堡猴猴庄猴猴	蘇澳庄猴猴	蘇澳鎮龍德里

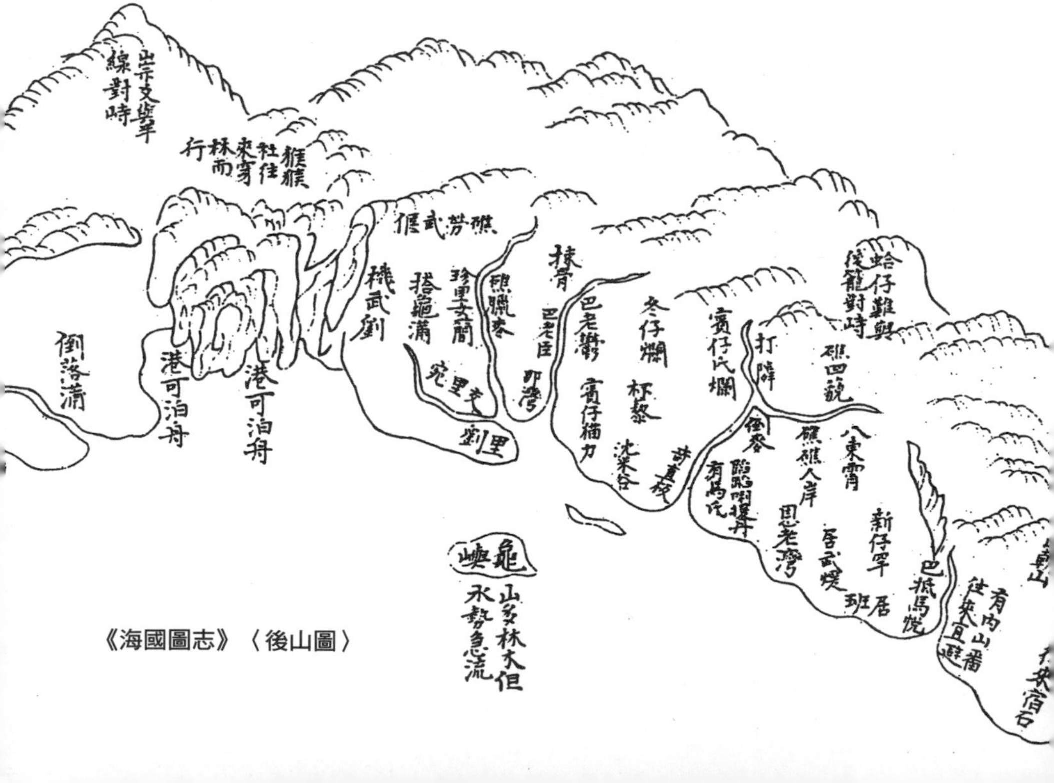

《海國圖志》〈後山圖〉

城、結、圍、鬮構成蘭陽平原上的點、線、面

十八世紀末，漢人開始入墾蘭陽平原，期間僅僅用了二十五年，相當於嘉慶一朝，整個蘭陽平原便開發殆盡。漢人入墾蛤仔難速度之快，為臺灣開發史上僅見的案例。此後蛤仔難三十六社部落逐漸為漢人的街庄取代，噶瑪蘭人從而淡出蘭陽平原。

入墾蘭陽平原，是以吳沙為首的漳州人及少數泉人、粵人所組成的拓墾集團所開啟的。或許是參與開墾的三籍流民都曾歷經林爽文之役，所以拓墾集團頗具軍事化組織的色彩，行動也極具效率。除乾隆末年第一次入墾無功而返之外，從嘉慶元年（一七九六）在烏石港之南成功建立第一個拓墾據點，頭圍（頭城）之後，吳沙集團開拓蛤仔難的事業便順利展開。

嘉慶二年建「二圍」、「湯圍」，四年拓展至「三圍」、「四圍」和「柴圍」，七年在「九旗首」的領導下、一千八百餘名漳、泉、粵三籍人士入墾「五圍」。開拓成功之後，擔任警戒工作的鄉勇也分得「民壯圍」的土地作為酬勞。短短七

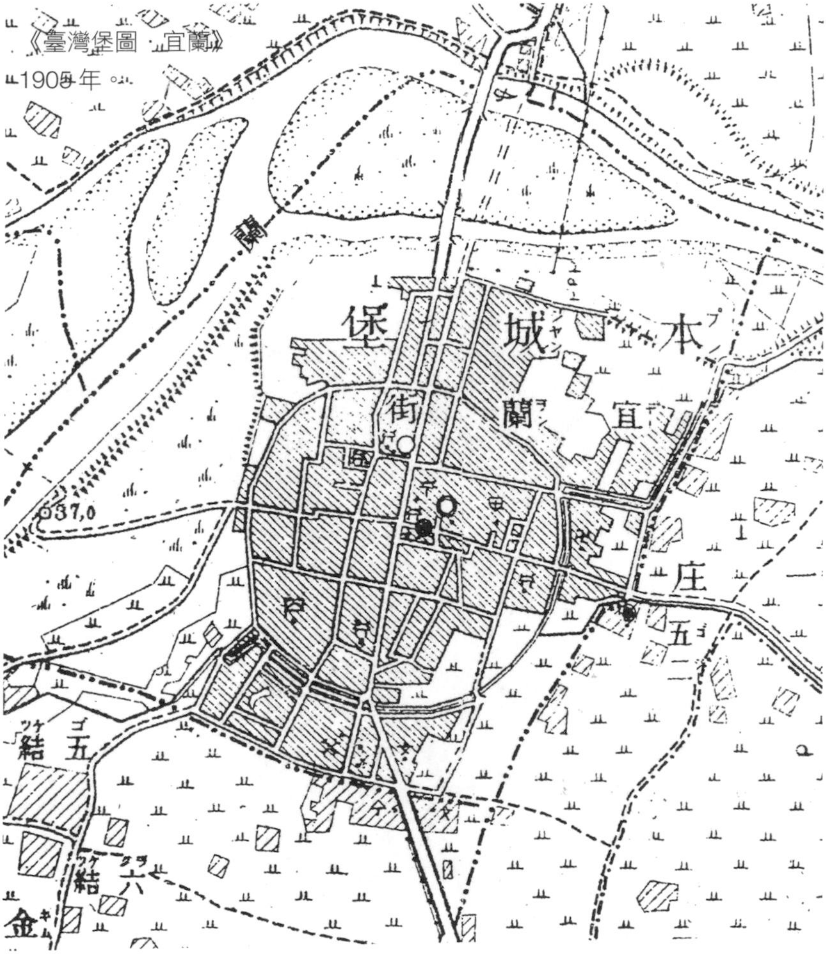

《臺灣堡圖．42 宜蘭》 臺灣臨時土地調查局 明治 38 年（1905）

宜蘭舊名五城或五圍，本圖顯示當時宜蘭原有之城牆、城門皆已拆除，但市區的外圍道路卻清晰的描繪出城牆的痕跡，五結、六結位在城外。

年間，蘭陽溪以北的平原地帶已被漢人侵墾殆盡。

嘉慶十五年（一八一〇）溪北之地納入清政府版圖之後，三籍人士又開始積極進行溪南的拓墾事業。其間雖遭到潘賢文所率領阿里史「流番」的阻撓，三籍人士之間也發生了械鬥事件，僅管如此，溪南的拓墾也只用了十年的時間。

蘭陽平原開墾神速，除了獲得官方的支持外，主要的原因還是得力於軍事化的組織與資本的運作。清人方傳檖在〈開埔裏社議〉一文曾有詳細的描述：

「昔蘭人之往墾也，其法合數十佃為一結，通力合

作。其中舉一曉事而出資多者為之首，名曰小結首。合數十小結首，中舉一強有力而公正見信眾者為之首，名約大結首。結首，具結於官，約束眾佃也。凡有公事，官以問之大結首，大結首以問之小結首，然後有條不紊。分其地也，視其人之多寡，給以墾照；而眾佃分之得若干甲，視其貲力；而結首倍焉，或數倍焉，亦視其貲力。顧墾照所載，最大及數十甲而止，小或十甲、數甲而已。人皆官佃，無所隱匿影射。」

由此可見「結」是由數十名佃農所組成，它不但是開拓時期的屯墾組織，開墾完成後，「結」又轉化為基層的自治單位，作為向官方完糧納稅的計算單位。同時「結」也成為村莊的地名。以「結」為地名，幾乎完全以數字連結，可見其組織、管理「軍事化」的一面。

那「圍」又是什麼意思？依上文所言「……合數十小結首，中舉一強有力而公正見信眾者為之首，名曰大結首。結首，具結於官，約束眾佃也。凡有公事，官以問之大結首……」「圍」就是大結首的管轄範圍。「圍」在拓墾時代是防禦性的居住點，以土牆或石牆作為防禦工事，拓墾完成，進入農墾時期，「圍」又發展成為居民的聚落，同時也成為官方與「堡」同一級別的行政區劃。

嘉慶十五年閩浙總督方為甸所上的奏摺稱：「……民人所居，自五圍（即頭

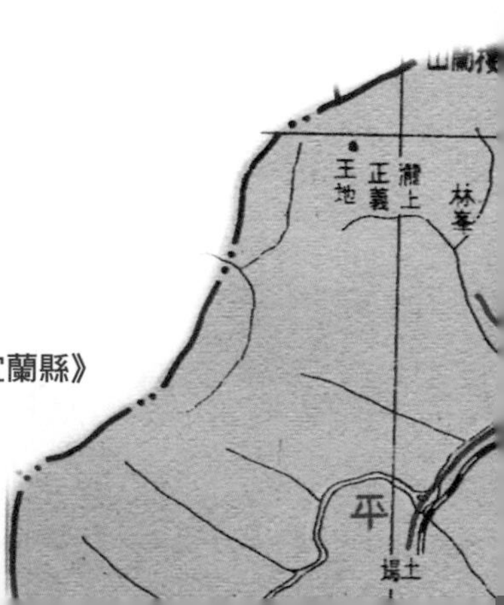

《臺灣省縣市行政區域圖．宜蘭縣》1955 年。

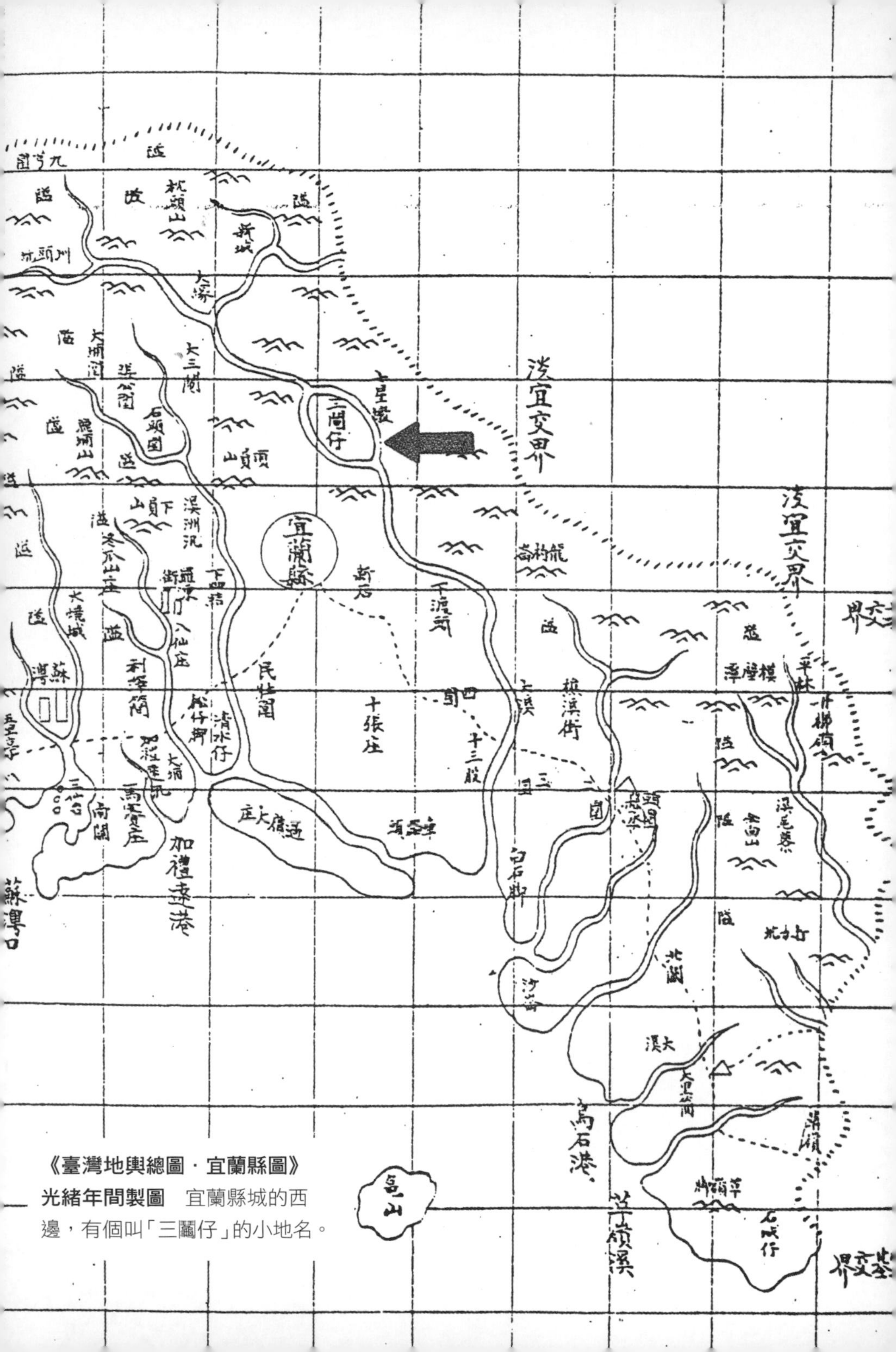

《臺灣地輿總圖．宜蘭縣圖》
光緒年間製圖 宜蘭縣城的西邊，有個叫「三鬮仔」的小地名。

三面城 / 蘇澳鎮港邊里
永春城 / 蘇澳鎮永春里
新城 / 蘇澳鎮新城里

【結】

二結 / 礁溪鄉二結村
四結 / 礁溪鄉吳沙村
六結 / 礁溪鄉六結村
下五結 / 礁溪鄉德陽村
七結 / 礁溪鄉三民村
十六結 / 礁溪鄉三民村
三十九結 / 礁溪鄉二龍村
一結 / 宜蘭市皎白里
二結 / 宜蘭市北津里
三結 / 宜蘭市梅洲里
四結尾 / 壯圍鄉新南村
五結 / 宜蘭市負郭里
金六結 / 宜蘭市建軍里
六結 / 宜蘭市建軍里
七結 / 宜蘭市思源里
金結 / 宜蘭市建軍里
上七結 / 宜蘭市黎明里
下七結 / 宜蘭市延平里
五結 / 五結鄉
頂一結 / 羅東鎮仁愛里
中一結 / 五結鄉協和村
二結 / 五結鄉二結、鎮安村
中二結 / 五結鄉孝威村
三結 / 五結鄉三興村
頂三結 / 五結鄉三興村
下三結 / 五結鄉大吉村
上四結 / 五結鄉上四村
下四結 / 五結鄉四結村
頂五結 / 五結鄉福星、五結村
下五結 / 五結鄉五結村
十九結 / 三星鄉行健村
結頭 / 員山鄉頭分村
四城 / 礁溪鄉吳沙村
客人城 / 礁溪鄉林美村
內城 / 礁溪鄉林美村
湯仔城 / 礁溪鄉德陽村
五城 / 宜蘭市區
六結仔城 / 宜蘭市文化里
石頭城 / 宜蘭市民族里
林秋城 / 宜蘭市凱旋里
大添城 / 壯圍鄉吉祥村
客人城 / 羅東鎮北成里
二結仔城 / 五結鄉鎮安村
新城 / 員山鄉同樂村
阿蘭城 / 員山鄉同樂村
蠣仔埤城 / 員山鄉湖東村
隘丁城 / 員山鄉湖西村
十八佃城 / 員山鄉湖北村
阿兼城 / 冬山鄉大興村
石頭城 / 冬山鄉東城村
內城 / 冬山鄉東城村
詔安城 / 冬山鄉安平村
頂冬瓜城仔 / 冬山鄉太和村
中城 / 冬山鄉中山村
石頭城 / 冬山鄉中山村
公埔城 / 冬山鄉八寶村
茅埔城 / 冬山鄉得安村
老補城 / 冬山鄉柯林村
新廍城 / 冬山鄉柯林村
四十佃城 / 三星鄉雙賢村
阿里史城仔 / 三星鄉拱照村
田心仔城 / 三星鄉拱照村
梧桐城仔 / 三星鄉拱照村
銃櫃城 / 三星鄉拱照村
泰安城 / 三星鄉行健村
土城仔 / 三星鄉大義村
玻璃城仔 / 三星鄉尾塹村
土地公城仔 / 三星鄉拱照村
日新城 / 三星鄉拱照村

【鬮】

三鬮 / 宜蘭市梅洲里
四鬮 / 宜蘭市建業里
四鬮一 / 宜蘭市建業里
四鬮二 / 宜蘭市建業里
四鬮三 / 宜蘭市南橋里
三鬮 / 員山鄉三鬮村
大三鬮 / 員山鄉尚德村
三鬮二 / 員山鄉尚德村

【壯】

壯一 / 宜蘭市慈安、新興里
壯二 / 宜蘭市南津、凱旋里
上壯二 / 宜蘭市南津里
下壯二 / 宜蘭市凱旋里
壯三 / 宜蘭市東村里
壯四 / 宜蘭市黎明、延平里
壯五 / 壯圍鄉吉祥村
下壯五 / 壯圍鄉古結村
壯六 / 壯圍鄉忠孝村
壯七 / 宜蘭市延平里
下壯 / 壯圍鄉東港村

【圍】

梅州圍 / 宜蘭市梅洲里
民壯圍 / 壯圍鄉
土圍 / 壯圍鄉美城村
湯圍 / 礁溪鄉德陽村
柴圍 / 礁溪鄉白鵝村
零工圍 / 冬山鄉八寶村
石頭圍 / 三星鄉行健村
張公圍 / 三星鄉大隱村
八王圍 / 三星鄉貴林村
隘丁圍 / 蘇澳鎮隘丁里

【城】

頭城 / 頭城鎮市區
二城 / 頭城鎮二城里
石城 / 頭城鎮石城里
三城 / 礁溪鄉三民村

圍、二圍、三圍、四圍、五圍等五圍）之外，尚有……湯圍、柴圍、大湖圍、三十九結圍、都美鶴圍、勞勞圍……及圍外零戶。」

可見除了五圍之外，其餘以「圍」為名的，都是開拓的據點，和五圍的性質並不相同。一般居民為了區分兩者，將五圍之外的「圍」稱為「圍仔」或「城仔」，即小圍、小城的意思。另外，一般居民也習慣將「圍」稱為「城」，所以在宜蘭「圍」和「城」同一個意思，兩者互通。

「壯」和「鬮」是兩個例外，「壯」僅存於民壯圍之內，地位和「結」相當。「鬮」則僅存在

於五圍之中，五圍除一至七結之外，還有金包里股、員山仔、大三鬮、深溝、四鬮一、四鬮二、四鬮三及渡船頭等和「結」相當的地名，其位階、性質是否與「結」相同，目前還不清楚。

至於「份」則是粵人區的區分法，位階和「結」類似。

日治時代之後，「圍」與「結」逐步街莊化，從而成為宜蘭現今地名的基礎。

《宜蘭郡大觀》昭和 11 年（1936）金子常光 繪

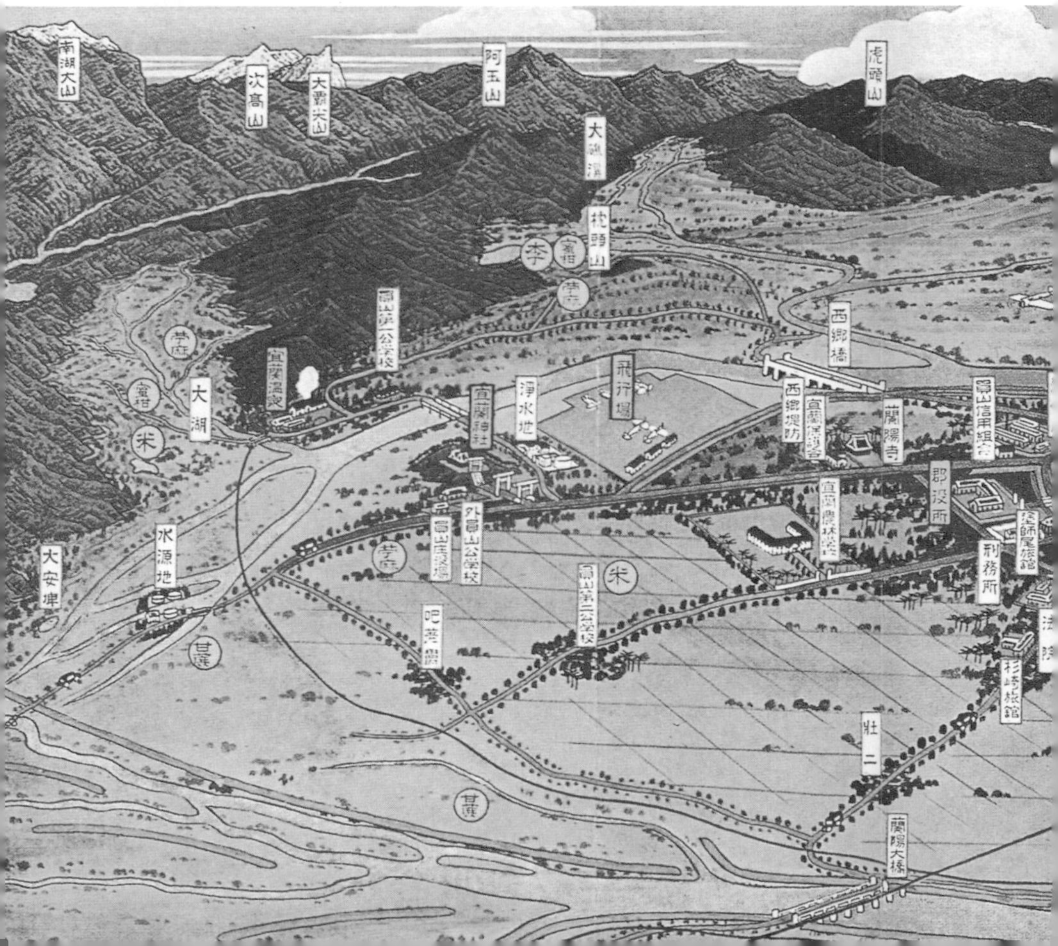

千里達，十七世紀初的基隆港

一提起「薩爾瓦多」（San Salvador）、「多明各」（Domingo）、「聖地牙哥」（S.Tiago）之類的拉丁式地名，一般人第一個想到的就是中南美洲國家，或是度假勝地加勒比海上的小島，很少人會將這類地名和臺灣聯想在一塊。這些地名極可能是十七世紀西方繪製的臺灣地圖上最早出現的地名。

「聖．多明各」就是大名鼎鼎的淡水紅毛城，建於一六二九年。中國人稱荷蘭人為「紅毛番」，「紅毛番」建的城堡，就叫紅毛城。其實紅毛城並非荷蘭人創建，始建者是西班牙人。「聖．薩爾瓦多堡」位於基隆和平島上，也是西班牙人建造的。日治時代，因為興建船塢，將聖．薩爾瓦多堡拆除得片瓦無存。

「聖．地牙哥」不是城堡，而是港灣的名稱。聖．多明各堡、聖．薩爾瓦多堡之名在臺灣早已蕩然，惟獨聖．地牙哥在臺灣留存了下來。如今新北市貢寮區卯澳附近的海岬還叫三貂角，三貂是聖地牙哥閩南語的音譯。

三貂在清代時曾被寫成「山朝」，也是 S.Tiago 另一種閩南語的音譯。三貂角在臺灣現今正式的地名中，幾乎是唯一由西班牙人命名的。三貂最早以地名的形式出現在文獻上，是一幅一六二六年西班牙人繪製，名為《福爾摩沙島、中國部分地區及馬尼拉地圖》的古地圖。

一六二六年，馬尼拉的西班牙總督組織了一支由中、西船艦組成的遠征軍，沿著臺灣東部海岸線由南向北航行，企圖尋找適合的港灣建立貿易站。第一個選擇地點是蘇澳，西班牙人命名為「聖．羅倫佐」（San Lorenzo）。

第二個選擇點是蘭陽溪口，西班牙人命名為「聖．卡塔利納灣」（Ensendade S.Catalina）。西班牙人對此港灣不盡滿意，繼續北上來到福隆一帶，命名為「聖．地牙哥灣」（Ensenda de s. Tiago），西班牙人還是不滿意，繼續北上。當船隊進入雞籠時，西班牙人為這個形勢壯闊的天然港灣驚嘆不已，立即在隨船神父的祝聖下，舉行占領儀式，並將此港灣命名為神聖的無以復加的「至聖三位一體港」（Santissima Trinidad），算是對這座天然良港的最高禮讚。如果按現在翻譯的習慣，Trinidad 會被音譯為「千里達」。所以臺灣在十七世紀初，也曾擁有一個叫「千里達」的地方。

西班牙占領雞籠之後，立即展開貿易站的建設工作，防禦工事當然首先要考慮的。和荷蘭人在臺江內海的出海口處，一鯤鯓的沙洲上，建熱蘭遮

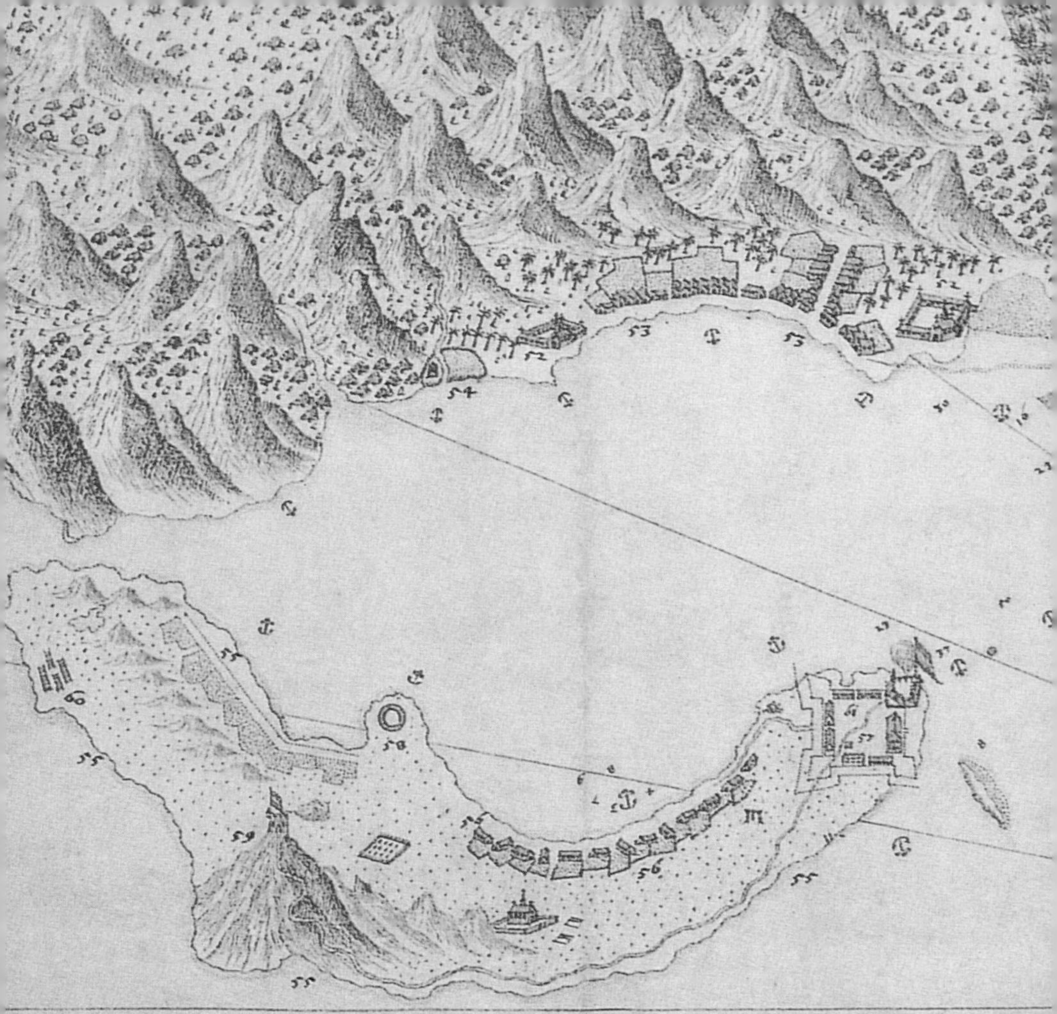

1654 年荷蘭人繪製的地圖，聖薩爾瓦多城於 1641 年荷蘭人占領後改名北荷蘭堡，城堡旁已形成街市亦名聖薩爾瓦多街

【荷蘭地圖上的基隆地名】

StadSalvador 聖・薩爾瓦多街 / 社寮里平一路

Quimourije 金包里社 / 中正里中正路

Clooster 修道院 / 中正里中正路

KlaijHoeck 黏土岬角 / 鱟公島

SmitsCoolbaij 煤炭灣 / 外木山、仙洞

FortNoortholland 北荷蘭堡 / 中船基隆總廠

RondeelVictoria 維多利亞圓堡 / 社寮里東砲臺遺址

ReduitEltenburgh 艾爾騰堡 / 社寮里平一路

〈福爾摩沙島上的西班牙港口〉

【西班牙地圖上的基隆地名】

IglesiadeSanJuanBautista 洗者聖・若翰教堂 / 中正里

Taparri 沙巴裡社 / 中正里

Pozodeagua/ 社寮里東砲臺遺址

SanMillianolamira 聖・米蘭看守堡 / 社寮里砲臺頂

SanAntonolaretirada 聖・安東護退堡 / 社寮里琉球埔

Iglesia 教堂 / 社寮里平一路

CasadelGobernador/ 社寮里

TodorlosSantos 萬聖修院 / 社寮里

IglesiadeSanJose 聖・若瑟教堂 / 社寮里

Quimaurri 金包里社 / 社寮里

SanLuisoelcudo 聖・路易斯桶方堡 / 和憲里和平橋頭

FuertedeSanSalvador 聖・薩爾瓦多堡 / 中船基隆總廠

IglesiadeSanPedro 聖・伯鐸教堂 / 聖・薩爾瓦多堡內

Primerhospital 大醫院 / 聖・薩爾瓦多堡內

Segundorhospital 小醫院 / 社寮里

Parian 八里社 / 社寮里平一路

城（Zeelandia）一樣，西班牙人也在雞籠灣的海口，和平島上，建聖・薩爾瓦多堡（San Salvador）。後來西班牙人又在淡水河口建聖・多明各堡（San Domingo），聖・多明各堡和聖・薩爾瓦多堡互為防衛上的犄角。

由古地圖上的標示，我們發覺西班牙人在淡水附近，可能不僅僅只建了一個聖・多明各堡。根據 C.Imbault-Huart 的《臺灣島志》一書上所附之〈淡水港圖〉，大約在新北市八里區米倉里天后宮附近，註記了 Ruies du Fort Espagnol 的文字說明，意思是「傾圮的西班牙人城砦」。這座廢棄的西班牙城砦位在聖・多明各堡（紅毛城）的對岸。作用當然是與紅毛城共同扼守淡水河口。

至聖三位一體港也好，聖・薩爾瓦多堡也好，都不能算是是基隆最早的地名。因為一幅名為《菲律賓群島、福爾摩沙島與部分中國海岸地圖》在臺灣島的頂端便註明了「雞籠港」和「淡水港」兩個地名，這幅地圖繪製時間比西班牙人正式占領基隆還早了三十年。

這張地圖將臺灣島繪製得極不準確，唯獨將基隆淡水兩地的海岸特徵描繪得非常清楚，顯然當時西班牙人曾到過雞籠和淡水兩地。西班牙人應該從中國人那兒知道這兩個地名，才將它們標示在地圖上。中國人很早就在雞籠、淡水兩地和日本人、臺灣原住民進行交易，所以對兩地的狀況一直很清楚。

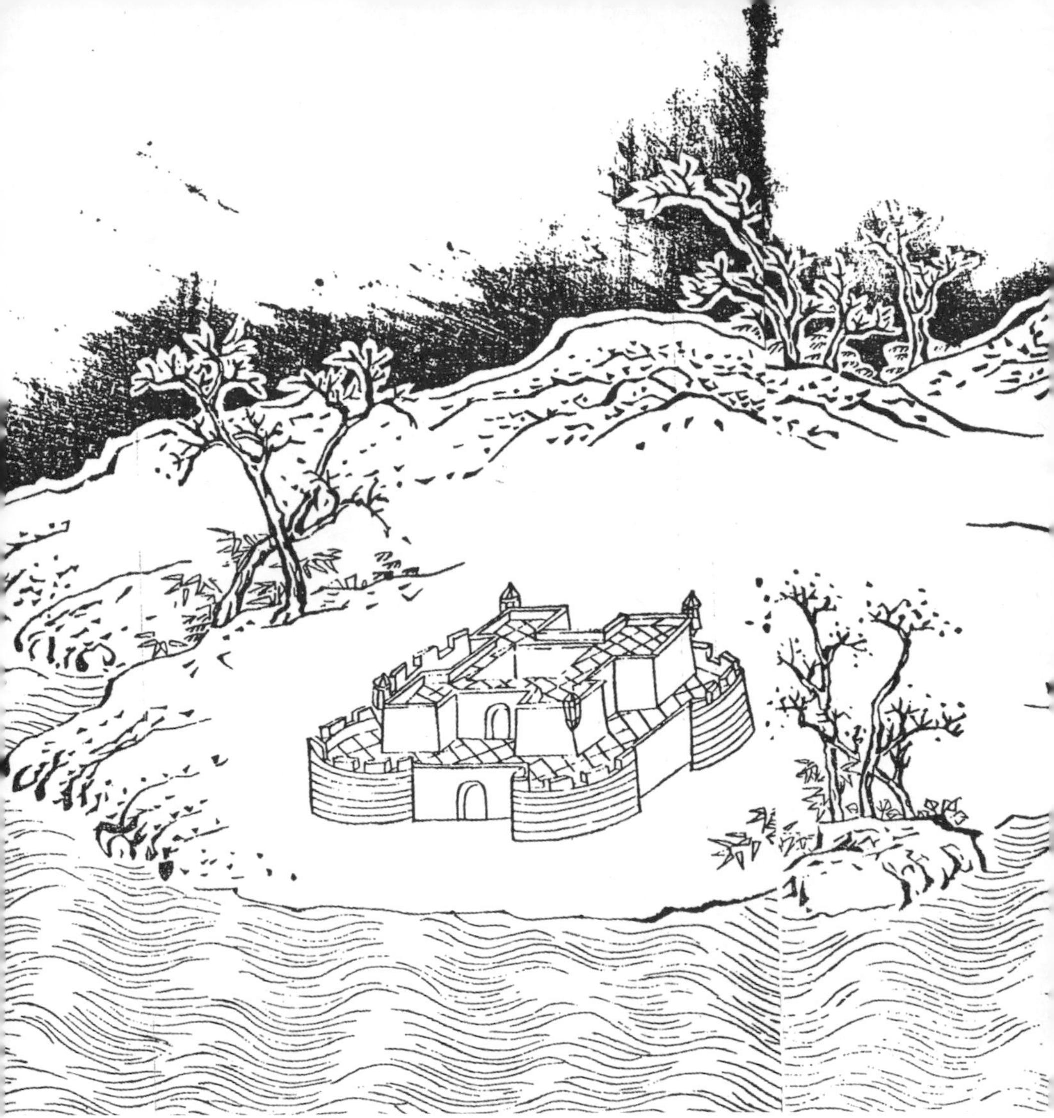

《重修臺灣府志．臺灣郡治八景．雞籠積雪》

清代中葉出版的地方志，聖薩爾瓦多堡的外觀，被完整的呈現出來，此圖還透露另一個訊息，當時天氣可能比現在要冷，基隆冬天會下雪。

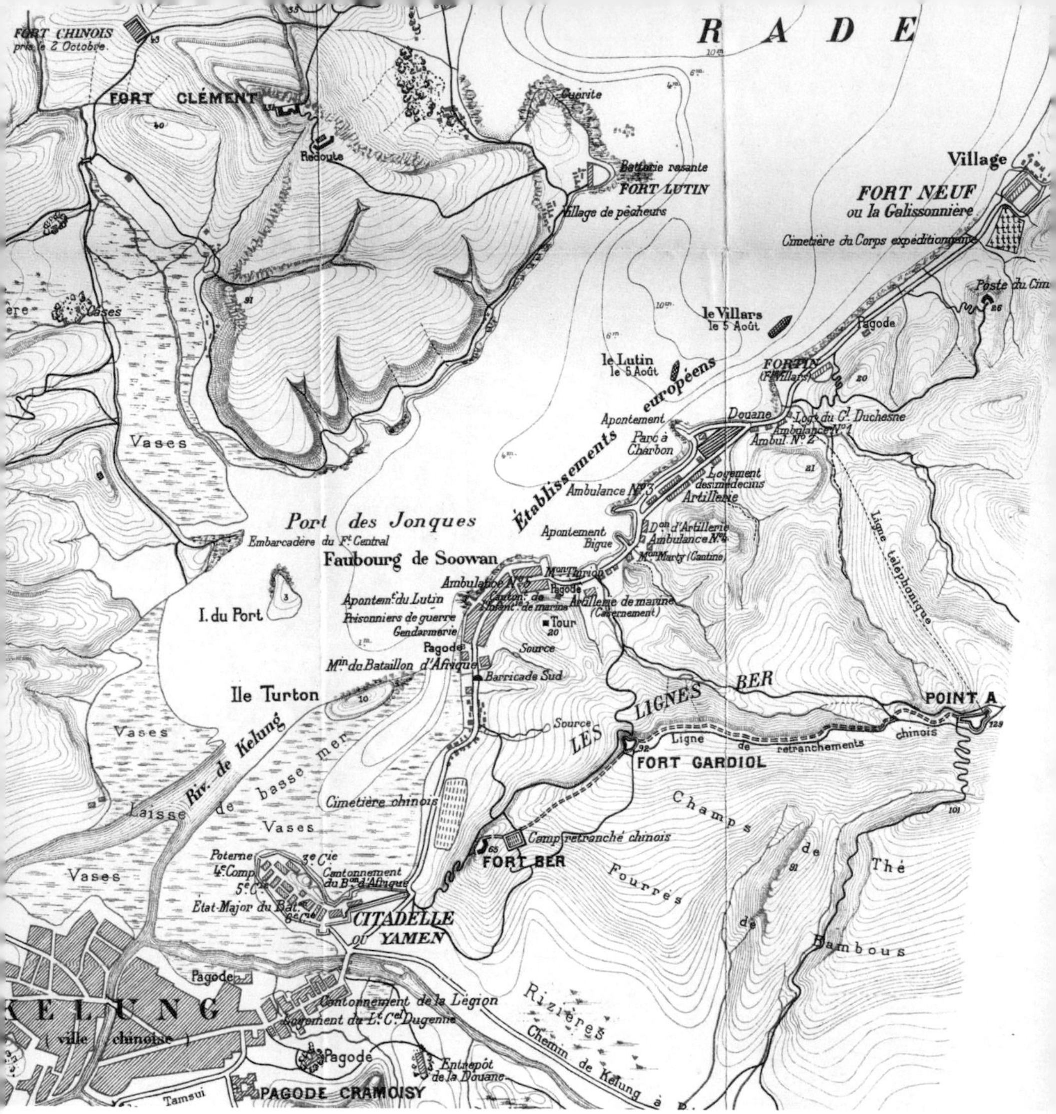

【法國地圖上的基隆地名】

Ile Turton / 丟東島

I.du Port / 港口島

Portdes Jonques / 中國帆船的港口

Fort Lutin / 盧丁堡

Fort Chinois / 中國堡

Fort Clement / 克雷默堡

Fort Neuf / 新堡

Les Lignes Ber /

Fort Gardiol / 加迪歐堡

Fort Ber / 薄爾堡

Citadelleou Yamen / 城堡或衙門

Riv.de Kelung / 基隆河

《L'Expedition Francaise de Formose》〈Environs de Kelung〉1894, Garnot

1884 年中法戰爭，〈Kelung〉繪製的砲臺、堡壘。

一六二六年西班牙人正式占領雞籠時，船隊中還包括兩艘中國帆船，可能是西班牙人僱用他們充當嚮導以及運送捕給品，也有可能是雇傭兵。十七世紀初，西班牙和荷蘭戰艦在馬尼拉灣外海大戰時，中國帆船也曾以雇傭兵的身份參戰。

十七世紀初，西班牙、荷蘭、英國在東亞、東南亞爭奪貿易利益時，相互交戰，常常雇用中國人和日本人充當傭兵。所以西班牙遠征船隊的指揮官應該不可能不知道此地的中文名稱。

一六二九年西班牙人沿著海岸進入淡水河，將淡水命名為卡西多（Casidor），並在當地構築聖．多明各堡，也就是紅毛城。現在有些學者認為關渡（閩南語念作「甘豆」）之名可能是由 Casidor 演變而來的。

這些拉丁式地名在臺灣存在的時間並不長。一六三〇年代中期後，馬尼拉的西班牙總督開始覺得基隆是一個累贅了。因為此地始終無法吸引中國人、日本人前來進行交易，貿易站形同虛設。再加上此地腹地狹小，沒有什麼有價值的出產，駐軍、建築城堡、教堂、房舍開銷又大，支出基本上無法回收。此後西班牙在基隆的駐軍與貿易站人員便逐漸撤回馬尼拉，留守人員甚至不足百人。

一六四二年臺南的荷蘭人決定徹底解決基隆的西班牙據點。因為此地在貿易上雖然不構成威脅，但西班牙戰艦隨時可以利用此地的港灣，襲擊航行於安平與長崎之間的荷蘭商船。於是決定北上攻打基隆和平島上的聖・薩爾瓦多堡。因為防衛薄弱，沒有遭遇太頑強的抵抗，荷蘭便攻克了聖・薩爾瓦多堡，結束了西班牙人在基隆短暫的統治。

現在大家都知道一六六一年鄭成功率大軍進入鹿耳門，驅逐了臺南的荷蘭人，卻很少提到荷蘭人離開臺南後並沒有完全退出臺灣，仍保留基隆的據點，負隅頑抗。但是，荷蘭人在基隆也碰上了和西班牙人同樣的困境，沒生意！到了一六六八年沒等明鄭大軍來攻，荷蘭東印度公司便不堪損失，主動退出雞籠、淡水。

但是故事還沒結束，淡水紅毛城在一八六一年被英國占用為領事館，一八六七年以一年十兩白銀的代價向清政府租借，可是就在當年英國在臺灣的領事館便遷到高雄西子灣了，英國人卻拒不歸還淡水紅毛城。一九五〇英國承認中共後，竟然將紅毛城轉手給和國民政府仍有邦交的澳洲。到了一九七二年連澳洲也承認中共了，又轉手給同文同種的美國。到了一九八〇年連美國都承認中共了，臺灣再也沒有英語系的邦交國了，這才真正收回紅毛城的產權。當年政府還在紅毛城上豎立了一根大旗桿，升起一面超大的國旗，當作洗雪國恥般的勝仗一樣熱鬧了一回。……如今有多少人知道它的原名？還有那段不堪回首的國恥。

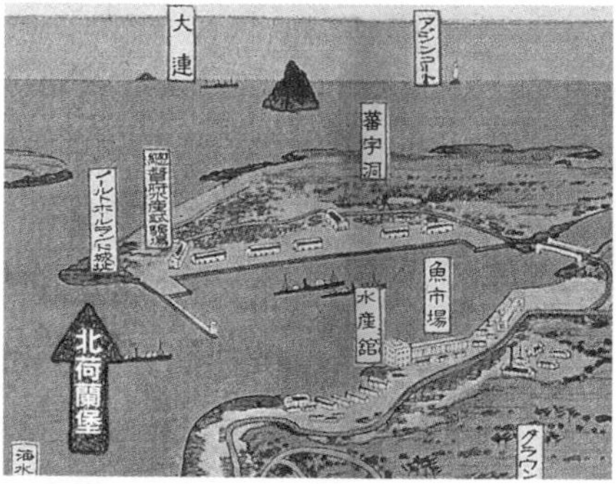

◘日本殖民政府於二十世紀初，開始對基隆港進行現代化建設，建港規劃的地圖（左頁）無意間，記錄了基隆港口附近現已被遺忘的老地名。

◘1935 年金子常光繪製之《基隆市大觀》，當時和平島上的聖薩爾瓦多堡還未被拆除，地圖上以假名標示為北荷蘭堡。

牛稠港庄
豫定公園地
豫定公園地
石硬港

【日本地圖上的基隆地名】

獅球嶺 / 仁愛區獅球、兆連、書院、朝棟、光華、文安、崇文里

罾仔寮 / 中山區新建、安民、安平、中山、民治里

牛稠港 / 中山區中興、仁正、健民、居仁、通化、通明里

仙　洞 / 中山區仙洞、和平里

外木山 / 中山區文化、協和里

內木山 / 中山區德安、德和里

大竿林 / 中山區中和里

蚵殼港 / 中山區西康、西定、西華、西榮里、安樂區嘉仁、樂一、安和、永康、干城、慈仁、定邦、定國、西川里

大武崙 / 安樂區內寮、中崙、外寮、新崙里

草　濫 / 七堵區泰安、長興里

六　堵 / 七堵區六堵里

五　堵 / 七堵區百福、實踐、堵北、堵南里

七　堵 / 七堵區長興、正光、正明、富民、永安、永平、自強里、安樂區鶯歌、三民、四維、五福、六合、七賢里

瑪陵坑 / 七堵區瑪東、瑪西、瑪南里

友　蚋 / 七堵區友一、友二里

八　堵 / 七堵區八德里、安樂區鶯歌里、暖暖區八堵、八中、八西、八南里

暖　暖 / 暖暖區暖暖、暖東、暖西、暖同、過港里

碇　內 / 暖暖區碇內、碇安、碇和、過港里

大沙灣 / 中正區真砂、中砂、正砂、砂灣、建國里

二沙灣 / 中正區入船里

三沙灣 / 中正區正船、中船里

哨船頭 / 中正區港通、義重、信義、正義、德義里

社　寮 / 中正區社寮、平寮、和憲里

八尺門 / 中正區正濱、海濱、中濱、中正里

八斗仔 / 中正區八斗、長潭、砂子、碧砂里

田寮港 / 信義區仁壽、仁義、義昭、義幸、義民、義和、信綠、東信、智慧、智誠、禮儀、禮東、東光、東明、東安里、仁愛區林泉、花崗、虹橋、水錦、智仁、和明、忠勇里

大水窟 / 信義區智誠里

深澳坑 / 信義區孝深、孝岡里

玉田街 / 仁愛區玉田、博愛里

石牌街 / 仁愛區玉田里

草店尾 / 仁愛區仁德、博愛里

福德街 / 仁愛區仁德、博愛里

新興街 / 仁愛區仁德、博愛里

新店街 / 仁愛區新店、文昌里

媽祖宮口 / 仁愛區新店里

暗街仔 / 仁愛區新店里

崁仔頂 / 仁愛區新店里

後井仔 / 仁愛區文昌、明德里

和興頭 / 仁愛區同風、明德里

石硬港 / 仁愛區育仁、吉仁、誠仁、福仁、龍門、德厚、曲水里

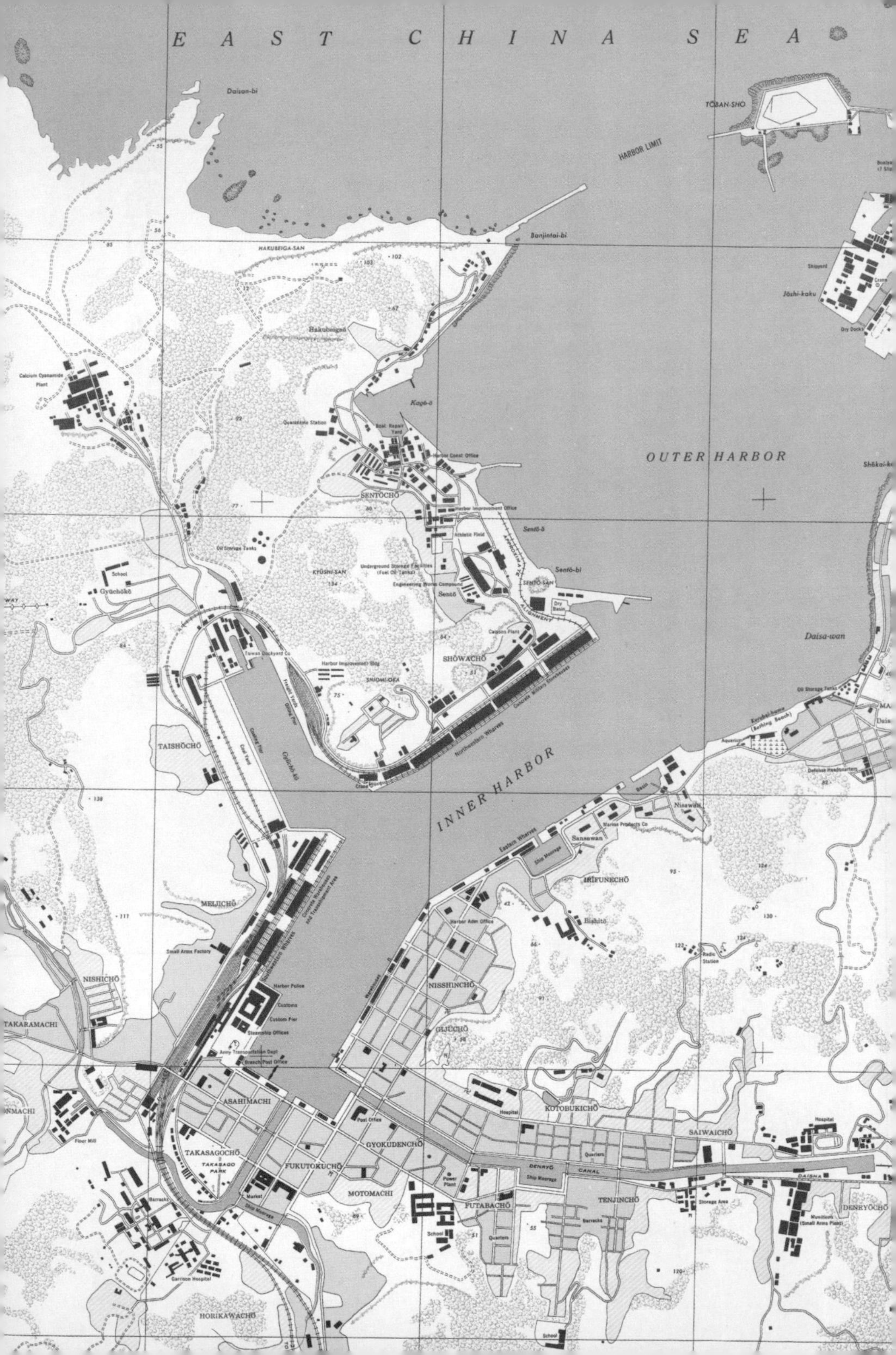

EAST CHINA SEA
Daisan-bi
TŌBAN-SHO
HARBOR LIMIT
Banjintai-bi
HAKUBEIGA-SAN
Hakubeigā
Shipyard
Jōshi-kaku
Dry Docks
Calcium Cyanamide Plant
Kagō-ō
Quarantine Station
Boat Repair Yard
Harbor Coast Office
OUTER HARBOR
Shōkai-ko
SENTŌCHŌ
Harbor Improvement Office
Athletic Field
Sentō-ō
Oil Storage Tanks
KYŪSHI-SAN
Underground Storage Facilities (Fuel Oil Tanks)
Engineering Works Compound
Sentō
SENTŌ-SAN
Sentō-bi
Dry Basin
School
Gyūchōkō
Caisson Plant
Daisa-wan
Taiwan Dockyard Co
SHŌWACHŌ
Harbor Improvement Bldg
SHIOMI-OKA
Oil Storage Tanks
Kurobai-hama (Bathing Beach)
Aquarium
Defense Headquarters
TAISHŌCHŌ
Northwestern Wharves
INNER HARBOR
Crane
Basin
Nisawan
Marine Products Co
Sansawan
Eastern Wharves
Ship Moorage
IRIFUNECHŌ
MEIJICHŌ
Bishitō
Harbor Adm Office
Small Arms Factory
Radio Station
NISHICHŌ
Harbor Police
Customs
Custom Pier
NISSHINCHŌ
TAKARAMACHI
Steamship Offices
GIJŪCHŌ
Army Transportation Dept
Branch Post Office
ASAHIMACHI
Post Office
Hospital
KOTOBUKICHŌ
Hospital
SAIWAICHŌ
Fiber Mill
GYOKUDENCHŌ
Quarters
TAKASAGOCHŌ
TAKASAGO PARK
FUKUTOKUCHŌ
DENRYŌ CANAL
Ship Moorage
DAISHA
Power Plant
Market
MOTOMACHI
FUTABACHŌ
TENJINCHŌ
Storage Area
DENRYŌCHŌ
Barracks
Ship Moorage
School
Quarters
Barracks
Munitions (Small Arms Plant)
Garrison Hospital
HORIKAWACHŌ
School

雞籠山、雞籠嶼、雞籠、基隆

雞籠是基隆的古名，雞籠雅化為基隆出自劉銘傳的手筆。

劉銘傳治臺時期，省會原本定在臺中，後因經濟上的考慮，不得不改定在臺北。為了解決臺北對外交通的問題，劉銘傳將眼光放到雞籠港，開始著手將雞籠港建設成一座現代化的海港。在此同時，他又將「土裡土氣」的雞籠改名「基隆」以寓開創美好未來之基業。可惜受限於財政，劉銘傳現代化的基隆港建設半途而廢，只留下氣勢宏大的「基隆」之名。

雞籠是早年的家庭常備器具，以竹篾編制而成形似覆缽或饅頭狀，用來圈養雞隻之用。因為是生活常見之物，漢人便習慣將外形類似雞籠的山嶺、島嶼以雞籠為名。中國各地的山嶺島嶼以雞籠為名的不在少數。臺灣以雞籠為名的基隆並非孤例，澎湖群島之中就有一個無人島也叫雞籠嶼。基隆之名源於港外的雞籠嶼（基隆嶼），早年又稱為「雞籠山」，而雞籠嶼（雞籠山）之所以以雞籠為名，當然是因為整座島嶼形似雞籠。從早年的方志與古地圖的記載也可充分說明這個

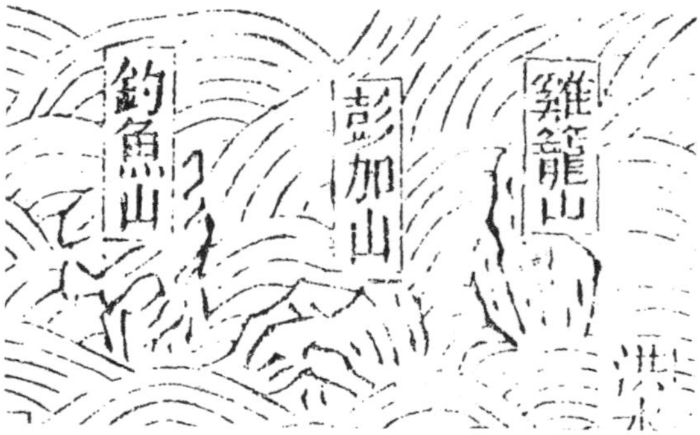

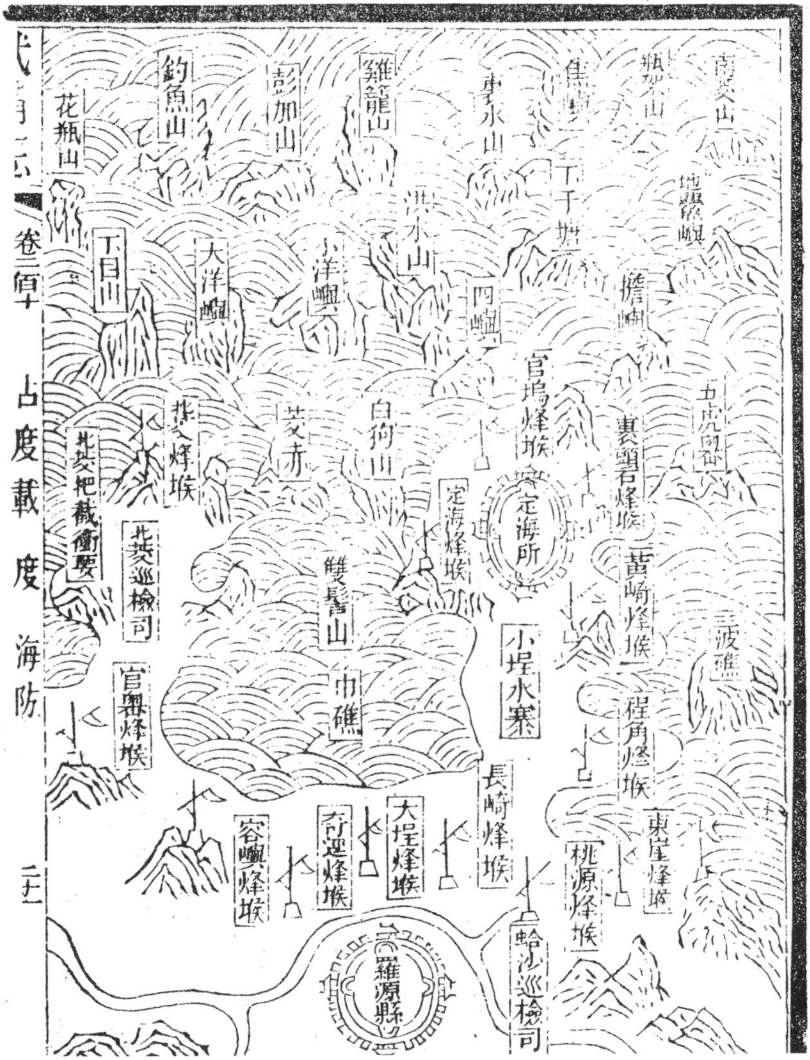

《武備制．占度載．度．海防》明 茅元儀

明代中期的海防圖已清楚標示出雞籠山（基隆）、彭加山（彭佳嶼）、釣魚山（釣魚臺）的位置，可見基隆在當時已被中國海防部門視為防禦範圍，奇怪的是，明代對臺灣本島的存在，似乎採取「視而不見」的態度。

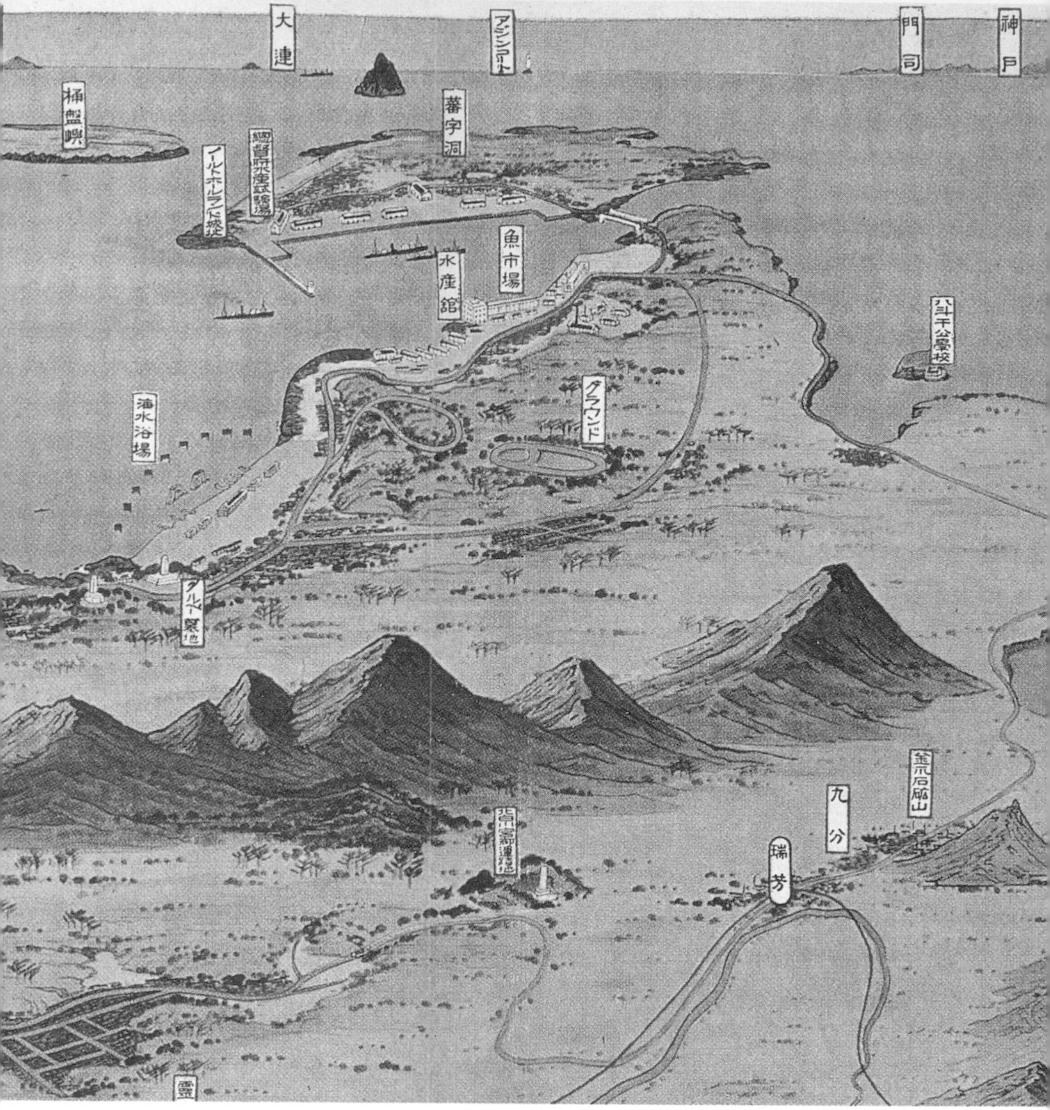

《基隆市大觀》1935　金子常光繪製

圖中標示了許多日治時代重要的公共設施，有些已消失。

說法，所以對一般臺灣人而言這個說法應該是極其自然的，可是日治時代卻出現了另一種說法。

一八九八年日本學者伊能嘉矩在基隆和平島作田野調查，發現島上一名平埔族後裔自稱為 **Ketagana** 人，平埔語 **Ketagana** 的意思是「看見海的地方」。後來伊能嘉矩進而將北部的平埔族群歸類為 **Ketagana** 族，這個說法影響很大，自今仍被學界之外視為當然。清代 **Ketagana** 一詞被閩南人音譯為「大加蚋」，曾是大臺北最古老的地名之一，如今被雅化為「凱達格蘭」，總統府前的凱達格蘭大道就是據此命名的。

伊能嘉矩不但將北部的平埔族群歸類為 **Ketagana** 族，他還近一步推論雞籠之名也是從 **Ketagana** 演變而來。他說漢人省略了 **Ketagana** 中的 **Ke-ta**，只念 **gana** 兩個音節，這就是雞籠的由來。現在臺灣的學界對伊能嘉矩的說法，不論是凱達格蘭的族稱，還是雞籠地名的由來，都抱持高度的懷疑。

關於 **Ketagana** 族，自日治中期以來，中日學者根據語言及文化習俗之別，將北部平埔族群區分為三至四個族群，並不認為曾經存在一個統一的 **Ketagana** 族。

至於雞籠地名的由來，學者根據十六世紀中後期以降的中外文獻記載，認為雞籠地名的由來是中國海員根據航海的需求，以雞籠山（基隆嶼）作為辨識航海路線的標的，因其外形類似雞籠而加以命名。後來雞籠山之名涵蓋了現在整個基隆。十七世紀初西班牙占領雞籠之後的文獻記載，西班牙人將北臺灣稱之為 Quelang 或 Quelang，即閩南語「雞籠」的西班牙語音譯，西班牙人應該是從閩南人那兒聽來的。很明顯，Quelang，Quelang 和 Ketagana 完全是兩回事。

西班牙人之所以以 Quelang（雞籠）為地名，原因其實很簡單，因為西班牙人占領雞籠，原本就是閩南籍海員作嚮導帶路的。而且早在十六世紀末，西班牙繪製的臺灣地圖，便將北臺灣標示為 Quelang（雞籠）。西班牙人對臺灣地理的知識，基本上得自於閩南籍的海員。當時從日本到馬六甲，閩南籍海員是這一帶航海經驗最豐富的航海家。

Ketagana 一詞除了伊能嘉矩之外，至今還沒有任何一位學者在田野調查時採集到這個語詞，所以 Ketagana 作為探討基隆地名的根源，當然是非常值得懷疑。伊能嘉矩認為雞籠是從 Ketagana 演變而來，是因為閩南人省略了 Ketagana 中的 Keta，只念 gana 兩個音節，這個說法也說不通。因為早年閩南人便將 Ketagana 念成「大加蚋」，只省略 Ketagana 中 Ke 一個音節，而非 Ke-ta 兩個音節。

北部的平埔語常在特定的語詞之前長加上 ki 或 ke 作為前置，閩南人大概是覺得凡事都加上 ki 或 ke 太廢口舌，多此一舉，便將 ki 或 ke 之類的前置一律省略。從許多閩南語音譯的平埔族地名都可以印證這個說法。Quimaurris 一詞可能是少數的例外，Quimaurris 是早年居住在基隆與東北角一帶的平埔社群，閩南人將其音譯為「金包里」，反而是極少數沒有省去 Qui 前置的音譯地名。

伊能嘉矩對 Ketagana 的說法，其實也並非完全不可取。「大加蚋」是清代臺北市區的總稱，其源頭即來自 Ketagana，可見 Ketagana 並非像某些學者所說的毫無依據。清政府在北部地區核准的第一張開墾執照即以大佳臘為開墾範圍，所以大加蚋或大佳臘之詞應該不會是最早抵達臺北盆地的閩南人所杜撰的，更何況至今還有一個叫「加蚋仔」的老地名仍在流傳。

〈基隆郡市管轄圖〉

日治時代基隆為臺北州轄下的郡，當時基隆郡的轄區比現在的基隆市大了許多。

八堵、七堵、六堵、五堵在基隆四堵、三堵、二堵、頭堵哪裡去了？

由基隆市區沿著國道一號南下，出了基隆端隧道後，一路會經過八堵、七堵、六堵、五堵，然後進入汐止、南港，臺北在望。可是四堵、三堵、二堵、頭堵哪兒去了？四堵在坪林，三堵、二堵、頭堵在宜蘭冬山鄉。多麼奇怪的排列次序！

五至八堵在基隆河上游，四堵在北勢溪上游的四堵溪河畔，而頭堵、二堵、三堵竟然在宜蘭冬山河的下游，三組與「堵」相關的地名，依序排列，卻又分屬在毫不相干的水系上，數字次序竟無一重複，怪哉！

我曾查遍各種文獻與古地圖，希望在基隆河的下游找到有關頭堵、二堵、三堵、四堵的地名，無奈二十餘年下來始終未能如願。基隆河下游唯一和「堵」相關的地名就只有社子的葫蘆堵。

目前，有關「堵」的解釋，臺灣學界幾乎完全依據日治時代安倍明義《臺灣的地名研究》的說法。安倍對「堵」的解釋為：「『堵』即土垣之義，土垣又稱為板，五板稱為堵。」而且安倍還認為：「八堵、七堵、六堵、五堵等地名，是

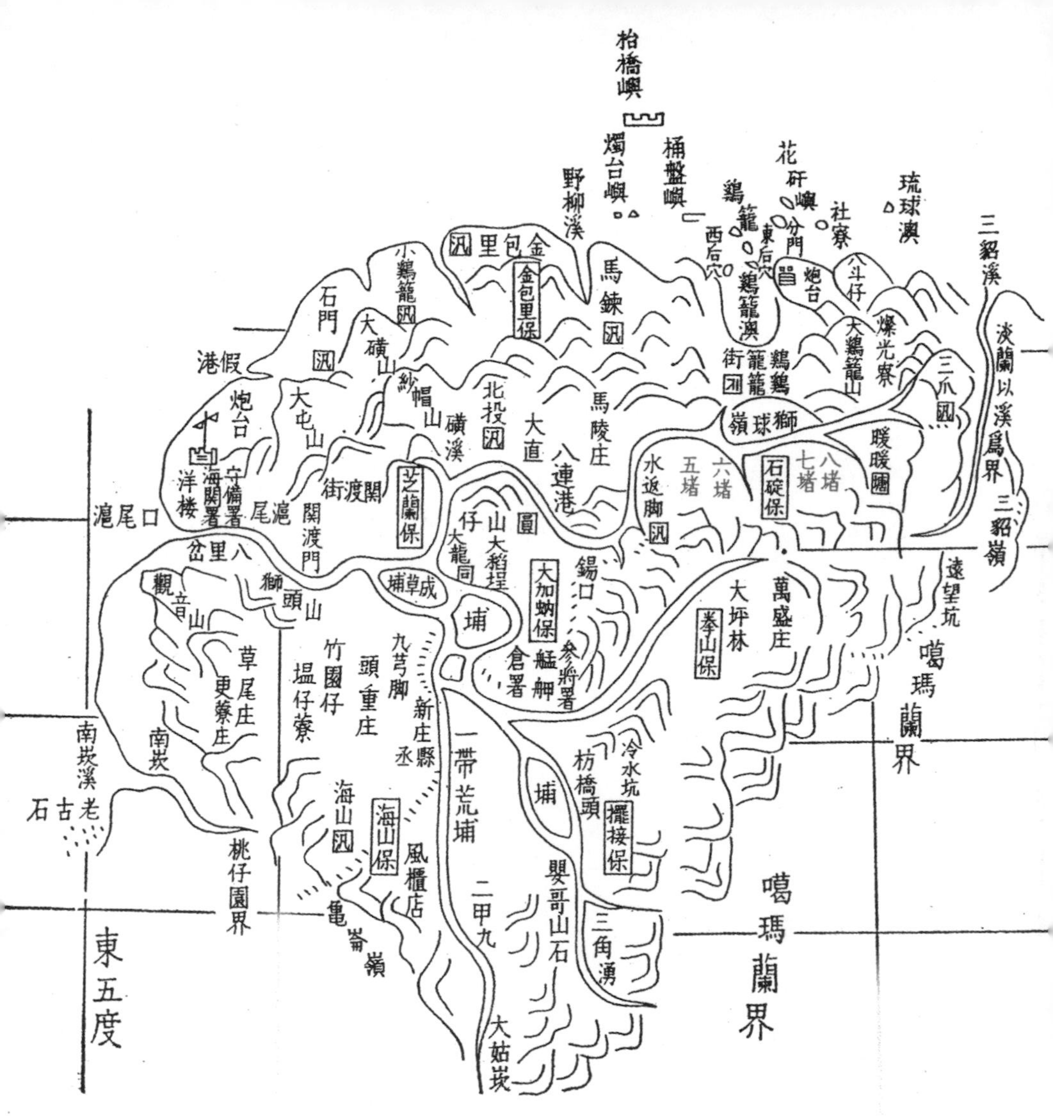

《淡水廳志》附圖，同治10年，陳培桂主修。

圖中的標示五、六、七、八堵，卻無一、二、三、四堵。

【基隆以堵命名的地點】

五堵 / 基隆市七堵區保長里
五堵南山 / 基隆市七堵區保長里
五堵南 / 基隆市七堵區堵北里
北五堵 / 基隆市七堵區堵南里
堵頭 / 五堵、六堵交接處
堵尾 / 五堵橋附近
八堵 / 基隆市暖暖區八堵、八南里
八堵北 / 基隆市暖暖區八德里
七堵 / 基隆市七堵區永平里
七堵山腳 / 基隆市七堵區永平里
六堵 / 基隆市七堵區六堵里
六堵山 / 基隆市七堵區六堵里

基於往昔防番所築的土垣命名。」

安倍明義的《臺灣的地名研究》是繼一八九八年臺灣總督府編撰印行的《臺灣地名解》之後，第一本有關臺灣地名的著作。《臺灣地名解》編寫得非常簡略，錯誤百出，無參考價值。安倍是殖民地官員並非專門學者，《臺灣的地名研究》是他利用公餘之暇編寫的著作，雖然學術價值不高，但總算是有關臺灣地名的開山之作，至今被廣泛的引用。安倍對「堵」的解釋，我認為很有問題。

「堵」在臺灣民間最常被使用之處，在於作為牆壁的計算單位，例如一道牆，可以說「一堵壁」。另外還可以是房屋開間的計算單位。中國傳統建築以「開間」為計算單位。傳說北京紫禁城有九千九百九十九間房，即以「開間」為計算單位，而非獨立的房間。臺灣民間在計算「開間」時則用「堵」，一堵是一個「開間」的意思，和幾個房間無關。例如一個房間有三個開間大小，通常說「三堵」。

「間」在閩南語中，主要是作為房間的計算單位，例如「一間房間」。也可以等同於「棟」，閩南語「一間厝」是指一棟獨立的房屋，而非一個房間。但「間」在閩南語中較少用在「開間」的計算上。安倍認為「堵」為土垣之義不算錯，但說：「八堵、七堵、六堵、五堵等地名，是基於往昔防番所築的土垣命名。」就不知此說法的依據為何了。因為基隆河上游一帶是㖬里即吼社及峰仔寺

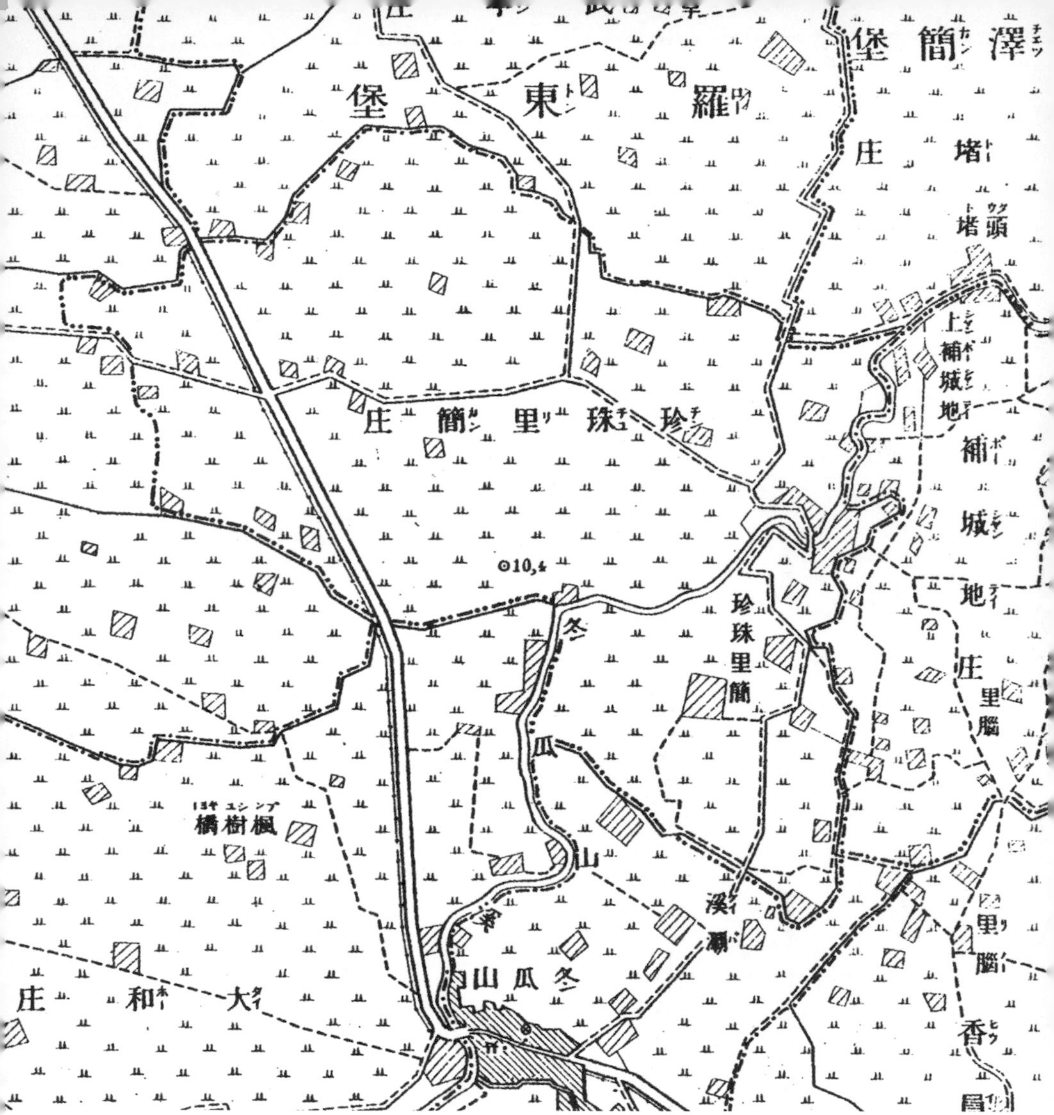

《臺灣堡圖．82 冬瓜山》 臺灣臨時土地調查局 明治 38 年（1905）
冬山河上「堵」的地形特徵和基隆河上游的「堵」不太相同，反而和客家地區的「肚」比較相似。冬山河上的「堵」是不是「肚」的轉音，還有待考證。

【基隆以外以堵命名的地點】

葫蘆堵 / 臺北市士林區葫蘆里
四堵 / 新北市坪林區石槽里
三堵 / 宜蘭縣冬山鄉武淵村
二堵 / 宜蘭縣冬山鄉武淵村
頭堵 / 宜蘭縣冬山鄉武淵村
七堵壖 / 彰化縣伸港鄉海尾村

《L'Expedition Francaise de Formose》

〈Environs de Kelung〉1894, Garnot

Garnot 艦長曾參與 1884 年中法戰爭，入侵基隆行動。Garnot 於書中附錄了十張北臺灣與基隆港的地圖。其中〈Environs de Kelung〉一圖描繪基隆的地形與地貌社的領域，而這兩個平埔族群並非兇惡的「野番」，文獻中也從未提及漢人曾在此設防。而且即使真的設置防域工事，也應該以「隘」為名，而非「堵」。

另外，這八個以「堵」為名的地方，不但地域差距頗大，似乎也找不出共同的關聯事件、人物可加以連結。再者，新北市坪林區石里「四堵」的命名時間應該最晚，更不可能和八堵、七堵、六堵、五堵有任何關聯。

根據地圖上的判讀，我發現所有以「堵」命名的地方都位於連續彎曲的河曲地形上，所以河曲地形應該是以「堵」命名的先決條件。但這八個以「堵」命名的河曲，地形地貌並不全然相同。前三者位於冬山河的下游，接近入海口處，之所以形成連續的河曲，是因為地勢平坦，河川流速趨緩所造成的。

而後四者位於基隆河上游，屬於丘陵地帶，以「堵」命名的地方除了河曲之外，附近還都有一座小山。在基隆河上游即使出現河曲地形的地方，沒有小山，並不曾出現以「堵」命名的例子。可見基隆河上游以「堵」命名的地方，是指河曲上的小山，早年閩南人應該是以「堵」類比河曲上的小山，像「一堵壁」一樣擋在河道上，而非安倍所說的防禦工事。

客家地區有不少以「肚」命名的地方，客家語以「肚」類比河曲的弧度，其實是彎形象的。冬山河上「堵」的地形特徵和基隆河上游的「堵」不太相同，反

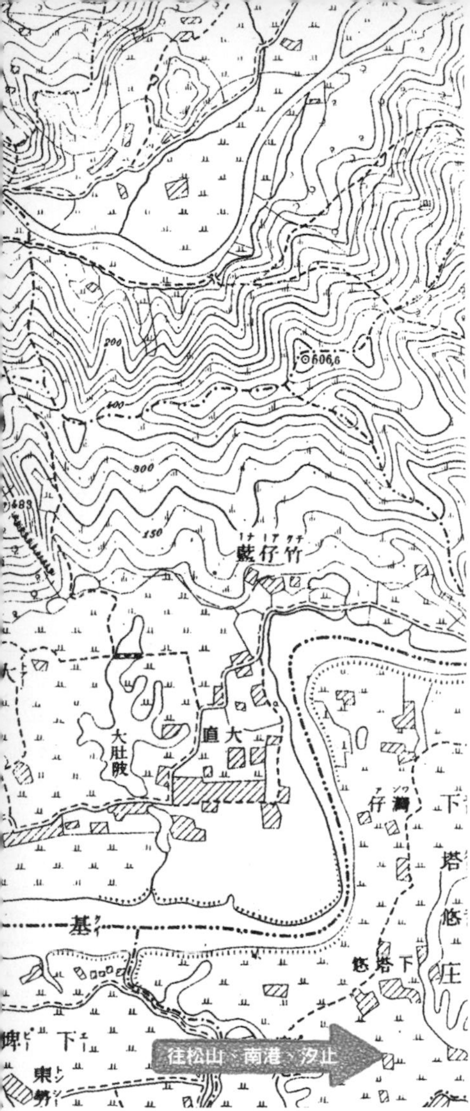

而和客家的「肚」較類似。冬山河上「堵」是不是「肚」的轉音?還有待考證。蘭陽平原上最早的漢人開拓者大多為漳州籍客家移民。

另外，根據八堵、七堵、六堵、五堵在基隆河上游依序排列的規律加以推論，我認為基隆河在五堵的下游處，早年應該還有四個以「堵」命名的地方，其特徵應該也是河曲上的小山，捷運圓山站的圓山、汐止的橫科山、番仔寮、錦鋒山等都是可能以「堵」命名的地點。早年基隆河的航運十分發達，松山、南港、汐止都是因河港的功能而發展的城鎮，我猜想「堵」應該是早年航行在基隆河上的水手，為計算航程、時間，以及作為航標識別，而加以命名的。

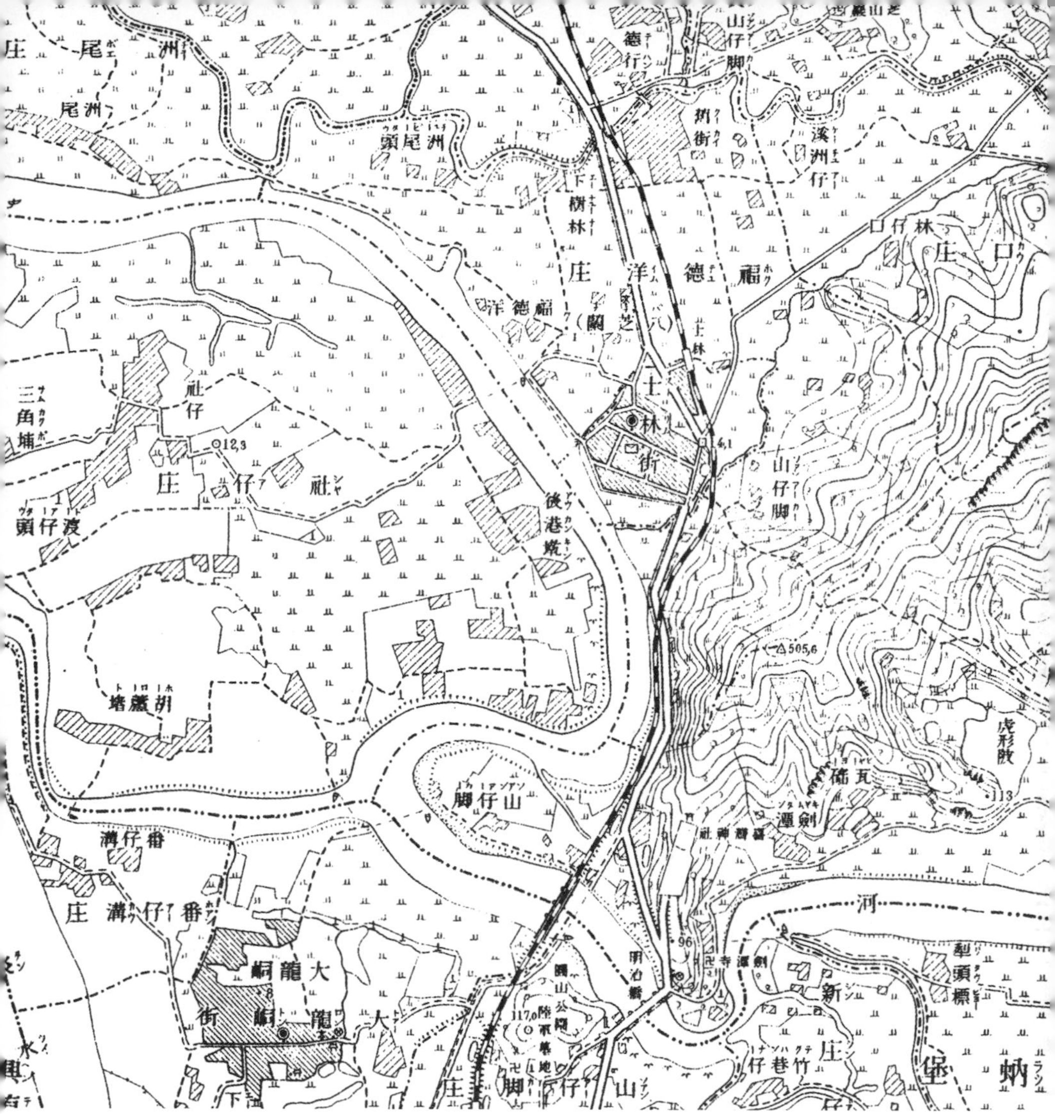

《臺灣堡圖．17 士林》臺灣臨時土地調查局 明治 38 年（1905）

早年基隆河的航運十分發達，松山、南港、汐止都是因河港的功能而發展起來的市街，「堵」應該是早年航行在基隆河上的水手，為了計算航程、時間，以及作為航標識別，而加以命名的。

一六五四年，大臺北地名的起點

一九九八年臺北縣立文化中心出版翁佳音撰述的《大臺北古地圖考釋》。此書甫一出版便引起學界高度的關注。相關的學者迫不急待的奮筆為文，發表自己對這本書的看法。有心者將這些文字彙集成冊，「名為《大臺北古地圖考釋》對話集」，算是臺灣史學界一次盛況空前的對話。

《大臺北古地圖考釋》一書的主要內容是針對一幅一六五四年繪製的大臺北地區地圖，圖上注記的平埔族社群以及其他相關的地理資訊，逐條作詳細的註解。這張地圖是一六五〇年代擔任荷蘭東印度公司派駐在雞籠與淡水地區的主管西門．給爾得辜（Simon Keerdekoe）提交公司的一份名為〈關於淡水河、雞籠港灣、及公司當地現存城砦、日常航行所經番社數等情述略〉報告書的附圖。原圖是給爾得辜的手繪圖，現圖是巴達維亞總部製圖師根據原圖抄繪的。

因為給爾得辜並沒有經過正統的三角測繪訓練，所以這幅地圖和荷蘭東印度公司繪製的其他有關臺灣地圖不太相同，反而有點像是清代的山水畫式的地圖。

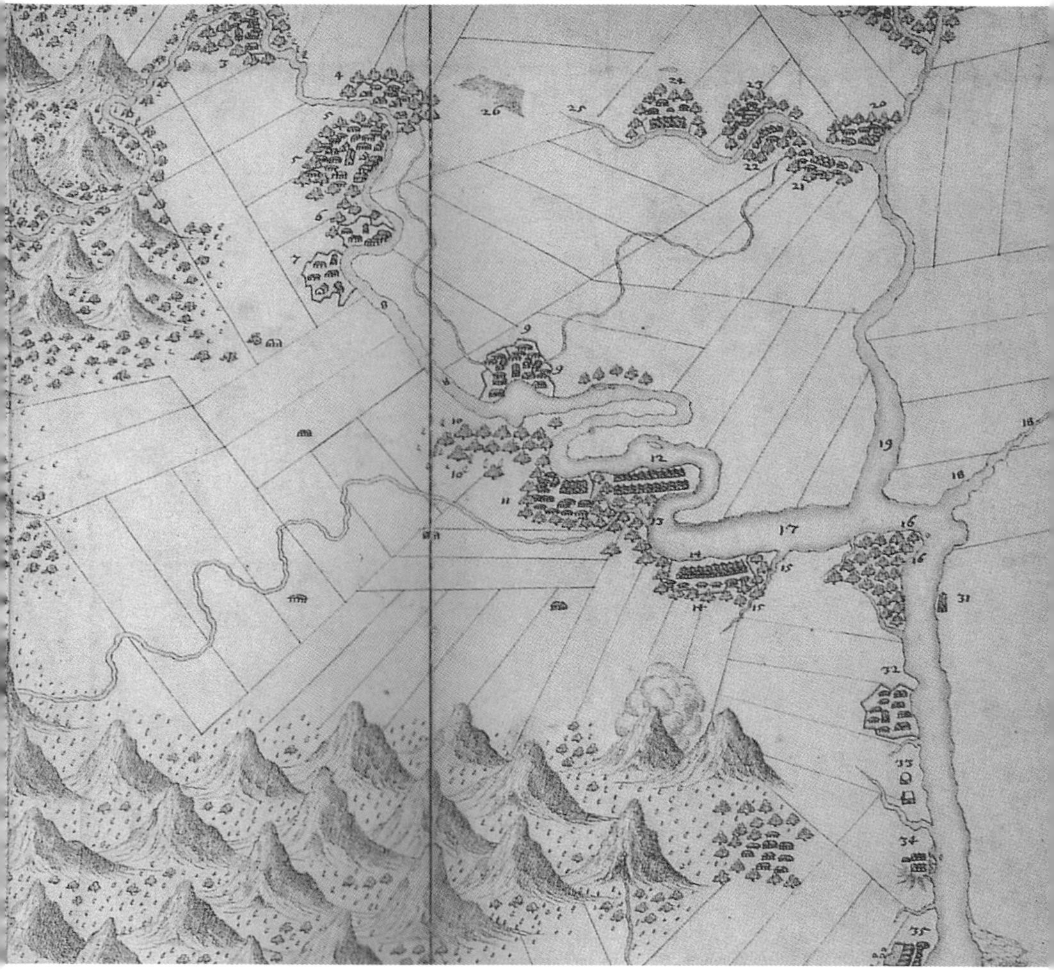

《淡水及附近部落並基隆嶼圖》局部畫面 1654 荷蘭東印度公司

圖中顯示基隆河松山至圓山河段，除大直一段變化不大外，其餘河段的流向和現今有相當大的區別，因此許多平埔聚落的確切位置，在學術上造成爭議。

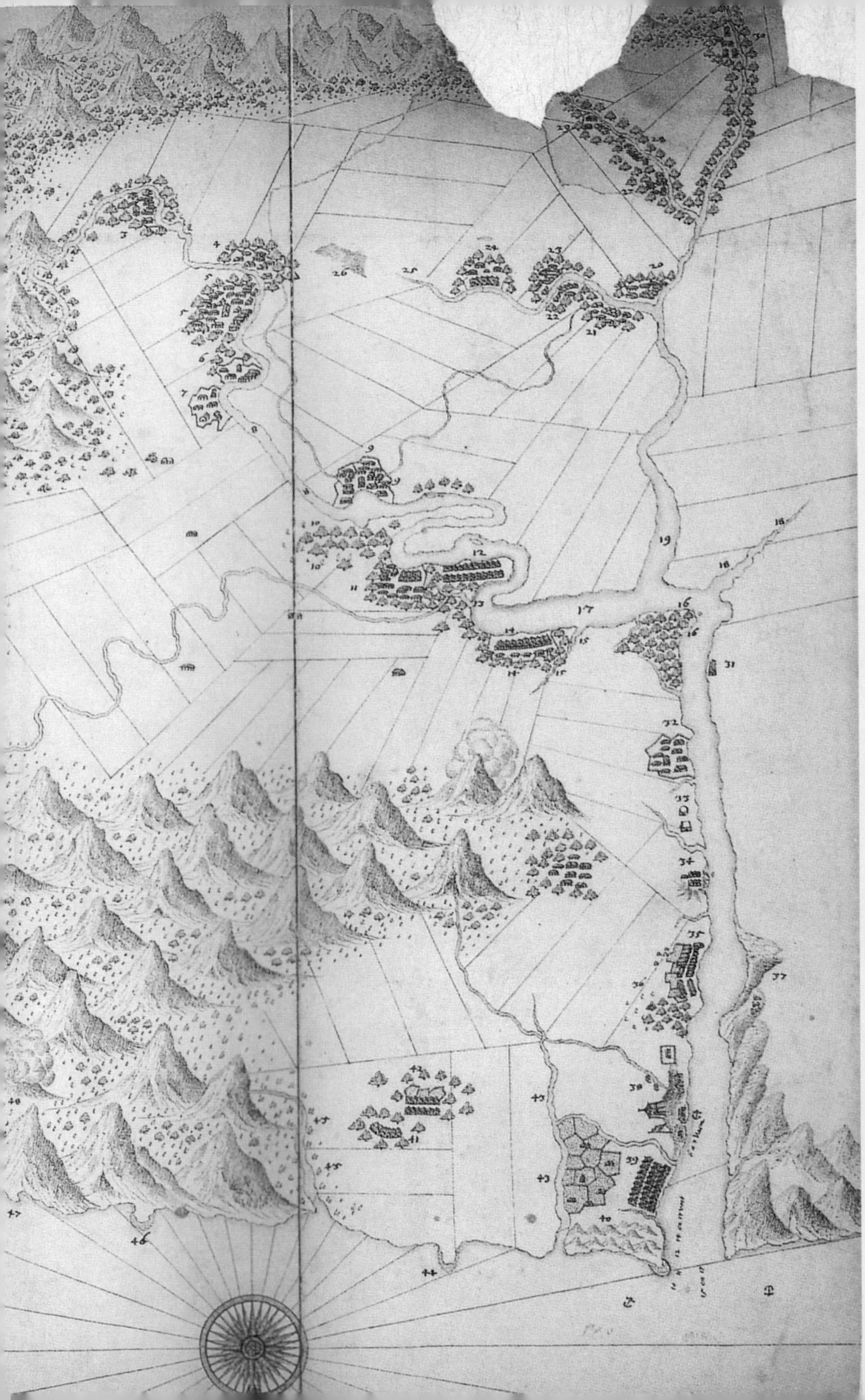

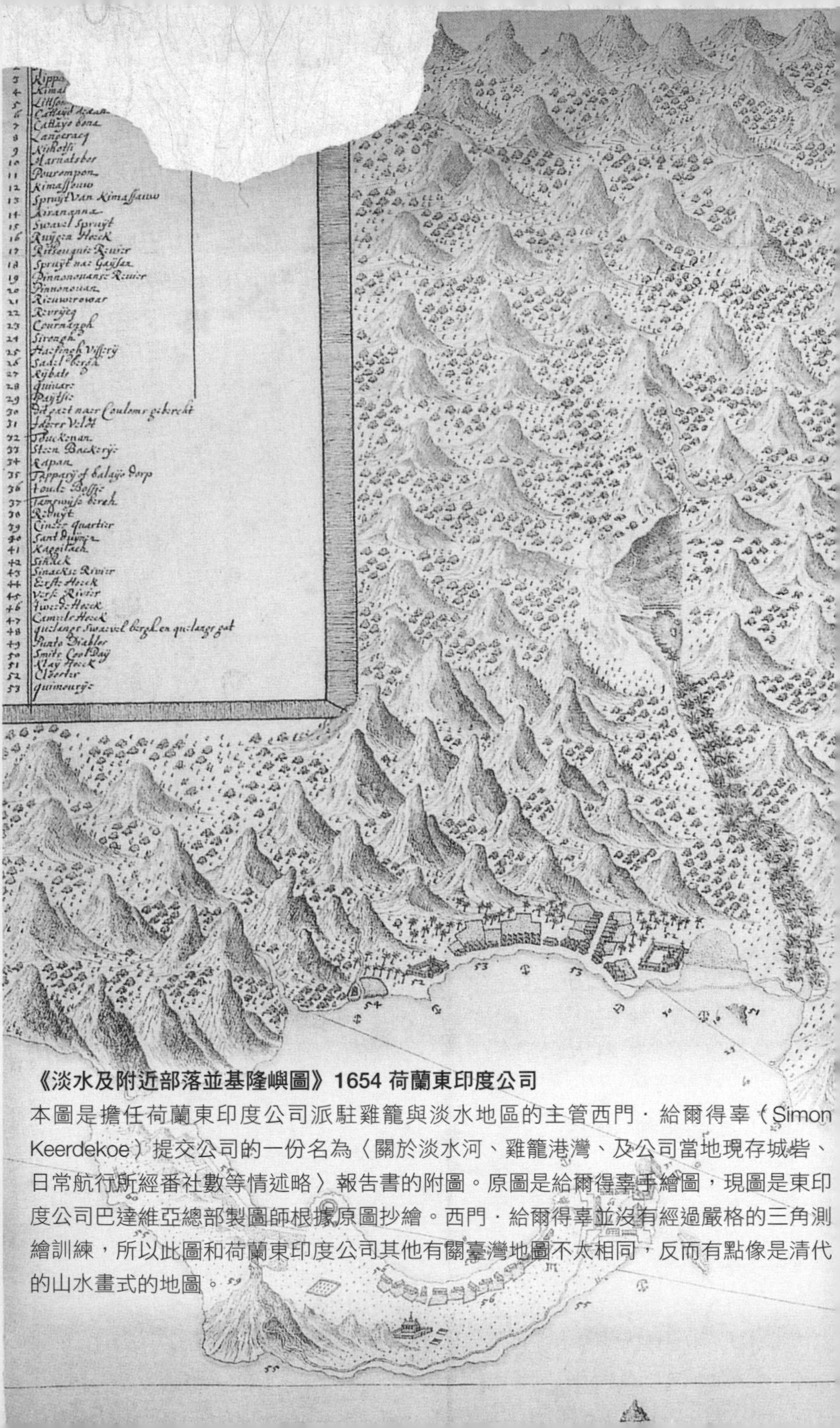

《淡水及附近部落並基隆嶼圖》1654 荷蘭東印度公司

本圖是擔任荷蘭東印度公司派駐雞籠與淡水地區的主管西門．給爾得辜（Simon Keerdekoe）提交公司的一份名為〈關於淡水河、雞籠港灣、及公司當地現存城砦、日常航行所經番社數等情述略〉報告書的附圖。原圖是給爾得辜手繪圖，現圖是東印度公司巴達維亞總部製圖師根據原圖抄繪。西門．給爾得辜並沒有經過嚴格的三角測繪訓練，所以此圖和荷蘭東印度公司其他有關臺灣地圖不太相同，反而有點像是清代的山水畫式的地圖。

此圖雖然很早便引起學者的注意，但因此圖為古荷蘭文註記，國內能夠閱讀古荷蘭文的學者實在有限，所以此圖便長期被擱置，無人作專題研究。直到翁佳音在荷蘭研究古荷蘭文多年後，終於完成此圖的注解。

學者對此書的出版反應熱烈，主要是因為相較於臺灣其他地區，臺北盆地內的平埔族群的分布存在較多的爭議。清代早期繪製的地圖雖然也曾描繪這些社群的位置，但這些地圖都不是實測地圖，而且繪製者通常沒有親臨現場，所以描繪的位置出入很大，錯漏之處層出不窮。再加上平埔族群因漢化以及遷徙他處，關於臺北盆地內平埔族群的原居地，相較於臺灣其他地區，存在了較大的爭議。

日治時代，日籍學者中村孝志在整理荷蘭時代番社戶口表時，也曾提到這張地圖，但並沒有將這張地圖標示的地理資訊翻譯出來，所以也無法以之對照番社戶口表中平埔社群的具體位置。

《大臺北古地圖考釋》一書出版後，學者對於翁佳音的注釋雖仍提出不同的意見，但此書終究揭開長期存在的歷史迷霧，使得一六五〇年代漢人大舉入墾之前，大臺北以及基隆地區平埔族群的分布狀態清楚的呈現出來。對一般平頭百姓而言，我們得以將許多沿用多年的老地名，追溯到更古老的年代。

《淡水及附近部落並基隆嶼圖》局部古今地名

Rijbats / 新北市板橋區社後里
Quiuare / 新北市板橋區浮洲里
Paiijtsie / 新北市板橋區社後里
Touckenan / 新北市淡水區竿蓁里
Rapan / 新北市淡水區北投仔
Tapparij / 新北市淡水區中心地帶
Tamswijseberch / 新北市八里區觀音山
Reduijt / 淡水紅毛城
Kaggilach / 新北市三芝區小雞籠社
Sinach / 林子社、雞柔社
SinackseRivier / 公司田溪
EerstHoeck / 麟山鼻
TweedeHoeck / 富貴角
CameelsHoeck / 雙燭臺
PuntoDiablos / 野柳
Perranouan / 基隆市暖暖區
Kippanasz / 新北市汐止區鄉長里
Kimalitsigowan / 臺北市松山區頂錫里
Littsouc / 臺北市松山區舊宗里
Cattaijodedan / 臺北市松山區永泰里
Cattaijobona / 臺北市內湖區北勢湖
Langeracq / 臺北市中山區大直
Kimotsi / 臺北市中山區劍窗里
Marnatsbos / 臺北市中山區圓山
Pourompon / 臺北市大同區大龍峒
Kimassouw / 臺北市士林區後港、社子里
Kirananna / 臺北市北投區風度、立農里
Swavelspruijt / 臺北市北投區磺溪
RuijgenHoeck / 臺北市北投區關渡
Ritsouquierevier / 基隆河
PinnonouanRevier / 新店溪
Pinnonouan / 新北市板橋區港仔嘴
Rieuwwerowar / 臺北市植物園一帶
Revrijcq / 臺北市萬華區加蚋仔
Cournangh / 新北市永和區捷運頂溪站一帶
Sirongh / 新北市永和區捷運永安站一帶
Sadelbergh / 臺北市公館寶藏巖

八尺門
山朝社
至八尺門
蛤仔難共參拾陸社
在此山後
至北港社水路參日
澗仔力社
至鳳山貳
拾里
北港社
至山朝社水路貳
時旱路叁拾里
南港社
至蛤仔難水路貳日
大浪泵社
之巴社
南崁社
八里分山
干豆門
至內北投水路捌里
干豆門
八里分社
至淡水江貳里
淡水港
至山朝鼻參拾里

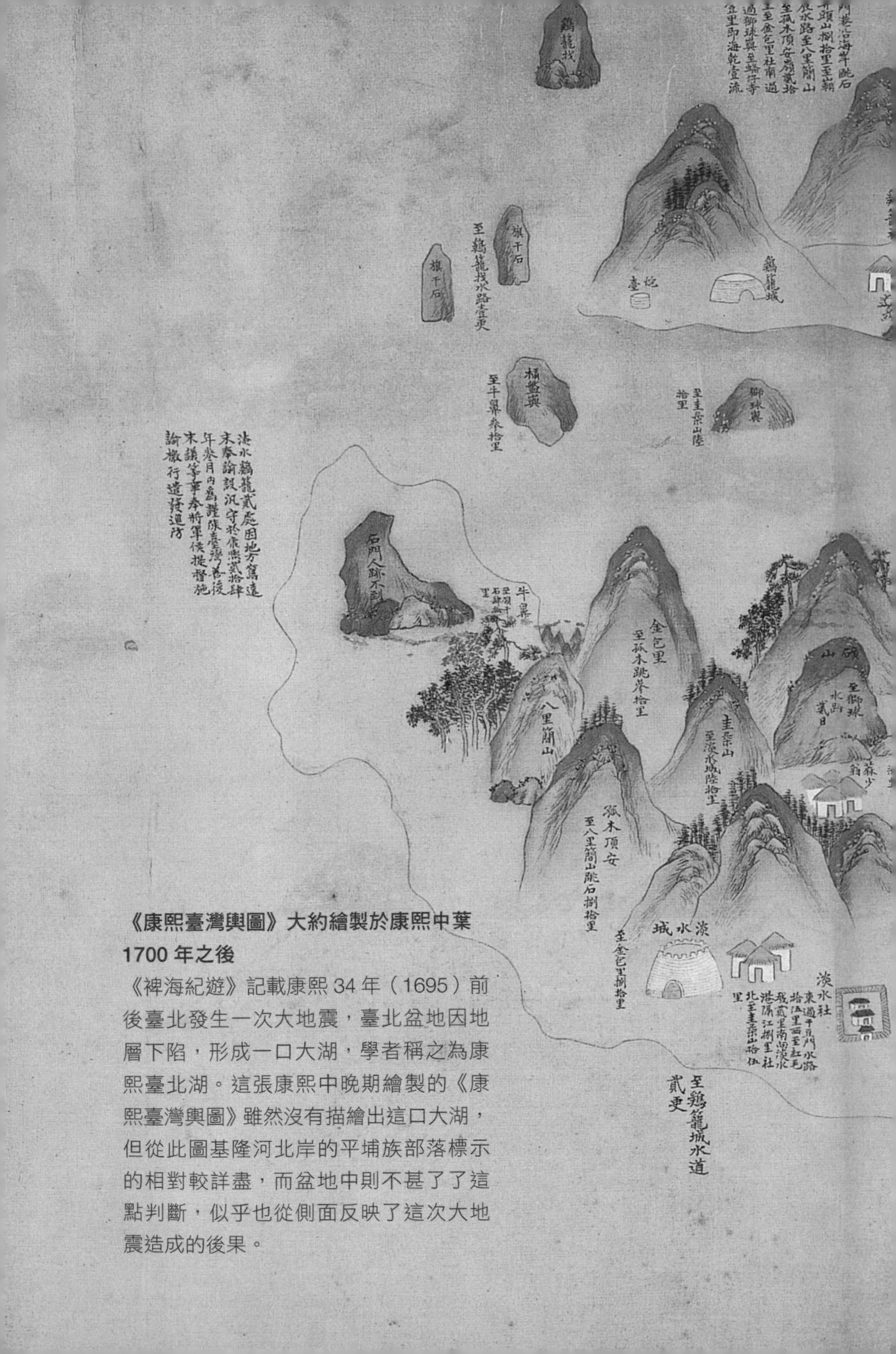

《康熙臺灣輿圖》大約繪製於康熙中葉1700年之後

《裨海紀遊》記載康熙34年（1695）前後臺北發生一次大地震，臺北盆地因地層下陷，形成一口大湖，學者稱之為康熙臺北湖。這張康熙中晚期繪製的《康熙臺灣輿圖》雖然沒有描繪出這口大湖，但從此圖基隆河北岸的平埔族部落標示的相對較詳盡，而盆地中則不甚了了這點判斷，似乎也從側面反映了這次大地震造成的後果。

三重埔，臺北盆地最年輕的地方

三重埔、二重埔之名，為人熟知，頭重埔則較罕聽聞，捷運新莊線有個頭前莊站，早年就叫頭重埔。三重埔、二重埔、頭重埔，是地名發生的次序，也說明了河川新生地生成的次序。頭重埔、二重埔、三重埔從西向東依序排列，顯示大嵙崁溪早年匯入淡水河主河道之前，曾經過三次大規模的變遷。三重埔是最後生成的河埔新生地，也可說是臺北盆地最年輕的地方。

之所以如此，應該和「康熙臺北湖」的生成與退卻有關。「康熙臺北湖」具體的範圍、消退的次序，由於文獻不足，一直是難解的謎團，從頭重埔、二重埔、三重埔等地名的考證，或許有所幫助。

從地理環境上看，三重埔位於臺北盆地的中心位置，按說應該是菁華地段，發展的重心，其實不然。清代且不談，日治時代殖民政府將三重埔規劃為洪泛區，也就是對洪水不設防的地帶。不設堤防的原因，是為了在颱風季節山洪暴發時任其淹沒，以保障臺北都會區的安全。

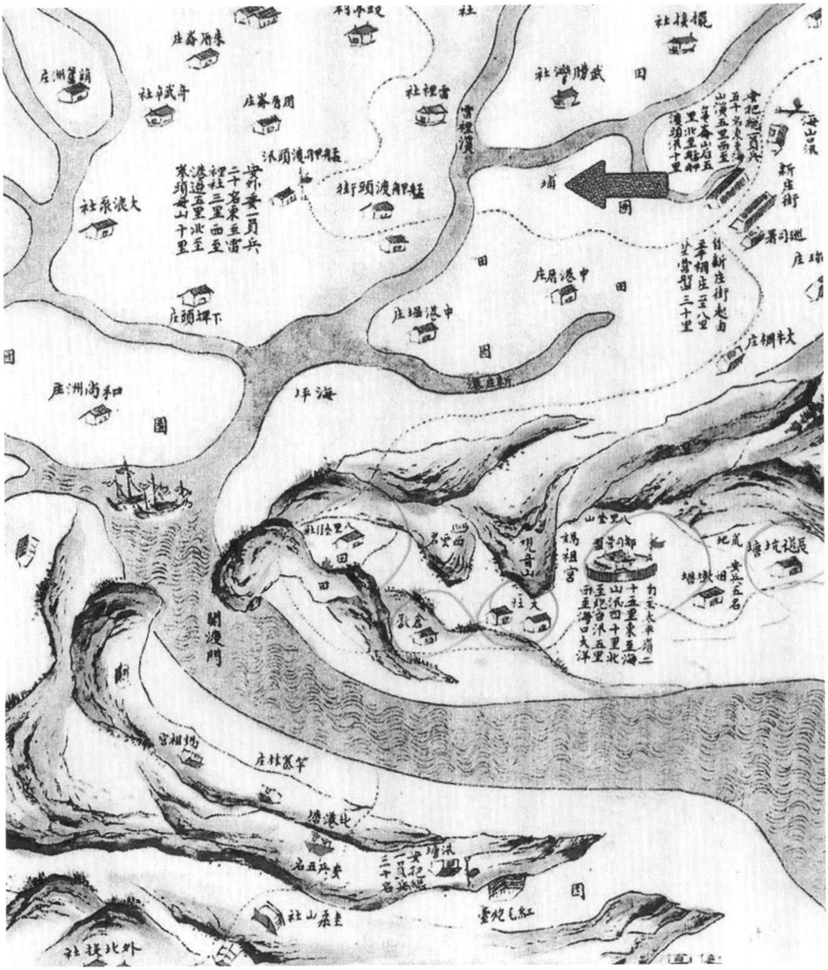

《乾隆臺灣輿圖》，乾隆中葉

本圖繪製的時代，三重埔的位置上只標示了一個「埔」字，到底是頭重埔？二重埔？還是三重埔？很難判斷。可以確定的是，當時大嵙崁溪、新店溪的河道，和現在應該有很大的差異。

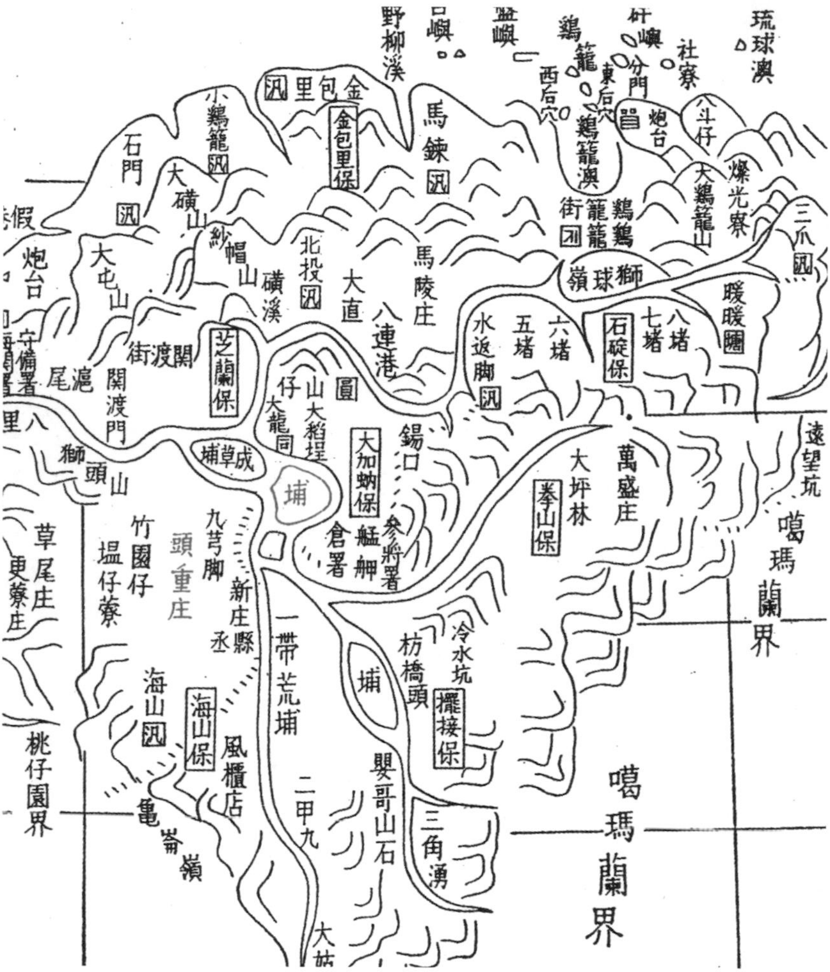

《淡水廳志》附圖，同治 10 年
陳培桂主修

圖中三重埔的位置，還是只標示一個「埔」字，不過此「埔」指的應該是三重埔，值得注意的是「埔」與「頭重庄」之間有一條河道，應該相當於現今的二重疏洪道。

因為是洪泛區，在區域規劃上當然不會賦予太重要的角色，也就被定位為供應臺北都會蔬果、奶酪產品的農牧區。三重埔擔負這種角色，從日治時代一直持續到一九六〇年代初期。

六〇年代之前，臺灣經濟尚未起飛，化學肥料完全依靠進口，價格十分昂貴，所以蔬菜種植幾乎全靠水肥。據說當時駐臺美軍拒吃臺灣生產的蔬菜，一律由海外進口。當時有些人覺得美軍也太挑剔了，後來了解西方人的飲食習慣，蔬菜大多生食，也就不覺得美軍過份挑剔了。畢竟澆過水肥的蔬菜，再怎麼清洗，生吃心裡總是不舒坦。三重埔菜地的水肥主要是從距離最近、人煙最密集的淡水河對岸西門町、大稻埕一帶，用舢舨運送過來，等蔬菜成熟了再賣回到臺北。淡水河兩岸進行蔬菜與水肥的交換長達數十年之久。擔負同樣角色的還有蘆洲、五股、社子、新莊等地。這些區域正好都位在捷運新莊、蘆洲線上，現在也都重新尋找區域地理中的新定位。

六〇年代，臺灣因「三七五」、「耕者有其田」政策所激發的農業生產力已達到極致，農村過剩人口達一百萬，因此輕工業產品進口替代政策應運而生。三重、新莊兩地因為地近臺北主要消費市場，成為發展輕工業產品進口替代產業的首選基地，由農牧產地一躍而為臺灣最早的輕工業基地。那時從三洋冰箱、鈴木機車一直到養樂多、U. U.藥膏等工廠都可以在三重埔、新莊兩地找到。

臺灣進口替代產業到了一九八〇年代到達頂點，原來擔負大臺北洪泛淹沒地角色的三重埔，因為產業與都市變遷也都築起高大的防洪堤，日治時期定下的防洪策略面臨不得不調整。政府提出的替代方案是鑿開二重疏洪道，疏導兩百年週期特大規模的洪峰，以保障臺北都會區的安全。贊成與反對雙方相持不下，「二重疏洪道」、「二重」成為當時新聞媒體的關鍵詞。二重疏洪道的開鑿與否，不但掀起正反雙方的論戰，也引發了臺灣自一九四九年宣布戒嚴令之後，第一宗群眾抗議示威活動事件。連帶的也造成當年兩個政治新星李登輝、林洋港政治生涯的浮沉，同時還造就了一批土地開發巨鱷，為臺灣後續發展之路，帶來無限的影響。

那年我還在新莊輔仁大學就讀，課餘打工，常到三重埔的文化路、天臺戲院一帶散發建築海報。印象中，那一帶的巷弄裡全是小型加工車間、茶店仔、色情戲院，夜市裡人潮洶湧，全是中、南部農村北上的「打工仔」。「打工仔」逛完夜市，便溜進堤防邊一遛人稱「豆干厝」的私娼寮尋歡作樂。

已故的歌星高凌風當年好像還在天臺戲院作秀時，屁股被打了一槍，後來不得不找「Ta-ke」當保鑣，可沒多久「Ta-ke」也死於槍擊命案。那時，三重埔真是生猛、「草莽」味十足。

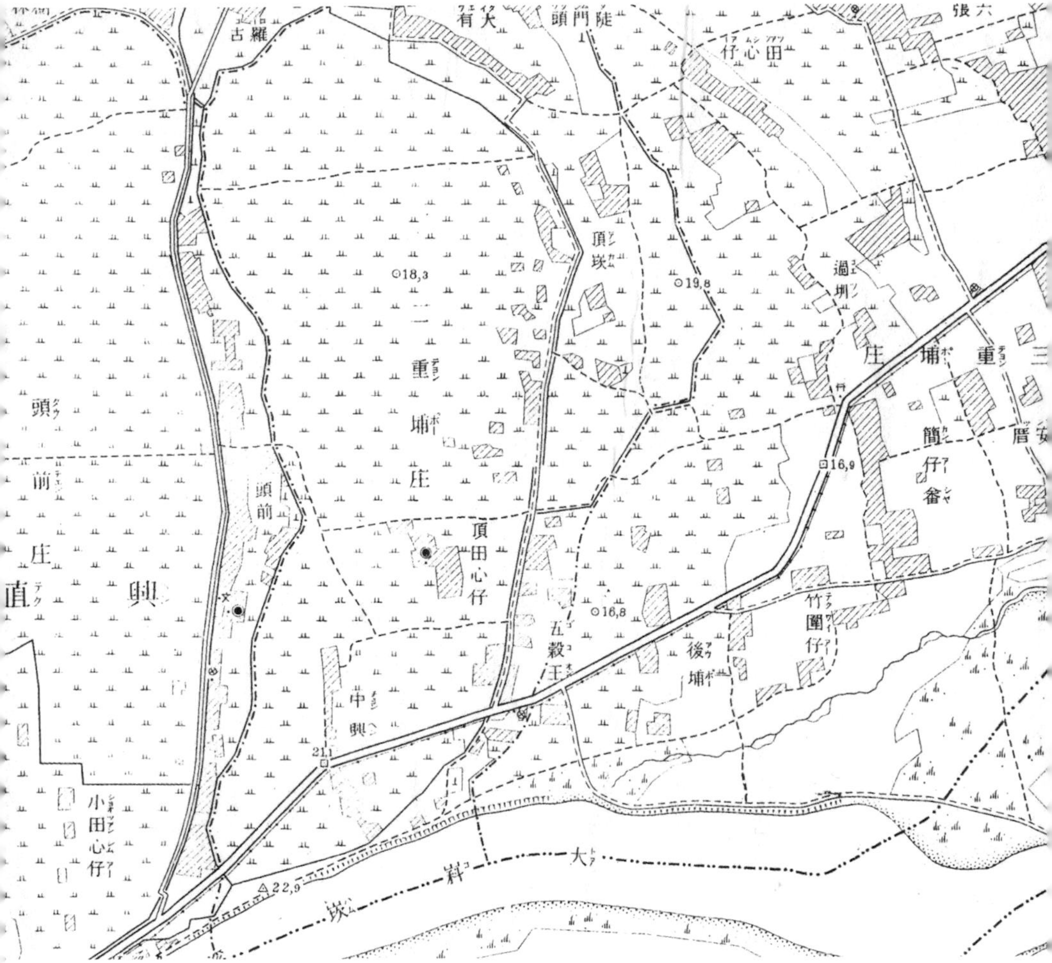

《臺灣堡圖．23 板橋》1904
臺灣總督府臨時臺灣土地調查局

日治初期，頭重庄、二重埔、三重埔地名已完整形成，而且同治年版《淡水廳志》附圖上，「埔」與「頭重庄」之間的河道，已完全消失。

因開鑿二重疏洪道被迫遷村的洲後村貧苦農民，終於走上中興橋頭發起抗議示威，造成交通大阻塞，那一天輔仁大學正舉行期末考，我被塞在中興橋的另一端，動彈不得，眼看著考試時間一分一秒的過去……

林洋港時任臺灣省主席，是媒體一致看好的政治明星，據說因為反對開鑿二重疏洪道忤逆當道，被迫轉任內政部長。就任內政部長之初，林洋港還發出「三個月讓鐵窗業蕭條」的豪語。無奈鐵窗業至今也未蕭條過，但他的政治生涯已過了頂點日趨黯淡。

反而當年唯唯諾諾，不算太起眼的臺北市長李登輝，因為贊成開鑿二重疏洪道，獲得當道的賞識，升任臺灣省主席，政治生涯從此一帆風順，步步高升，最後登上九五至尊。在其政治生涯的末期，兩岸之間頻生波瀾，瀕於戰爭邊緣。從唯唯諾諾的臺北市長到掀起兩國論的政治冒險家，同為一人，令人不敢置信。

二重疏洪道案確定後，原本炒作三重、二重、五股、蘆洲一帶土地的土地開發商，賺得巨額的利潤，此後也在臺灣政壇上謀得一席之地。

有趣的是，二重疏洪道開闢至今，還沒碰上百年不遇的大洪水，反而成為民眾的休閒之地。事實上，當年模擬實境的水功圖，經過多次的實驗，也未能證明二重疏洪道能疏導百年不遇的大洪水。

〈新庄郡大觀〉，1934，金子長光繪

【全臺以頭、二、三、四重埔命名的地方】

二重溪 / 屏東縣里港鄉
二重溪 / 屏東縣車城鄉溫泉村
三重埔 / 新北市三重市街區
三重埔 / 臺北市南港區三重里
三重埔 / 新竹市竹東鎮三重里
四重溪 / 屏東縣車城鄉溫泉村
四重埔 / 新竹市竹東鎮

二亭溪 / 桃園縣楊梅市
二重埔 / 新北市三重區二重里
二重埔 / 新竹市竹東鎮二重里
二重湳 / 彰化縣埔心鄉梧鳳村
二重溝 / 嘉義市
二重溪 / 桃園縣楊梅市大同里
二重溪 / 曾文溪出海口處
二重溪 / 南投縣南投市

頭延魁 / 臺北市市立動物園
頭前溪 / 新竹縣、市界河
頭重溪 / 桃園縣楊梅市梅溪里
頭重埔 / 新北市新莊區頭前里
頭重埔 / 新竹市竹東鎮頭重里
頭前埔 / 桃園縣中壢市芝芭里
頭前 / 新北市新莊區頭前里
頭前 / 林口臺地西南

如果臺北改名凱達格蘭

幾年前，臺北發生了一件離奇的刑事案件，萬華的角頭老大「加蚋仔慶」楊慶順被殺身亡，他的大、小老婆「五粒珠」、「小青蛙」互控對方謀害親夫。「加蚋仔慶」身家財產數十億，還擁有龐大的賭場利益，竟然死於家庭恩怨，黑色、桃色、金錢全攪和在一塊兒，報刊社會版、八卦雜誌連續數月追蹤報導，社會輿論喧騰一時。

早年萬華的黑道角頭據說多達十幾個，如「芳明館」、「華西街」、「祖師廟口」、「崛江町」、「加蚋仔」、「頭北厝」、「會社尾」、「後菜園」等等。單從「加蚋仔慶」這個外號，就可以看出楊慶順和加蚋仔的淵源。

楊姓家族算是加蚋仔的大姓、望族，地方上有「加蚋仔楊」的說法。萬華區寶興街上的「楊聖廟」便是楊氏家族的宗祠家廟，據說大畫家楊三郎也是這個家族的派下子弟。楊三郎世居永和頂溪洲，和加蚋仔隔著新店溪，似乎風馬牛不相及，事實上，是因為河道的變遷，才使得兩地疏遠，早年兩地關係是很密切的。

在一般人的概念裡，艋舺大道以南，一直到華中橋，都可以算是廣義的加蚋仔。清代早期加蚋仔和艋舺隔著新店溪主河道（現在的西藏路）分隔兩地，當時加蚋仔庄在行政劃分上屬擺接堡而非大加蚋堡，兩者是不同的地理概念。後來，新店溪主河道轉成現在的路線，西藏路原來的主河道萎縮成一條小溝，日治時代中期，加蚋仔劃入臺北市，分為東園町、西園町。

光復後，萬華區也只包含艋舺，加蚋仔另劃為東園區、西園區，兩者在行政區劃上，算是對等的。後來西藏路、三元街被填平，雙園與萬華合併，統稱為萬華區，加蚋仔作為一個獨立的地理、行政區位，逐漸在一般人的印象中模糊了。知道「加蚋仔慶」的人也未必知道加蚋仔曾是和艋舺對等的地名，搞不好還有人會認為加蚋仔只是艋舺的角頭之一。

加蚋仔這個古老的地名是怎麼來的呢？據說加蚋原來是平埔語「沼澤地」的意思。加蚋仔在閩南語的唸法是 **gala-a**，但字典中「蚋」字讀音為「瑞」，不唸作「**la**」，為什麼閩南人老喜歡將 **gala-a** 寫成「加蚋仔」？是因為 **gala-a** 是平埔語的關係？還是因為沼澤地多蟲、蠅、蚊、蚋呢？

加蚋仔如果原意是沼澤地的話，倒是相當符合當地地理環境的描述，早年此地位於新店溪、大嵙崁溪的交會處，新店溪河道經常變更，形成沼澤地是必然

《諸羅縣志》附圖（上圖），和**《雍正臺灣輿圖》**（左頁）兩圖繪製的時間差不多，當時臺北地區仍隸屬諸羅縣。《諸羅縣志》附圖臺北盆地的部分並未標示大加蚋保，但康熙48年官方發出臺北地區的第一份墾荒告示，已將臺北盆地稱之為「大嘉臘保」。《雍正臺灣輿圖》繪製相當精緻，也是大嘉臘（大加蚋）之名第一次出現在地圖上的例子。兩幅地圖內容稍有差異，但都描繪臺北盆地出現大湖的情景

奇武子社
木喜巴壠社
大加臘社
武脊社
秀郎社
里末社
可泊大船
雷裡社
了阿社
橫直山
橫直埔
大八里坌社
大南灣

的，以此為名也是極為自然的事。但也有另一種說法；「仔」在閩南語的習慣，用在名詞之尾，有「小」的意思，例如「查某囡仔」，是小女孩的意思。而「加蚋仔」就是「小」大加蚋堡的意思，大加蚋堡是清代臺北行政區劃，相當於現今臺北市的主要街區。

「大加蚋」是 Ketagana 的閩南語音譯。現在一般學術刊物都將 Ketagana 音譯成「凱達格蘭」。凱達格蘭「洋味」十足，一般人很難將它和「大加蚋」聯想在一塊兒，但兩者確實指的是同一件事。

北部平埔族習慣在地名族群稱呼之前加上 Ki 或 Ke，很像是英文中的 The，閩南人大概懶得重複這些前置、定冠詞，便一律將之歇掉，例如 Kimassauw 成了毛少翁，Kippanas 成了峰仔嶼，所以 Ketagana 歇掉了 ke，就成了「大加蚋」。大加蚋是閩南人最早對臺北盆地的總稱，後來更成了官方正式的地名「大加蚋保」，或「大嘉臘保」。康熙晚年官方發出臺北盆地的第一份墾荒告示，便已將臺北稱之為「大嘉臘保」。

「大加蚋保」在清代的範圍含蓋極大，後來隨著人口增加，行政區劃細緻化，才逐漸縮小，但其作為地名則始終不變，甚至延用到日治初期。當時即使大加蚋保涵蓋的範圍已經縮小許多，但根據明治三十年（一八九七）臺灣總督府出

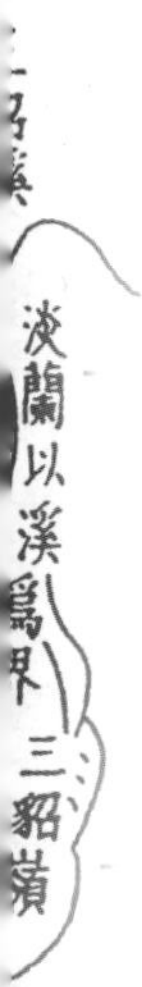

《淡水廳志》附圖

同治 10 年，陳培桂主修

當時大加蚋保的範圍比臺北市升格為院轄市之前還大了許多。

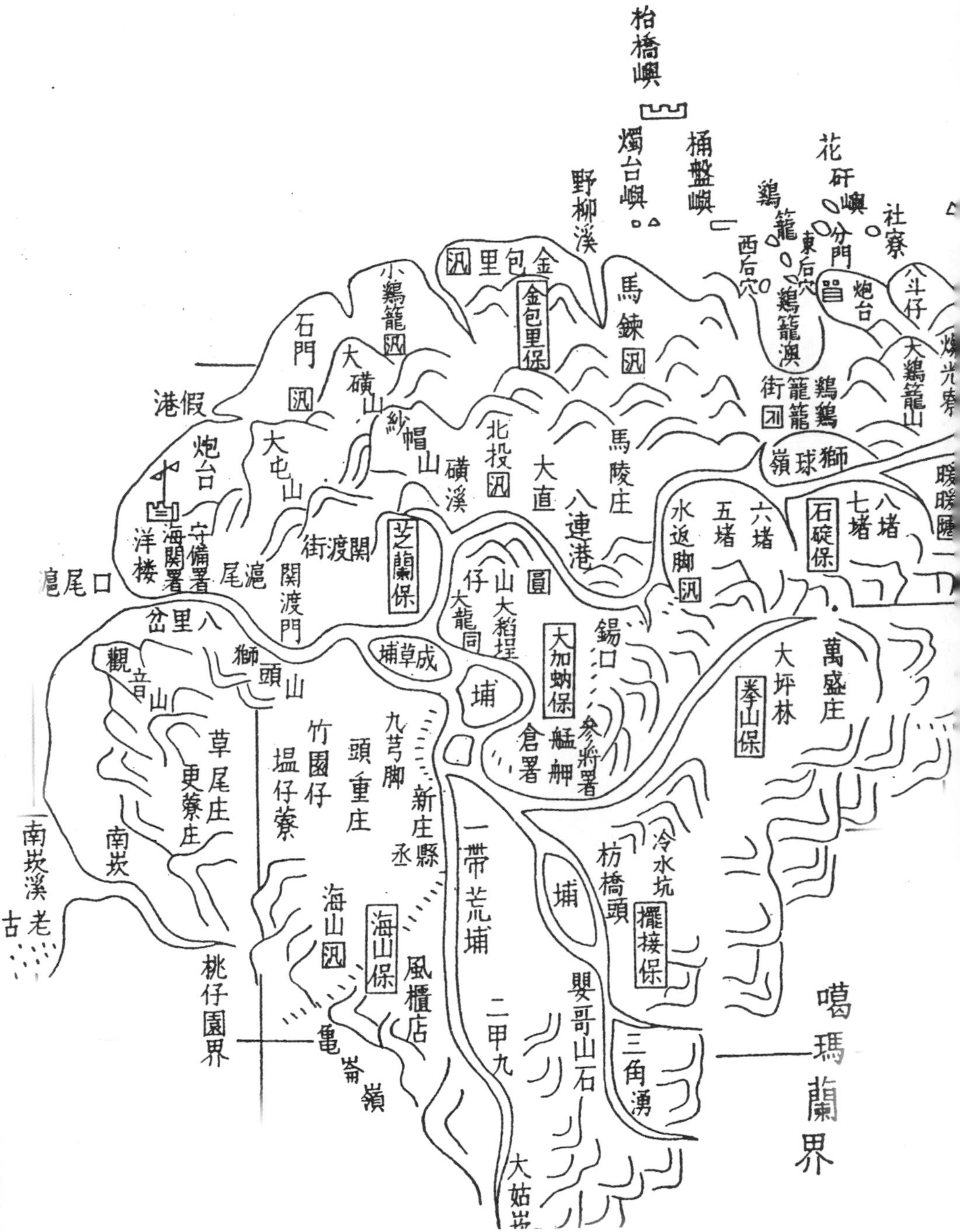

柏橋嶼
燭台嶼
桶盤嶼
野柳溪
花矸嶼
社寮
雞籠
西台穴
東台穴
分門
八斗仔
炮台
雞籠澳
大雞籠山
金包里汛
金包里保
小雞籠汛
馬鍊汛
石門汛
大礦山
紗帽山
港假
炮台
大屯山
北投汛
馬陵庄
大直
礦溪
雞籠街
獅球嶺
暖暖
八堵
七堵
石碇保
六堵
五堵
水返脚汛
八連港
芝蘭保
關渡街
守備署
海關署
洋樓
滬尾
口尾滬
圓山
山仔
大龍同
大稻埕
錫口
大加蚋保
八里坌
關渡門
成草埔
觀音山
獅頭山
埔
參將署
艋舺
倉署
萬盛庄
大坪林
拳山保
九芎脚
新庄縣丞
頭重庄
竹園仔
塭仔寮
草尾庄
更寮庄
南崁
南崁溪
古老
一帶芒荒埔
埔
冷水坑
枋橋頭
擺接保
海山汛
海山保
風櫃店
桃仔園界
龜崙嶺
二甲九
嬰哥山石
三角湧
嘮瑪蘭界
大姑崁

版的《臺灣事情一班》上卷的註記，大加蚋保下轄區域，除了城內、大稻埕、艋舺、大龍峒之外，還包括松山、南港，其範圍甚至比臺北市一九六八年升格為院轄市之前的轄區還大。

大加蚋保這個沿用了近兩百年的地名也是在明治三十年走入歷史的。一百年後，一九九六年陳水扁當選臺北市長，第一項重大市政變更便是將總統府前的介壽路改名為凱達格蘭大道，這是陳水扁在意識形態本土化，落實在具體行政上的第一步，後來各地爭相仿效，臺南的西拉雅、高雄的馬卡道、花蓮的知卡宣、臺東的馬亨亨，紛紛出籠，凱達格蘭大道算是引領風潮於一時。但回頭看看歷史，

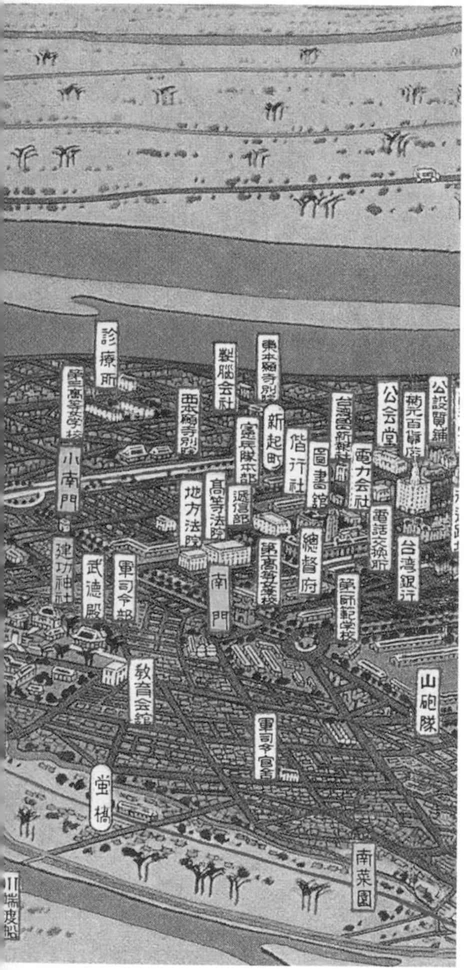

峰仔峙 / 汐止鎮街區

里族 / 松山區新聚、舊宗里

錫口 / 松山老街

塔塔悠 / 松山塔悠路一帶

大浪泵 / 大同區

奇武卒 / 迪化街霞海城隍廟

毛少翁 / 原址在社子

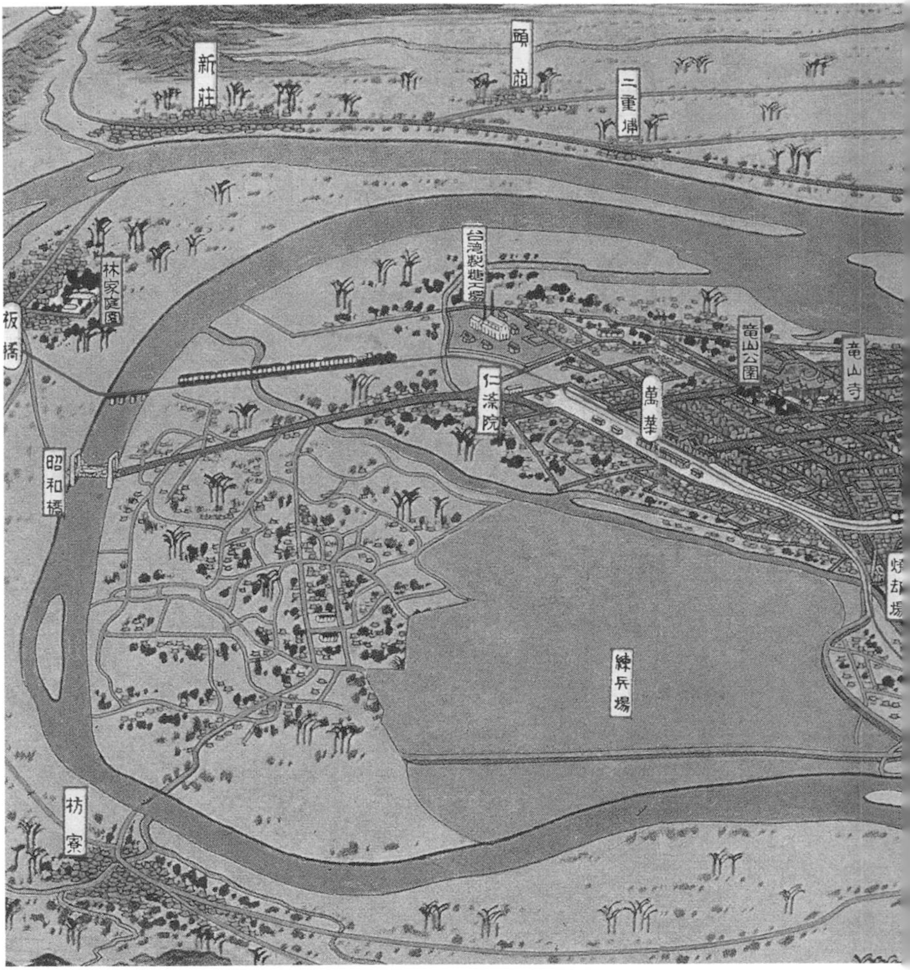

【大臺北地區的平埔族村落】

擺接 / 板橋區社後
雷里 / 萬華區加蚋仔
了阿 / 汀州路龍口市場
龜崙蘭 / 永和區頂溪洲
秀朗 / 永和區秀朗路一帶
八里坌 / 八里區挖子尾
小雞籠 / 三芝區
金包里 / 金山鄉豐漁村
大雞籠 / 基隆大沙灣
三貂 / 貢寮區舊社、新社
武勝灣 / 板橋區港仔嘴
里末 / 板橋區埔墘
奇里岸 / 北投區風度、立農里
內北投 / 北投老街區
夏嘮別 / 北投區桃源、稻香等里
外北投 / 淡水區北投里
大屯 / 淡水區屯山里
圭柔 / 淡水區忠山、義山里

大加蚋曾是整個城市的名稱，如今不過在短短的介壽路上「重見天日」，目的還是意識形態上的鬥爭，實在談不上是對歷史的尊重。我常常想，如果能將臺北市改名為「凱達格蘭市」或「大加蚋市」，那該是一件多麼美妙的事。

不過學者的看法也未必如此。日籍學者伊能嘉矩將臺北的平埔族定名為凱達格蘭族，可是現在的人類、歷史、語言等多方的學者都十分懷疑這個說法。因為根據伊能嘉矩自己的說法，「凱達格蘭」只是某次訪談時，某一個平埔族人的說法，只能算是孤例，沒有更多的佐證，說服力是不足的。但如果凱達格蘭不是臺北盆地內平埔族的族稱，為什麼初到臺北盆地的漢人會將此地稱之為「大加蚋」？

另一方面，從荷蘭時代東印度公司的文件，一直到清代的土地契約都很明確的將加蚋仔紀錄為雷里社（Riruwrijck），但閩南人又為何獨獨稱呼此地為加蚋仔，而不是雷里？反而雷里社鄰近的了匣社（Rouarouw）以龍匣口、龍口市場之名留存了下來。

臺北市鐵路地下化之後，加蚋仔的萬大路與艋舺的康定路打通了，兩地之間再無隔閡，連成一片。加蚋仔慶身故之後，加蚋仔作為地名也逐漸被人淡忘，或許將來有人提到加蚋仔慶，大家會說他曾是艋舺的一個角頭老大。

《臺灣堡圖．23 板橋》1904

臺灣總督府臨時臺灣土地調查局

日治初期大加蚋堡的範圍也比臺北市升格為院轄市之前還大，有意思的是加蚋仔庄並不屬於大加蚋堡，而是擺接堡。

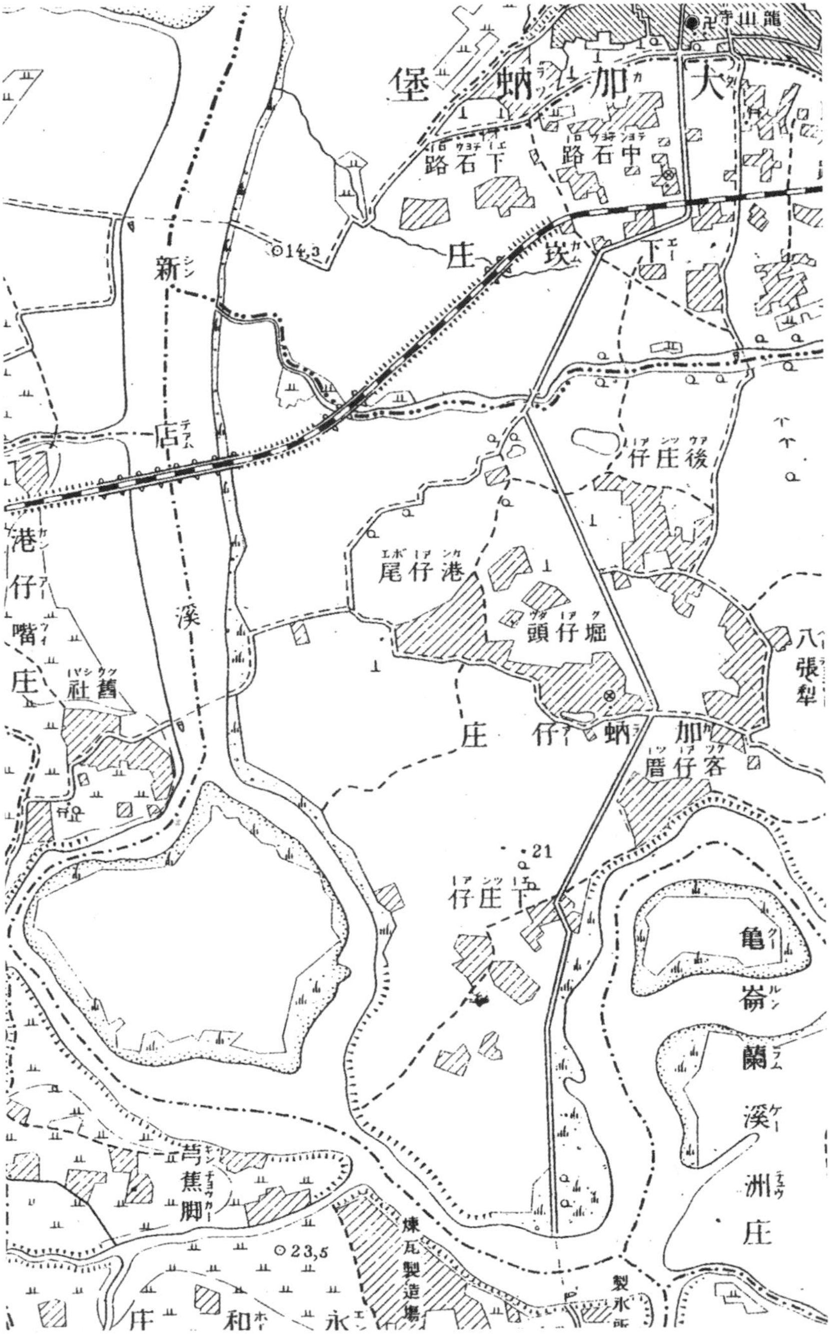

龍山寺
大加蚋堡
下石路
中石路
下崁庄
新店溪
後庄仔
港仔尾
港仔嘴庄
堀仔頭
舊社
八張犁
加蚋仔庄
客仔厝
下庄仔
龜崙蘭溪洲庄
芎蕉脚
煉瓦製造場
製氷所
永和庄
14.3
21
23,5

六條通，臺北城內的小東京

六條通可能是臺北甚至是全臺灣，日本味最濃的地方。

日本時代的六條通相當於現在的中山北路一〇五巷以及林森北路一〇七巷。或許有人會認為六條通在日本時代總該是正式地名了吧！也對，也不完全對。日本時代，官方頒訂的正式地址是某某町〇〇丁目〇番地，不像現在以路街、巷弄為住址。當時六條通是大正町二丁目與三丁目之間的一條巷子，並非正式的名稱。

大正町相當於現在中山北路、南京東路、新生北路、市民大道環繞的區塊。大正町當時有十條東西向的小巷，日人稱之為一條通、二條通、一直到十條通。四條通、六條通比別的巷子稍寬，光復後，四條通拓寬成了長安東路。六條通是現在年輕人淺嘗日式居酒屋文化的去處，歐吉桑、社長桑則是常客。六條通附近的街頭巷尾還不時可以看見幾個一臉疲憊的日本商社駐外人員，大概才剛下飛機，從日本母公司出差回來，拉著隨身行李，一頭鑽入巷內的小公寓。

華人在海外聚居之處稱為唐人街，依此邏輯將六條通稱之為「大和街」、「小

《臺北市地圖》1920

當時町名還未命名，但日式的「丁目」已經出現。六條通一帶叫「大正街」。「大正街」北邊就是日本人公墓「共同墓地」。

臺北市地圖

（大正九年市制施行當時）

東京」似乎也不為過。此處和日本人的淵源很深。八十年前這兒是日本有錢人、高官的住宅區。三十多年前六條通粉味十足，店招上盡是一些腦滿腸肥的平假名字母，內外裝潢俗不可耐，出入其間的多是日本買春客、腰貨女郎、三七仔。近年經濟不景氣，銷金窟褪色，反而顯現出一種歷盡滄桑的日式風情。

六條通誕生於大正、昭和之際。那時三〇年代的世界經濟大恐慌還沒暴發，日本經濟欣欣向榮，國際地位已晉升為列強之林，臺灣殖民地也終於結束了長期、大規模的軍事討伐與血腥鎮壓，開啟了所謂的大正開明時代。

大正八年（一九一九年），田健治郎接任第八任臺灣總督，他是臺灣第一個文官總督。他的施政方針是採取同化政策、文武官分立、致力推動地方自治。改革地方行政制度是他任內最重要的改革，廢廳改州，廢支廳改置郡市，全臺分臺北、新竹、臺中、臺南、高雄五州及花蓮港、臺東兩廳。

田健治郎更重大的改革是一舉廢止施行了兩百多年的保、里基層行政區劃，改行街庄制，同時在都會地區進行大規模的都市更新計畫。一九二六年臺北、臺中的市區內的街庄改為純日式的町、丁目、番地。六條通便誕生於此時。日治初期，日人住宅區大多在城南的植物園、廈門街一帶，大正町是當時唯一位於火車站以北的純日本人住宅區。

《臺北市大觀》1934　金子常光

當時的臺北，從地名上看已是一座全然的日式城市。美國領事館設在「大正街」，「共同墓地」內有明石總督墓以及乃木希典家族墓園。從當時的趨勢看來，「共同墓地」已經成為市區發展的障礙。

無線電信
淡水
竹圍
江頭
和尚洲
三重埔
台北橋
屠場
家畜市場
盲啞学校
稻江医院
城隍廟
北警察署
双連
靜修女学校
共同墓地
乃木家墓地
大正街
御成町市場
米國領事館
明石總督墓
市役所
台北州廳
公設質舖
職業紹介所
簡易宿泊所
高砂ビール
七星郡役所
第二中学校
北台北
工業学校
高等商業学校
商業学校
農事試驗場
燒却場
第二師範学校
台北帝國大学
農林専門部

大正町原地名是三板橋庄大竹圍，住家不多。大概早期日本人壓根沒打算在這兒住人，便將此地規劃為日本人的「公共墓地」。第三任總督乃木希典家族、第七任臺灣總督明石大將都下葬於此，現在成了十四號公園內「還我河山」岳飛雕像的地基。後來東門外、南門外的房子都蓋滿了，日本人腦筋就動到這兒，和死人爭地了。

戰後，皇軍退出臺灣，位於圓山的日本神社成了美軍招待所，中山北路、林森南路上的特種行業應運而生，不久，日本人也回來了。一九六〇年代，臺灣農業發展已達飽和，農村過剩人口達一百萬，勢必發展進口替代產業，解決勞力過剩與產業升級的問題，而日本歷經戰後的復興，這時產業發展也已達瓶頸，要進一步擴張，資本輸出勢在必行，於是兩者一拍即合。

由於日本與臺灣的歷史淵源，日本企業大舉進駐臺灣，中山北路、林森南路成了日本企業駐臺機構的首選之地，六條通一帶的日式食堂、小酒館應運而生，又迎來了昔日的住民。

馬克斯曾說一切偉大的歷史事變和人物都曾出現過兩次。第一次是以悲劇的形勢出現，第二次則是以笑劇的形勢出現。對兩次進出六條通的日本人而言，哪一次是悲劇，哪一次又是笑劇？對臺北市民而言，哪一次是悲劇，哪一次又是笑劇？

《臺北市街圖》1932

大正町已成房舍密集的住宅區。

《臺北市街圖》1914

當時市區還未町名化，六條通一帶叫「大正街」，街廓已形成，但房舍還很稀疏。

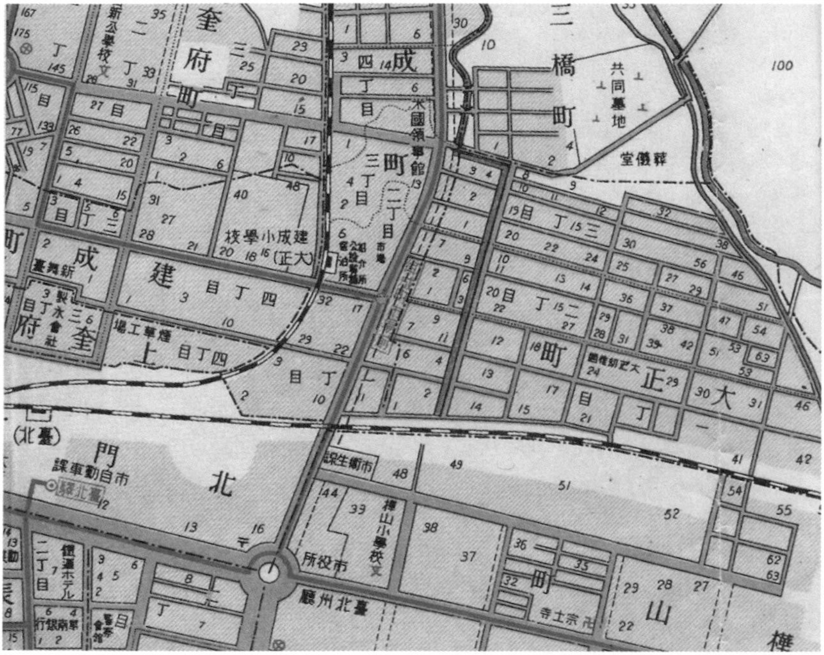

三橋町
共同墓地
葬儀堂
建成小學校
米國領事館
大正町
北門町
市衛生課
市自動車課
臺北驛
樺山小學校
市役所
臺北州廳
煙草工場
新舞臺
製氷會社
鐵道ホテル
淨土宗寺

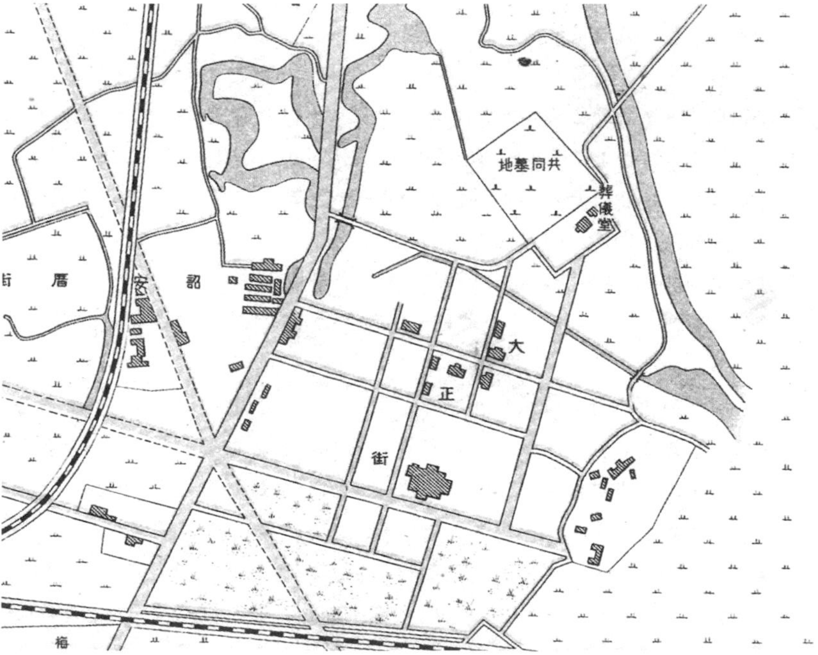

共同墓地
葬儀堂
大正街

日治時代臺北市之町名
【城內．古亭．大安】

本　町 / 中正區黎明里
北門町 / 中正區光復里
表　町 / 中正區黎明里
京　町 / 中正區光復里
大和町 / 中正區光復里
明石町 / 中正區黎明里
榮　町 / 中正區建國里
文武町 / 中正區建國里
書院町 / 中正區建國里
乃木町 / 中正區建國里
東門町 / 中正區文祥、文北里
樺山町 / 中正區梅花、幸福里
幸　町 / 中正區幸福、幸市、文化里
旭　町 / 中正區東門里
龍口町 / 中正區龍口、龍興、龍光里
佐久間町 / 中正區龍津里
千歲町 / 中正區向榮里
南門町 / 中正區南門、愛國、花圃里
古亭町 / 中正區古亭、亭東、新店里
富田町 / 中正區富源、農場里
水道町 / 中正區大學、國校、林興、林德、嘉禾、水源、富水、文盛里
川端町 / 中正區螢圃、螢雪、營塘、網溪、清溪、堤苑里
馬場町 / 中正區永儀、永順、永寬、永功、永昌、忠義、忠信、忠勤、忠恕、久安、久新、新和、新勝、忠貞、自立、騰霄、凌雲、球場、靜安、崇仁里
新榮町 / 中正區新隆里
兒玉町 / 中正區龍福、華林、南市
錦　町 / 大安區錦泰、錦華、錦中、錦安里
古亭町 / 大安區古庄、古風、龍池
福住町 / 大安區永康、光明、金華里
東門町 / 大安區大安、惠愛、信愛、普愛、文光里；城中區忠勇、文祥、文陽里

《臺北市街圖》，1932 年。城內部分。

《臺北市街圖》，1932 年。艋舺部分。

【艋舺・下崁・加蚋仔】

龍山寺町 / 萬華區青山、富民里
有明町 / 萬華區青山里
新富町 / 萬華區富福里
東園町 / 萬華區日善、全德、壽德、興德里
西園町 / 萬華區合德里
崛江町 / 萬華區頂碩、雙園里
綠　町 / 萬華區糖廍、富福、富民、青山里
柳　町 / 萬華區綠柳、綠堤、華江、楊柳、治鄉、保鄉里
末廣町 / 萬華區福星、萬壽里
壽　町 / 萬華區福星、萬壽里
築地町 / 萬華區福星、萬壽里
濱　町 / 萬華區萬壽里
西門町 / 萬華區西門里
新起町 / 萬華區新起里
元園町 / 萬華區菜園里
若竹町 / 萬華區仁德里
老松町 / 萬華區仁德里
八甲町 / 萬華區富福里
入船町 / 萬華區青山里

日本時代初期的臺北府前街。

《臺北市街圖》1932
大稻埕部分

日本時代初期的大稻埕碼頭。

【大稻埕・大龍峒】

泉　町 / 大同區玉泉里
下奎府町 / 大同區民權、雙連里
御成町 / 中山區中山、民安、國泰、謙和里
大正町 / 中山區正守、正仁、正義、正得、正自里
三橋町 / 中山區富強、康樂里
宮前町 / 中山區聚葉、聚盛、南山、恆安、長安、晴光、集英、永靜、大唐里；大同區星耀、景星里
圓山町 / 中山區圓山、育樂里
大宮町 / 中山區劍潭、明勝、康寧、福樂里
大橋町 / 大同區國昌、隆和、國順、國慶里
太平町 / 大同區朝陽、延平、大有、南芳里
河合町 / 大同區文昌、鄰江里
大龍峒町 / 大同區老師、保安、重慶、揚雅、斯文、至聖里
蓬萊町 / 大同區集英、蓬萊、斯文、至聖、揚雅里
日新町 / 大同區星明、雙連里
永樂町 / 大同區永樂港、大有里
港　町 / 大同區永樂里
建成町 / 大同區建明里
上奎府町 / 大同區建明里

中壢，一個地名的華麗轉身

「壢」是一個很特殊的地名類別。臺灣地名學的老前輩洪敏麟在《臺灣地名沿革》一書上對「壢」的解釋是：「國字無此字，臺灣客家特有之，使用「壢」為地名者，僅見於桃園、新竹地區。其意澗谷、相當於閩南語之坑字。」

「壢」之所以特別，不僅是因為「壢」只出現在客家地區，甚至在客家地區「壢」和「坑」相較，也不具優勢。讀者或許覺得我是在開玩笑，中壢在桃園縣可是僅次於桃園市的第二大城，甚至在全臺也是知名度很高的城市。話是沒錯，但知名度高並不表示「壢」是客家地區很普遍的地名類別。

洪敏麟羅列了帶有「壢」的地名有八個，但嚴格的說，只能算六個，分別是：中壢、內壢、楊梅壢、小飯壢（桃園觀音鄉武威、大潭村的一部分）、上下大壢（新竹縣寶山鄉仙鎮、五化等村）、沙湖壢等。後來，我在新版本的地名辭書上查得臺灣地區與「壢」相關的地名，接近五十個。

「壢相當於閩南語之坑字」，我覺得這個說法蠻有意思的，因為只是單純的想了解「壢」在大陸客家地區是不是也像閩南、臺灣地區的坑一樣普遍，所以沒有上圖書館，只是隨手查了一下手邊的資料。因為手邊沒有大陸的地名辭書，我查的是一九八〇年出版，限內部使用的《廣東省地圖集》，雖然開本不大，但地名標示涵蓋村以上的級別，夠詳細了。

結果，漈、崠、嵙、垻、肚、墩等在臺灣的老地名中算是比較罕見類別的，在粵東一帶的客家地區，並不需要太費力氣，便可以撿上一大籮筐。可是要找「壢」或「坜」，那就傻眼了，看了半天，只找到兩個，都在梅州的梅南鎮，一個叫「湖坜」，一個叫「黃泥坜」。當然這絕對不是廣東，甚至梅州僅有的兩個和壢相關的地名，而我的目的也不在此。不過由此也證明，「壢」也不是像洪敏麟所說的「臺灣客家特有」。

更令人意想不到的是，粵東客家地區最普羅的地名竟然是「坑」！普羅的程度，只能用「滿坑滿谷」來形容。可見坑並不是閩南特有的地名類別，在客家地區也是通用的，並沒有被「壢」取代。「壢」在粵東地區，和「坑」相較，的確不多見，反之在臺灣較罕見的漈、崠、嵙、垻、肚、墩等，在粵東區算是一般意義的地名類別，但和坑比起來，還是不能相提並論，「坑」可說是粵東客家地區的「地名之王」。可見「壢在客家地區相當於閩南語之坑字」，這個說法也是

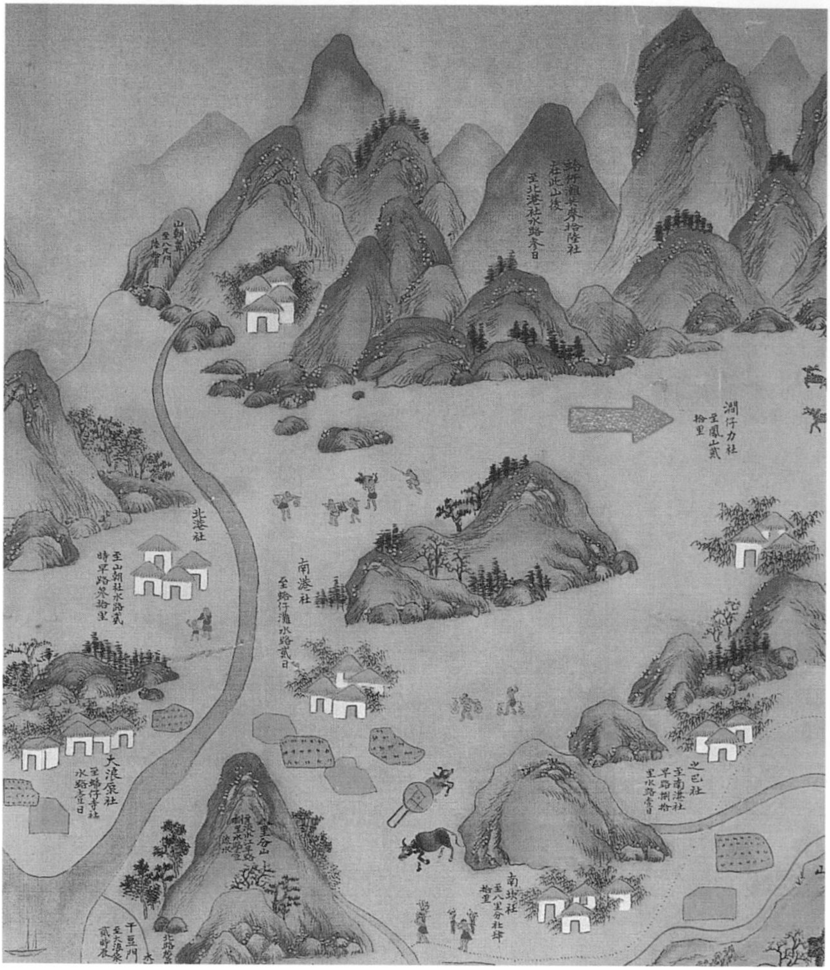

《康熙臺灣輿圖》 康熙中葉（1700前後）

圖中在今天中壢的位置，標示了一個叫「澗仔力社」的平埔族聚落。此為中壢地名的由來。

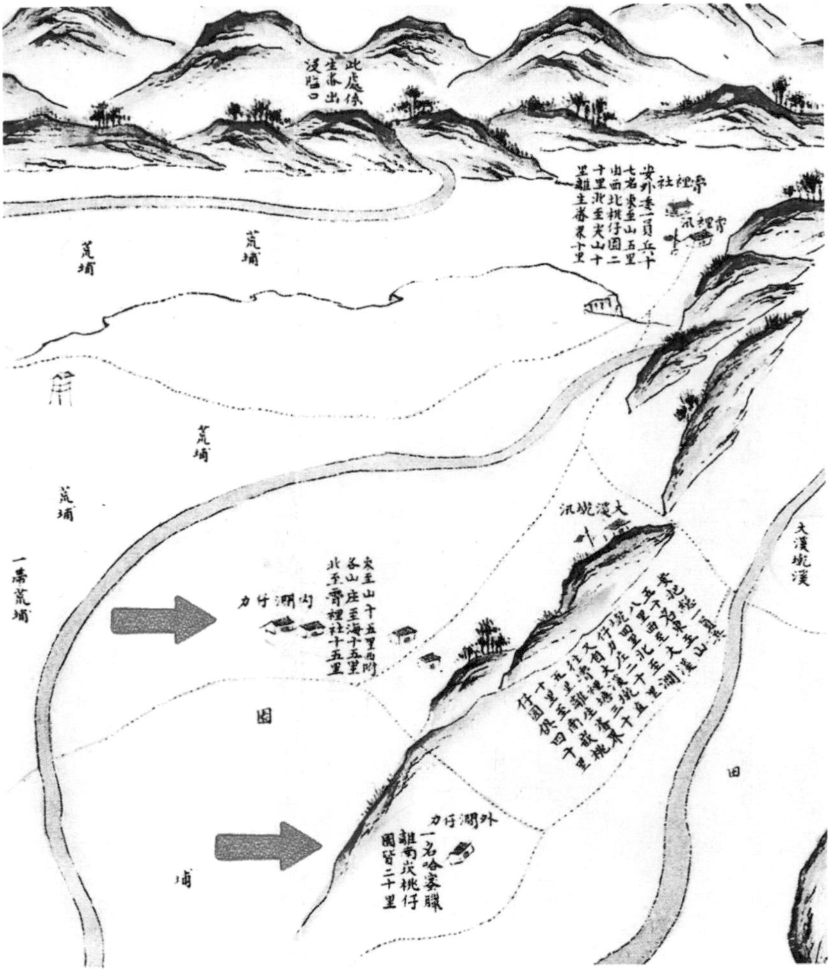

乾隆年間所繪製的臺灣輿圖中，將原本的澗仔力分為「外澗仔力」和「內澗仔力」兩個聚落，這是中壢與內壢最早的區分。

不能成立的，那麼問題又回到原點，壢真的等於坑嗎？

我問了幾個中壢地區的客家朋友，他們的說法和洪敏麟差不多，可見壢的說法在臺灣似乎已經被約定俗成了一個新的意思，和原鄉的用法可能並不一致，因為如果洪敏麟的說法成立的話，就無法解釋粵東客家地區「滿坑滿谷」的坑字地名，而帶壢字的地名和臺灣一樣並不算普遍的現象。由此可見，臺灣客家地區帶坑字的地名和粵東一樣很普遍，並非閩南化所造成的現象。所以，「壢」和「坑」是不能簡單的等同起來，「壢」應該還有一個更原始的意涵。

如果考察洪敏麟所列舉的幾個帶壢字地名的地形地貌，會發覺客家人對壢的命名原則，和坑相較，還是有相當區別的。壢和坑雖然都位於河谷之中，但坑所在的河谷，兩側山勢較為高聳、陡峭，河谷中的平地較狹隘，甚至沒有開闊地。而壢所在的河谷地形，兩側的山勢就顯得和緩多了，河谷中有相當面積的平地。在地形地貌上，這是坑和壢一個很明顯的差別。

「湖」是另一個和河谷地形相關的命名類別，一般的說法，湖指的是山間平地、盆地的意思，例如臺北的內湖、苗栗的大湖。和壢相較，湖顯得更加開闊。

臺灣地區以「壢」為名的地方，以中壢、內壢最具知名度，但中壢、內壢之所以以壢為名，可能不僅僅是因地形地貌的因素而命名的。這兩個地名的形成，歷經了長達兩百多年的演變過程。《康熙臺灣輿圖》在今天中壢的位置，標示了一個叫「澗仔力社」的平埔族聚落，這個社群我們了解的十分有限。現今學者將早年桃園地區的平埔族化分為南崁、坑仔、龜崙、霄裡四大社群，澗仔力到底是獨立的社群呢？還是屬於霄裡的一個分社？學者的看法不一。

康熙末年，竹塹通往臺北的「芝芭里道」打通後，澗仔力的漢人移民多了起來。乾隆年間官方繪製的臺灣輿圖，將原本澗仔力分為外澗仔力和內澗仔力兩個聚落，這是中壢與內壢最早的區分。此後客家人大量湧入，才出現澗仔壢這個平埔加客家的混合式地名。嘉慶、道光年間桃園縣叫桃澗堡，「桃」是桃仔園，「澗」是澗仔壢，可見當時中壢還叫澗仔壢，澗仔壢改為中壢應是道光以後的事。

因此，歸結中壢地名的形成，我們可以發現其實是經過澗仔力→外澗仔力、內澗仔力→澗仔壢→中壢的轉變過程。前半部用「壢」這個客家式的地名取代了毫無意義的音譯字「力」。後來，再以澗仔壢位於萬華、竹塹城兩地之間的中點為由，將「澗仔」這個音譯名也改掉，以「中」替代。

瞭解了這個演變的過程，我們可推論以「壢」取代「力」並非只是為了描述當地的地形、地貌，而是企圖以同音字降低地名中平埔族的意涵，進而強化客家元素，但要等到「澗仔壢」改為「中壢」才能算是一次地名的華麗轉身。

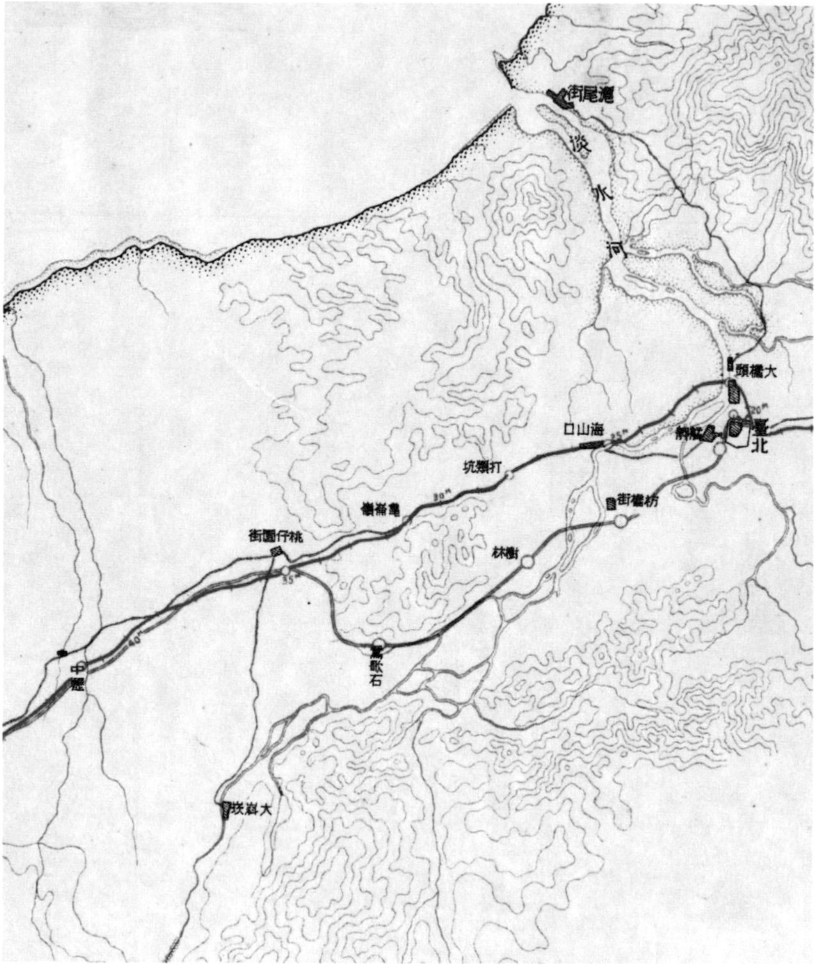

《清國時代鐵道路線圖》

龜山往臺北的道路打通後，澗仔壢交通地位提升，又因位於萬華、竹塹城之間的中點，當地將「澗仔」這個音譯名改掉，以「中」替代。

【桃、竹、苗與壢相關的地名】

四重埔壢 / 新竹縣竹東鎮三重里
梘頭壢 / 新竹縣竹東鎮三重、上館里
澗頭壢 / 新竹縣竹東鎮員崠里
深　壢 / 新竹縣橫山鄉福興村
豆腐壢 / 新竹縣橫山鄉沙坑村
庚灶壢 / 新竹縣橫山鄉豐田村
老甲壢 / 新竹縣橫山鄉南昌村
鬼麻壢 / 新竹縣橫山鄉南昌村
白石壢 / 新竹縣橫山鄉力行村
車路壢 / 苗栗縣苗栗市恭敬里
壢西坑 / 苗栗縣卓蘭鎮豐田里
香櫞壢 / 苗栗縣銅鑼鄉九湖村
八股壢 / 苗栗縣三義鄉廣盛村
深　壢 / 苗栗縣三義鄉廣盛村
沙　壢 / 苗栗縣三義鄉西湖村
生人壢 / 苗栗縣南庄鄉南富村
都壢口 / 苗栗縣南庄鄉獅山村
大　壢 / 苗栗縣大湖鄉大南村
壢底寮 / 苗栗縣大湖鄉義和村
壢　尾 / 苗栗縣大湖鄉義和村
中隘壢 / 苗栗縣頭屋鄉明德村
八卦壢 / 苗栗縣南庄鄉蓬萊村
中　壢 / 中壢區
內　壢 / 中壢區內壢里
上內壢 / 中壢區內定里
下內壢 / 中壢區內定里
楊梅壢 / 楊梅區
小飯壢 / 桃園觀音區武威
上內壢 / 新埔鎮內立里
下內壢 / 新埔鎮內立里
深　壢 / 關西鎮東光里
上下大壢 / 新竹縣寶山鄉仙鎮
沙湖壢 / 新竹縣寶山鄉山湖村
尖山壢 / 新竹縣寶山鄉山湖村
大壢頭 / 新竹縣寶山鄉山湖村
壢底寮 / 新竹縣寶山鄉三峰村
中大壢 / 新竹縣寶山鄉油田村
下大壢 / 新竹縣寶山鄉油田村
深　壢 / 新竹縣北埔鄉外坪村
四料壢 / 新竹縣北埔鄉外坪村
水漈壢 / 新竹縣北埔鄉大湖村
六份壢 / 新竹縣北埔鄉大湖村
挑水壢 / 新竹縣北埔鄉南埔村
柯仔壢山 / 新竹縣竹東鎮
三重埔壢 / 新竹縣竹東鎮三重里

曾為桃園首善，南崁為何沒落？

《裨海紀遊》是迄今有關桃園地理環境最早的紀實報導之一，郁永河寫道：

「……自竹塹社迄南嵌，八九十里，不見一人一屋，求一樹就蔭不得；掘土窟，置瓦釜為炊，就烈日下，以澗水沃之，各飽一餐。途中遇麋、鹿、麇、麚逐隊行，甚夥，驅獫猲獟獲三鹿。既至南嵌，入深菁中，披荊度莽，冠履俱敗，真狐貉之窟，非人類所宜至也。二十七日，自南嵌越小嶺，在海岸間行，巨浪捲雪拍轅下，衣袂為溼……。」

通過《裨海紀遊》這段記載，可看出郁永河由竹塹到臺北，沒有經過桃園市區、龜山，而是沿著海岸線，越過蘆竹與八里之間的海岸丘陵，進入八里的。現今南北主要交通幹線無論鐵、公路，高速公路、高鐵，幾乎無一例外，都從桃園市區、龜山進入臺北盆地，為什麼三百年前郁永河捨近求遠，由海岸線進入臺北盆地？

在這段有關桃園地理環境不算長的記述當中，他還說漫長的桃園海岸地區

《諸羅縣志》附圖，康熙 59 年

周鍾瑄主修

圖中在現今的桃園地區只標示南崁社、宵里社、龜崙社三個地名，坑仔社沒有標示。

查内山
小龜崙山
龜崙社
宵里社
南崁港

《臺灣省縣市行政區域圖・桃園縣》 1955

【桃園四社相關之聚落】

尾　蕃 / 蘆竹區山腳村
坑仔口 / 蘆竹區坑口村
番艾崙 / 觀音區廣興村
番仔埤腳 / 觀音區廣福村

南崁社————

營盤坑 / 蘆竹區營盤村
社　角 / 蘆竹區坑仔村
土地公坑 / 蘆竹區坑仔村
外　社 / 蘆竹區外社村
山鼻仔 / 蘆竹區山鼻村
蕃仔厝 / 蘆竹區山鼻村
坑仔外 / 蘆竹區山腳村

坑仔社————

坑　仔 / 蘆竹區坑仔村
赤塗崎 / 蘆竹區坑仔村
貓尾崎 / 蘆竹區坑仔村
頂　社 / 蘆竹區坑仔村
社　底 / 蘆竹區坑仔村

「八九十里，不見一人一屋，求一樹就蔭不得」、「非人類所宜至也」，為什麼新屋、觀音、大園一帶三百年前竟然「麋、鹿、麞、麑逐隊行」，近百里間不見一人？

這段敘述如今聽來似乎匪夷所思，但此言應該絕非郁永河信口雌黃。從古地名的考察當中，大園、觀音、新屋沿海地區的確是開發得相當晚，連平埔族的聚落也很少發現，之所以如此，應該和地理環境條件較差有關。

至於郁永河為什麼不從桃園市、龜山進入臺北盆地，應該和龜崙社的阻隔有關。早年龜崙社的聚落位於龜山一帶，地處交通要衝，據說龜崙社相當強悍，漢人南北往來很難越過龜崙嶺。這種狀況一直到十九世紀之後才有所改善。龜崙嶺打通之後，桃園的地理格局產生巨大的變化。

桃園市和中壢市因為龜崙嶺的打通，成為竹塹以北，南北交通主幹上的兩大重鎮，桃園市以閩南人為主，中壢成為桃園地區客家人的中心城鎮。而早年的交通重鎮南崁卻因此沒落。這三地其實也是古代桃園地區四大社群的社域。

坑仔社主要分布於蘆竹鄉的坑仔、外社、山鼻、山腳、坑口村；南崁社為蘆竹鄉南崁、營盤、羊稠村及龜山鄉大坑、南上村；龜崙社為整個龜山鄉；霄裡社

廟　口 / 蘆竹區營盤村
南崁下庄 / 蘆竹區南崁村
羊稠坑 / 蘆竹區羊稠村
南崁頂庄 / 龜山區大坑村
大番仔窩 / 龜山區南上村
小番仔窩 / 龜山區南上村

分布於中壢、平鎮、八德、楊梅、新屋一帶。

除了這四大社之外，清代的文獻還記載了芝芭里社、澗仔力社及乃乃社等地名。至今，中壢市還一個叫「芝芭里」的聚落，此地應該是「芝芭里社」的舊址；乃乃社則在龜崙嶺附近留下「奶奶崎」的舊地名。至於澗仔力社則轉化為中壢、內壢等客家式的地名。有些學者認為芝芭里社、澗仔力社是獨立的社群，有些則認為只是霄裡社的一支，何者為是，至今已很難證明，因為芝芭里社、澗仔力社已無後裔可尋。

那麼坑仔、南崁、龜崙、霄裡，這四大社究竟屬於哪個族群？

清代的官方將這四社稱為南崁四社，由此可見這四社有一定的同質性。之所以以南崁為首，應該是因其早期為交通要衝，較為官方熟悉的緣故。日治早期，伊能嘉矩將這四社劃歸為凱達格蘭族，後來小川尚義將臺北以西的平埔族群稱為「雷朗」，「雷朗」為雷裡與秀朗之合稱。目前學界大致上將桃園南崁四社的平埔族歸類為「雷朗」族群。

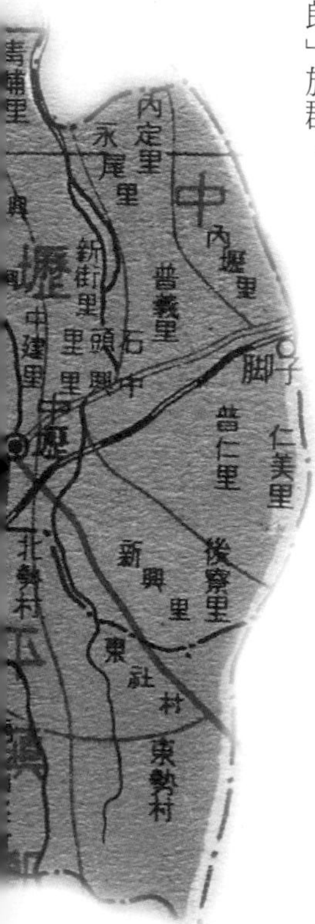

龜崙社

頂　社 / 龜山區楓樹村
下　社 / 龜山區大同村
社后坑 / 龜山區兔坑村
新路坑 / 龜山區新路村
舊路坑 / 龜山區舊路村
大　埔 / 龜山區舊路村

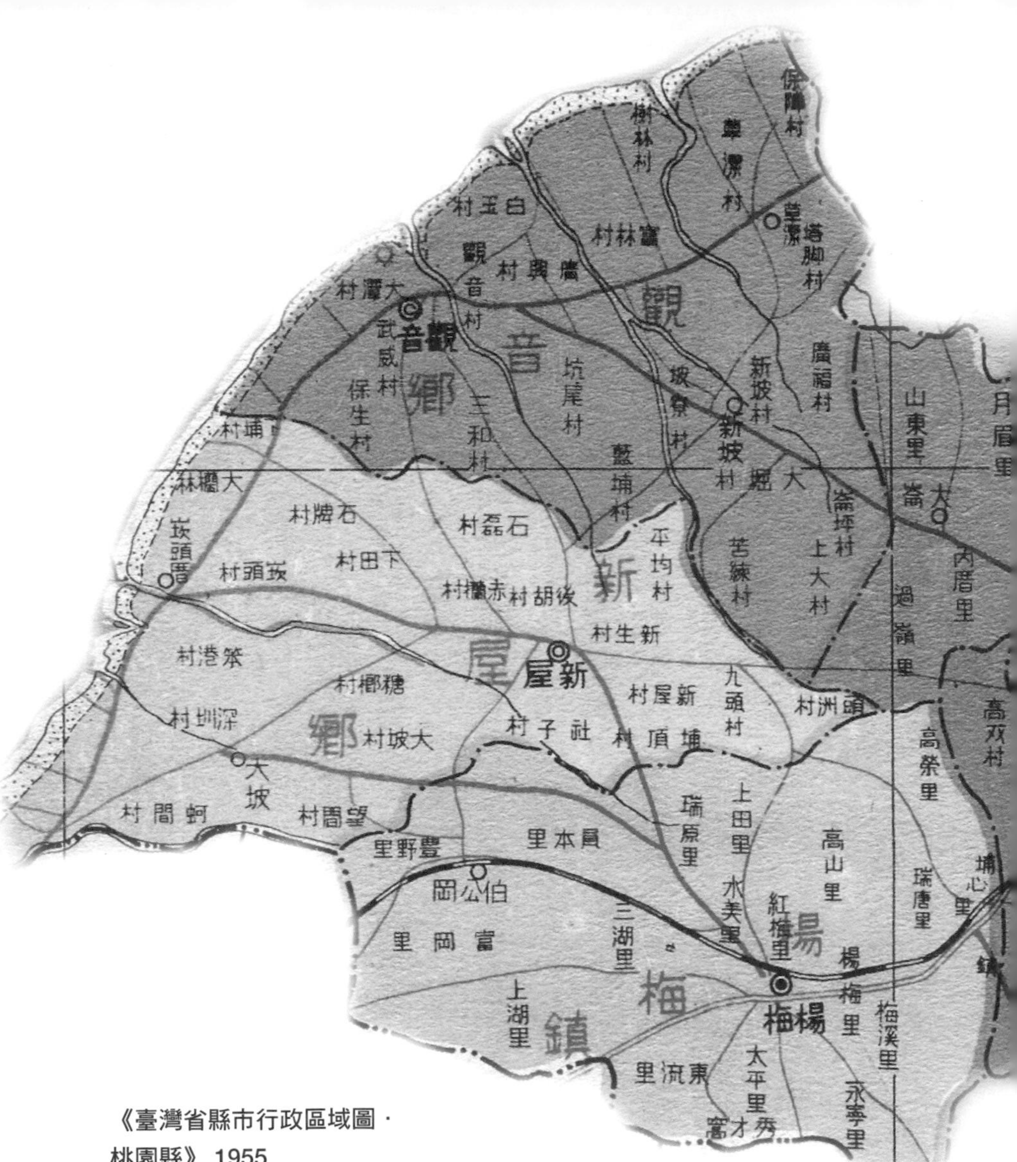

《臺灣省縣市行政區域圖・
桃園縣》 1955

社　子 / 新屋區社子村
番婆坟 / 新屋區社子村
番仔窩 / 龍潭區三合村
九座寮 / 龍潭區武漢村
銅鑼圈 / 龍潭區高原村

芝　芭 / 中壢區芝芭里
東　社 / 平鎮區建安里
東　社 / 平鎮區建安里
下東社 / 平鎮區建安里
社　仔 / 平鎮區東社里
社　尾 / 平鎮區北富里
水　尾 / 楊梅區水美里

霄裡社——————
霄　裡 / 八德區霄裡里
社　角 / 大溪區仁善里
番　社 / 大溪區南興里
番仔寮 / 大溪區瑞源里
舊　社 / 中壢區舊明里
下舊社 / 中壢區三民里

客家「屋」與福佬「厝」

臺灣的地名中，「屋」與「厝」是區分客家、閩南聚落的重要標誌之一。「屋」屬於客家人的聚落，但「厝」並不一定是閩南人的聚落，有些客家聚落也以厝為名，這反映了福佬意識在臺灣地區早已占據主流，以至部分客家地區也採用閩南式的「厝」為地名。現在的閩南族群自稱為臺灣人，卻將客家族群稱為「客人」，這種表述方式其實是有問題的。

「屋」與「厝」都是極為古老的地名類別。作為地名，現在中國大陸除了廣東、福建一帶，其他地區大都用「庄」或「村」，已經很少使用了「屋」與「厝」。「厝」可能比「屋」還更古老。

根據《中國百科網》對「厝」的解釋是：

「1.安置：厝火积薪。2.停柩：把棺材停放待葬，或浅埋以待改葬，如浮厝、暂厝。3.磨刀石。4.福建沿海及台湾人称家或屋子为厝。」顯然厝、措、錯這幾個字應該是同源字，而閩南語將「厝」，進一步引申為住家。相對於「厝」，

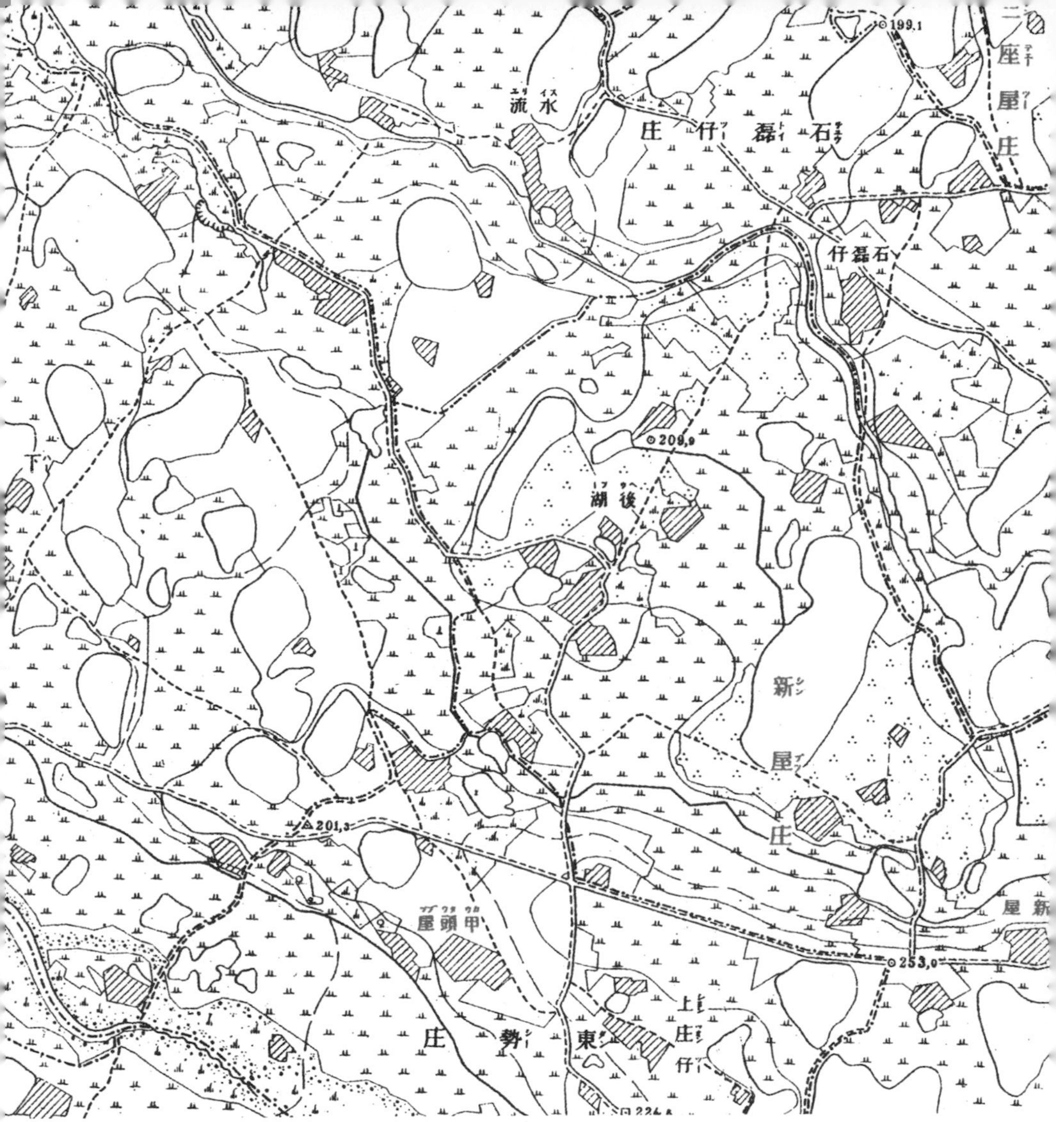

《臺灣堡圖．68 三角堀》臺灣臨時土地調查局 明治 38 年（1905）

新屋鄉可能是全臺以「屋」為地名最多的地方，而且幾乎沒有以「厝」為地名的聚落，真不愧新屋鄉之名。

「屋」的用法就「現代」多了，可以不用作太多的解釋。

一般說來，閩南語中的古漢語語詞比客家語要多得多，「厝」即為一例。「屋」與「厝」在臺灣地區除了可以反映客家、閩南聚落的區別外，還顯示此類地名多半與姓氏連結，所以聚落居民的主要成份通常是同姓或以單一姓氏。

但「屋」與「厝」以姓氏為前置的地名，客家與閩南地區的比例還是有區別。閩南族群的「厝」，與姓氏連結的地名比例較低，除了姓氏外，「厝」還會和祖籍連結，如泉州厝、同安厝、詔安厝、海豐厝、澎湖厝等等。另外「厝」也會和地形地貌、植物、方位連結，如崁頭厝、竹篙厝、頂厝、下厝等。

閩南人占多數的地區，和「厝」相近的地名類別還有「寮」，「寮」通常是指比厝簡陋的住處或聚落，如「乞食寮」、「虎尾寮」、「枋寮」；或是手工作坊，如「菁寮」、「　寮」、「腦寮」等。

而客家地區的「屋」就顯得較單純了，幾乎百分之九十以上都是與姓氏連結，可見客家人在選擇以「屋」為地名的聚落，通常是同姓或以單一姓氏為主要居民的聚落。

桃園地區以「屋」為地名的聚落大致分布在中壢以南的地區，和客家人分布的地區基本上是吻合的。但是有兩個地區卻值得注意，一是觀音鄉，二是中壢楊梅地區。這三個地區基本上以客家族群為主，但是「屋」與「厝」的比例幾乎各占一半，觀音鄉「厝」的比例還要高一些。相對於這三個地區，新屋鄉可能是全臺當中，以「屋」為地名最多的地方，而且幾乎沒有以「厝」為地名的聚落，真不愧新屋之名。

為什麼觀音、中壢與楊梅這三個傳統客家地區和新屋鄉在「屋」與「厝」的地名上有如此大的差異？答案當然還是「閩南化」，只不過閩南化的原因有所不同罷了。觀音鄉「厝」比「屋」多，我認為並非閩南人比客家人多，而是觀音鄉比較靠近閩南人區域，閩南語較為流行，「閩南化」的程度較高，其實從姓氏都可以判斷觀音鄉一些以「厝」為地名的聚落，應該還是屬於客家族群的後裔。

至於中壢、楊梅一帶以客家族群為主的地區，「屋」與「厝」的比例幾乎各占一半，並非中壢、楊梅兩地的閩南人與客家人平分秋色，也還是因為「閩南化」的緣故。中壢、楊梅一帶之所以「閩南化」，主要是因為交通及工商較發達的關係，和觀音鄉閩南化的原因並不相同。

關於客家「閩南化」這個課題，在臺灣學界似乎還是一個敏感的議題，目前學界似乎還沒有較深入的研究。關於這個問題，我曾和前新竹市長蔡仁堅交流過。蔡市長曾在廈門大學擔任客座，曾去漳州一帶考察過，發現閩南地區的客家族群也有「閩南化」的現象，而且這個現象並非最近才開始的。可見客家「閩南化」的現象並非臺灣獨有。具體原因為何，還有待進一步的研究。

根據我的田野經驗，隱約感覺到臺灣客家族群的比例似乎不低於閩南族群，但是學界目前的論點還都認為客家族群的比例只占臺灣全部人口的五分之一。我認為之所以有此論點，主要是出於日治時代一些似是而非的統計調查。

日治時代對臺灣漢人族群的調查主要分廣東人與福建人，更進一步的調查會再細分為州府之別。但無論省籍或州府之分都不能作為區分客家、閩南族裔的依據。

例如廣東潮州府有些地方講閩南語，有些地方講客家話，而福建漳州府則是大部分區域講客家話，少部分講閩南語。至於汀州、上杭等地更是不在話下。臺灣一些祖籍漳州府的區域大多也屬於客家族群，只不過很早以前便「閩南化」，改說閩南語了。

另外，屏東的六堆地區在「屋」或「厝」的分布上，算是一個特例。相較於桃竹苗，高屏的六堆地區客家族群所占的比率更高，但是地名中帶「屋」或「厝」的卻很少，可能的原因是六堆的客家聚落中單一姓氏較少，而以同祖籍為主有關。

【桃園屋與厝的分布】

江　厝 / 中壢區三民里
崁頭屋 / 中壢區洽溪里
梁　厝 / 中壢區山東里
八塊厝 / 八德區興仁里
杆草厝 / 八德區興仁里
面前厝 / 八德區福興里
大草厝 / 八德區大湳里
竹篙厝 / 八德區大竹里
後壁厝 / 八德區大強里
媽祖厝 / 八德區廣德里
石　厝 / 八德區白鷺里
白鷺厝 / 八德區白鷺里
公厝仔 / 八德區白鷺里
卓　厝 / 龜山區楓樹村
洪　厝 / 龜山區楓樹村
張　厝 / 龜山區新嶺村
詹公厝 / 龜山區兔坑村
周　厝 / 龜山區舊路村
馬頭厝 / 龜山區龍壽村
後　厝 / 龜山區文化村
蘆竹厝 / 蘆竹區蘆竹村
趙　厝 / 蘆竹區蘆竹村
邱　厝 / 蘆竹區蘆竹村
內　厝 / 蘆竹區內厝村
水頭厝 / 蘆竹區內厝村
紅瓦厝 / 蘆竹區內厝村
土地公厝 / 蘆竹區蘆竹村
沈　厝 / 蘆竹區內厝村
後壁厝 / 蘆竹區坑口村
劉　厝 / 大園區溪海村
陳　厝 / 大園區溪海村
吳　厝 / 大園區溪海村
草　厝 / 大園區溪海村
舊厝仔 / 大園區和平村
梁　厝 / 大園區和平村
下縣厝仔 / 大園區和平村
三塊厝 / 大園區埔心村
海豐厝 / 大園區竹圍村
許厝港 / 大園區北港村
後　厝 / 大園區後厝村
曾　屋 / 新屋區永安村
陳　屋 / 新屋區永安村
歐　屋 / 新屋區永安村
郭　屋 / 新屋區永安村
李　屋 / 新屋區笨港村
李　厝 / 新屋區深圳村
張　厝 / 新屋區深圳村
王厝店 / 新屋區深圳村
吳　厝 / 新屋區蚵間村
三塊厝 / 新屋區蚵間村
楊　屋 / 新屋區大坡村
游　屋 / 新屋區大坡村
古　屋 / 新屋區望間村
莊　屋 / 新屋區望間村
呂　屋 / 新屋區望間村
邱　屋 / 新屋區望間村
羅　屋 / 新屋區望間村
彭　屋 / 新屋區望間村
曾　屋 / 新屋區望間村
下呂屋 / 新屋區社子村
呂　屋 / 新屋區埔頂村
蕭　厝 / 楊梅區永寧里
彭　厝 / 楊梅區東流里
鄧　屋 / 楊梅區三湖里
下彭厝 / 楊梅區水美里
山下彭屋 / 楊梅區水美里
呂　屋 / 楊梅區富岡里
葉　厝 / 楊梅區瑞源里
邱　厝 / 楊梅區瑞源里
溫　厝 / 楊梅區上田里
莊　厝 / 楊梅區高山里
雙堂屋 / 楊梅區高山里
黃　厝 / 楊梅區高榮里
邱　厝 / 楊梅區高榮里
黎　厝 / 楊梅區高榮里
三座屋 / 龍潭區三林村
廖　厝 / 大溪區田心里
下　厝 / 大溪區一德里
竹篙厝 / 大溪區福安里
吳　厝 / 大溪區瑞興里
五塊厝 / 大溪區瑞源里
三塊厝 / 大溪區仁善里
下三座屋 / 中壢區三民里
彭　厝 / 觀音區坑尾村
兩座屋 / 觀音區保生村
對面厝 / 觀音區保生村
黃　厝 / 觀音區保生村
三座屋 / 觀音區三和村
張　厝 / 觀音區新坡村
坑　屋 / 觀音區金湖村
高　厝 / 觀音區金湖村
溫　厝 / 觀音區大堀村
卓　厝 / 觀音區上大村
上羅厝 / 觀音區崙坪村
王　厝 / 觀音區富林村
張　厝 / 觀音區富林村
雙堂屋 / 新屋區頭洲村
彭　屋 / 新屋區頭洲村
羅　屋 / 新屋區九斗村
鄧　屋 / 新屋區清華村
泉州厝 / 新屋區清華村
新　屋 / 新屋區新屋村
王　屋 / 新屋區後湖村
袁屋山 / 新屋區後湖村
邱　屋 / 新屋區後湖村
邱　屋 / 新屋區石磊村
謝　屋 / 新屋區石磊村
上羅屋 / 新屋區石磊村
羅　屋 / 新屋區石磊村
彭　屋 / 新屋區石磊村
徐　屋 / 新屋區石磊村
廖　屋 / 新屋區東明村
吳　屋 / 新屋區東明村
甲頭屋 / 新屋區東明村
姜　屋 / 新屋區東明村
何　屋 / 新屋區赤欄村
下姜屋 / 新屋區赤欄村
邱　屋 / 新屋區下田村
黃　屋 / 新屋區下田村
莊　屋 / 新屋區下田村
葉　屋 / 新屋區石牌村
余　屋 / 新屋區石牌村
曾　屋 / 新屋區下埔村
葉　屋 / 新屋區永興村
下　屋 / 新屋區永興村
徐　屋 / 新屋區永安村

竹塹和竹子有關嗎？

學者將道卡斯族分為三大社群，竹塹社是最北的一群，主要分布區域為新竹縣市。據說竹塹社的聚落最早是位於新竹市東門內的暗街仔，而最早來新竹開墾的漢人也是從這兒開始的。

明鄭時代，一位叫王世傑的人因為協助官軍運糧有功，於是官方允許王世傑開墾竹塹社。王世傑為了討竹塹社族人的歡心，大量供應米酒。在此之前，明鄭軍隊為了支援基隆、淡水方面的防務，強迫竹塹社族人協助輸送米糧軍需，族人不堪勞役，一度逃入山區躲避輸送繇役，經過一番勸說才又回到舊地。王世傑討好竹塹社族人當然是為了和平相處以利開墾。

後來王世傑和七名子女以及從泉州招募來的一百多名鄉親，很快的將墾地由東門擴展到西門大街，再到外刺桐腳。到了康熙末年，竹塹到香山附近的南庄二十四庄和北庄十三庄已大抵開墾完成。從此竹塹成了此區最主要的地名。以前有人誤會竹塹之名，和竹子築城有關，其實不然，竹塹純粹是道卡斯族語詞之音

《諸羅縣志》附圖，康熙 59 年
周鍾瑄主修

本圖在新竹地區只標示竹塹社，沒標示眩眩社，卻在合歡山旁標示一座叫「眩眩山」的山峰。竹塹社南邊的竹塹溪，現名客雅溪。

穿著民族服飾的道卡斯族長老。鳥居龍藏 攝

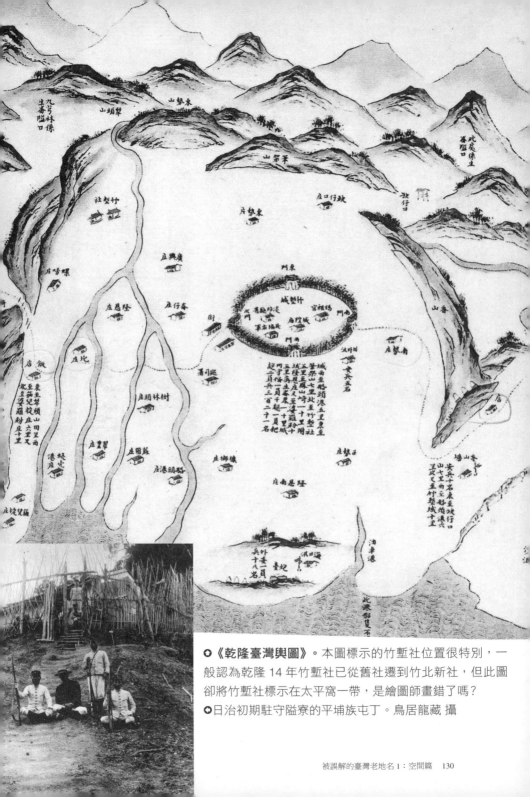

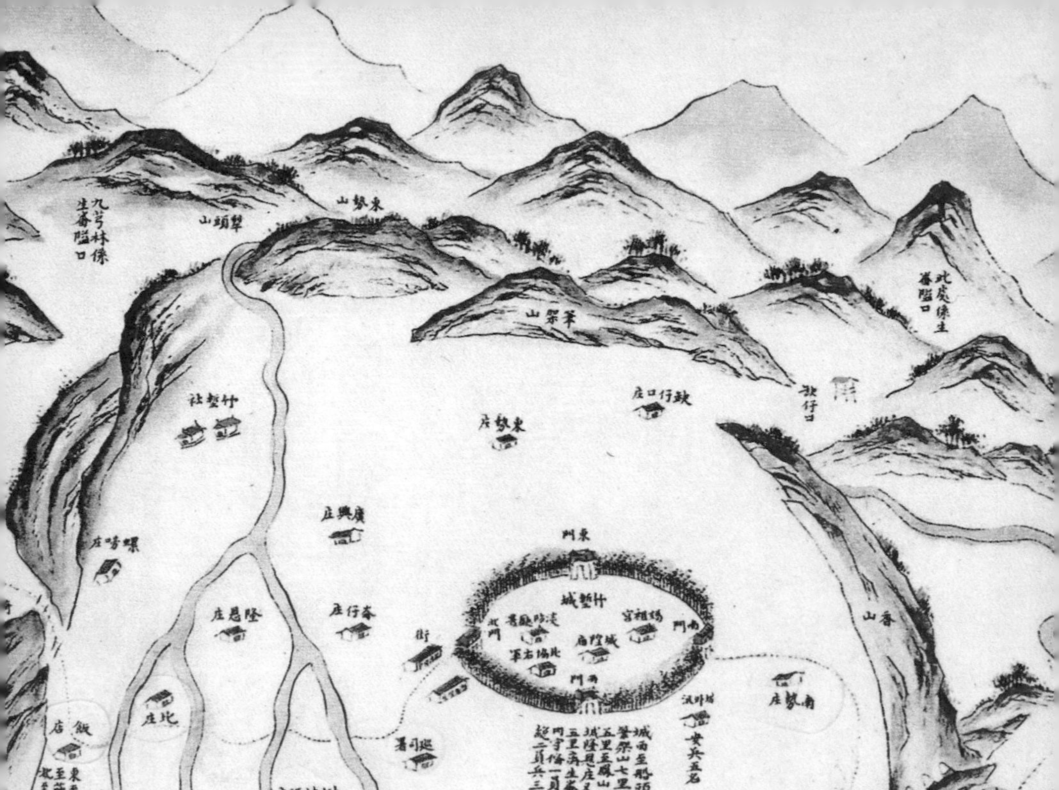

○《乾隆臺灣輿圖》。本圖標示的竹塹社位置很特別，一般認為乾隆 14 年竹塹社已從舊社遷到竹北新社，但此圖卻將竹塹社標示在太平窩一帶，是繪圖師畫錯了嗎？

○日治初期駐守隘寮的平埔族屯丁。鳥居龍藏 攝譯，其語意至今已失傳無解。

隨著竹塹地區的開墾，雍正十一年（一七七三）清政府為了加強北臺的防務，將北路營擴編為北路協（「協」相當於現在旅或團級單位），並將其中一營駐紮竹塹。因為治安獲得保障，此後漢人來此開墾得更加踴躍。也就在這時候，官方決定在竹塹植竹為城，便諭令竹塹社族人由東門里一帶的暗街仔移居到舊社里，也就是習稱的舊社。所以此地雖名為舊社，但並非竹塹社最原始的居住地，只是相對於後來的新社而言。舊社里一帶地勢低窪苦於水患。於是舊社族人又向竹北市新社里一帶遷移，形成所謂的新社聚落。

如今即使是新社里竹塹社的後裔已經寥寥可數，作為竹塹社七姓公廳的「采田福地」至今仍矗立於新社，成為新竹地區重要的歷史古蹟之一。新竹習稱土地廟為「福地」，采田二字合起來就是一個「番」字，說明「采田福地」原來是平埔族的公廨。「采田福地」建於嘉慶二年，不但是竹塹社七姓之祖廟，也是收「番大租」的公館。咸豐四年（一八五四）「采田福地」毀於閩粵械鬥，光緒四年重建，現今面貌為一九八七年重修。

「采田福地」的正廳懸掛乾隆皇帝御筆親提之「義勇可嘉」匾，說明竹塹社族人與清政府的關係應該是不錯的。竹塹社雖然社址一再遷移，但並不能因此認定他們遭到殘酷的對待，竹塹社採取一種特殊的方式與漢人合作開發墾地。

基本上清政府承認原住民的土地所有權，但平埔族農耕技術不如漢人，因此竹塹社族人在與漢人土地開發商合作招募漢人入墾時，負責「保全」的工作，以確保土地開發時不受「生番」的干擾，開發完成後收取「番大租」以為報酬。

乾隆五十五年（一七九〇）林爽文事件後，清政府為了加強對丘陵地帶的管控，在丘陵與高山間劃定一條紅線，在沿線的關隘之處設置隘寮由「屯丁」把守。「屯丁」相當於山地警察，全由平埔族男丁擔任。官方授與「屯丁」火銃為武裝，薪資為官方授與之養贍埔地。

此措施一方面似乎為兩全其美的構想，同時也顯示清政府對平埔族的信任遠遠超過漢人。此舉並沒有使得平埔族族群的命運有所逆轉，反而因為駐屯之地遠離祖居地，造成族群離散。另外養贍埔地和駐屯地也常不在一處，屯丁根本無法親自耕種，只得交由土官租與漢人耕作，收取地租。然而養贍埔地的地租收入常因土官與通事中飽私囊而難以實惠，所以大多數的屯丁只好將養贍埔地賣斷。

一九〇五年殖民政府完成田野調查後取消了「番大租」，此舉無異否定了平埔族的土地所有權。平埔族因為失去經濟上最後的依託，終於走向覆滅。

竹塹社 / 新竹市東門里
眩眩社 / 新竹市千里里
番　山 / 新竹市香山區
舊　社 / 新竹市舊社里
番　婆 / 新竹市境福里
番仔門 / 新竹市境福里

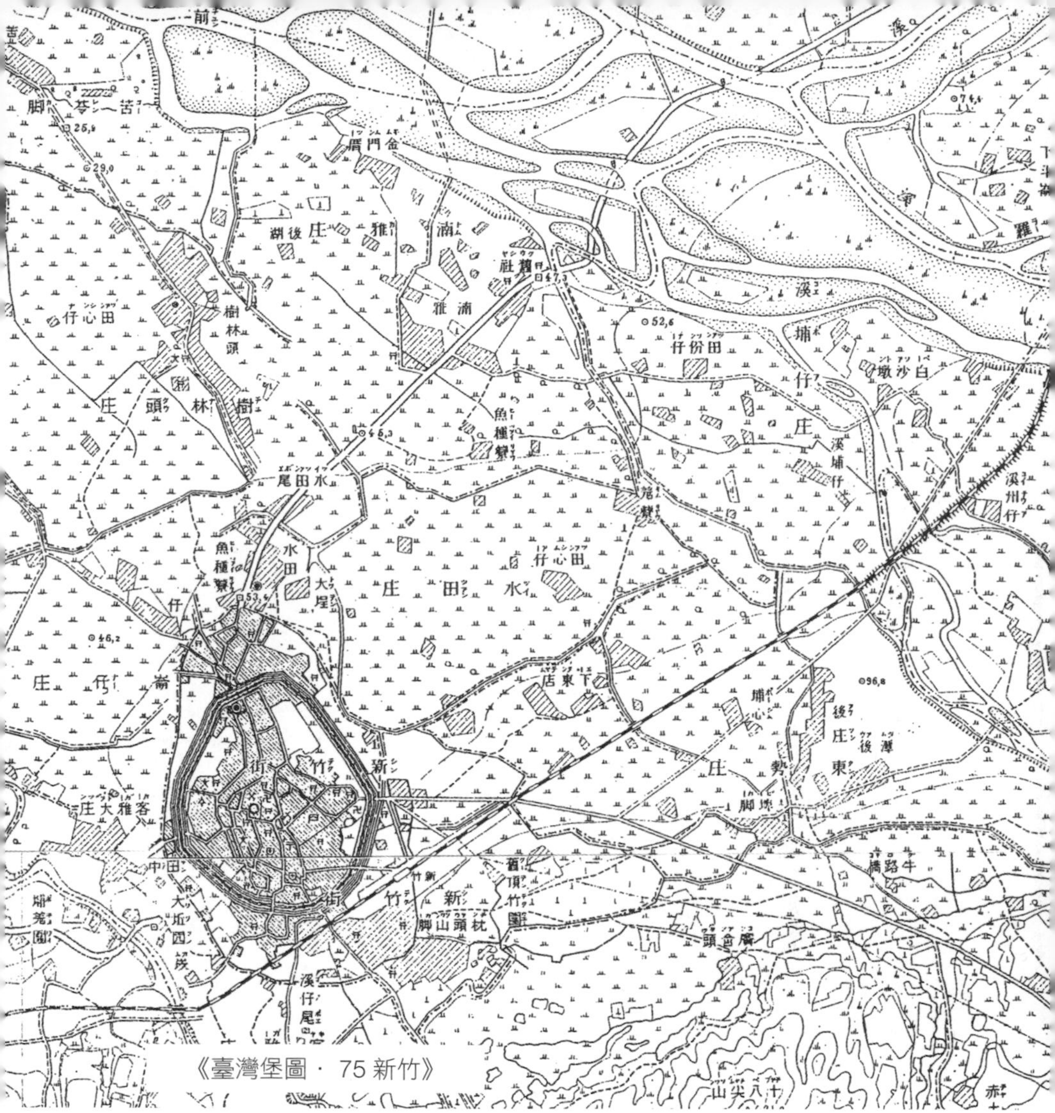

《臺灣堡圖．75新竹》

【道卡斯族竹塹社群相關地名】

番仔湖／湖口鄉中興村
老社寮／關西鎮新富里
番社仔／竹東鎮五豐里
番婆坑／北埔鄉南埔村
吧哩嘓／新埔鎮
麻　園／竹北市麻園里
番仔寮／竹北市東平里
荳仔埔／竹北市竹北里
番仔陂／竹北市泰和里
婆羅汶／新豐鄉中崙村
湖口鄉波羅村
霧崙毛毛／新竹市千里里
番　婆／新竹軍用機場
新　社／竹北市新社里
貓兒錠／竹北市大義里
馬麟厝／竹北市聯興里
溝　貝／竹北市聯興里

壟、嵙、崀、排，客家地名探源

客家族群主要分布於閩、贛、粵三省交界的丘陵地帶，可算的上是「山地人」。由於久居丘山區，對丘陵地帶的地形地貌的認識與利用，相較平原地區的漢族更為全面，從客家族群慣用的地名可以證實這個論點。

我查閱了一九八〇年版限內部使用的《廣東省地圖集》，在粵東地區找出一些具有客家特色的地名類型，粗略的統計，大致上有「背、嵙、壢、缺、窠、伯公、磜、畲、畬、髻、唇、凹、崀、排、刃、岌、崠、墩、屋、坳、嶂、崗、筆、峇、肚、碫」等類別，洋洋大觀，品類繁多，基本上都是根據丘陵的地形地貌特徵命名的。

這個類型的地名，在臺灣客家族群分布地區可以找到的有「背、嵙、壢、缺、窠、伯公、磜、髻、唇、凹、崀、排、崠、墩、屋、坳、崗、肚」等，以地名類型而言，比例不算低。臺灣客家族群分布地區算是相當程度移植了粵東客家地名類型。有些地名類型在臺灣完全找不著，例如畲、畬、刃、岌、嶂、筆、

《臺灣堡圖．72北埔》臺灣臨時土地調查局 明治38年（1905）

員崠庄、燥樹排庄位於新竹縣竹東鎮大鄉、瑞峰里。臺灣客家族群分布的丘陵地區有許多特有的地名類型，其實是源於中國大陸粵東地區。

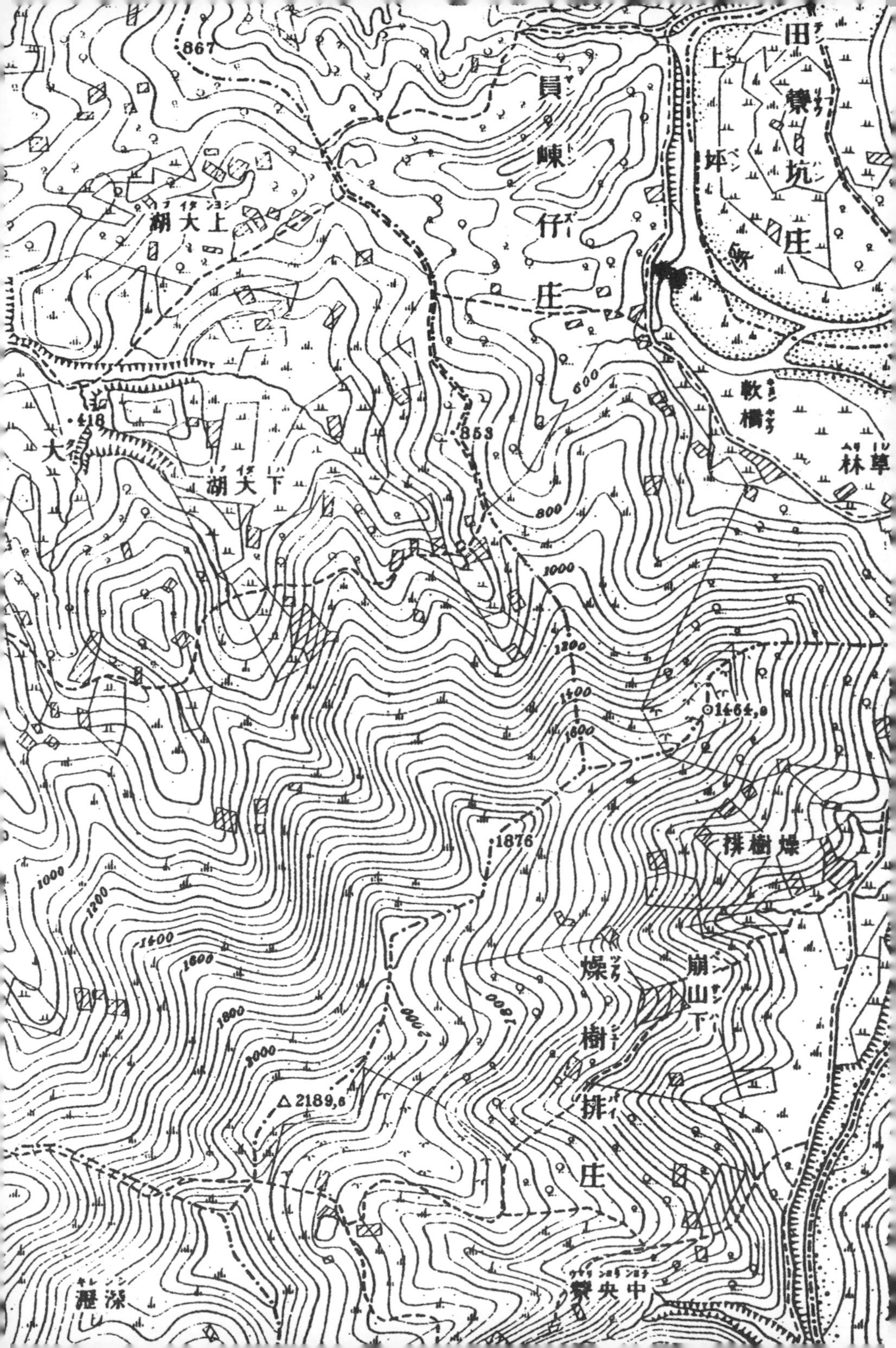
867
上大湖
員崠仔庄
田寮坑庄
418
853
下大湖
軟橋
草林
600
800
1000
1200
1400
1600
1464,0
1876
燥樹排
1800
2000
崩山下
燥樹排庄
2189,6
中央寮

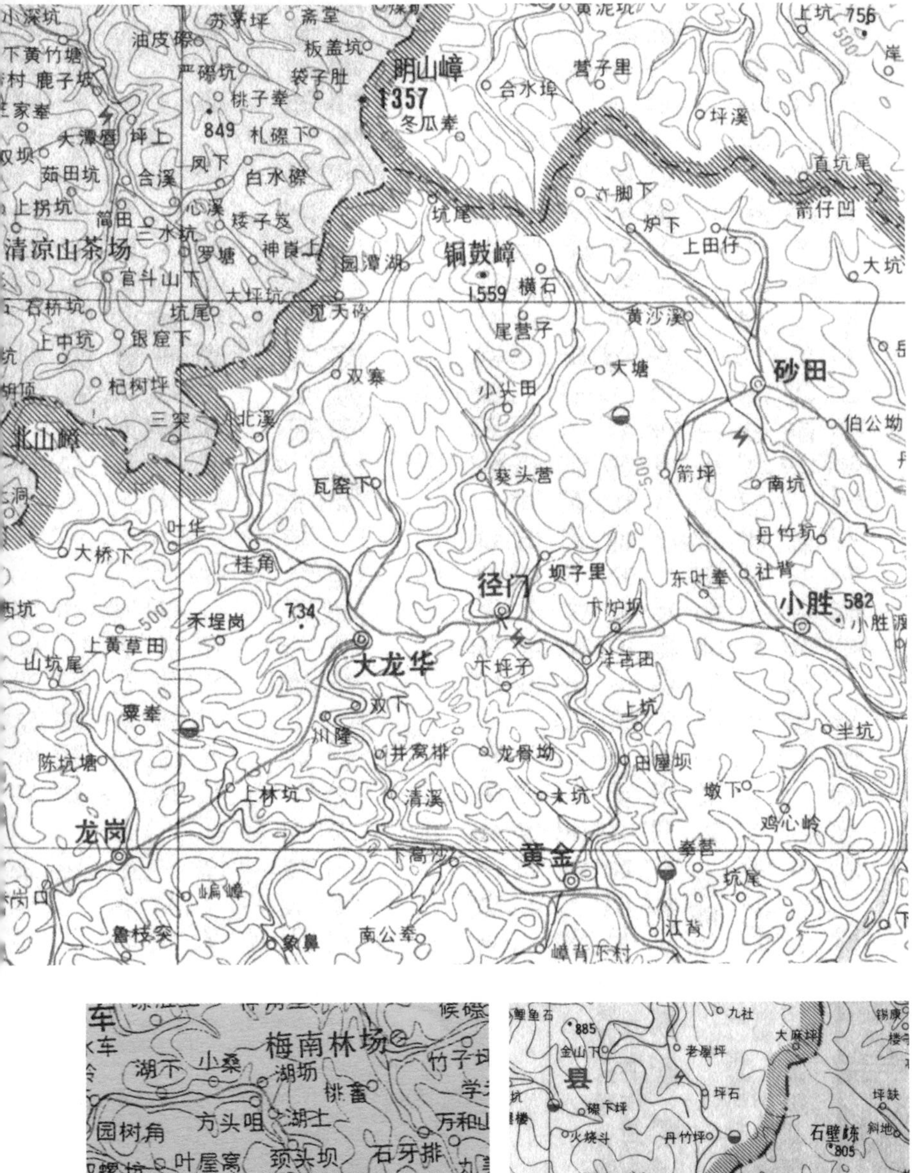

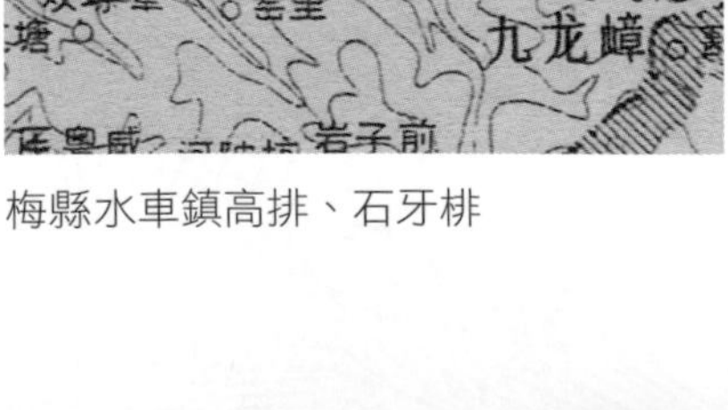

梅縣水車鎮高排、石牙桃

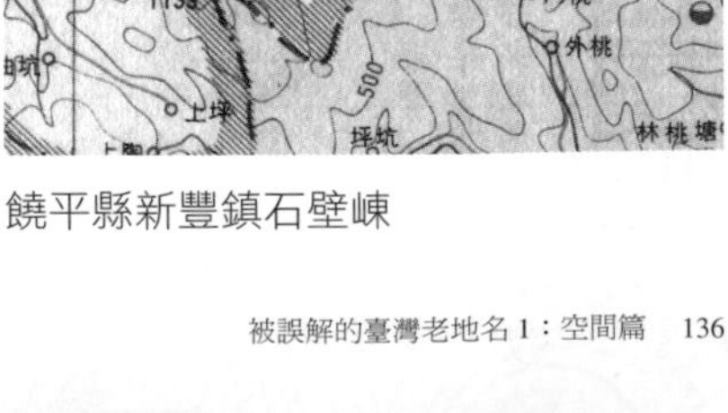

饒平縣新豐鎮石壁崍

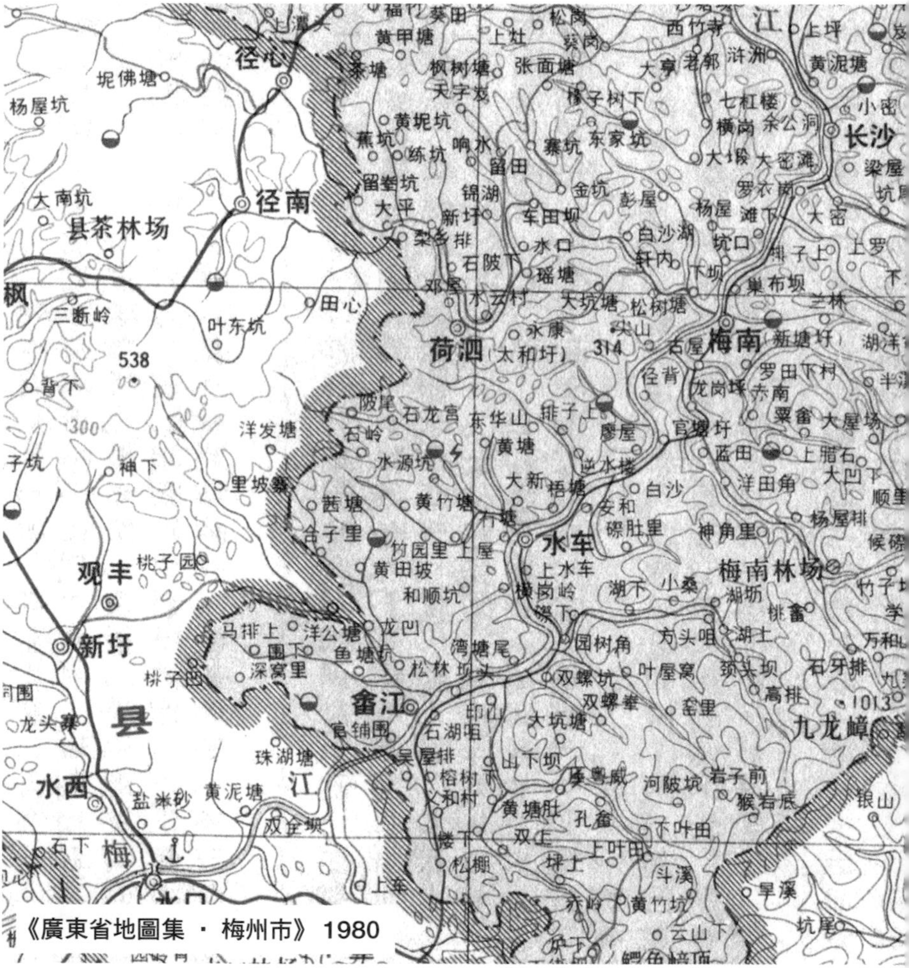

《廣東省地圖集 · 梅州市》 1980

蕉嶺縣新鋪鎮十八崀

陸豐縣水東鎮不乏沥、肚、窝之類的地名

峇、磤等，原因為何？還有待進一查考。

另外，竹、苗一帶並不算罕見的「寵」，我在一九八〇年版，限內部使用的《廣東省地圖集》中，竟然未找到這個地名類型。「寵」的意思是像龍一樣的山稜線，也就是山脊的意思。我想這個地名類型不太可能是臺灣客家人獨創的，在此向知情者求教。

這些具有客家特色的地名類型，在臺灣主要分布在竹、苗丘陵地帶，臺中的丘陵地帶也有少量的分布。其他客家族群較密集的區域如屏東的六堆、宜蘭、花東地區卻並不多見，這是什麼原因？有人可能會認為是「福佬化」的關係，我認為「福佬化」並不能完全解釋這個現象，主要還是由當地的地形地貌所決定。花東地區，客家族群在漢人中占多數，之所以罕見客家地名類型另有原因，我在其他篇章再另行闡述。

客家特色的地名類型主要分布在竹、苗丘陵地帶，除了這些地區的住民以客家族群為主外，最大的原因是竹、苗一帶和原鄉閩、贛、粵交界一樣都屬於丘陵地帶，使得這些地名類型「英雄有用武之地」。屏東的六堆地區雖然也以客家族群為主，這個地名類型卻很難找到，主要原因應該是六堆的客家住民除了六龜、甲仙之外，節大部分都分布在沖積平原上而非丘陵地形。

六堆地區與中央山脈之間是一條筆直的潮州斷層線，斷層線上的住民主要是「福佬化」的平埔族群，隔絕了客家族群像丘陵地帶的機會，所以屏東的客家族群沒有機會採用和丘陵地帶相關的客家特色地名。相同的情況也可部分說明宜蘭、新北市中和、土城的地名類型。

和六堆客家族群不同的是，宜蘭、新北市中和、土城的客家族群已完全「福佬化」，但地名少有客家特色並不能完全推說是「福佬化」的結果，主要原因應該和六堆一樣都都分布在河川沖積平原上，宜蘭尤其明顯，所以較少使用客家特色地名的機會。

宜蘭住民主要是漳州客家族群的後裔，在歷次分類械鬥中多次擊敗來自泉州裔移民的挑戰，但後來卻放棄了客家話，徹底的「福佬化」，十分令人不解。

我有好幾個宜蘭朋友和我說過，他們原先根本不知道自己是客家後裔，直到一九八〇年代大陸開放觀光探親時，按著老祖先留下的原鄉地址返鄉尋根祭祖，才發覺語言不通，那兒講的全是客家話，這才意識到自己原來也是客家族群的後裔。這個情形在中和也十分普遍。

如今這兩個地方完全找不著具有客家特色的地名類型，除了地形地貌的因素外，箇中原因十分耐人尋味。

【桃、竹、苗客家特色地名】

伯公崀 / 苗栗縣卓蘭鎮西坪里
小龍崀 / 苗栗縣頭屋鄉象山村
山羊崀 / 苗栗縣頭屋鄉南河村
茄苳崀 / 苗栗縣銅鑼鄉九湖村
石　崀 / 苗栗縣三義鄉雙潭村
分水崀 / 苗栗縣三義鄉西湖村
龍崀頂 / 苗栗縣三灣鄉內灣村
伯公崀 / 苗栗縣三灣鄉大河村
石　崀 / 苗栗縣三灣鄉大河村
白沙崀 / 苗栗縣獅潭鄉百壽村
分水崀 / 苗栗縣獅潭鄉百壽村
樟樹崀 / 苗栗縣獅潭鄉永興村
米輪崀 / 苗栗縣獅潭鄉永興村
吊頸崀 / 苗栗縣獅潭鄉新店村
九份崀 / 苗栗縣獅潭鄉和興村
分水崀 / 苗栗縣獅潭鄉豐林村
楓樹崀 / 苗栗縣獅潭鄉新豐村
銃櫃崀 / 苗栗縣大湖鄉富興村
大崀頂 / 苗栗縣大湖鄉富興村
燒風崀 / 苗栗縣大湖鄉大南村
蔗廍崀 / 苗栗縣大湖鄉大南村
分水崀 / 苗栗縣大湖鄉大寮村
南湖崀 / 苗栗縣大湖鄉南湖村
楓樹崀 / 苗栗縣大湖鄉義和村
伯公崀 / 苗栗縣大湖鄉義和村
大崀頂 / 苗栗縣大湖鄉栗林村
水槽崀 / 苗栗縣大湖鄉栗林村
大　崀 / 苗栗縣大湖鄉栗林村
粗龍崀 / 苗栗縣大湖鄉栗林村
更寮崀 / 苗栗縣大湖鄉栗林村
竹頭崀 / 苗栗縣大湖鄉栗林村
伯公崀 / 苗栗縣大湖鄉栗林村

【壠】

伯公壠 / 新竹縣北埔鄉大林村
蔗廍壠 / 新竹縣峨眉鄉石井村
石　壠 / 新竹縣峨眉鄉富興村
抽心壠 / 新竹縣橫山鄉田寮村
騎　壠 / 新竹縣橫山鄉豐鄉村
大樹壠 / 新竹縣橫山鄉豐田村
大　壠 / 苗栗縣卓蘭鎮上新里
公館壠 / 苗栗縣卓蘭鎮上新里
大壠頭 / 苗栗縣卓蘭鎮內灣里
火路壠 / 苗栗縣卓蘭鎮坪林里
七股壠 / 苗栗縣卓蘭鎮西坪里
屈尾壠 / 苗栗縣卓蘭鎮西坪里
斷　壠 / 苗栗縣三義鄉雙潭村
大壠後 / 苗栗縣三義鄉鯉魚潭村
南　壠 / 苗栗縣獅潭鄉和興村
壠　尾 / 苗栗縣大湖鄉富興村
三條壠 / 苗栗縣大湖鄉新開村
銃庫壠 / 苗栗縣大湖鄉新開村
伯公壠 / 臺中市東勢區東興里
石頭壠 / 臺中市東勢區東興里
釣鞭壠 / 臺中市東勢區中嵙里
橫　壠 / 臺中市東勢區中嵙里

【崀】

竹園崀 / 苗栗縣卓蘭鎮景山里
廟仔崀 / 苗栗縣卓蘭鎮景山里
楓樹崀 / 苗栗縣卓蘭鎮坪林里
詹高中崀 / 苗栗縣卓蘭鎮坪林里
火路崀 / 苗栗縣卓蘭鎮坪林里
頭座崀 / 苗栗縣卓蘭鎮坪林里
二座崀 / 苗栗縣卓蘭鎮坪林里

茶園崠 / 苗栗縣大湖鄉大南村
草　崠 / 苗栗縣大湖鄉大寮村
炮豬崠 / 苗栗縣大湖鄉大寮村
人字崠 / 苗栗縣大湖鄉大寮村
料　崠 / 苗栗縣大湖鄉大寮村
楓樹崠 / 苗栗縣大湖鄉大寮村
十份崠 / 苗栗縣大湖鄉南湖村
打榷崠 / 苗栗縣大湖鄉南湖村
鍋仔崠 / 苗栗縣大湖鄉義和村
竹　崠 / 苗栗縣大湖鄉義和村
榕樹崠 / 苗栗縣大湖鄉栗林村
插旗崠 / 苗栗縣大湖鄉新開村
猴扣崠 / 苗栗縣大湖鄉新開村
茅園崠 / 苗栗縣大湖鄉武榮村
奶孤崠 / 苗栗縣大湖鄉東興村
七星崠 / 苗栗縣大湖鄉東興村
打鐵崠 / 苗栗縣大湖鄉東興村
祭山崠 / 苗栗縣大湖鄉東興村
大　崠 / 苗栗縣大湖鄉東興村
大崠下 / 苗栗縣大湖鄉東興村
粢粑崠 / 桃園縣龍潭鄉高平村
員崠仔 / 新竹縣竹東鎮大鄉里
大吊望崠 / 新竹縣竹東鎮軟橋里
小吊望崠 / 新竹縣竹東鎮軟橋里
榕樹崠 / 新竹縣寶山鄉新城村
更寮崠 / 新竹縣寶山鄉新城村
三叉崠 / 新竹縣寶山鄉三峰村
石爺崠 / 新竹縣寶山鄉三峰村
雞油崠 / 新竹縣寶山鄉油田村
四瓣崠 / 新竹縣寶山鄉油田村
柯　崠 / 新竹縣寶山鄉山湖村
油茶崠 / 新竹縣北埔鄉大湖村
相思崀 / 苗栗縣大湖鄉新開村
雞油崀 / 苗栗縣大湖鄉新開村
茶油崀 / 苗栗縣大湖鄉新開村
楊母崀 / 苗栗縣大湖鄉新開村
穿窿崀 / 苗栗縣大湖鄉武榮村
分水崀 / 苗栗縣大湖鄉武榮村
伯公崀 / 苗栗縣大湖鄉武榮村
伯公崀 / 苗栗縣大湖鄉東興村
火路崀 / 苗栗縣大湖鄉東興村
九糧崀 / 苗栗縣泰安鄉八卦村
伯公崀 / 苗栗縣泰安鄉清安村
桃園崀 / 苗栗縣泰安鄉清安村
崀　背 / 新竹縣峨眉鄉富興村
石崀子 / 新竹縣峨眉鄉七星村

【崠】

尖　崠 / 新北市泰山區同榮里
犀牛崠 / 苗栗縣卓蘭鎮景山里
雞岑崠 / 苗栗縣頭屋鄉曲洞村
八角崠 / 苗栗縣公館鄉大坑村
盪耙崠 / 苗栗縣公館鄉開礦村
澗竹崠 / 苗栗縣三義鄉雙潭村
畚箕崠 / 苗栗縣三義鄉雙潭村
祭山崠 / 苗栗縣三義鄉龍騰村
祭山崠 / 苗栗縣獅潭鄉百壽村
哨高崠 / 苗栗縣獅潭鄉新店村
犀番崠 / 苗栗縣獅潭鄉和興村
大石崠 / 苗栗縣獅潭鄉豐林村
八角崠 / 苗栗縣獅潭鄉新豐村
祭山崠 / 苗栗縣獅潭鄉竹木村
茅園崠 / 苗栗縣大湖鄉富興村
七寮崠 / 苗栗縣大湖鄉靜湖村

楊梅排 / 苗栗縣獅潭鄉竹木村
河　排 / 苗栗縣大湖鄉富興村
大　排 / 苗栗縣大湖鄉武榮村
向北排 / 苗栗縣大湖鄉東興村
大　排 / 臺中市東勢區詒福里
大　排 / 臺中市石岡區金星里
大　排 / 臺中市新社區慶西里

【髻】

龍鳳髻 / 新竹縣峨眉鄉中盛村
鵝公髻 / 苗栗縣南庄鄉東河村
鵝公髻 / 苗栗縣大湖鄉南湖村

【窠】

大窠口 / 新北市泰山區楓樹里
蘇厝窠 / 新北市泰山區同榮里
吳厝窠 / 新北市泰山區同榮里
黎頭窠 / 新北市泰山區同榮里
大窠坑 / 新北市泰山區大科里
橫窠仔 / 新北市泰山區黎明里
橫窠坑 / 新北市泰山區黎明里
水碓窠 / 新北市五股區德音里
鍋底窠 / 臺中市東勢區泰興里
小中嵙 / 臺中市東勢區泰昌里
中　嵙 / 臺中市東勢區中嵙里
食水嵙 / 臺中市石岡區隆興里
二嵙口 / 臺中市新社區協成里

【見】

楊海見 / 苗栗縣造橋鄉造橋村
高　簡 / 臺中市東勢區福隆里

【窩】

秀才窩 / 楊梅鎮秀才里
鹿鳴窩 / 楊梅鎮秀才里

高旗崠 / 新竹縣北埔鄉大林村
埋牛崠 / 新竹縣北埔鄉南埔村
四稜崠 / 新竹縣峨眉鄉中盛、石井村
旗　崠 / 新竹縣峨眉鄉富興村
奶頭崠 / 新竹縣峨眉鄉湖光村
石　崠 / 新竹縣橫山鄉福興村
雞弈崠 / 苗栗縣頭屋鄉北坑村

【排】

應公排 / 新竹縣竹東鎮忠孝里
燥樹排 / 新竹縣竹東鎮瑞峰里
麻布樹排 / 新竹縣北埔鄉水漈村
湳　排 / 新竹縣北埔鄉南埔村
番仔骨頭排 / 新竹縣北埔鄉南埔村
扇仔排 / 新竹縣北埔鄉外坪村
吊井排 / 新竹縣峨眉鄉石井村
西河排 / 新竹縣峨眉鄉富興村
水投排 / 新竹縣橫山鄉田寮村
楠仔排 / 新竹縣橫山鄉豐田村
大　排 / 苗栗縣卓蘭鎮景山里
連義排 / 苗栗縣卓蘭鎮坪林里
火燒排 / 苗栗縣卓蘭鎮坪林里
石　排 / 苗栗縣卓蘭鎮老庄里
河　排 / 苗栗縣卓蘭鎮內灣里
河　排 / 苗栗縣公館鄉開礦村
向西排 / 苗栗縣公館鄉北河村
三湖排 / 苗栗縣西湖鄉三湖村
北　排 / 苗栗縣銅鑼鄉朝陽村
山　排 / 苗栗縣銅鑼鄉樟樹村
四份排 / 苗栗縣銅鑼鄉新隆村
山　排 / 苗栗縣三義鄉廣盛村
山貓排 / 苗栗縣三義鄉廣盛村
草　排 / 苗栗縣三義鄉龍騰村
大草排 / 苗栗縣三義鄉龍騰村
小草排 / 苗栗縣三義鄉龍騰村

擔水窩 / 芎林鄉龍華村
吳屋窩 / 芎林鄉龍華村
宋屋窩 / 芎林鄉龍華村
茄苳窩 / 芎林鄉龍華村
安屋窩 / 芎林鄉龍華村
畚箕窩 / 關西鎮東安里
流民窩 / 關西鎮南和里
六畜窩 / 關西鎮錦山里
燒炭窩 / 竹東鎮忠孝里
菜園窩 / 竹東鎮商華里
橫　窩 / 竹東鎮五豐里
油車窩 / 竹東鎮五豐里
扒仔窩 / 竹東鎮五豐里
更寮窩 / 竹東鎮上館里
牛寮窩 / 竹東鎮大鄉里
直　窩 / 竹東鎮大鄉里
大浪窩 / 竹東鎮瑞峰里
大　窩 / 竹東鎮上坪里
芎蕉窩 / 寶山鄉寶山村
油車窩 / 寶山鄉新城村
鬼仔窩 / 寶山鄉新城村
大　窩 / 寶山鄉新城村
下　窩 / 寶山鄉新城村
風爐窩 / 寶山鄉山湖村
黑橋窩 / 北埔鄉水漈村
橫　窩 / 北埔鄉水漈村
骨頭窩 / 北埔鄉大林村
推山窩 / 北埔鄉南坑村
洗炭窩 / 北埔鄉南坑村
紙寮窩 / 北埔鄉外坪村
投寮窩 / 北埔鄉外坪村
鬼嗽窩 / 北埔鄉大湖村
暗　窩 / 峨眉鄉中盛村
火燒窩 / 峨眉鄉石井村
埤塘窩 / 楊梅鎮東流里
老　窩 / 楊梅鎮東流里
下陰影窩 / 楊梅鎮豐野里
上陰影窩 / 楊梅鎮瑞源里
殺人窩 / 龍潭鄉武漢村
番子窩 / 龍潭鄉三和村
殺大窩 / 平鎮市東勢里
番子窩 / 龜山鄉南上村
畚箕窩 / 湖口鄉湖南村
箕南窩 / 湖口鄉湖南村
羊喜窩 / 湖口鄉湖口村
北　窩 / 湖口鄉長安村
南　窩 / 湖口鄉長安村
燒炭窩 / 新埔鎮下寮里
太平窩 / 新埔鎮南平里
旱　窩 / 新埔鎮南平里
箭竹窩 / 新埔鎮照門里
老　窩 / 新埔鎮清水里
蔗廍窩 / 新埔鎮清水里
唐　窩 / 新埔鎮內立里
紙寮窩 / 芎林鄉文林村
打礪窩 / 芎林鄉上山村
埤塘窩 / 芎林鄉上山村
月桃窩 / 芎林鄉下山村
牛欄窩 / 芎林鄉永興村
直　窩 / 芎林鄉永興村
芎蕉窩 / 芎林鄉永興村
牛角窩 / 芎林鄉永興村
桔子窩 / 芎林鄉五龍村
賴石窩 / 芎林鄉五龍村
燒炭窩 / 芎林鄉五龍村
下窩子 / 芎林鄉五龍村
彭屋窩 / 芎林鄉五龍村
田屋窩 / 芎林鄉龍華村
灶桶窩 / 芎林鄉龍華村

嘉義市改名爽文市?

光復後，據說有人提議將嘉義市改名為爽文市，因為當時的行政長官陳儀對此提議不表贊同，遂不了了之。此一說法是否屬實，筆者無從查證，也可能是好事者以紀念林爽文之名，暗諷陳儀失政，釀成二二八之禍。

乾隆末年，諸羅城軍民因林爽文之役，甘受飢饉，堅守城池，事平後乾隆為嘉獎諸羅城軍民忠義之舉，特別將諸羅改名為嘉義。如果當時真將嘉義改名「爽文」，那麼對死守諸羅城的先民又情何以堪？雖然嘉義並沒真的改名「爽文」，但光復後，臺灣中部卻出現幾個和林爽文之役相關的地方，以「爽文」為名，如臺中大里的爽文路、南投中寮的爽文村、苗栗卓蘭的爽文等，當地的中小學也以爽文為名。

「二二八事件」和「林爽文之役」一樣，成因十分複雜，絕非單一事件或一人之功過、得失可以完全說明。我個人認為陳儀不算是酷吏，也非貪官。他被判刑、槍斃是國民政府撤退來臺之後的事。二二八事件爆發後，國民政府並不認為他是罪魁禍首，也沒有將他治罪。後來他之所以被槍斃，不過是當道基於政治上的考量，拿他當「替罪羊」罷了。

如果以生命財產的損害而言，林爽文事件所造成的災難比二二八還要嚴重數十倍、百倍，實為臺灣史上的第一大案。《臺灣通史》連橫曰：「林爽文之役，南北俱應，俶擾三年，至調四省之兵，乃克平之。較之一貴，為尤烈矣。」

林爽文之役不僅造成臺灣百姓巨大生命財產的損失，清政府的官軍於是役，戰歿者數以千、萬計，官員中自知府、知縣、同知以至把總，殉難者達一百餘人。事平後，不但林爽文等起義軍領袖、家屬被酷刑處死，清廷還將一批貽誤軍機的總兵、總督、將軍、提督等大員斬首、革職查辦。倒是自號「十全老人」的乾隆在《十全武功記》中將「靖臺灣」平定林爽文事件，列為十大武功之一。在位者不仁，以百姓為芻狗，莫過於此。

林爽文之役後，對臺灣最大影響是清政府終於同意臺灣縣級以上的城市，築磚石之城以自守，從此改變了臺灣城市發展與地方治安的格局。在地名上，最大的變化是將諸羅縣改名嘉義。諸羅原名諸羅山，是洪雅族的聚落，明鄭時代屬天興州，入清之後改名諸羅。此回改名也是出於乾隆的主意。

林爽文之役，起義軍圍困諸羅城經年，城中存糧耗盡，百姓只得以樹根、豆粕充饑。福建總督常青畏戰，屯兵府城臺南不出，福州將軍恆瑞、總兵普吉保等兩路援軍亦不敢進，以解諸羅之圍。無奈之下，乾隆只得下令死守諸羅城的臺灣總兵柴大紀，帶領百姓突圍。不料柴大紀竟然沒遵照乾隆的指示，反而繼續死守，直到陝甘總督福康安援軍跨海而來才解諸羅之圍。為此，乾隆感於諸羅義民堅守城池，特別將諸羅改名「嘉義」，以示嘉獎。諷刺的是，諸羅解圍之後，柴大紀因故得罪福康安，竟以貽誤軍機被處斬。

諸羅改名嘉義為官家所為，爽文之名在有清一代絕對是一個不容於官府的禁忌，直到光復後爽文才以正式地名的形式出現。兩百年來臺灣社會對林爽文事件的態度是曖昧的，因為林爽文事件和二二八事件一樣，除了政治腐敗，官民對立之外，還牽涉到族群之間的矛盾。如今，臺灣雖是一個開放的多元社會，但對族群問題仍然很難全然放下心結，進行理性的討論。因此，如今為了紀念林爽文，我們可以無礙的以爽文為地名，但還是很難蓋棺論定林爽文其人。

官方說法，林爽文是被福康安生擒，民間說法則是林爽文自知走頭無路，諷其友人，自縛送官，以博取賞金。林爽文後來被押送到北京，凌遲處死。林爽文和朱一貴一樣，本身並無反意，但在眾人推波助瀾下，無可奈何，終於走上不歸路。

【與爽文相關的地名】

爽文路 / 臺中市大里區
爽文村 / 南投縣中寮鄉
爽文 / 苗栗縣卓蘭鎮

番婆，一個族群的墓誌銘

大學時代，同寢室一位家住雲林四湖的同學，五官輪廓分明十分帥氣，同學們常開玩笑，說他長得像「番仔」。有一回，我們又開他「番仔」的玩笑，他竟然表情嚴肅的和我們說，他的祖母是「番婆」，大夥兒一時為之語塞，尷尬不已。當時我們對平埔族毫無概念，以為他祖母是「山地同胞」。

有一年的暑假，幾個中南部的同學結伴返鄉，沿途輪流作客同學家中，雲林四湖也是其中一站。那是我第一次到雲林海岸地區，即使在三十年前，那兒的荒涼與窮困還是令我感到震驚，《汪洋中的一條船》作者鄭豐喜的老家離那兒也不遠。

我們搭火車到嘉義，然後坐客運到北港，再轉車到四湖，之後的行程就只能靠徒步了。走了快一個小時，才到達他家所在的村落，我們問他平常返鄉也是這麼個走法，他說如果在四湖攔不到同村的機車，也只能靠徒步了。

到他家之前，我們嘴巴不說，心中對那位「番婆」阿嬤充滿了想像，她的臉

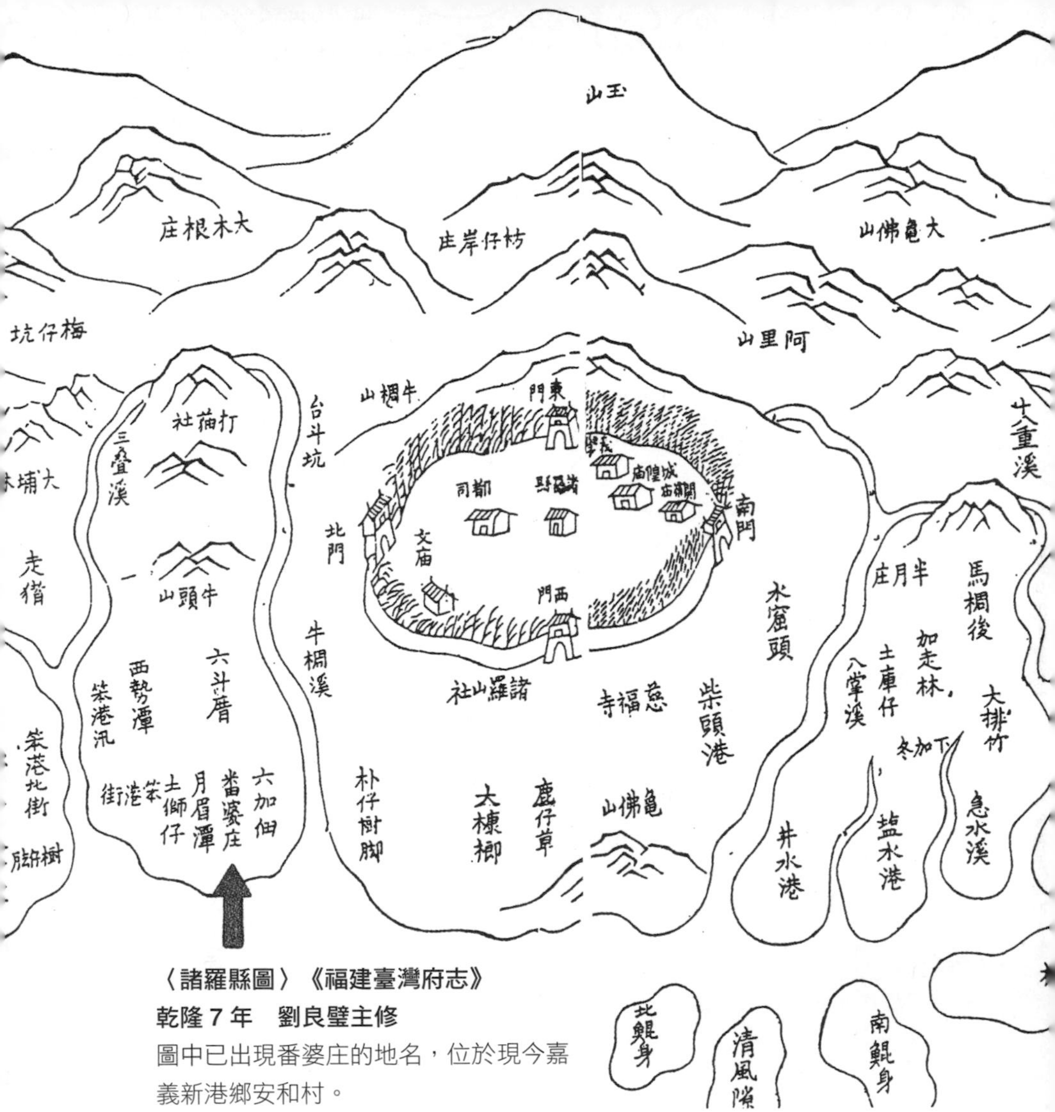

〈諸羅縣圖〉《福建臺灣府志》

乾隆7年　劉良璧主修

圖中已出現番婆庄的地名，位於現今嘉義新港鄉安和村。

【和番婆相關的地名】

番婆地 / 苗栗縣大湖鄉大寮村
番　婆 / 臺中市南區樹德里
番　婆 / 彰化縣福興鄉番婆村
番婆庄 / 彰化縣溪湖鎮番婆里
番　婆 / 嘉義縣新港鄉安和村
番　婆 / 新竹軍用機場
番婆坑 / 新竹縣北埔鄉南埔村
番婆坑口 / 新竹縣北埔鄉大林村
番婆仔溝 / 苗栗縣後龍鎮龍津里
番　婆 / 苗栗縣頭份鎮蟠桃里
番婆石 / 苗栗縣南庄鄉東村
番婆洲 / 宜蘭縣三星鄉月眉村
番婆林 / 新北市三芝區錫板里
番婆井 / 新北市中和區福南里
番婆厝 / 臺北市文山區萬隆里
番婆坟 / 桃園縣新屋鄉社子村
番　婆 / 新竹市境福里

◆《臺灣堡圖‧68 三角堀》1904

臺灣總督府臨時臺灣土地調查局

番婆坟庄位於現今桃園縣新屋鄉社子村。

◆西拉雅族老婦人，淺井惠倫攝。

部有刺青嗎？我們在他家並沒有看到他祖母，直到第三天的中午，他問我們願不願意和他一起為祖母送飯？當然大夥兒都熱絡的答應了。

祖母一個人住在村外一個獨立的家屋，狹小但不算破敗，養了近三十頭貓，有的窩在屋頂，有的盤在一棵枯樹的枝幹上，景象十分詭異。祖母靜靜的吃著送來的午餐，並不招呼我們，似乎也無視於我們的存在。

這時他才告訴我們，祖母早寡，祖父死於南洋，父親是遺腹子，祖母吃盡苦頭，才將父親帶大，如今一個人住在老宅，靜靜的度過晚年。他沒說祖母的出身背景，我們也沒聽祖母講過一句話，但她瘦小的身影，密布深刻皺紋的臉龐，至今仍令我印象深刻。

後來，我對平埔族的歷史逐漸有所了解，才逐漸體會「番婆」祖母悽苦的身世，不僅是出於個別家庭的不幸遭遇，同時也背負了平埔族群在臺灣令人不忍回顧的悲情歷史。因此臺灣老地名中，「番婆」大概是最令我有所感觸的。

《臺灣舊地名之沿革》的作者洪敏麟在註記這個地名類別時，通常是這麼寫的：「可能是平埔族大舉遷徙之後，仍有老媼眷戀故居，遺留居住此地、故以名之。」番婆作為地名，除了訴說個人孤寂、悽涼的晚年之外，也像墓誌銘一樣，為一個族群、社群的消散，銘記在祖靈的土地上。

和番婆相關的地名，除番婆之外，還有番婆厝、番婆林、番婆洲，甚至還有番婆坟。從日治時代留下的地圖與文獻資料中，還能查到十餘個類似的地名。

臺灣西部平原地區，凡是帶有「番」或「社」字的地名，基本上應該都是平埔族居住或曾經居住過的地方。這個類型的地名在西部各縣市老地名當中占了相當高的比例，而且分布的相當平均。

根據學者的研究，帶有「番」或「社」字地名的起源，主要集中於十八世紀，可見這個地名類型的普及和漢人的大舉開發活動有密切的關係。隨著漢人的拓墾，平埔族逐漸喪失土地，他遷離去之後，漢人將平埔族的故地以番或社的字眼注記下來。當然有些以番社為名的地方是平埔族的新社址。

番婆在和平埔族相關的地名當中比例雖然不高，但卻有極高的意涵。一般老地名的形成，都是庶民根據直觀經驗產生的。我們可以想像，一個地方之所以被稱呼為「番婆」，應該是指這個地方主要的人口，或者僅存的人口，是年老的原住民女性。為什麼這個地方會只剩下年老的原住民女性？她們是從外地遷來的嗎？可能性很低。她們應該是平埔族聚落殘餘的住民，那麼原來的住戶都哪裡去了？死絕了嗎？可能性也不高。

以當時的情況判斷，這個村落的原住民在漢人來了之後，逐漸將土地轉讓給

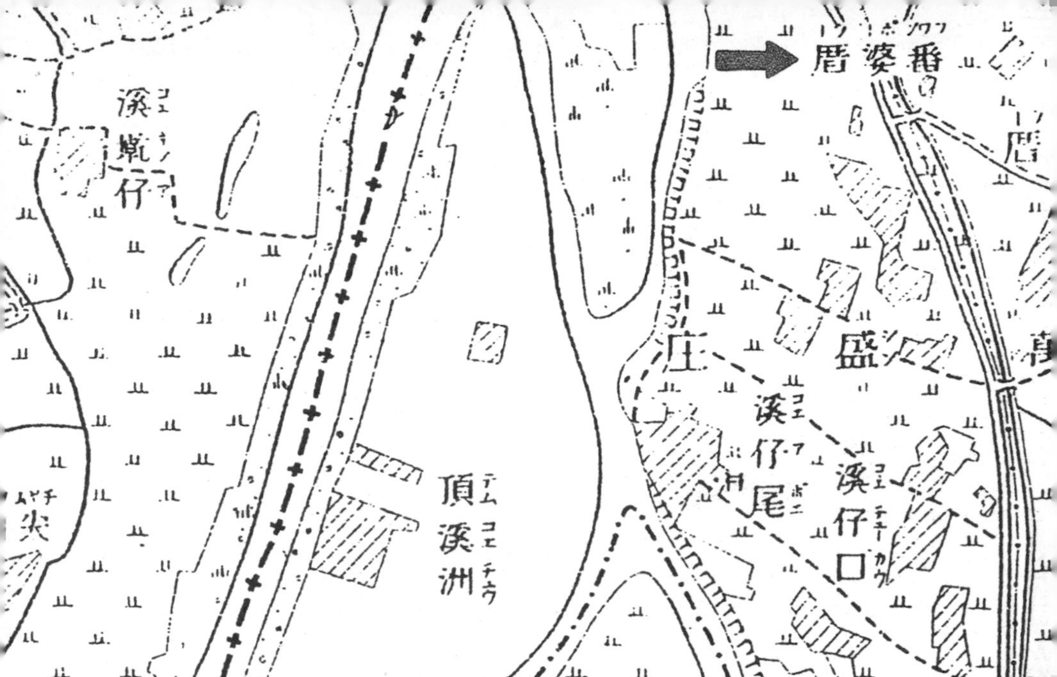

⭘《臺灣堡圖．49 景尾》1904
臺灣總督府臨時臺灣土地調查局
番婆厝位於臺北市文山區萬隆里。
⭘西拉雅族老婦人，淺井惠倫攝。

《臺灣堡圖．84 叭哩沙》1904

臺灣總督府臨時臺灣土地調查局

番婆洲位於宜蘭縣三星鄉月眉村。

臺南大內頭社的尪姨，淺井惠倫攝

漢人，交易的過程中，原住民可能吃了一些虧、甚至上當、被騙，結果喪失了所有土地，以致無法在此立足。受騙、上當大多只是個別現象，難道全村也都跟著受騙上當？當然不可能，如果相信這個單一說法，並不足以說明漢人的狡詐，反而是汙衊了原住民的智商。

真正導致原住民大量喪失土地的原因，除了制度上的缺失之外，最大的原因應該還是平埔族沒有商品經濟的經驗，很快的陷入漢人土地掮客的物質誘惑，而無法自拔，最後終於喪失了所有的土地。這個現象至今仍在東部和山地原住民部落中持續上演。為什麼「番婆」沒有跟著其他族人離去？依戀故土不忍離去？這個說法「文學性」太強，難以說明客觀現象。

「番婆」大多數是指喪偶的老婦人，甚至是年輕的寡婦，她們所以獨居故里，通常是因為沒有能力跟隨族人遷徙，也可以說是被族人遺棄的。那麼她們是不是可以改嫁給漢人？當然可以。俗語說：「有唐山公，無唐山嬤。」可見，漢人男性娶平埔女性為妻的不在少數，但應該沒有人會娶已經沒有生育能力的「番婆」。所以，「番婆」只能孤零零的在荒村、樹林、甚至沙洲中掙扎求活。

漢人基於什麼心態，將她們居住的地方，稱之為「番婆」呢？是憐憫？還是輕蔑？是忌諱？還是只是當作一個客觀存在的現象加以描述？或許都有吧！另外，番婆地名的分布也存在一些值得一提的現象。現今，已知和番婆相關的地名，有將近一半在中部，這可能和巴宰海族主導的兩次大規模的遷徙活動有關。所以番婆地名的出現，可能是平埔族遷徙的伴生現象之一。

另外，番婆地名的分布，最南只到嘉義。嘉義以南帶有「番」或「社」字的地名相當普遍，但迄今還沒發現有叫番婆的地方，這是不是表示南部的平埔族較少大規模的遷徙？顯然不是。自清代以來，西南海岸地區的西拉雅族群往東部丘陵地帶遷移的例子相當多，甚至遷往臺東、花蓮的也不在少數。

多年前，「番婆」祖母去世時，她的子孫為她籌劃了一個十分獨特的葬禮。她的遺體被放置在粗木疊成的材堆上，然後引火焚化，他們說這是一種最虔誠的佛教葬儀。夜幕中，河灘上熊熊的烈火，像是千百年前平埔先民在野地中引燃的篝火，當時我覺得那一夜，「番婆」祖母終於回到祖靈的懷抱。

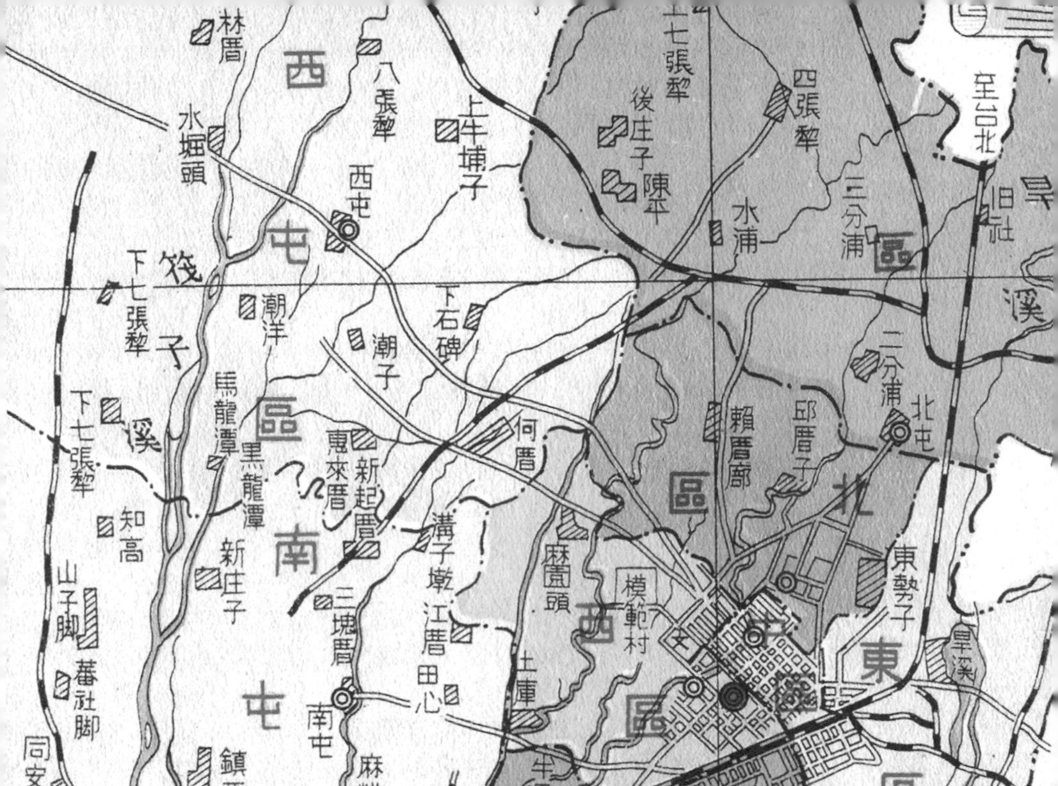

◆《臺灣省縣市行政區域圖．臺中市》**1955**　番婆位於臺中市南區樹德里。

◆屏東來義穿著喪服的老婦人，淺井惠倫攝。

水沙連，臺灣最後的香格里拉

臺灣老地名中，「水沙連」是我最喜歡的一個，沒有特別的因緣，純粹是個人的審美情趣所決定的。想想看，溪水沙洲，片片相連，不正是中國傳統山水畫最常描繪的情景？黃公望的〈富春山居圖〉描繪的不正是山、水、沙洲連綿不絕的詩畫之境。

「水沙連」一詞早在康熙中葉起，便屢屢出現在官修的方志，以及官員的宦遊之作。一般說來，「水沙連」指的是以日月潭為中心，涵蓋烏溪與濁水溪中上游之地。有關「水沙連」一詞的由來，如今流傳最廣的，是日籍學者伊能嘉矩在《臺灣文化志》中的說法：「水沙連，原係分布於彰化地方山邊之平埔番Arikun，對該方面內山生番之他稱Tualihen或Soalian之譯音訛沙連，同地因有日月潭名勝之湖水，而添加『水』字所稱呼者。」

《臺灣文化志》所說的Arikun是洪雅族阿里坤支族，主要是早年居住南投市的南投社及北投社。伊能嘉矩畢竟是日本人，對臺灣古代的方志、文獻了解得

《彰化縣志》〈彰化八景圖・珠潭浮嶼〉道光 16 年

珠仔山就是現今日月潭中的德化社。「浮嶼」指的是邵族特有耕作方式「浮嶼」又稱「浮田」，以竹木搭成的浮動田圃。

日治時代的日月潭德化社。

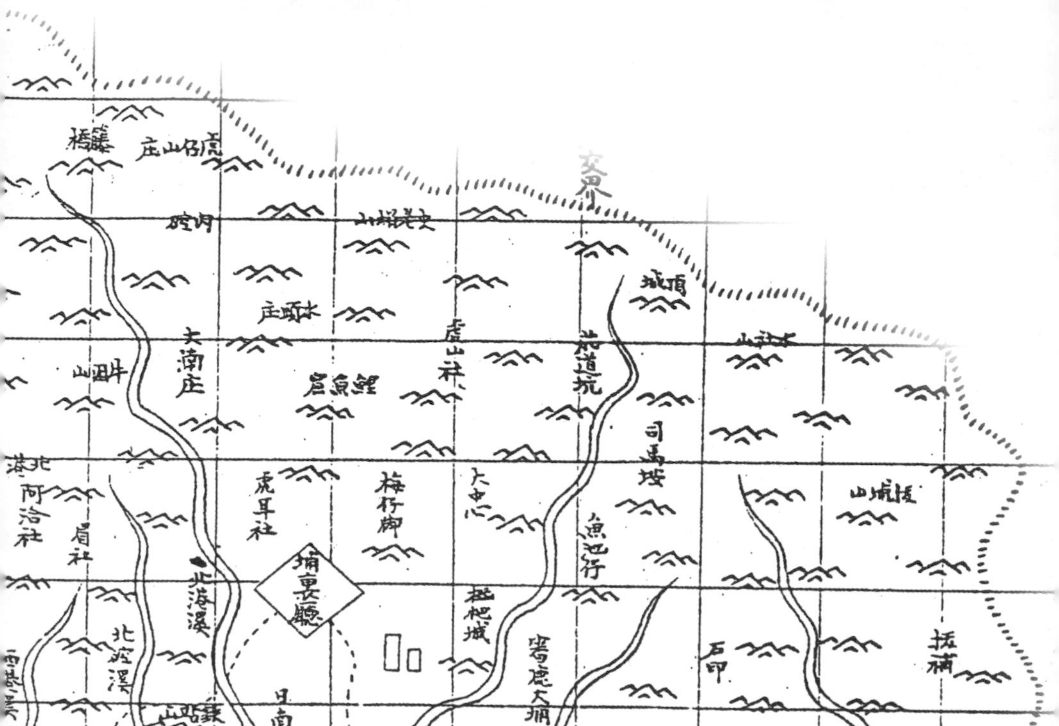

⇧《臺灣輿地總圖．埔里廳圖》
1874 年後清政府為加速東部的開發，決定從埔里開鑿穿越中央山脈的道路，埔里地位因而提升到廳縣一級。

⇦邵族駕獨木舟在日月潭中捕魚。

不夠透徹，才會提出這種片面的說法。

其實早在清初蔣毓英總撰的臺灣第一部府志，便提到「水沙連社」。蔣毓英版《臺灣府志》出版年代大約是康熙二十四、五年，離明鄭的覆滅不過兩、三年，可見有關「水沙連社」的資訊應該是得自明鄭官員的交接，連明鄭時代的官員都已經知道「水沙連社」，所以「水沙連社」的說法絕非來自 Arikun 一地之言。當然，伊能嘉矩當時還無緣得見蔣毓英總撰的《臺灣府志》，這部臺灣第一部府志是一九八〇年才在上海圖書館被發現。

比較值得探討的是，蔣毓英版的《臺灣府志》對「水沙連社」有兩種不同的提法，一是在〈木排田〉一條上說：「木排田在諸羅縣水沙連社，四面皆水，中一小洲。其土番以大木連排盛土，浮之水面，耕作其中……」另一條說：「……，半線以東，以接沙連三十八社，控弦二千餘人。……」同一本書，一處叫「水沙連」，另一處叫「沙連」，說的是同一個地方嗎？

埔里的地方文史工作者簡史朗先生提出了一個比較令人信服的說法。簡史朗說從清初開始，「水沙連」、「沙連」二詞便常常混用，有時還會出現「水社」的說法，其實，「水沙連」、「沙連」、「水社」三者指的是同一件事。簡史朗認為一個地方之所以出現三個說法，應該從邵族語「水」的發音來說明。

邵族語「水」的發音為 saeum，而漢人通常會將 saeum 唸成 salum 也就是「沙連」的由來。所以「沙連社」是 saeum 的音譯，「水社」則是意譯。那麼為什麼又出現「水沙連」一詞？簡史朗認為「水沙連」不過是意譯加音譯的加詞罷了。另外從鄧傳安的〈水沙連紀程〉，以及夏獻綸的〈埔裏六社輿圖說略〉也都可以證明「水沙連」、「沙連」、「水社」三者指的是同一件事。那麼「水沙連」一詞所涵蓋的領域到底為何？

蔣毓英版《臺灣府志》所謂：「……，半線以東，以接沙連三十八社，控弦二千餘人。……」之說，但當時水沙連因地處偏遠，實際的情況很難說得清楚。到了康熙末年，諸羅縣令周鍾瑄主撰的《諸羅縣志》也提到「水沙連內山」。由其內文敘述可知，當時「水沙連內山」指的是草屯、南投市、竹山、社寮等地東北方向的山區，也就是烏溪、濁水溪中上游的部分。

同期，巡臺御史黃叔璥在《臺海使槎錄》一書中將「水沙連」區分為南港十三社和北港十二社，南港指的是濁水溪中上游之處，北港指的是烏溪中上游，眉溪及其支流北港溪。雖然涵蓋區域和以前差不多，但黃叔璥對「水沙連」社群的了解，比起以前，顯然更加細緻。之後，還有以南、中、北三港加以區分的說法，不過涵蓋的區域和以前的說法都差不多。

✪《新高山岳的日月潭》作者不詳
繪製於日治時代

日本時代日月潭水力發電站是全臺最重要的發電設施。

✪邵族婦女在日月潭畔表演杵歌。

《全臺輿圖．彰化縣埔里六社輿圖十》
光緒庚辰年

除了上述的說法，一般而言，「水沙連六社」在清代的文獻中，出現的頻率較高，也較為一般學者熟知。所謂「水沙連六社」包括田頭社、水裡社、貓蘭社、審鹿社、埔裡社、眉裡社。這六個社群大致上以日月潭為中心，涵蓋烏溪、濁水溪中上游區域，相當於前述的中港區域，族群則以邵族為主。

「水沙連六社」是清政府對廣義的「水沙連」，較早納入管理的區域，也是漢人拓墾「水沙連」的起始點，嘉慶年間爆發的「郭百年武力侵墾事件」，幾乎使得此地陷入萬劫不復的邊緣。

【廣義的水沙連社群】

中港社群
水裡社
社仔社
決里社
蔴思丹社
毛翠社
伊力社
貓蘭社

南港社群
木扣社 / 布農族卡社群
大基貓丹社 / 布農族丹社群
木武郡社 / 布農族郡社群
紫黑社 / 布農族郡社群
佛子希社 / 布農族郡社群
哆咯社 / 布農族卓社群
鑾蘭社 / 布農族巒社群

北港社群
蛤里難社 / 埔裡社
挽蘭社 / 木葛蘭社
貓里眉外社 / 泰雅族澤敖列亞族眉原群
貓里眉內社 / 泰雅族澤敖列亞族眉原群
眉加臘社 / 泰雅族澤敖列亞族眉原群
哆囉郎社 / 泰雅族賽德克亞族土魯閣群
斗截社 / 泰雅族賽德克亞族道澤群
平了萬社 / 泰雅族賽德克亞族霧社群
佛谷社 / 泰雅族賽考列克亞族白狗群
致霧社 / 泰雅族賽德克亞族霧社群

埔里，平埔地名大集合

埔里的老地名中，有許多和西部平埔族群相關，例如烏牛欄、房裡、阿里史、大肚城、大馬麟等等……。為什麼西部地區平埔族群的地名會大量集中於埔里一地？這是一個很難解釋得清楚的故事。

早年埔里的住民，為文獻記載的「水沙連六社」中的埔裡社、眉裡社，在民族識別上是屬於泰雅族的一支。埔裡社、眉裡社只是漢人的習稱，埔裡社族人自稱「蛤美蘭社」，如今老一輩的布農族人和日月潭的邵族還習慣稱呼埔里為 **Kabilan** 或 **Kariavan**，可見「蛤美蘭」才是埔裡社最原始的地名。

林爽文事件之前，清政府除了象徵性的招撫「水沙連六社」外，很少干預當地的事務。清初的官員如黃叔璥、藍鼎元、郁永河等人，都留下有關水沙連的紀錄。他們大都將水沙連形容為類似香格里拉之類的世外桃源，或許這只是出於美好的願景，香格里拉、世外桃源其實從來不曾存在。到了林爽文事件之後，這層虛空的願景也被捅破了。

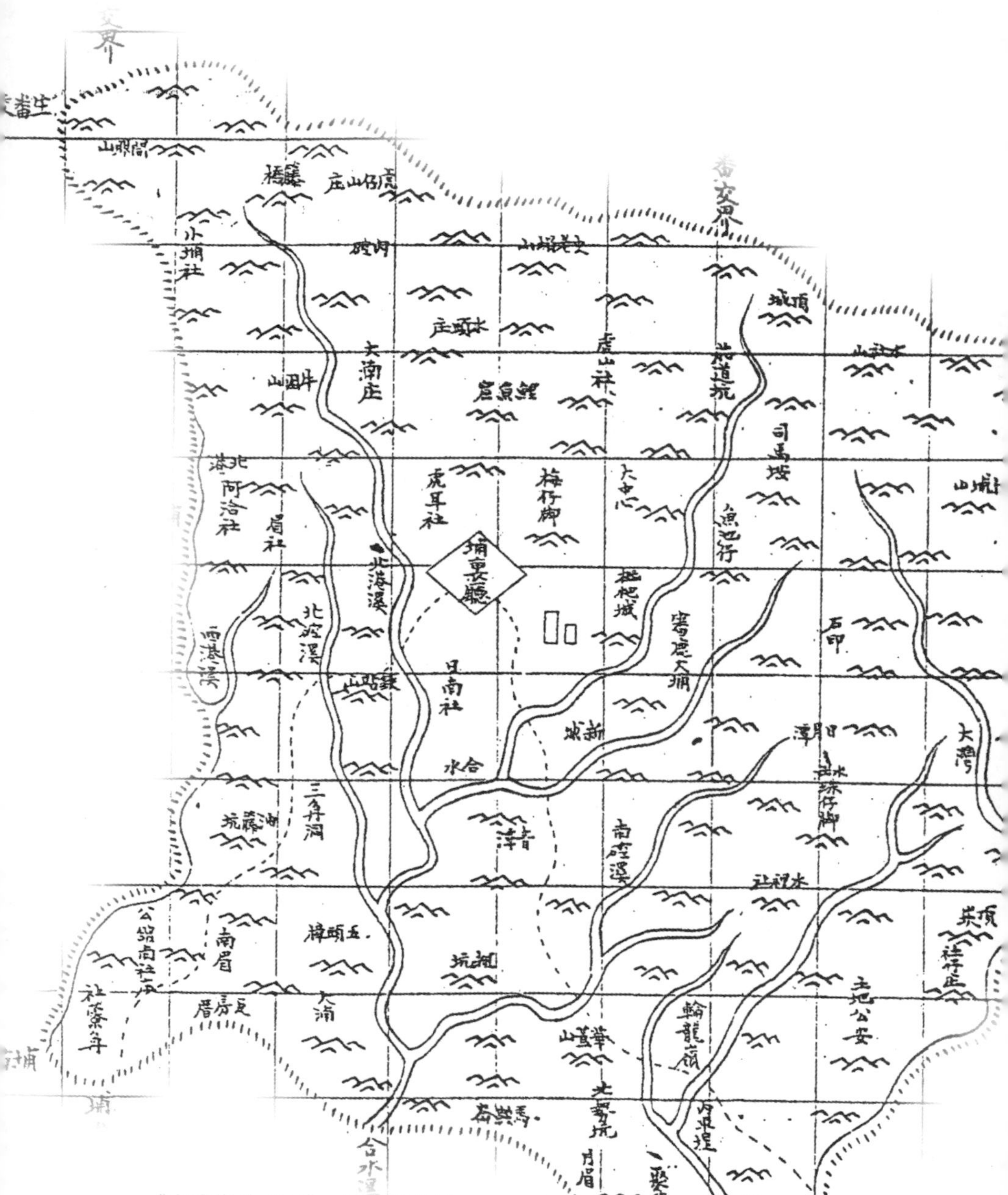

《臺灣輿地總圖》〈埔裡廳圖〉

清朝末年，埔里因地處開發東部的道路起點，地位陡升，一度成為廳縣級單位。

房里庄
林仔城
大肚城庄
房里
双寮
日南
阿里史
⊙1459.4
⊙1443.8
恒吉城
大肚城
烏牛欄
烏牛欄庄
大馬璘
埔里社堡
⊙486.9
里社街
牛相觸
⊙1450.6
埔里社
茄苳脚
△1784.8
蜈蚣崙
生番空
生番空庄
⊙1494.6
⊙1944.6
白葉坑

林爽文事件之後，清政府為了加強山地防務，以免窩藏「奸匪」，生起「以番制漢」的思路，從而建立番屯制度。簡單的說，「番屯制度」就是徵招平埔族壯丁擔任屯丁，把守設在山地沿線上的關隘，平時防止「生番」滋事，並監視漢人，禁止其入山為患。碰上民變時，番屯又是一支有效的鎮壓武力，所以番屯制度對清政府而言是一套行之有效的制度。這套制度不僅在清代實施了近百年，甚至到了日治初期還被殖民政府繼續採用。

清政府發給擔任屯丁的平埔族人除了必要的火槍及薪資外，每人還發給一甲左右的贍養地。立意雖然不錯，可是執行起來卻大有問題。首先駐屯地與贍養地，不在一處，戍守與耕作根本難以兼顧。結果，屯丁只得將分得的贍養地租與漢人耕種。但是租地基本上是由隘丁首集體招租，租餉常被土官和通事苛扣，或者根本收不到；其次，平埔族人本身既不擅於耕作，又收不到租餉，乾脆就將贍養地賣斷。如此一來，凡是被徵招擔任屯丁的平埔族壯丁，不但脫離了土地，也疏遠了原來的社群關係，成了純粹的傭兵。

嘉慶十九年（一八一四）漢人武裝屯墾集團，勾結官府衙役，取得墾照，一路由水裡、審鹿，強行侵墾數百甲，最後進入埔里，與埔裡社族人相持月餘，才引起官兵的干預。後來漢人武裝屯墾集團詐稱罷墾，等官兵撤走後，趁隙大舉殺

《臺灣堡圖．170 埔里社》臺灣臨時土地調查局 明治 38 年（1905）

「郭百年武力侵墾事件」之後，埔裡社為了自保招徠「番親」開墾共守，正苦無出路的中部平埔族族人立即翻山越嶺而來，總計共有五族三十餘社的平埔族人落腳埔里開創新天地。

戮埔裡社族人，僅少數躲入山中，才倖免於難。

事件發生兩年後，才被來臺巡查的清政府大員查覺，下令查辦。事後，強行侵墾的土地雖全數歸還埔裡社，但社眾僅剩十餘人。在極度缺乏安全感的情況下，社眾接受水裡社的建議，邀請西部平埔族「番親」來埔里同居共守。

著名的〈思保全招派開墾永耕字〉述說了埔裡社不得不招徠「番親」開墾共守的苦情：「緣因前年郭百年侵入開墾，爭占埔地，殺害社番，死已過半。未幾再遭北來凶番，窺我社慘、微少壯丁，遂生欺凌擾害，難以安居，……。是以……前去招募平埔打里摺，入社通行，踐土會盟，通和社務，使諸凶番以及漢奸不致如前侵界，得以保全安居，散而復聚矣。」招徠「番親」開墾共守對埔裡社而言，是迫不得已的無奈之舉，但是對同受「漢奸」壓迫，正苦無出路的中部平埔族族人而言，無異是天大的好消息。消息一出，立即吸引了五族三十餘社的平埔族人，翻山越嶺，湧入埔里。

然而這五族三十餘社的平埔族人記取了在西部平原喪失土地的慘痛教訓，以贌佃的方式從埔裡社眾手中取得了永佃權，保住了生存的依據。此後埔裡社逐漸退出歷史的舞臺，而中部的五族三十餘社的平埔族人獲得了開啟新生活的新天地。這或許也可算是時代大悲劇中，稍可安慰人心的一幕吧。

【埔里五族三十社分布點】

拍宰海・山頂社
守城份 / 埔里鎮牛眠里

拍宰海・葫蘆墩社
牛眠山 / 埔里鎮牛眠里

拍宰海・麻薯舊社
牛眠山 / 埔里鎮牛眠里

拍宰海・社寮角社
牛眠山 / 埔里鎮牛眠里

拍瀑拉・大肚社
大肚城 / 埔里鎮大城里
生番空 / 埔里鎮溪南里

拍瀑拉・水裡社
水裡城 / 埔里鎮大城里

道卡斯・房里社
房　裡 / 埔里鎮房里里

道卡斯・日北社
崁　頂 / 埔里鎮鐵山里
水　尾 / 埔里鎮向善里
下史港坑 / 埔里鎮中港里
頂梅仔腳 / 埔里鎮西門里

道卡斯・雙寮社
雙　寮 / 埔里鎮房里里
崁　頂 / 埔里鎮鐵山里

道卡斯・吞霄社
八　股 / 埔里鎮房里里

下梅仔腳 / 埔里鎮西門里

巴布薩族・眉裡社
下梅仔腳 / 埔里鎮西門里

巴布薩族・東螺社
林仔城 / 埔里鎮籃城里

巴布薩族・二林社
恆吉城 / 埔里鎮大城里

巴布薩族・馬芝遴社
恆吉城 / 樸里鎮大城里

巴布薩族・斗六門社
白葉坑 / 埔里鎮珠格里

拍宰海・大馬遴社
大馬遴 / 埔里鎮愛蘭里

拍宰海・阿里史社
阿里史 / 埔里鎮鐵山里
虎仔耳 / 埔里鎮大湳里
楓仔城 / 埔里鎮北安里

拍宰海・烏牛欄社
烏牛欄 / 埔里鎮愛蘭里

拍宰海・大湳社
大湳 / 埔里鎮大湳里

拍宰海・水底寮社
蜈蚣崙 / 埔里鎮蜈蚣里

洪雅族・北投社
鹽　土 / 埔里鎮杷城里
枇杷城 / 埔里鎮枇杷里
十一份 / 埔里鎮水頭里
五港泉 / 埔里鎮枇杷里
水　頭 / 埔里鎮水頭里
中心仔 / 埔里鎮枇杷里

洪雅族・北投社
鹽　土 / 埔里鎮杷城里
枇杷城 / 埔里鎮枇杷里
十一份 / 埔里鎮水頭里
五港泉 / 埔里鎮枇杷里
水　頭 / 埔里鎮水頭里
中心仔 / 埔里鎮枇杷里
茄苳腳 / 埔里鎮同聲、清新里
珠仔山 / 埔里鎮珠格里
白葉坑 / 埔里鎮珠格、溪南里

洪雅族・南投社
五港泉 / 埔里鎮枇杷里
水　頭 / 埔里鎮水頭里
茄苳腳 / 埔里鎮同聲、清新里
牛　洞 / 埔里鎮水頭里

洪雅族・萬斗六社
文頭股 / 埔里鎮枇杷里
中心仔 / 埔里鎮枇杷里

巴布薩族・阿束社
枇杷城 / 埔里鎮枇杷里

柴裡，斗六的前世今生

《裨海紀遊》是臺灣歷史上的一本奇書，它是三百年前極少數以親身經歷記錄臺灣西部平原風貌的「紀實報導」。雖然研究這本書的學術著作、論文已經相當多，但仍有不少問題值得探討。所以三十多年前我剛接手一部二手車時，第一件想做的事，就是根據《裨海紀遊》作者郁永河的路線由南而北來一次實地考察，順便核實《裨海紀遊》中舊地名的確切地點。這一次考察收穫很大，我第一次深切感受到「行萬里路、讀萬卷書」這句老話的真實義涵。

考察之前，我特別研讀了一些知名學者的著作，為此次考察作學術背景的鋪墊。誰知到了現場常常發覺根本不是那麼回事，甚至有些學術上的疑問，到了現場竟然不需太大的力氣便能輕易找到答案。我覺得許多學者做學問大概從來沒離開過書齋、圖書館，親身到田野感受歷史現場的回饋。

善用圖書資料、歷史文獻當然是學術上的基本手段。然而事件的現場所提供的訊息，往往更能啟發更多的思緒、排除一些積非成是的學術陷阱。作學問除了

《諸羅縣志》附圖，康熙 59 年

周鍾瑄主修

當時官軍在斗六設塘汛，當地主要聚落為柴裡社，斗六之名是洪雅族語音譯。

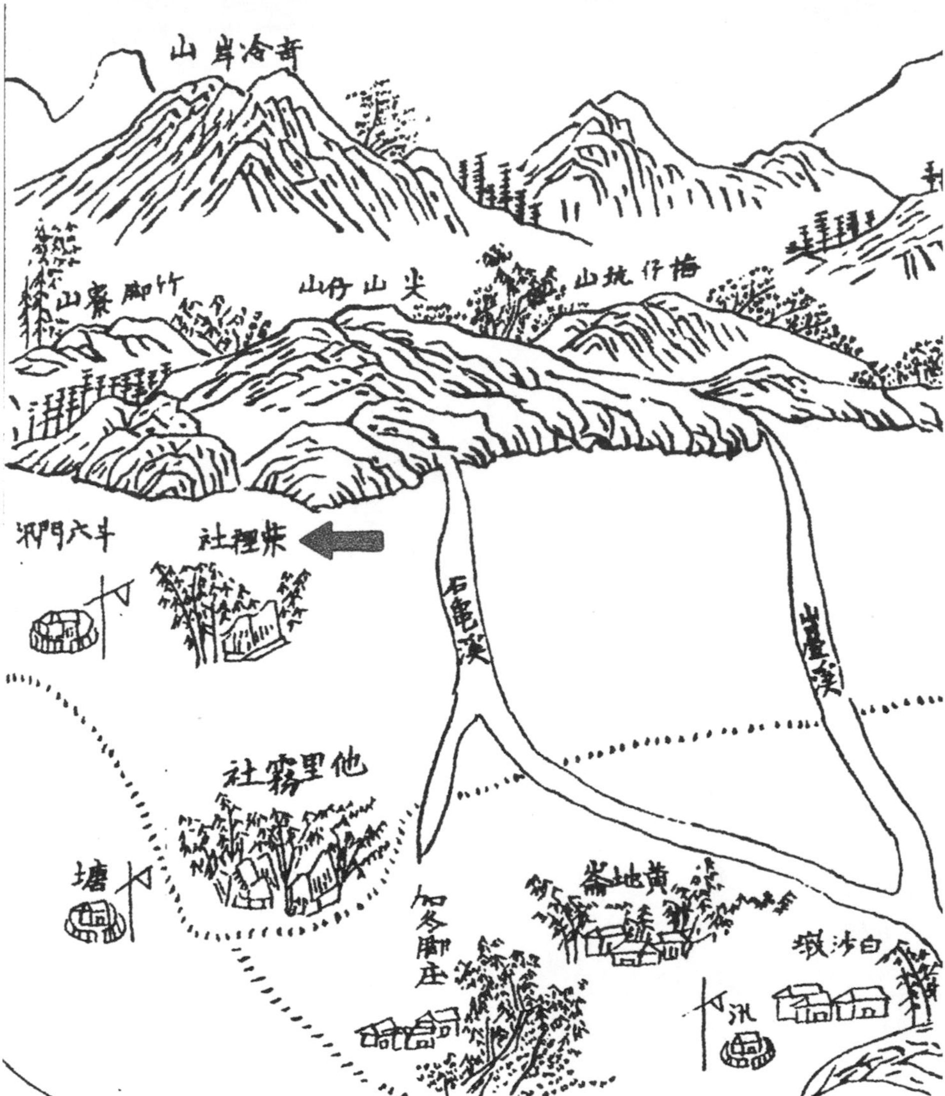
奇冷岸山
竹脚寮山
尖山仔山
梅仔坑山
斗六門汛
柴裡社
石龜溪
山疊溪
他里霧社
塘
黃地崙
加冬腳庄
白沙墩
汛
台仔挖

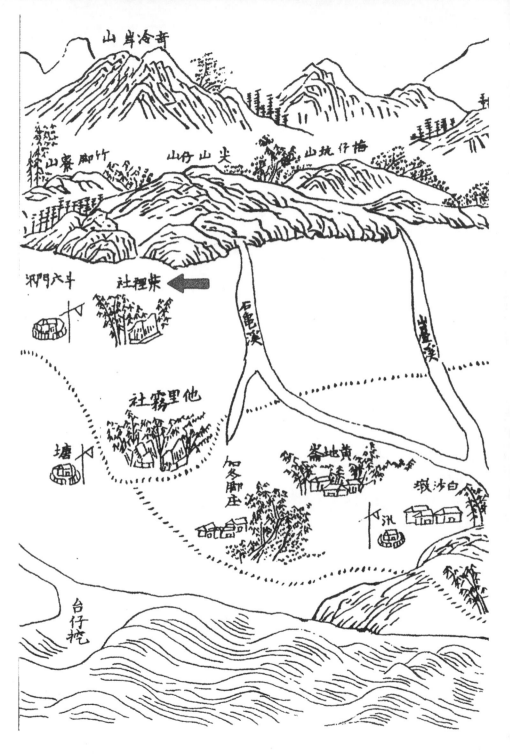

斗六門
營盤
柴裡社
民居
打貓塘
西螺社
西螺塘
虎尾溪
西螺溪
三疊溪
荒埔
猴樹港汛
本汛東至打貓社肆拾里

勤讀書，實地查踏也是必不可少。但現實的情況往往不是如此，大部分的學者，尤其是文史方面的，喜歡在舊書堆裡找答案、在學術大會上辯論、在學術期刊上打筆仗，卻難得到田野作調查。

我記得有一回大批學者正為臺北盆地內平埔族聚落的位置與地名進行討論時，一位在臺大任教的西班牙籍學者鮑曉鷗不但從古地圖中找答案，甚至還以地形地貌舉例說明。反觀國內的學者的論證除了文獻外竟別無他途，好像這些平埔族的聚落、地名是從古書堆裡長出來的。兩者相較實在令人汗顏。

那一次旅行考察，我發現一些曾頻頻出現於史料的聚落早已「改名換姓」，有的芳蹤難覓，有一些地方老地名雖然還在，但聚落面貌已面目全非成了現代化的城市。柴裡社是少數的例外，不但地名沒變，似乎連聚落型態都和三百年前差不多。或許最近二十年的變化，大過三百年的變化也未可而知。

那次考察之後，我再也沒去過柴裡，但我對柴裡的印象仍十分深刻。原因就在於它不但地名沒變，連聚落也還是小巧而幽靜，鬆散而超脫世塵。在那一次考察的旅途中進入柴裡，我第一次感受到好像回到三百年前的歷史現場，甚至我還覺得或許郁永河看到的柴裡，和我看到的應該不會差太多吧！

我還記得由斗六市區沿著臺三線南下，過了溝壩，向西轉入一條小路，不到

《康熙臺灣輿圖》，康熙中葉

康熙時代設在斗六的營盤，屬於柴裡社的範圍。

三百公尺就到頂柴裡。完全無須問路、打聽舊地名，因為臺三線上往柴裡的岔路上，就豎立了一個帶箭頭指向的路標，清清楚楚的標示兩個大字「柴裡」。

古坑在柴裡南面不遠處，不過當時「古坑咖啡」還不具知名度。來往臺三線那個路段的旅人，頂多在溝壩的臺糖小賣部吃根臺糖冰棒，稍事停留就上路了，沒有人專門跑到古坑喝咖啡。柴裡雖小，但一條小溝卻將柴裡分成兩個聚落。頂柴裡在東，下柴裡在西，溝上有一座古樸的小石橋連接頂、下柴裡。小溝的兩岸全是菸田，農舍零零散散的散佈在小坡上，還有一兩座老舊的木造菸樓。

小石橋邊有一座素雅的小土地廟，幾棵老態龍鍾的榕樹環繞其間，整個畫面好像黑澤明電影《夢》中的「水車村」。廟埕下有一座古舊的宅院，住了一對勤勤懇懇的老夫婦，當時我真願他們告訴我，他們就是洪雅族的後裔，當然這並非事實。

雲林臺三線一帶的居民大多是「福佬化」的客家人，當時他們幾乎已完全放棄了客家話，甚至不知道自己是客家後裔。所以我又如何能期待他們知道三百年前柴裡社的洪雅族人呢？

不過，我還是問了他們是否知道有關平埔族人的信息。他們似乎不太高興，表示不清楚，認為我在懷疑他們是「平埔仔」。

離開柴裡後，我又向西走了一段路，在一個叫溫厝角的小聚落歇腳，意外的在一座小廟的香爐上發現了「猴悶」兩個字，我猜想溫厝角應該就是文獻中的猴悶社吧！當時猴悶社對許多學者而言，只是存在文獻中的聚落，並不知道其具體的位置。後來我才知道溫厝角有條小溝，就叫猴悶溝。

【1697 年郁永河北上途經的平埔族聚落】

新港社 / 臺南新市區社內里
目加溜灣 / 臺南善化區市街
麻豆社 / 臺南麻豆區市街
佳里興 / 臺南佳里區興化里
倒咯國社 / 臺南東山區東山里
諸羅山社 / 嘉義市中正公園一帶
打貓社 / 嘉義縣民雄鄉東榮村
他里霧社 / 雲林縣斗南鎮舊社里
柴裡社 / 雲林縣斗六市溝壩里
斗六社 / 斗六市中心
大武郡社 / 彰化縣社頭鄉舊社村
半線社 / 彰化市番社洋
啞束社 / 彰化市香山、牛埔里
大肚社 / 臺中市大肚區大肚里
沙轆社 / 臺中市沙鹿區沙鹿里
牛罵社 / 臺中市清水區清水里
大甲社 / 臺中市大甲區德化里
雙寮社 / 臺中市大甲區建興里
苑裡社 / 苗栗縣苑裡鎮西平里
吞霄社 / 苗栗縣通霄鎮平安里
後壠社 / 苗栗縣後龍鎮火車站附近
新港仔社 / 苗栗縣後龍鎮新民里
中港社 / 苗栗縣竹南鎮中港里
竹塹社 / 新竹市東門街
南崁社 / 桃園縣蘆竹鄉南崁村
八里岔社 / 新北市八里區龍源里
淡水社 / 新北市淡水區環山里
麻少翁社 / 臺北市士林區社子
北投社 / 臺北市北投區清江里

誰是莫里遜？Mt.Morrison 在那裡？

玉山是東亞第一高峰，眾所周知。

日治時代玉山叫新高山，知道的人也不少，尤其是出生於日治時代的長輩。常識豐富的人可能還知道西方世界，十九世紀中葉至二十世紀初，繪製的臺灣地圖以及文獻資料裡，玉山被註記為 Mt.Morrison，中文譯作莫里遜山。

玉山國家公園管理處出版的《玉山回首》上說：「外人對玉山稱呼，則起於住臺南英國領事 Robert Swinhoe 以美 Alexander 號商船船長 W. Morrison 首次航行臺灣遙見玉山山勢獨特，而載於航海日誌中，為外人最早之記載，遂以該船船長之名命之，此後西方人士便沿用 Morrison mountain 之名。」

類似的說法也曾出現在國內的其他刊物上，有些還更明確的說 Alexander 號船長 W. Morrison 是一八五七年首次航行臺灣時在安平外海上遙見玉山的。

筆者對老地圖十分著迷，在欣賞、查閱老地圖時，常常看到十九世紀下半葉西方出版的臺灣老地圖在玉山的位置標示 Mt.Morrison，心想 Morrison 會不會是

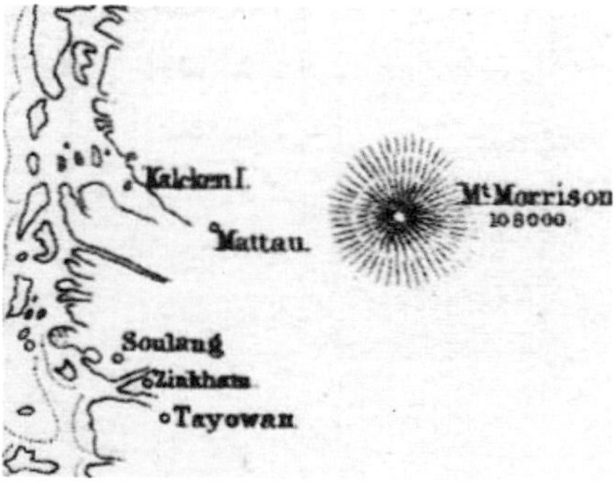

〈China Formosa Island〉

1845　英國海軍

這是第一次以實測東部海岸線，繪製出的臺灣全島地圖，也是第一次出現 Mt.Morrison 之名。

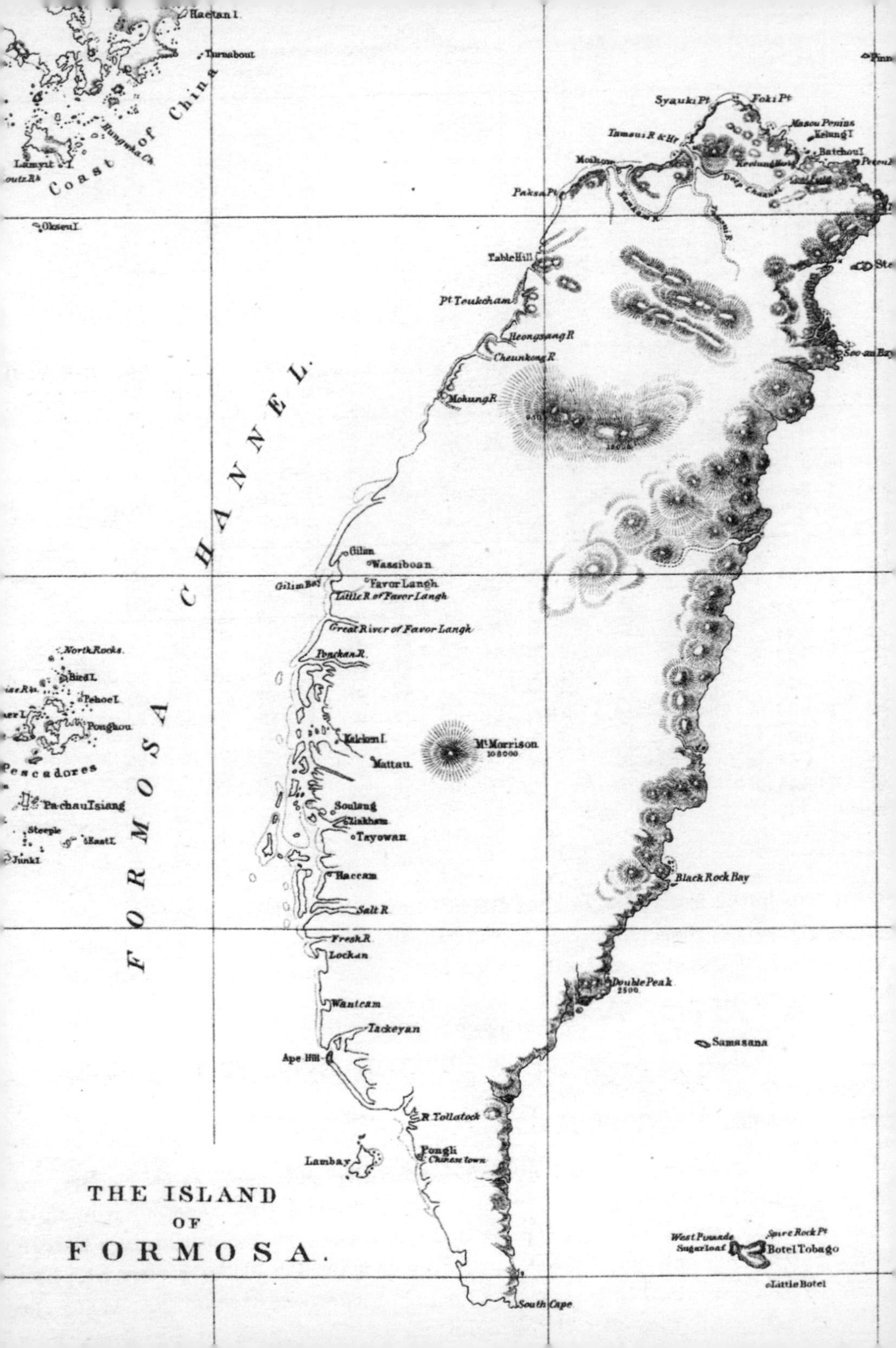

THE ISLAND OF FORMOSA.
FORMOSA CHANNEL.
Coast of China
Haetan I.
Turnabout
Lamyit I.
Okseu I.
Syauki Pt
Foki Pt
Tamsui R & Hr
Kelung I.
Batchou I.
Deep Channel
Paksa Pt
Table Hill
Pt Teukcham
Heongsang R
Cheunkong R
Mokung R
Seo-au Bay
Gilan
Wassiboan
Gilim Bay
Favor Langh
Little R. of Favor Langh
Great River of Favor Langh
Ponckan R.
North Rocks.
Bird I.
Pehoe I.
Ponghou
Pescadores
Pachau Tsiang
Steeple
East I.
Junk I.
Kaleken I.
Mattau.
Mt Morrison
Soulang
Zinkham
Tayowan
Haccam
Salt R
Fresh R
Lockan
Wantcam
Tackeyan
Ape Hill
R. Tollatock
Pongli
Chinese town
Lambay
Black Rock Bay
Double Peak
2500
Samasana
West Pinnacle
Sugarloaf
Spire Rock Pt
Botel Tobago
Little Botel
South Cape

最早以三角測量計算出玉山高度的第一人？查閱了一些資料，始終找不著答案。

後來地圖看多了，隱約覺得當時西方繪製的臺灣地圖都長一個樣，甚至連日本剛占領臺灣時，繪製的臺灣地圖也差不多是出自同一版本，當時日本人也是以 Mt.Morrison 音譯的假名標示玉山的。後來才知道十九世紀下半到日本人占領臺灣之間，歐美出版的臺灣地圖，基本上都是摹寫自一八四〇年代英國海軍出版的〈China Formosa Island〉一圖。這張地圖之所以影響比較大，是因為它是第一次根據完整實測的臺灣東部海岸線而繪製出的臺灣全島地圖。

臺灣西部的海岸線從荷蘭時代起，經過多次的實測，相對較明確，而東部的海岸線一直缺乏完整的實測資料。鴉片戰爭後英國取得香港，為了擴展商貿，將目光指向臺灣。此次測繪東部海岸線，應該是為拓展臺灣的商貿所作的準備。

這張地圖也是西方世界首次在臺灣地圖上標示出玉山的位置，並名之為 Mt.Morrison。測繪者是英國海軍軍官 R. Collinson 和 D.M.Gordon，兩人都不姓 Morrison，那 Morrison 會是誰？為何將玉山命名為 Mt.Morrison ？是否真如《玉山回首》所言，以美國 Alexander 號船長 W. Morrison 命名？

我在一份教會文獻中，看到另一種說法：Morrison 是英國第一位來華傳教的牧師，Mt.Morrison 是為了紀念他而命名的，這種說法可能性似乎大一些。因

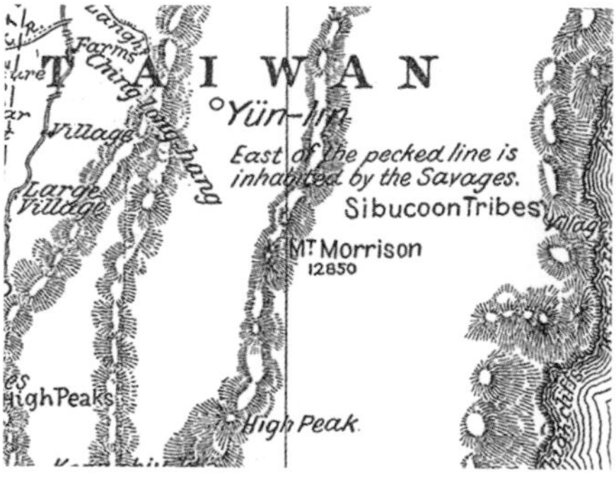

《臺灣遙寄》馬偕牧師
書中附錄的臺灣地圖將玉山稱為 Mt.Morrison。

ISLAND OF FORMOSA
TO ACCOMPANY MACKAY'S "From Far Formosa."
PEKING
COREA
CHE-FOO
YELLOW SEA
COREA STRAIT
JAPAN
SHANGHAI
TUNG HAI OR EASTERN SEA
WEN-CHOW
FU-CHOW
AMOY
FORMOSA
Fo-kien Strait
Liu-Kiu or Loo Choo Isds
PACIFIC OCEAN
CHINA
120°
125°
130°
25°
Port of Tamsui
Nam-kam Pt
Hoi-Hou
Pak-sap
Tieng-Liek
KE-LUNG
TAI-PEI
Ta-tun-Shan
Volcanic Group
HSIN CHU
P. Heongsan
Lysee
North Tangow Chain
Tangow Tribes
South Tangow Range
Chinese Watch Hº
Miao-li
Mt Sylva 11300
Middle Western or Dodds Range
The Camphor tree & other useful timber abound in this range
Densely wooded Mountains 6000 to 7000 ft. high rising abruptly from the sea
Chock-e-day (Native Village)
TAI-NAN
Ong-Gi-Tag N
Pu-li
Chang-hua
FORMOSA OR TAIWAN
Very high culture, Sugar, sweet Potatoes & Oranges
Great River
West of the pecked line is chiefly inhabited by Chinese
East of the pecked line is inhabited by the Savages.
Sibucoon Tribes
Yün-lin
Mt Morrison 12850
Appears as a bluff when seen from the South
Chia-i
PESCADORES CHANNEL
North Rks
Bird I. 63
PESCADORES ISLANDS
ROVER CHANNEL
ROVER GROUP
Steeple
Peaked Rk
High Peaks
High Peak
Soahmahai Tribes
Many Villages
Black Rk B.
Bantan Tribes
Tai-tung
Double Peak about 2500
An-ping
TAI-NAN
Samasana
Reef on which Sea breaks reported to extend 2½ miles
Feng-shan
Ta-Kow
Sugar growing Region
Fang-kang
Lambay I. (Seo-liu-kiu)
Var 0°5' W.
MAGNETIC
Hong-kong
Liang-kiau
Heng-chun
Botel-Tobago
Sugar-loaf
West Pinnacle
E. Pinnacle
Lit Botel To
South Cape
COPYRIGHT 1895 BY

為 Robert Morrison 牧師確有其人，他是倫敦宣道會一八〇七年派往廣州傳教的第一人。至於前面提到的 Swinhoe 是一位外交官，也是一名知名的博物學家。Swinhoe 在臺灣有幾種譯法，郇和、史溫侯或者斯文豪等。郇和在臺灣的知識界有相當的知名度，他是英國皇家地理學會、動物學學會的會員，曾向西方介紹臺灣的特有生物，有些還是以他的姓氏命名的，如斯文豪氏蛙。

郇和原本在廈門英國領事館擔任館員。一八六〇年臺灣對西方開放之後，被任命為駐臺灣領事館的副領事，一八六五年升為領事。一八五八年郇和還在廈門任職時，為尋找船難失蹤的兩名英國船員，曾搭乘英國軍艦堅忍號環臺灣島航行。那一次環島航行，堅忍號的艦長 Brooke 重新測量過 Mt.Morrison，一二、八五〇英尺，已經十分接近現代測量的數據。

按說郇和是英國皇家地理學會的會員，而一八四五年英國海軍出版的〈ChinaFormosa Island〉地圖最早也是在英國皇家地理學會發表的，郇和對這張地圖應該不陌生。至晚一八五八年郇和搭乘堅忍號環島航行時，也應該看過這張地圖。《玉山回首》上說郇和指出 Mt.Morrison 是美國商船 Alexander 號船長 W. Morrison 首次航行臺灣時發現的，是否有所本呢？

有些刊物提到 Alexander 號船長 W. Morrison 是一八五七年首次航行臺灣時

《Ethnological map of Formosa》
大正時代
二十世紀初臺灣總督府出版的英文版臺灣原住民族分布圖，圖中玉山被標示為 Mt.Niitaka，為日語「新高山」的音譯，一旁還附錄 Mt.Morrison 之名。

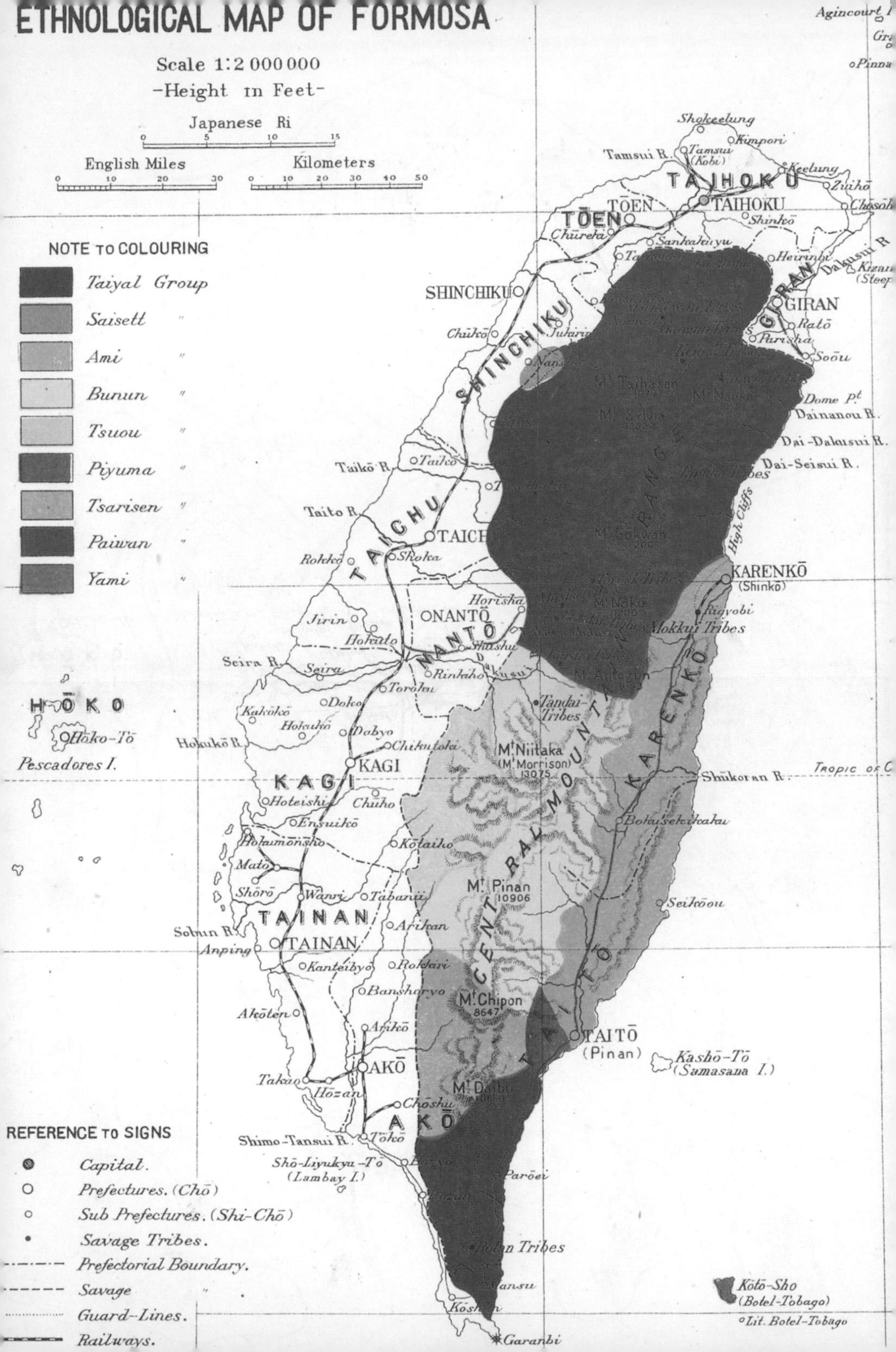
ETHNOLOGICAL MAP OF FORMOSA
Scale 1:2 000 000
-Height in Feet-
Japanese Ri
0 5 10 15
English Miles
0 10 20 30
Kilometers
0 10 20 30 40 50
NOTE TO COLOURING
Taiyal Group
Saisett "
Ami "
Bunun "
Tsuou "
Piyuma "
Tsarisen "
Paiwan "
Yami "
REFERENCE TO SIGNS
Capital.
Prefectures. (Chō)
Sub Prefectures. (Shi-Chō)
Savage Tribes.
Prefectorial Boundary.
Savage "
Guard-Lines.
Railways.
TAIHOKU
TŌEN
SHINCHIKU
TAICHU
NANTŌ
KAGI
TAINAN
AKŌ
TAITŌ
KARENKŌ
GIRAN
HŌKO
CENTRAL MOUNTAIN RANGE
Agincourt I.
Pinna
Shokeelung
Kimpori
Tamsui R.
Tamsui (Kobi)
Keelung
Zuihō
Chosoh
TAIHOKU
TŌEN
Shinkō
Chūreki
Sankakuyu
Heirinbi
Dakusui R.
GIRAN
Ratō
Parisha
Sooū
SHINCHIKU
Chūkō
Mt. Taihasan
Mt. Nacka
Mt. Sylvia
Dome Pt.
Dainanou R.
Dai-Dakusui R.
Dai-Seisui R.
Taikō R.
Taikō
Taito R.
TAICHU
Mt. Sokwan
High Cliffs
Rokkō
Shōka
KARENKŌ (Shinko)
Horisha
ONANTŌ
Rigyobi
Mokkui Tribes
Jirin
Hokuto
Seira R.
Seira
Rinkiho
Mt. Antozun
Torokū
Dokō
Tandai-Tribes
Kakōkō
Hokuko
Dobyo
Hokukō R.
Chikutoki
Mt. Niitaka (Mt. Morrison) 13075
Hōko-Tō
Pescadores I.
KAGI
Tropic of C
Shūkoran R.
Hoteishi
Chiho
Bokuseki kaku
Ensuikō
Kotaiho
Hokumonsho
Matō
Mt. Pinan 10906
Shōrō
Wanri
Tabanii
Seikōou
Arikan
Sobun R.
Anping
TAINAN
Kanteibyo
Rokkiri
Banshoryo
Mt. Chipon 8647
Akōten
Arikō
TAITŌ (Pinan)
Kashō-Tō (Samasana I.)
Takao
Hōzan
AKŌ
Mt. Daibu
Chōshu
Shimo-Tansui R.
Tōkō
Shō-Liyukyu-Tō (Lambay I.)
Paroēi
Botan Tribes
Kōtō-Sho (Botel-Tobago)
Lit. Botel-Tobago
Koshun
Garanbi

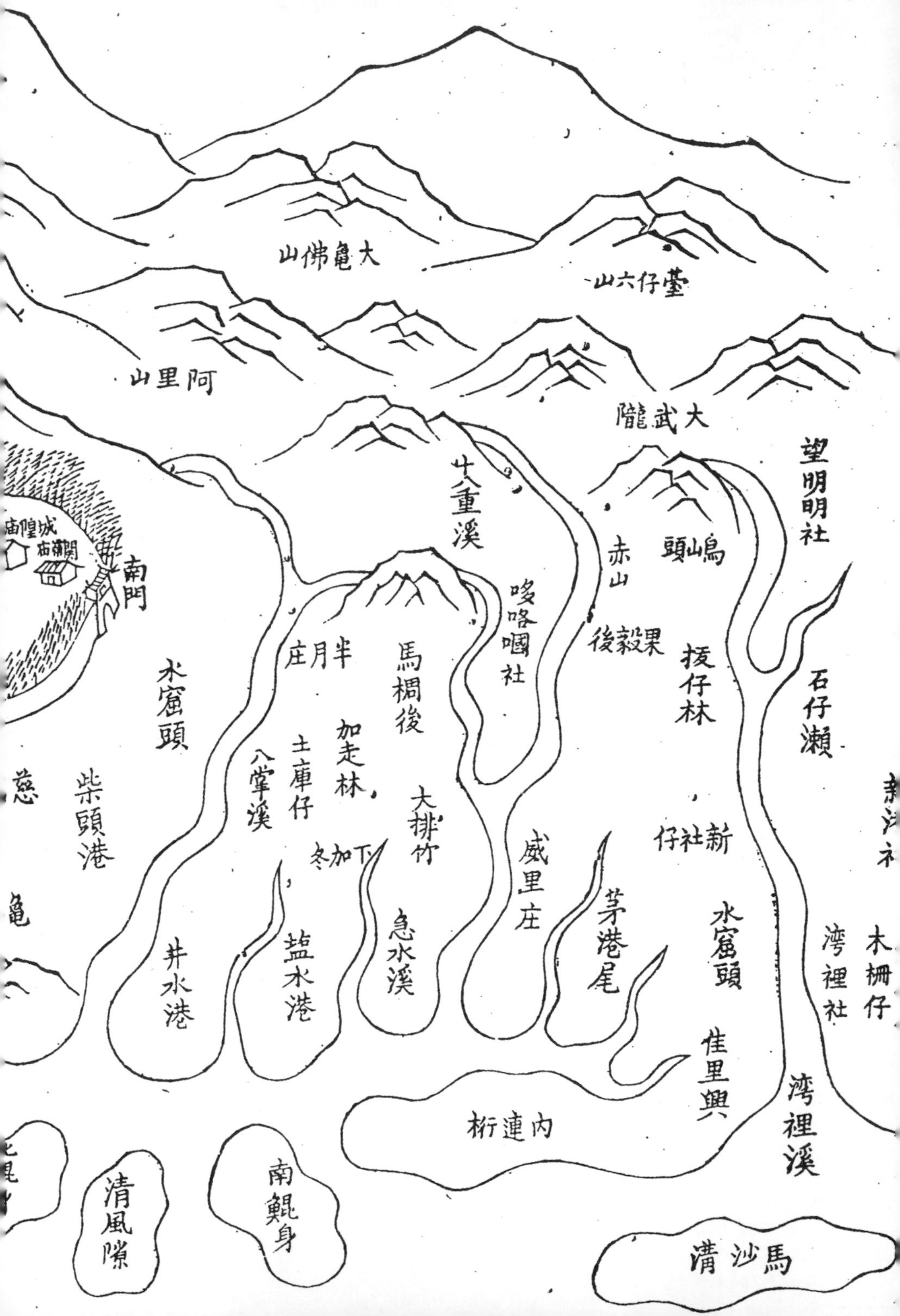

大龜佛山
臺仔六山
阿里山
大武隴
望明明社
十八重溪
城隍庙
南門
赤山
烏山頭
哆咯嘓社
果毅後
半月庄
馬椆後
木窟頭
檨仔林
石仔瀨
加走林
土庫仔
八掌溪
大排竹
下加冬
柴頭港
新社仔
威里庄
茅港尾
水窟頭
急水溪
盐水港
井水港
灣裡社
木栅仔
佳里興
灣裡溪
内連桁
清風隙
南鯤身
馬沙溝

命名的，我認為這絕對是一個錯誤的說法。因為一八四〇年代英國海軍出版的〈China Formosa Island〉地圖上已經標示了 Mt.Morrison。W. Morrison 船長不可能到了一八五七年才為玉山命名，Mt.Morrison 如果真的是 W. Morrison 船長命名的，也應該是在一八四〇年代之前，而非一八五七年。我認為 Mt.Morrison 是英國海軍為紀念第一位來華傳教的 Robert Morrison 牧師的可能性似乎大一些。

至於玉山到底是誰最先發現的？當然是臺灣的原住民。玉山是鄒族、布農族的聖山。布農族稱玉山為 Pattonkan，就是一般人熟知的「八通關」。鄒族稱之為 Panguno Rakaso，兩者都是石英山的意思。漢人最早紀錄玉山的是《裨海紀遊》的作者郁永河，其中〈番境捕遺〉一文提到了玉山。

奇怪的是，和《裨海紀遊》幾乎同時撰寫，高拱乾主修的《臺灣府志》卷首〈山川志〉並沒有提到玉山。更可疑的是，負責編修《臺灣府志》的官員，如臺灣府知府靳治揚、海防總補齊體物、諸羅縣知縣董之弼等人和郁永河在臺期間還頗有來往，為何郁永河知道玉山，這些在地官員反而不知道？當然，可能的情況之一是〈番境捕遺〉並非郁永河原作，是後人偽托的。除了〈番境捕遺〉外，最早紀錄玉山的文獻是康熙末年出版的《諸羅縣志》。《諸羅縣志》對玉山的描述還算具體，可是在述說臺灣諸山形勢時卻似乎有意忽略了玉山的顯著性。

〈諸羅縣圖〉《福建臺灣府志》

乾隆 7 年　劉良璧主修

諸羅縣圖中玉山被繪製的還算顯著，但在臺灣全圖中卻顯得十分不起眼。

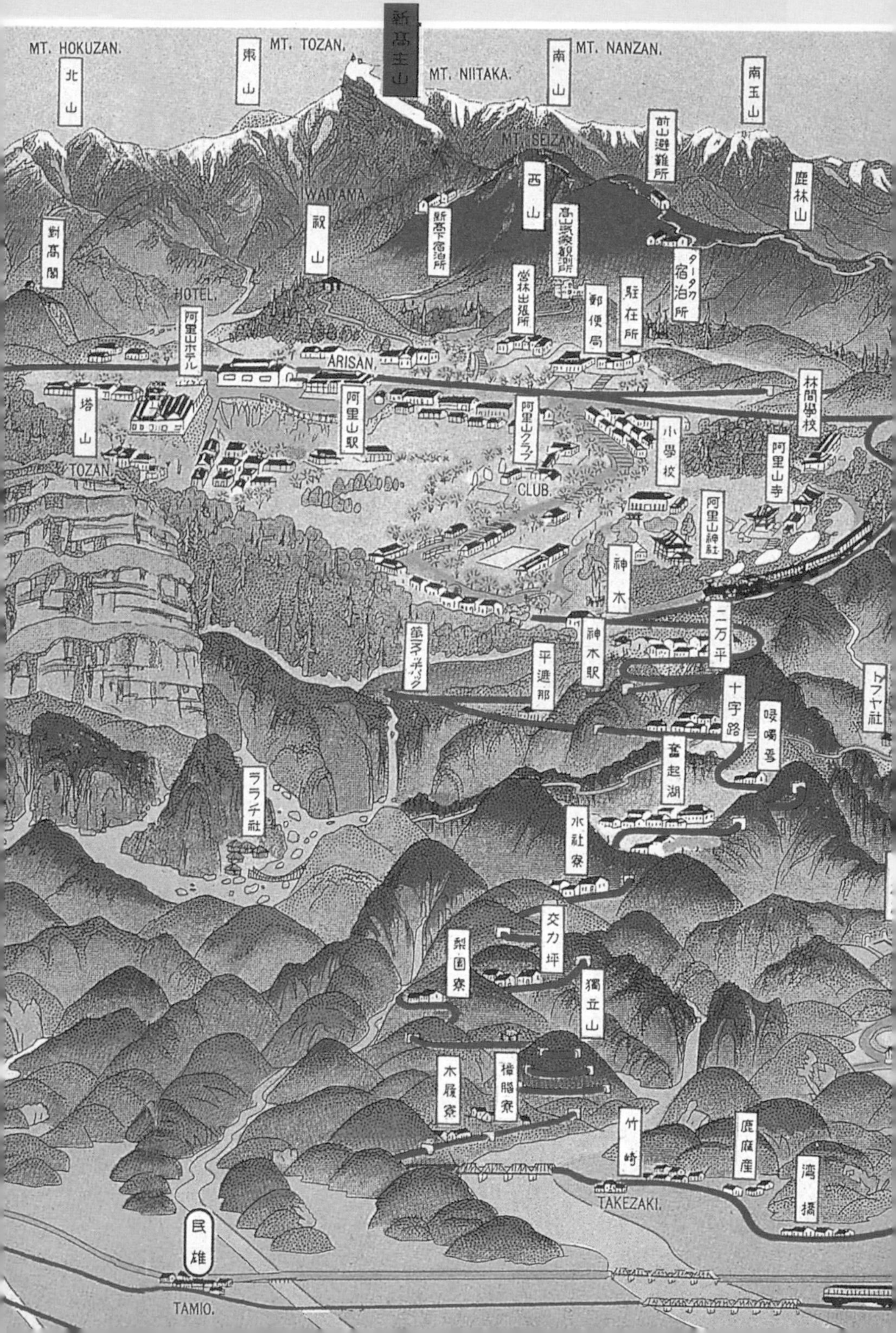

MT. HOKUZAN.
北山
東山
MT. TOZAN.
新高主山
MT. NIITAKA.
南山
MT. NANZAN.
南玉山
MT. SEIZAN
前山避難所
鹿林山
IWAIYAMA
祝山
新高下宿泊所
西山
高山氣象観測所
對高閣
HOTEL
阿里山ホテル
営林出張所
郵便局
駐在所
タータカ宿泊所
ARISAN.
林間學校
塔山
阿里山駅
阿里山クラブ
小學校
TOZAN.
CLUB.
阿里山寺
阿里山神社
神木
二万平
神木駅
第一スイッチバック
平遮那
十字路
奮起湖
トフヤ社
ララチ社
水社寮
交力坪
梨園寮
獨立山
木屐寮
樟腦寮
竹崎
鹿麻産
TAKEZAKI.
湾橋
民雄
TAMIO.

中國封建時代風水是國家神學重要的組成部分。清初臺灣納入中國版圖之後，設治、築城當然離不開風水的考量。玉山那麼耀眼的一座大山，為何會被這些官員忽視？他們應該很早就知道玉山。因為由大陸渡海來臺赴任，還未登岸在海峽上便能清楚地眺望見玉山。這些官員不提玉山，在當時玉山可能是個禁忌的話題。另外，玉山之名從《諸羅縣志》起始終沒變過。這是一件很特別的事。

清代臺灣知名的大山、高山多採原住民命名之音譯，唯獨玉山以漢語命名。所以，玉山之名很可能命名於明鄭時代，甚至明鄭的小朝廷很可能將其視為風水祖山。封建時代風水之說既然是國家神學的重要組成部分，明鄭在臺的小朝廷自然也不可能自外。臺灣民間流傳一則鄭成功曾派人上玉山採玉、刻玉璽的故事，可說是玉山被明鄭政權視為風水祖山的一個側面寫照。

清代臺灣官定的風水祖山並非玉山，而是府城東北方的木岡山。木岡山到底在何處？眾說紛紜，並無定論，但應該只是臺南新化東面的一座小山。新化古名大目降，閩南語發音和木岡類似。清代官員為什麼排除玉山將府城外一座其貌不揚的近郊矮山定為臺灣的風水祖山？我認為比較合理的解釋，是想藉此壓抑臺灣的「地氣」、「王氣」，因為此地曾是南明政權的所在。

玉山真正受到重視是在日本占領臺灣之後。日本人在一八七四年派軍征討屏

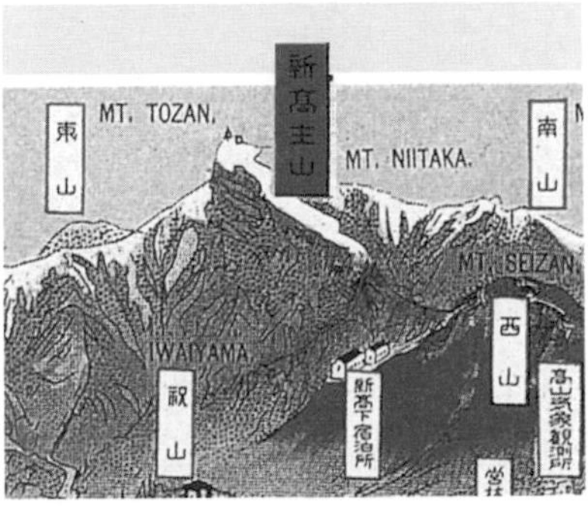

《新高山阿里山導覽》1933

日治時代將新高山主峰下，鹿林山莊那片臺地命名為「莫里遜高臺」，算是對原有名稱的一種降級禮遇。

東牡丹社原住民時，從隨軍採訪的西方記者那得知 Mt.Morrison 比日本第一高峰富士山還高，就有些沈不住氣。日本和中國一樣，都將高山名嶽視為國家神學的一部分。特別是接近幾何造型的日本第一高峰富士山，在日本人心中的地位不亞於天皇，可說是大和民族的象徵。聽到還有比富士山還高的山，當然不能怠慢。

一八九六年日本才剛占領臺灣，在島內情勢還極不穩定的情況下，日本軍人、學者、冒險家便迫不急待的攀登、測量玉山。次年明治天皇特別下詔，將玉山命名為新高山，還在玉山主峰上蓋了一座迷你神社。

日本人大概也不好意思忘本，特別將新高山主峰下鹿林山莊那片臺地命名為「莫里遜高臺」，也算是對 Robert Morrison 一種降級的禮遇吧！日本時代在殖民政府特意的營造之下，攀登新高山發展成為全島住民一種近乎朝聖的體能活動。

光復後，國民政府拆了玉山頂上的那座小神社，玉山也恢復了本名。于右任逝世之後，一九六六年政府在玉山頂上豎立于右任像。與其說是紀念于右任還不如說是用于右任像湊足海拔四〇〇〇公尺的整數。當時國民政府似乎也沒認真的測量過玉山，平白相信美國陸軍遠東工兵群測量的三九九七公尺這個數據。後來三九九七被證明是錯誤的數據，既然無益於湊足整數，所以于右任像在李登輝時代第二次被激進人士推落山谷之後，便任其下落不明，不再原地復原了。

《全臺前後山輿圖　後山圖》花蓮部份

「八同關」即為當時玉山的名稱，可見清代官方對玉山的名稱並不統一。

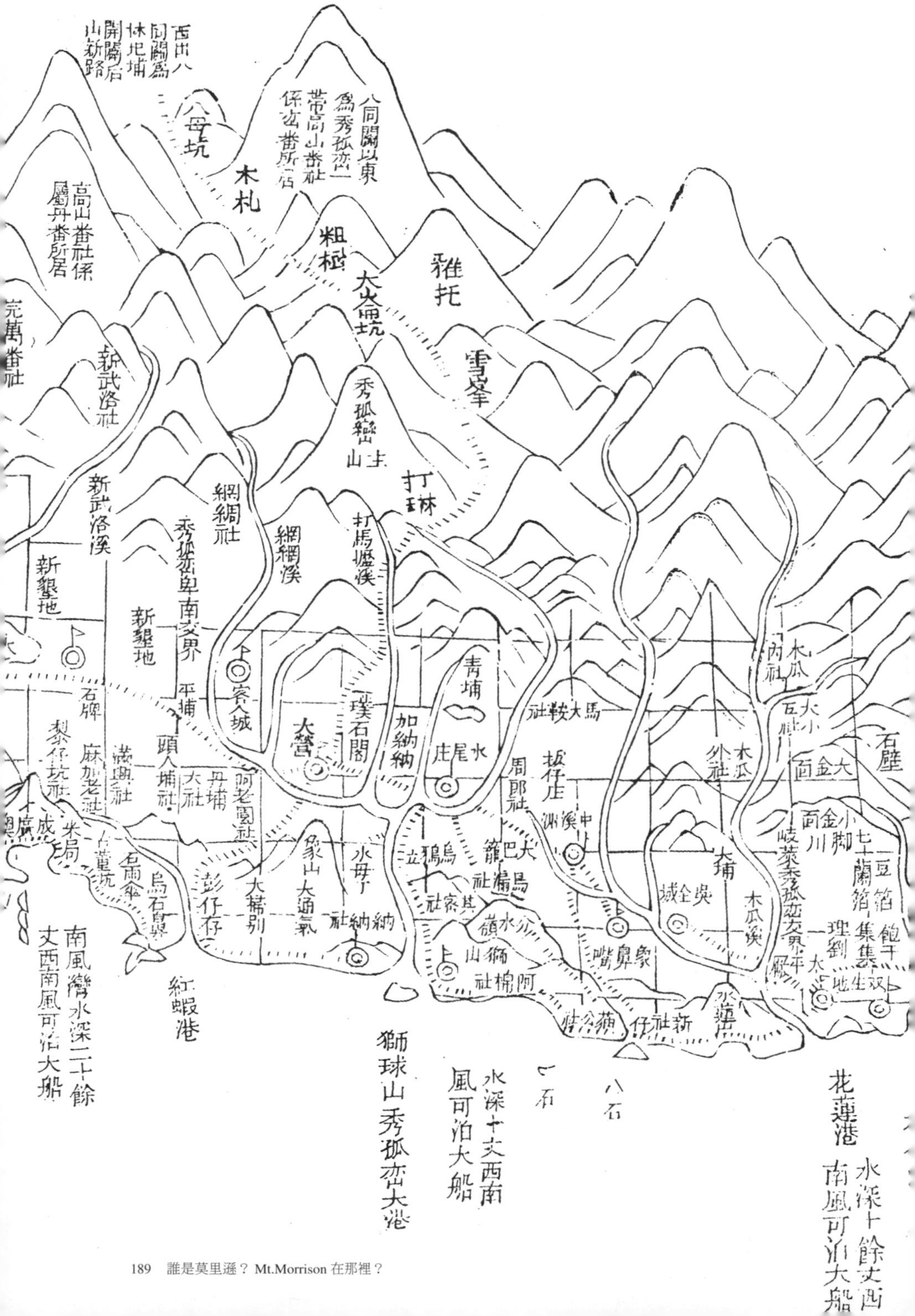

西出八同關爲林圯埔開闢后山新路
八同關以東為秀孤峦一帶高山番社係峦番所居
八母坑
高山番社係屬丹番所居
雅托
大崙坑
雪峯
新武洛社
秀孤巒山
新武洛溪
新墾地
網綢社
網綢溪
秀孤峦卑南交界
客人城
大營
青埔
水尾庄
加納納
璞石閣
馬大鞍社
拔仔庄
周郎社
象山大通氣
納納社
彭仔存
紅蝦港
南風灣水深二十餘丈西南風可泊大船
獅球山秀孤峦大港
水深十丈西南風可泊大船
八石
石壁
木瓜溪
花蓮港
水深十餘丈西南風可泊大船

「它」從海上來，府城老古石街的身世之謎

近年臺南市西區海安路兩側，因集合老街古巷、小吃美食於一處，每逢假日來自全臺，乃至海外的遊客熙熙攘攘好不熱鬧。其中神農街在文史工作者、當地民眾的共同努力之下，既保留了古雅幽深的一面又增加了許多現代的元素，十分能抓住年輕人的口味，可說是海安路商圈中知名度最高的一條老街。

在神農街營造成功的激勵下，海安路一帶的幾條老街也逐漸轉型，希望能複製神農街的模式發展出新型態的古街觀光經濟。附近的信義街也是一條老街，居民也努力往神農街的方向邁進。

除了古蹟、老廟等優勢條件外，信義街還有一項獨有的「祕密武器」，就是信義街的舊名「老古石街」，還有哪一條街的古名能比它更「古老」呢？我對老古石街一直十分關注，我之所以對它感興趣不在於觀光旅遊，而是「老古石」地名的形成原因，及其與散布在臺南府城各處老古石的關係。

老古石雖名之為石，其實是造礁珊瑚形成的化石。以此為建材，最普遍的

○老古石街上豎立的《修造老古石街路頭碑記》沒有説明老古石的來源，但旁還有一方近年新刻的石碑上説，老古石是古代商船從大陸返航時，作為壓艙石運到臺南。

○老古石街頭的兑悦門城門基部也是由老古石構築而成。

修造老古石街路頭碑記

小東門
中營
城守營
海東書院
縣倉
大北門
普濟堂
總鎮署
觀音亭
鎮北坊
總爺街
左營
三老宮
竹仔行
臺灣府
新城隍
經廳
彌陀寺
岳帝廟
紅毛樓
大關帝廟
縣倉
小媽祖宮
小北門
臺灣縣
媽祖宮
水仔尾
小關帝廟
媽祖樓
水仙宮
媽祖港
關帝港
北勢街
船廠
水門
方達義寫

地方當屬澎湖。老古石雖不是臺南最主要的建材，但散布在臺南府城各處的老古石數量也不在少數，如安平老街的老古石厝、臺南公園燕潭西岸一長條老古石牆基、東門外巽方鎮靖砲臺的主體建築、老古石街兌悅門的牆基等等。說明老古石不僅和老古石街關係密切，和整個府城的關係也不同尋常。

地方文史資料或將老古石街寫成「咾咕石街」，那兩個口其實是多此一舉。因為兌悅門內一方道光二年（一八二二）刊刻的《修造老古石街路頭碑記》已明白的顯示老古石街不需要加那兩個口。某些文獻資料將老古石寫成咾咕石無關對錯，說明「老古」一詞是取其語音而非取其語意。所以文獻除了「咾咕石街」之外還有「嘍咕石街」等寫法，都是取其語音無關語意。

臺灣地區以老古石為建材最知名的例子是澎湖。

澎湖海域造礁珊瑚發育旺盛，老古石自古是澎湖民居最常用的建材。老古石建成的房屋經久耐用、冬暖夏涼，缺點是牆體太厚。老古石厝現在是澎湖最有價值的人文瑰寶，曾有人推動向聯合國教科文組織「申遺」。

過去澎湖不但用老古石建房，還用來建石滬，甚至蜂巢田的擋風牆。以現在的觀點看來，實在是驚人的「豪奢」之舉。而當年不過是物盡其用的經濟行為。近年因生態保護概念的推廣，澎湖已完全禁止從海岸採取老古石。

王必昌主修《臺灣縣志》附圖

當時在關帝港邊首次出現「老古石」地名。

臺南公園內遺留了一道昔日府城城牆的殘跡，也是由老古石構成。陸傳傑攝

老古石街和老古石有何關係？從老古石街盡頭的兌悅門的城門及牆體看來，老古石是主要的建材之一，因此可以直觀的如此理解：因為早年老古石是老古石街街上民居等建物的主要建材之一，所以老古石街便以此為名。我對老古石在臺南古城建築過程中所扮演的角色一直抱有濃厚的興趣。

我之所以對此現象感興趣，是因為在研究臺南古城營建的過程中發現，不僅僅是民居，包括古城城牆、城門等古代建築，老古石都占有相當的比例。臺南附近海域並無造礁珊瑚的存在，老古石顯然是從外地運來的。那麼這些老古石到底是從哪運來的？是透過什麼途徑、什麼樣的經濟交換模式得到的？

老古石街上豎立的《修造老古石街路頭碑記》沒有說明老古石的來源，但旁邊還有一方近年新刻的石碑上說，老古石是古代商船從大陸返航時，作為壓艙石運到臺南。這個說法表面看來似乎言之成理，仔細一想，漏洞不少。

其一，大陸東南沿海是否有造礁珊瑚，頗有疑問。因為大陸東南沿海的平均溫度比臺灣低，並不利於造礁珊瑚的發育。

其二，福建沿岸花崗岩蘊藏豐富，開採成本低。老古石孔隙多，比重較低，並不是理想的壓艙石。所以返臺的商船，除了運載南北貨等民生用品外，幾乎都選擇以花崗石為壓艙石，以維護航行的安全。而且花崗石是優質的建材，在臺灣

➡1875 年福州馬尾船政學堂學生來臺繪製的府城地圖。老古石街在集福宮旁。

⬅府城大東門外「巽方鎮靖」砲臺也是由老古石構成，老古石牆上還有遺留有小貝殼。陸傳傑攝

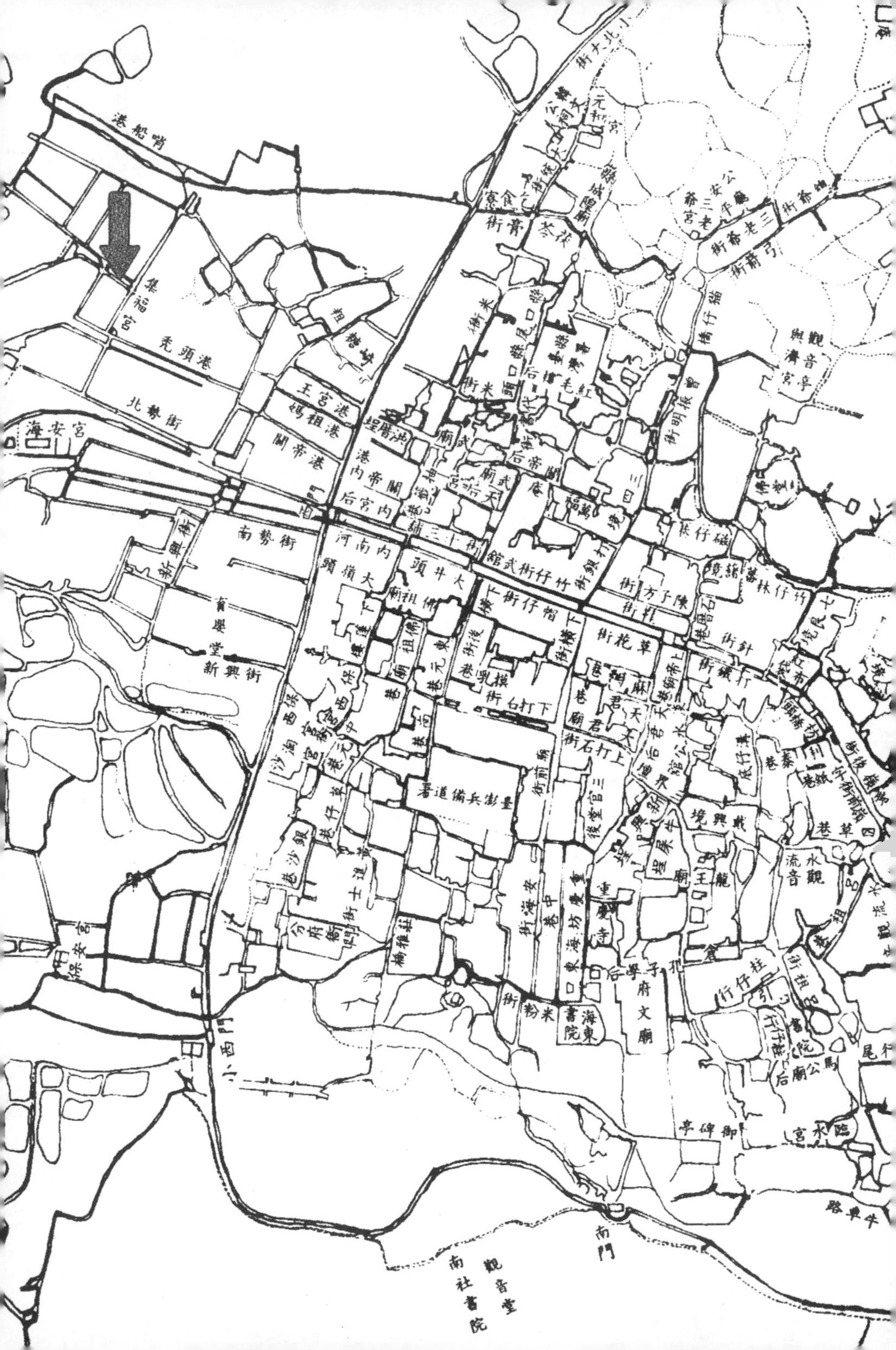

小西門
南門
觀音堂
南社書院
海東書院
文廟
府學
御碑亭
臨水宮
牛車路
臺灣兵備道署
南勢街
北勢街
新興街
海安宮
草花街
武館街
竹仔街
觀音亭

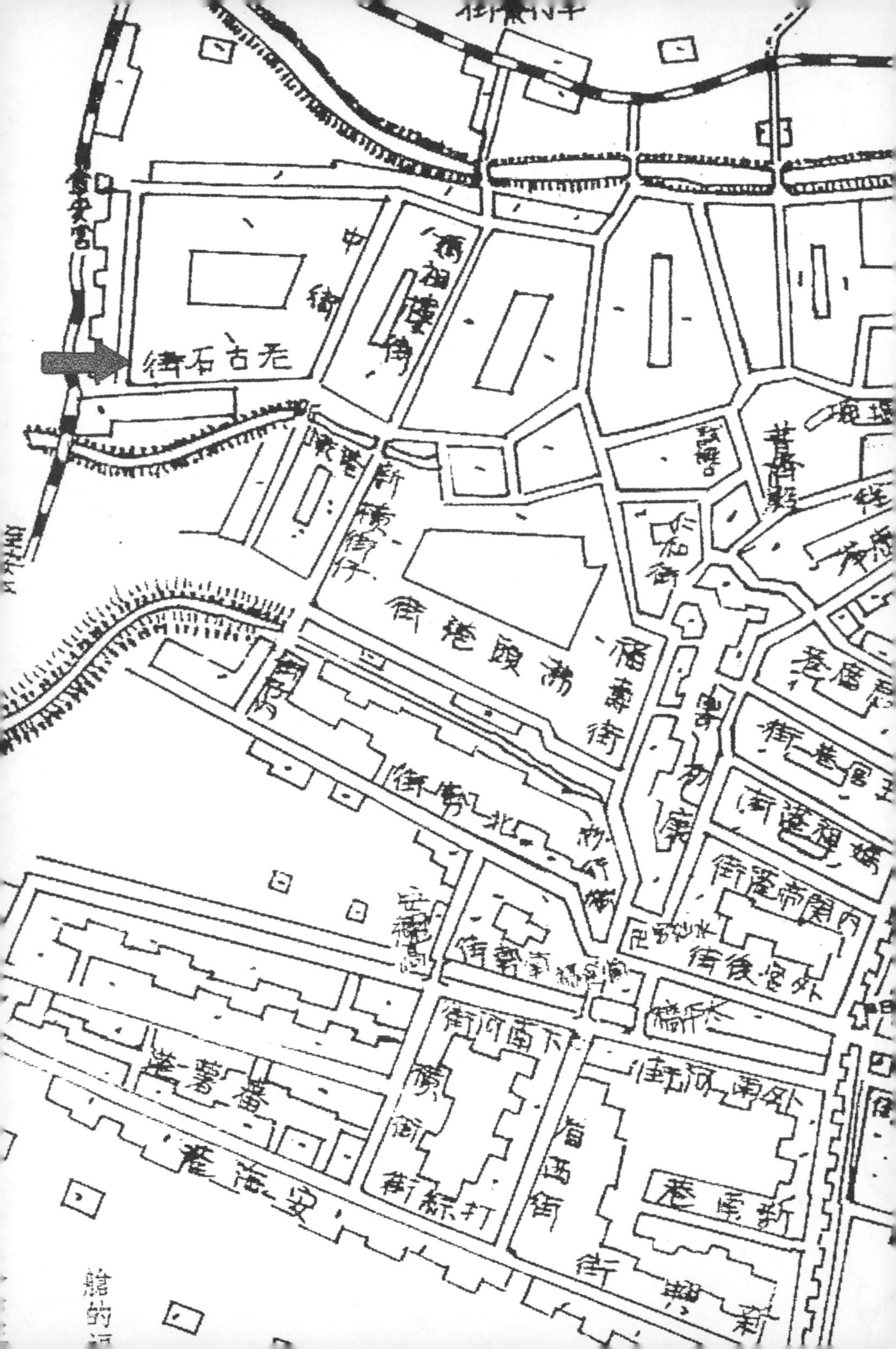

老古石街
中街
北勢街
媽祖樓街
內關帝港街
外宮後街
下南河街
外南河街
打銀街
安海港

不愁沒有銷路。臺南的古廟、老宅，花崗石無所不在。

其三，除了花崗石，紅磚也是常見的壓艙石。紅磚在臺灣的市場更大。如今在臺南的老街中，到處可看到大尺寸的紅磚，都是早年從對岸運來的。

總括以上三點，老古石作為壓艙石，來自大陸的說法並不可靠。除了澎湖之外，高雄也是造礁珊瑚的產地。但高雄的造礁珊瑚礁並非原生態的珊瑚礁，而是地質年代形成的，隨著造山運動而浮出水面，旗後山、壽山、半屏山、大崗山、大坪頂，甚至左營的龜山都是古代造礁珊瑚形成的山體，所以清代鳳山縣不論是舊城還是新城，建城時，從來不會為城牆的建材發愁。

嘉南平原沖積作用旺盛，石材難尋，府城築城時，清代的地方官為了尋找堅固耐用的建材，傷透了腦筋。花崗石、紅磚雖然可從大陸以壓艙石的形式運來，但對構築漫長的城牆而言，杯水車薪，成本也高得驚人，不可能大量運用。府城城牆的牆體絕大多數是三合土模造的土磚構成。顯然花崗石、紅磚、老古石等建材都只能以兩岸海運壓艙石的形式輸入，不可能專門從島外運輸入臺南。

即使作為壓艙石，花崗石的邊際效益也高於老古石，除非高雄有需要從臺南大量輸入商品，高雄的老古石材才有可能以壓艙石的形式輸往臺南。但歷史告訴我們，臺南、高雄兩地在早年與大陸貿易時，兩者輸出的商品同質性高，難有

◐日治初期軍方臨時應急繪製的府城迅測地圖。老古石街旁的鐵道應該是一條輕便道。

◑風神廟旁民宅的圍牆也是用老古石疊成。

互補之處，而且高雄長期以安平副港的形式存在，主要是提供避風港的功能。所以，即使離臺南近在咫尺的高雄，雖擁有幾乎取之不盡的老古石，但運輸成本還是太高，臺南府城雖缺建材，不可能大規模的採用高雄的老古石。日治時代之後，形勢開始有所轉變，高雄的老古石改以水泥的形式販運全臺，此為後話。

臺南文史學者石萬壽教授曾提到老古石街的老古石是臺南與澎湖之間海上貿易的副產品，但他沒對此多作衍義，我認為可能性是相當大的。

澎湖無水田不產稻米，早年軍需民食所需的米糧幾乎都從臺南輸入，澎湖不產花崗石、紅磚，運糧的商船返航時，大概只能以最方便取得的老古石充作壓艙石，以維持航行的安全。運糧船回到臺南之後，便不再需要老古石壓艙，反而要卸下老古石，改裝其他商品。老古石到了臺南，除了當建材也沒其他的用途。石萬壽的說法不無道理。

但澎湖的軍民人數有限，對稻米需求的數量不會太大，所以制約了澎湖老古石輸往臺南的數量。因此相對於福建輸入的花崗石、紅磚，老古石在臺南並不算是最普遍的建材。老古石街鄰近古渡口，所以因地利之便，較易取得老古石。作為街名，老古石街見證了臺南、澎湖之間商貿歷史，也說明府城的古建築中，老古石所發揮的作用。

《臺南市全圖》1915
老古石街此時為正式地名。
日治時代臺南公園管理處的房舍外牆也是老古石壘成。

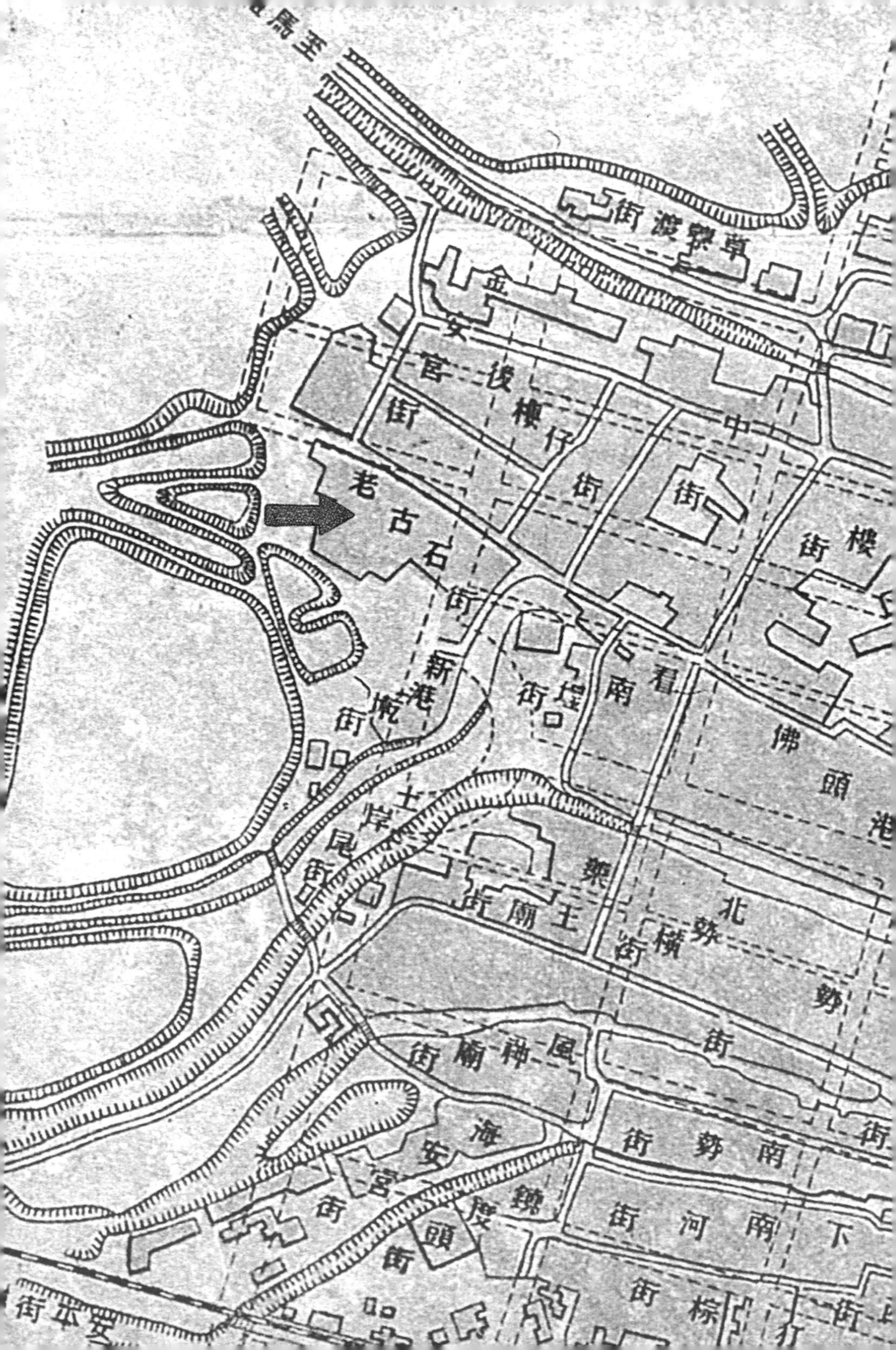

老古石街
新港墘街
後樓仔街
金安宮
中街
佛頭港
北勢街
藥王廟街
風神廟街
南勢街
南河街
海安宮街
鎮渡頭街
安平街

「正港ㄟ」臺灣在這裡

臺南的西拉雅四大社是臺灣平埔族中，被研究得最透徹的族群。因為自荷蘭時代以來，不論是荷蘭人、還是漢人，和臺灣原住民打交道最密切的就是西拉雅四大社。所謂西拉雅四大社包含新港社、蕭壠社、目加溜灣社和麻豆社。

新港社的領域在鹽水溪與二仁溪之間，也就是現今臺南的市區。新港社舊名赤崁社，不論新港還是赤崁都是 Sincan 一詞的音譯，「赤崁樓」也是因為建在新港社的舊地而得名。新港社在平埔族的歷史上與外界接觸早，得風氣之先據有關鍵性的地位，對臺灣地名的影響十分重要。

古地名「公廨內」位於臺南市區民權路與衛民路之間，此地原來是新港社的公廨所在。「公廨內」為溝仔底與德慶溪匯流之處取水的便利性而言，此地應該是新港社的主要聚落所在地。清政府將臺灣納入版圖之後，臺灣府的府臺衙門也設在此處。

除了赤崁、公廨內，新港社還有一個聚落對臺灣的地名產生了巨大的影響，

◘《諸羅縣志》附圖　明、清時代曾文溪以南，以里為基層行政單位之名，說明明鄭時代遵循明代的坊里之制。

◘清代末期，遷徙到高雄內門的西拉雅族人。必麒麟 攝

南馬仙山
虎頭山
琅包山
羅漢門山
加拔山
善化里
加溜灣社
拔仔林汛
汛
開化里
灣裡溪
汛
汛
蕭壠社
安定里
麻豆社
麻豆
汛
汛
汛
水師汛

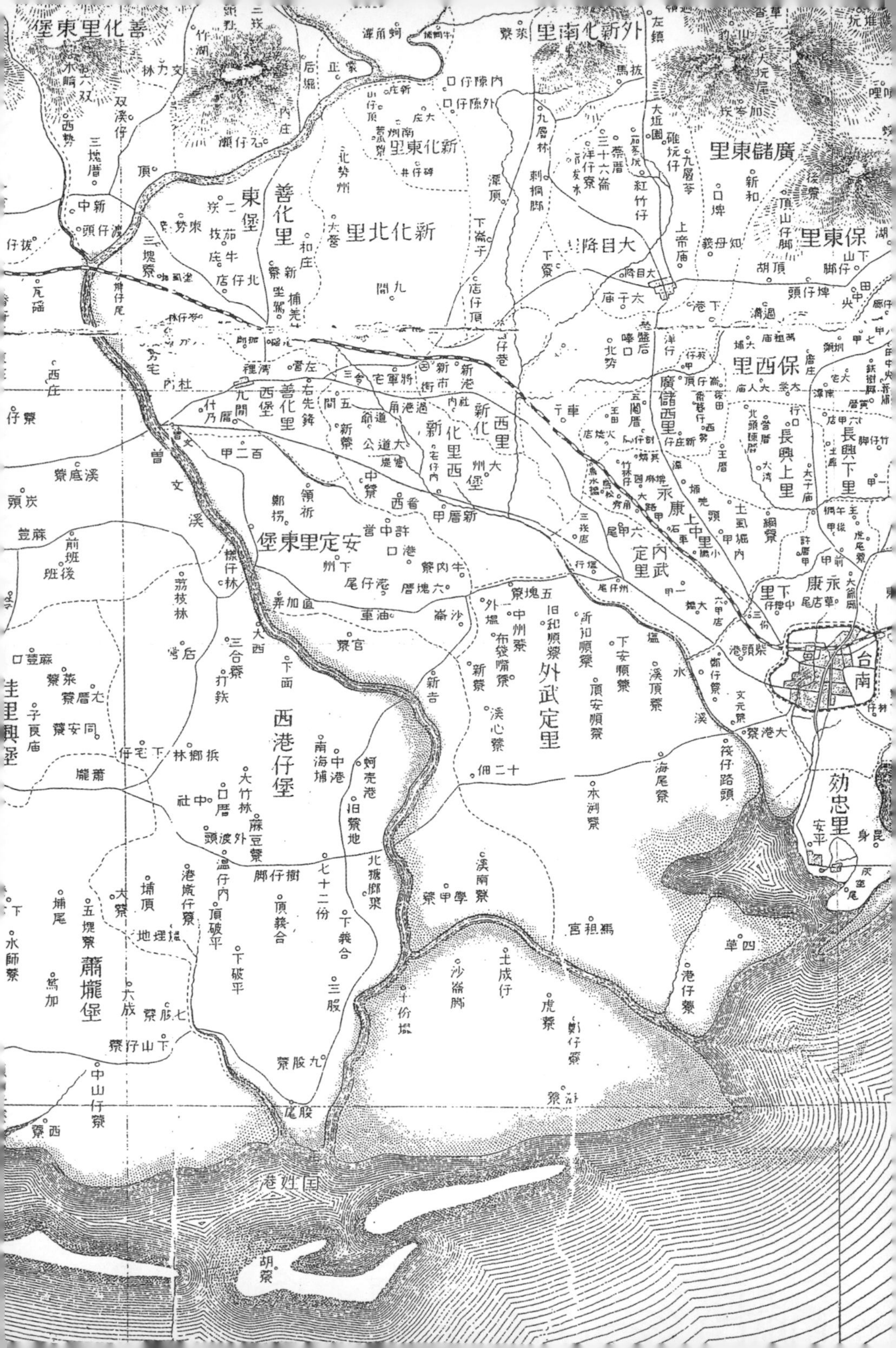

善化里東堡
外新化南里
廣儲東里
保東里
新化東里
新化北里
善化里東堡
大目降
保西里
長興上里
長興下里
善化里西堡
新化里西
廣儲西里
永康上中里
安定里東堡
內武定里
永康下里
外武定里
台南
西港仔堡
效忠里
蕭壠堡
安平
國姓港
曾文溪

那就是位於安平的大員社（又譯為臺窩灣社）。荷蘭人在大員社興建了臺灣本島史上第一座城堡熱蘭遮城，即俗稱的安平古堡。同時荷蘭人又在大員社興建了臺灣第一個市集街區延平街。更重要的是，大員因為從荷蘭時代起就是大陸與臺灣對渡的主要港口，最後成為整個臺灣島的總稱——臺灣，大員二字的閩南語發音和臺灣相同。

清政府將臺灣納入版圖後將大員定為「正港」，輸入的商品被稱為「正港貨」。因正港輸入的商品質量較有保障，所以閩南語至今在強調「品質保證」時仍慣用「正港ㄟ」一詞。這是地名轉化為形容詞的特例。

新港社由於與荷蘭人長久的接觸，藉由拉丁字母拼寫出自己的文字體系，也就是學界所稱的「新港文字」。「新港文字」一直到清代中期仍廣泛運用在與漢人交易土地的契約文書之中。這類的契約以新港文字與漢字並列書寫，學者稱之為「新港文書」。「新港文字」是臺灣唯一的「本土」文字，值得我們珍惜。

自明鄭時代起，漢人大舉入墾，新港社由臺南市區向新港溪兩岸遷徙，後來更進一步向新化、山上、關廟方向退卻，最後落腳高雄的內門、木柵。

其他三社還有位於麻豆、下營、六甲、官田一帶的麻豆社；佳里、七股、西港、學甲、將軍和北門的蕭壠社，蕭壠社又稱歐王或漚汪，有地方以後紅為名；

《臺南縣管內全圖》明治 34 年
曾文溪以北，以「堡」為基層行政單位，則是清代拓展的新領地。

日治時代大內區頭社的西拉雅族人在公廨前舞蹈。淺井惠倫攝善化、安定、大內的目加溜灣社。四大社再加上「四社熟番」（即玉井的大武社、芒仔芒社、霄里社和楠西的加拔社）幾乎涵蓋現今臺南市全境。

清初，郁永河北上途中路經新港、目加溜灣社、麻豆社時曾留下如此的描述：「……是日過大洲溪，歷新港社、嘉溜（葛辣）灣社、麻豆社，雖皆番居，然嘉木陰森，屋宇完潔，不減內地村落，余曰：『熟謂番人陋？人言寧足信乎？』顧君曰：『新港、嘉溜灣、歐王、麻豆，於偽鄭時為四大社，令其子弟能就鄉塾讀書者，蠲其徭役，已漸化之；四社番亦知勤稼穡，務蓄積，比戶殷富；又近郡治，習知城市居處禮讓，故其俗於諸社為優；歐王近海，不當孔道，尤富庶，惜不得見，過此恐日遠日陋矣。』」

到了清晚期，四大社雖然已經步入窮途末路，但從許多西方傳教士、探險家的紀錄中仍可發現，他們對西拉雅四大社的評價頗高，他們觀察到，不論居室環境，還是個人衛生習慣，西拉雅人都比漢人要來的好。西方人士給與西拉雅人較高的評價，或許是因為西拉雅人當時已皈依基督教，對西方人士較友善，不像漢人對西方人一貫採取敵視的態度。

不論這個評價是否公平，但這塊土地原來的主人，為什麼會被迫離開故地，生活日見窘迫，傳統文化面臨滅絕，值得我們深思反省。

⭘《臺灣省縣市行政區域圖．臺南縣》1955

光復初期，區、里、村等行政單位還未普及，地圖仍採用老地名。

⭘新市區大社張氏老厝，目前大社除了地名，已無西拉雅的遺跡。陸傳傑攝

【西拉雅四大社相關地名】

公廨埔 / 麻豆區油車里
前　班 / 麻豆區安西里
後　班 / 麻豆區安西里
社　仔 / 麻豆區安正里
麻豆口 / 麻豆區麻口里
番仔寮 / 麻豆區麻口里
番仔田 / 官田區隆本里
中　社 / 六甲區中社里
麻埔公廨 / 柳營區果毅里
番仔寮 / 鹽水區歡雅里
麻豆寮 / 下營區賀建里
番仔渡頭 / 官田區拔林里

蕭壠社

角帶圍 / 將軍區將貴里
番仔寮 / 佳里區漳洲里
外岡林 / 左鎮區岡林里
草　山 / 左鎮區岡林里
隙仔口 / 山上區豐德村
菜　寮 / 左鎮區榮和里
灣　崎 / 關廟區田中里
湖　裡 / 田寮區西德村
中　坑 / 龍崎區中坑里
石　槽 / 龍崎區石槽里
龍　船 / 龍崎區大坪里
苦苓湖 / 龍崎區龍船里

麻豆社

番仔巷 / 麻豆區東角里
買郎宅 / 麻豆區油車里
尪祖廟 / 麻豆區油車里
加輂邦 / 麻豆區油車里

新港社

大　社 / 新市區大營里
社　內 / 新市區社內里
社　皮 / 新市區社內里
番仔厝 / 新市區社內里
番仔寮 / 新市區永就里
大目降 / 新化區
豬母耳 / 新化區知義里
新　和 / 新化區知義里
卓　猴 / 山上區平陽里
摔死猴 / 左鎮區左鎮里
山　豹 / 新化區澄山里
大鼓山 / 左鎮區岡林里
滴水仔 / 左鎮區岡林里
內岡林 / 左鎮區岡林里

番仔厝 / 大內區環湖里	**目加溜灣社**——	**北頭洋** / 佳里區海澄里
舊　社 / 大內區二溪里	**直加弄** / 安定區安定里	**番仔寮** / 佳里區海澄里
新　社 / 大內區二溪里	**社　內** / 善化區田寮里	**佳里興** / 佳里區興化里
唭哩瓦 / 大內區二溪里	**霄　裡** / 玉井區內霄里	**篤　加** / 七股區城內里
燒灰仔 / 大內區頭社里	**頭　社** / 大內區頭社里	**吉貝耍** / 東山鄉東河村
竹圍仔 / 大內區頭社里	**嗚　頭** / 大內區環湖里	

【四社熟番】

霄里社——	**茄　拔** / 善化區茄北里	**大武壠社**——
口霄里 / 玉井區豐里里	**灣　丘** / 楠西區灣丘里	**鹿陶洋** / 楠西區鹿田里
望明明 / 玉井區望明里	**南　寮** / 楠西區灣丘里	**舊　社** / 玉井區中正里
貓兒干 / 玉井區望明里	**照　興** / 楠西區照興里	**斗　六** / 玉井區中正里
芋　匏 / 玉井鄉九層村	**草　潭** / 關廟區新埔里	**龜　丹** / 楠西區龜丹里
木　岡 / 左鎮區睦光里	**芒仔芒社**——	**噍吧哖** / 玉井區玉井里
	芒仔芒 / 玉井區三和里	**加拔社**——

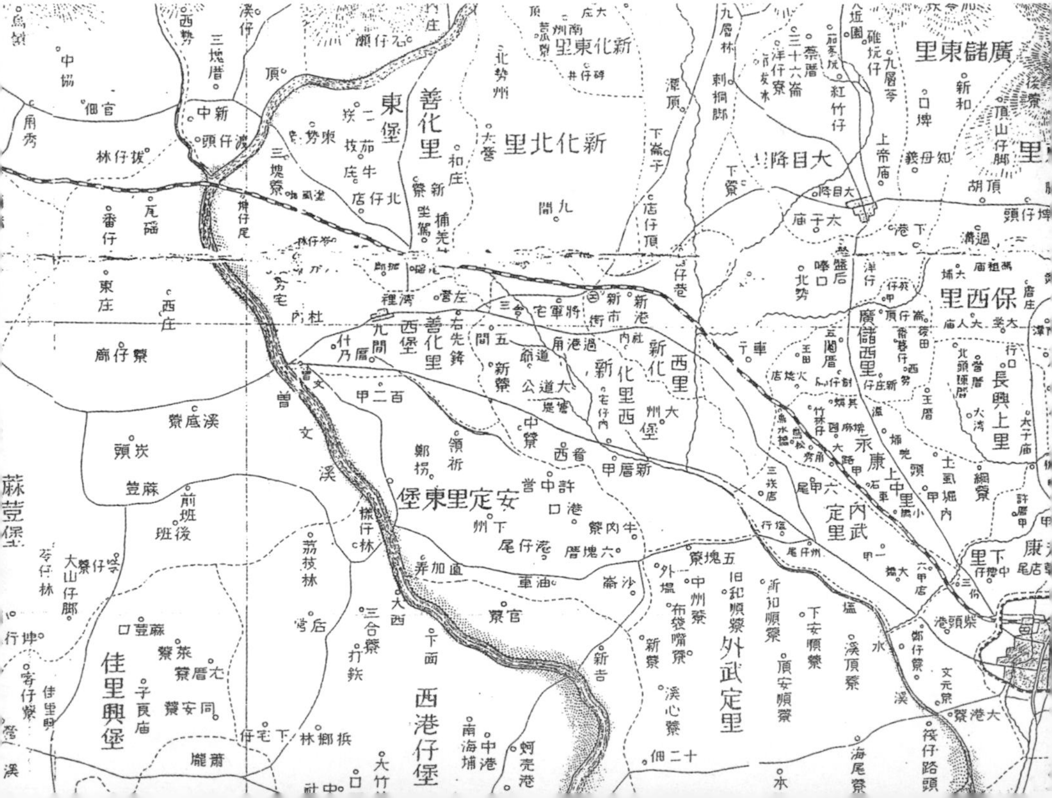

新營、柳營、林鳳營：一段無關鮮奶的地名史

三十多年前，一個暑假，筆者和臺南同學結伴旅遊，忘了是搭乘臺南客運、還是興南客運，一同在臺南東面的淺山地帶，漫無目的的遊蕩了數日。鄉間純樸、清新的風土民情，不在話下，但令我印象最深的，卻是各式各樣的古怪的地名，大腳腿、小腳腿、茄拔、角秀、果毅後……。往楠西、大內的方向，地名更是離奇，那拔林、摔死猴、芋匏、龜殼、貓兒干、鹿陶洋……，當時見識淺薄，只是覺得新鮮有趣，並不知道此地是臺灣地名的藏寶庫。

新化是臺南東邊最大的城鎮，我們常在新化老街的客運車站出發或者轉車。新化如今以老街洋樓聞名，可當時並不覺得老街洋樓有什麼稀罕的，反而車站內外，叫客的出租車司機扯著沙啞的嗓子嘶喊：「柳營、新營、林鳳營……楠西、玉井、拔仔林……」，像是街頭小販叫賣商品的順口溜，生動合韻，鄉土味十足，吸引了我的注意。現在回想起來，這些出租車司機拉客的順口溜好像是七十八轉的黑膠老唱片，既沙啞又甜美。

《永曆十八年臺灣軍備圖》

此圖為明鄭時期唯一留存的地圖，可能是鄭克塽降清時呈獻的地圖，因為原圖上有滿文貼條。現藏於國立中央圖書館。和荷蘭時代繪製的臺灣地圖一樣，除了安平與澎湖，其他地方都十分簡略。

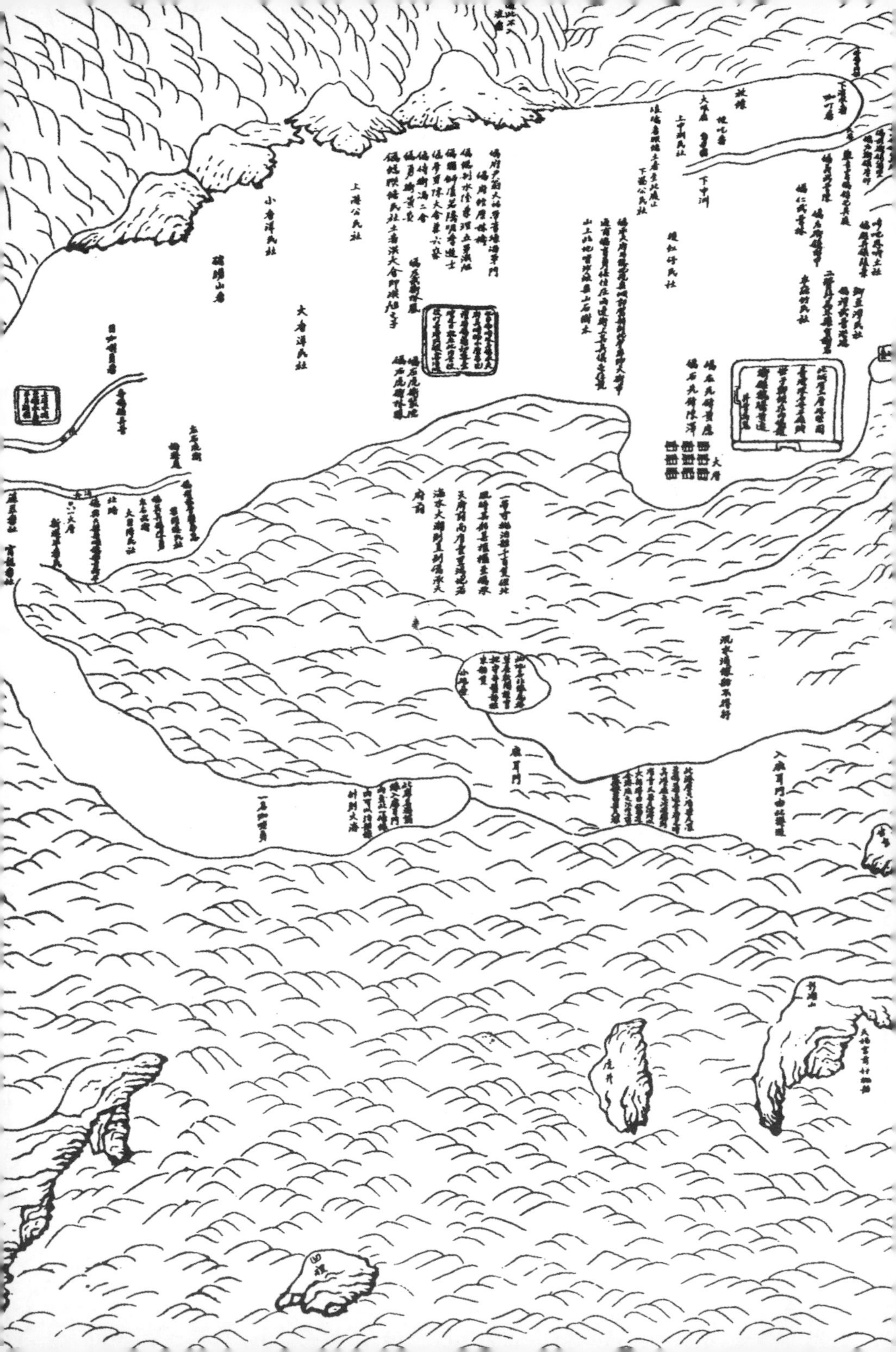

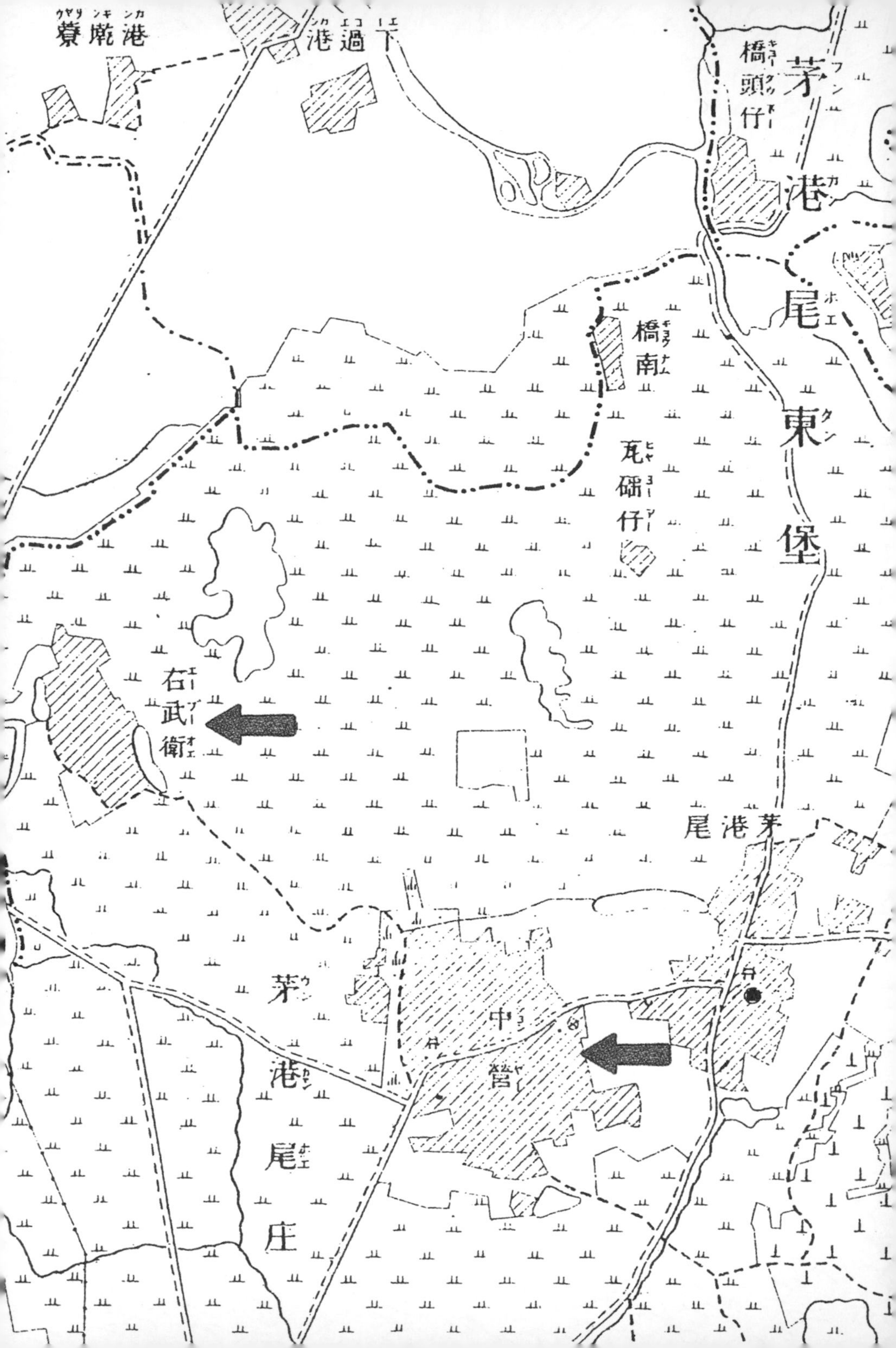

港崁嶺
下過港
橋頭仔
茅港尾東堡
橋南
瓦磘仔
石武衛
茅港尾
中營
茅港尾庄

當時剛在電視上看過好萊塢老片「柳營笙歌」，因此對柳營這個地名印象特別深刻。臺南同學告訴我柳營又叫查某營，是鄭成功時代留下來的地名。真是太有意思了，難道鄭家軍中也有女兵？像是當時從事反共宣傳的「女青年工作大隊」？

經過那次行程散漫的客運之旅後，我開始留心旅途中看到的小地名。後來，漸漸發覺到鄭成功的軍隊在臺南、高雄地區，留下了深刻的足跡，不僅是鄉鎮級別的大地名，如新營、下營，官田、左鎮、仁武、燕巢、左營、前鎮等和他們有關，鄉間相關的小地名，更是數不勝數，多如繁星。

文獻上說鄭成功攻下赤崁城後，便將大軍派駐各地實行屯田兵制，以解決軍糧嚴重不足的問題。鄭成功實行的屯田兵制，對臺灣歷史及其自身產生了極大的影響。

鄭成功繼承了父親的事業，但他面臨商貿貨源被清政府封鎖的窘境。大軍軍需難以支撐，只得轉向臺灣建立新的根據地。收復臺灣之後，為了解決軍糧問題，他將軍隊分散到各地從事屯田。此舉不但改變了鄭家軍的本質，也改變了臺灣的歷史走向。

鄭家軍原本是海盜、走私商人、傭兵的混合體，來到臺灣之後成了農業大

《臺灣堡圖．335 新營庄》臺灣臨時土地調查局 明治 38 年（1905）

中營、右武衛位於臺南下營區中營里。

軍，專注於農地的開發。軍隊任務性質的轉變不但改變了鄭氏小朝廷的政權屬性，也改變了臺灣的土地面貌。

荷蘭東印度公司在臺三十八年，主要經營項目是轉口貿易，對土地開發不甚留意。荷蘭時代後期雖然開始重視蔗糖輸出，但甘蔗田多在赤崁近郊，且委由漢人經營，對全臺的農業影響有限。鄭家軍如水銀瀉地般的向臺南、高雄鄉間開拓農地，一下子便將漢人在臺的生活空間擴展開來。

當時兩岸還處於對峙狀態，農業移民無法大量增加，農地開拓也還屬於屯田的性質，但這對為未來臺灣漢人社會的拓展卻有如種子般的重要。史料記載施琅平臺後，為除後患清政府將鄭家軍全數遣回大陸。但從鄭家軍屯田地點大量的地名以原軍隊番號的形式保留到今天，就可說明這個政策是毫無成效的。

即使屯田兵真的全數被遣回大陸，可想而知，這些人在老家的生活也是毫無出路，最終還是會偷渡臺灣，回到曾經開墾的地方尋找生路。更多的情況是不但自己偷跑回來，還把全家帶來，甚至連鄉親鄰里也一起跟來。當然逃兵的、開小差的一定大有人在，等情勢穩定後又大大方方的回到屯田區繼續生活。總之、這些古老的地名不僅表明開拓者的來歷，也說明了綿延不絕的承傳。

現在我們回過頭來談談柳營這個地名。

《臺灣堡圖・336 六甲》臺灣臨時土地調查局 明治 38 年（1905）

果毅後為果毅後鎮所墾，位於臺南柳營區果毅村果毅後。

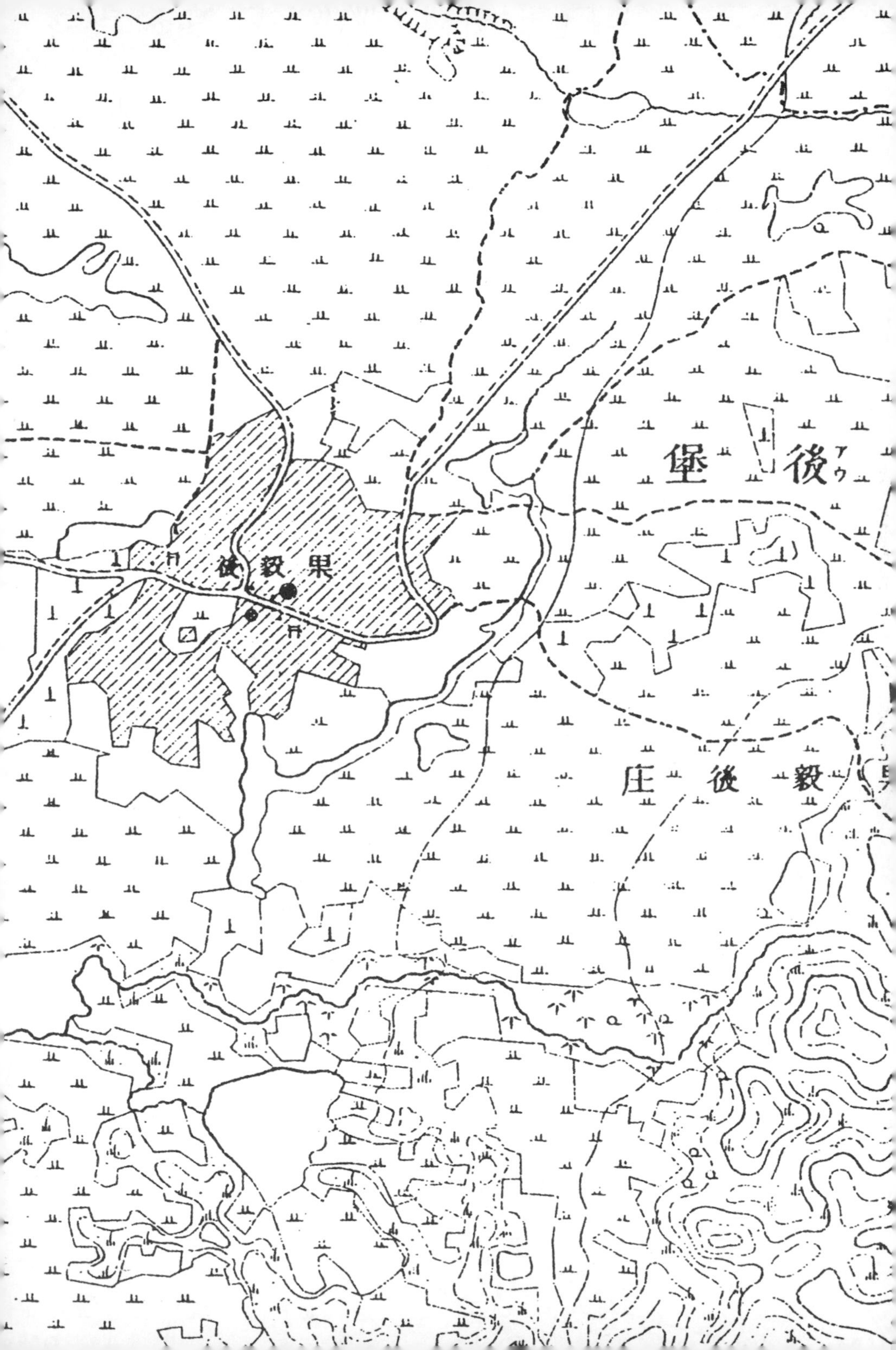

果穀後
後堡
アウ
穀後庄

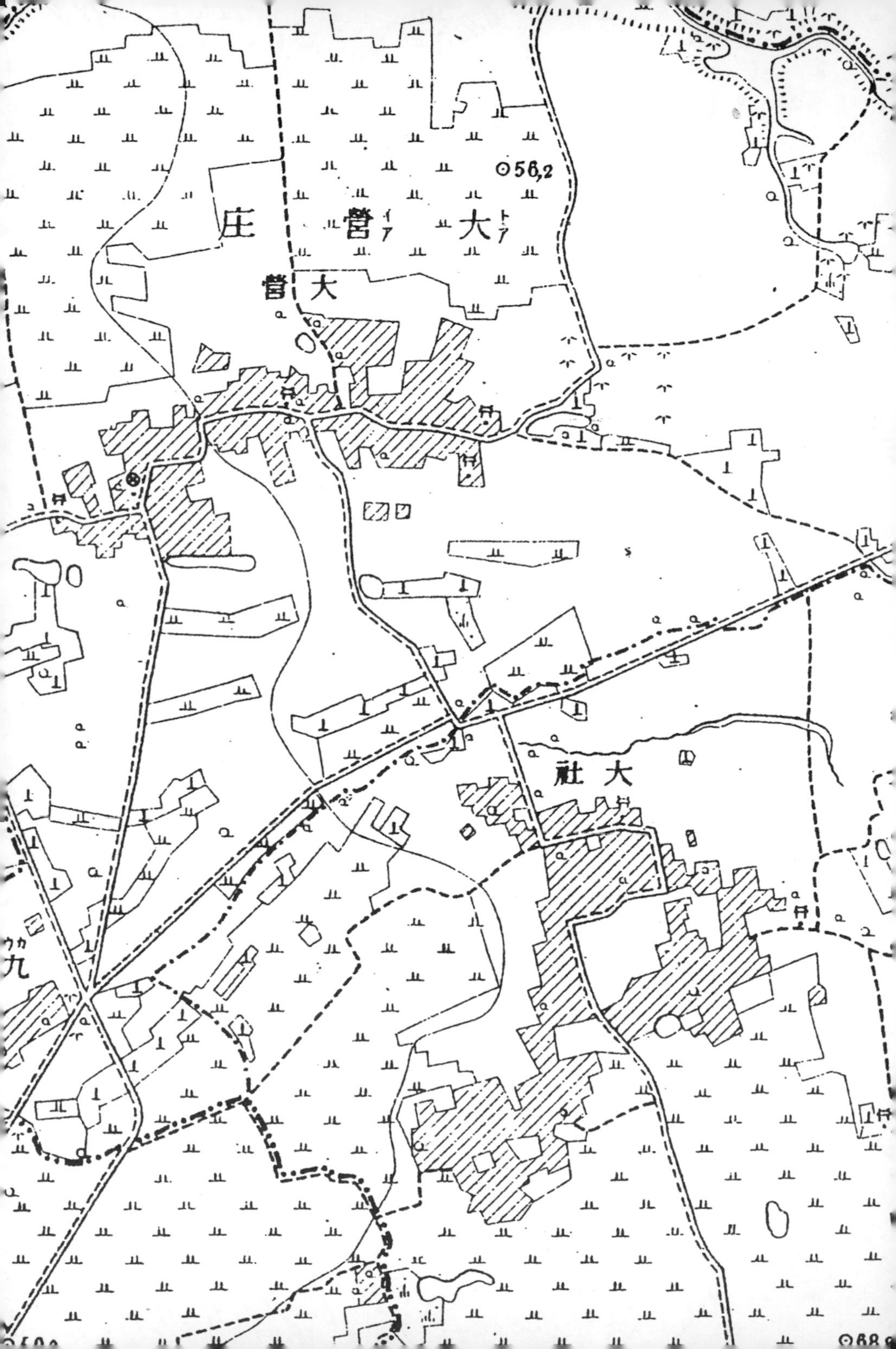
⊙56.2
大営庄
大営
大社
九

一九二〇年之前柳營的正式地名是「查畝營」，並非「查某營」。「查某營」是鄉人的俗稱。兩個不同的地名自然會有兩種不同的說法。「查畝營」之說，是鄭家軍負責清查田畝的部隊屯駐在此，故稱「查畝營」。

另一種說法是，此地屯駐的是鄭家軍二十八宿中的「女宿鎮」俗稱「查某營」，所以此地便以「查某營」為名。學者似乎傾向於前一種說法，當地文史工作者似乎也比較喜歡「查畝營」這個地名，而我對此一說法則持保留的態度。

《臺灣通史》也是持查畝營的說法，連横在書中〈鄭氏各鎮屯田表〉對查畝營庄只有簡單的解釋：「今嘉義鐵線橋堡，為清查田畝之地。」我無法確定連横的說法出於何處，但是如果稍稍比對〈鄭氏各鎮屯田表〉表中各屯田部隊的番號與屯田地地名之間的關係，會發現「查畝營」不論是作為地名，或是部隊番號都可以說是一個特例。

鄭家軍屯田之地所遺留下的地名，我歸納分析之後，得出以下幾個命名規律：

1. 以屯田部隊原番號為名：如前鎮、仁武、援剿（後誤為燕巢）、左鎮（宣毅左鎮）、角宿（角宿鎮）等。
2. 以部隊首長為名：如林圯埔、林鳳營等。

《臺灣堡圖．338 大營》臺灣臨時土地調查局 明治 38 年（1905）

大營位於今臺南新市區大營里。

3.以次級單位為名：如左營、中營、後營、下營、中協、前鋒、右先鋒等。

4.以屯田部隊新舊駐地為名：如新營、舊營等。

5.以屯田部隊駐地方位為名：營前、營後等。

查畝營不在這幾個命名的原則之中，算是一個較特殊的孤例，而且我也懷疑是否真有「查畝營」這個編制的存在。

理由之一，鄭家軍下放屯田基本上是各自求活的應急之舉。當時因為嚴重缺糧，在熱蘭遮城都還未攻克的情況下，鄭成功便迫不急待的實施屯田政策。查畝營是個吃閒飯、惹人煩的腳色，除非是為了徵糧、納稅，依當時制度還處於草創的階段，其實沒必要專門設立這麼一個專門清查田畝的單位。

其二，如果真有這麼一個單位，似乎也不太可能駐在當時算是偏遠地區的柳營，最可能的駐地應該在府城東寧。駐防柳營只能說是為了屯田，既然是為了屯田，哪裡還有時間去清查別個單位的田畝？此一說法顯然不通。反之「女宿鎮」卻是一個實實在在的單位，《臺灣通史》也記錄過這支部隊。《臺灣通史》所記錄的鄭家軍番號可能是全盛時期，或是歷年曾經組建的部隊番號。撤退來臺後，鄭家軍是否還有這麼多的番號，實在是個大問號。

其三，臺南延平郡王祠的西廡供奉有「女宿鎮」將領毛興的牌位，奇怪的是

《臺灣堡圖．341 鐵線橋》臺灣臨時土地調查局 明治 38 年（1905）

查畝營位於臺南柳營區士林里。

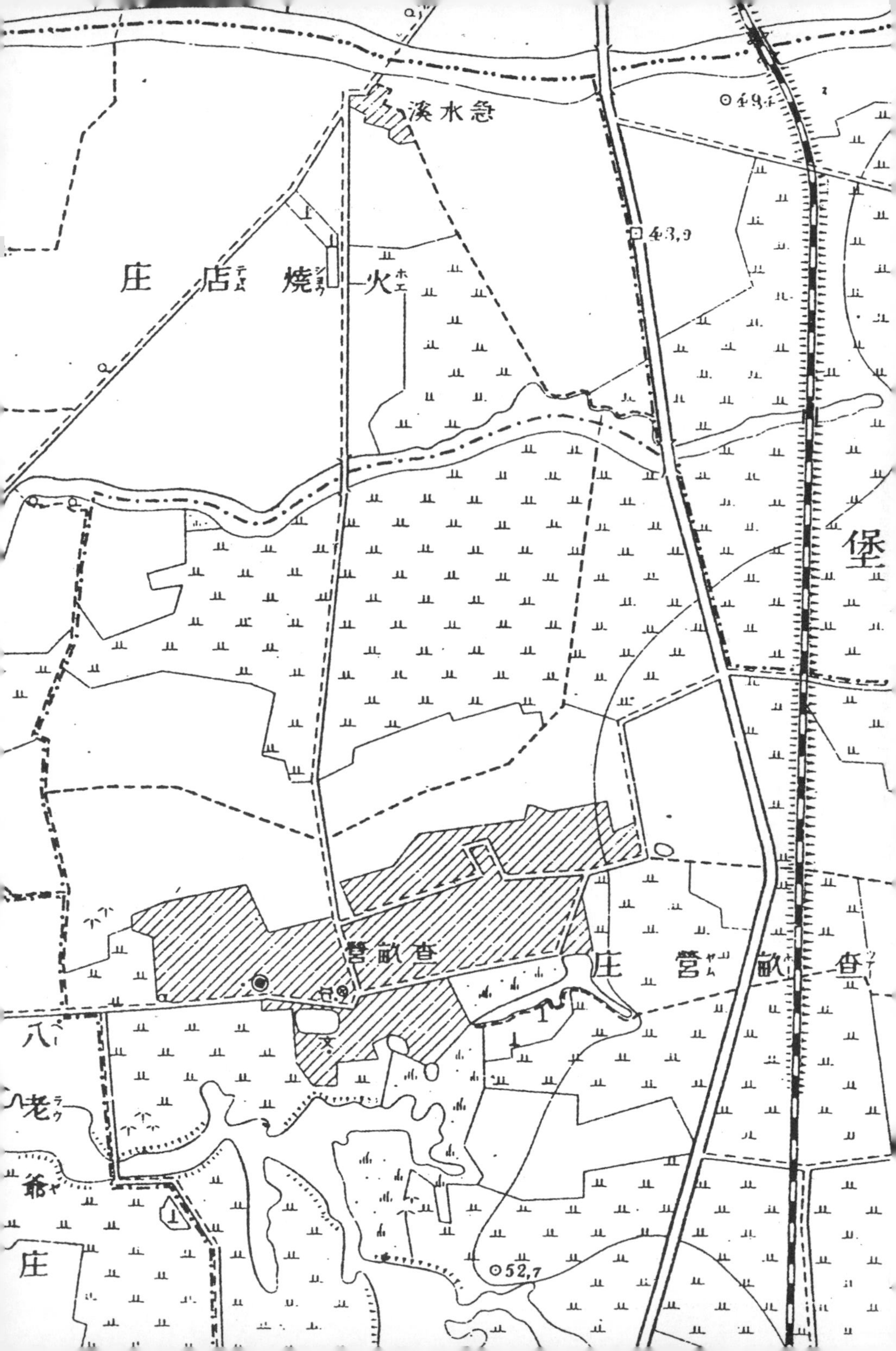

急水溪
火燒店庄
查畝營
查畝營庄
堡
八老爺庄
43,9
52,7

《臺灣通史》卻獨缺這個牌位的記載，是否因為如此使得連橫將查某營理解為查畝營呢？不得而知。

鄭家軍渡海來臺時，女宿鎮的建制可能還在，所以也極可能加入屯田的行列。果真如此，鄉人將女宿鎮戲稱為查某營，其實也未嘗說不通。二十八宿中除了女宿之外，得以來臺的可能只剩下角宿、參宿、畢宿、斗宿等少數番號。角宿、畢宿都在高雄、臺南留下地名。參宿、斗宿鎮帶兵官的神主牌位也都可以在臺南延平郡王祠的東、兩廡找到。

我認為「查畝營」之名不但拗口，而且這個單位是否真的存在也頗有疑問，而女宿鎮倒是一個實實在在的番號，鄉人將他戲稱之為查某營雖不經，然亦不失為一說。

不過無論何者為真，似乎也沒那麼重要，反正都是鄭家軍，而且不論何者為真，應該都和「女青年工作大隊」無關。

【鄭家軍各鎮屯田相關地名】

營　前 / 高雄路竹區甲北里營前
營　後 / 高雄路竹區甲北里營後
五軍營 / 五軍戎政所墾，今臺南柳營區大農里五軍營
查畝營 / 臺南柳營區士林里
果毅後 / 果毅後鎮所墾，今臺南柳營區果毅村果毅後
新　營 / 臺南新營區
舊　營 / 臺南鹽水區舊營里
中　營 / 臺南下營區中營里
後　營 / 臺南西港區後營里
下　營 / 臺南下營區下營里
右武衛 / 臺南下營區營前里
大　營 / 臺南新市區大營里
二　鎮 / 臺南官田區二鎮里
左　鎮 / 折衝左鎮所墾，今臺南左鎮區
中　協 / 右先鋒鎮中協所墾，今臺南官田區官田里中脇
本　協 / 臺南後壁區嘉苳里本協
林鳳營 / 參軍林鳳所墾，臺南六甲區中社里林鳳營
林圮埔 / 參軍林圮所墾，南投竹山鎮
參　軍 / 參軍陳永華所墾，路竹區甲北里
前　鎮 / 中提督前鎮所墾，前鎮區
前　鋒 / 前鋒鎮所墾，岡山區前峰里
後　勁 / 後勁鎮所墾，楠梓區後勁
後　協 / 先鋒鎮後協所墾，岡山區後協路一帶
右　衝 / 右衝鋒鎮所墾，楠梓區右昌
中　衝 / 中衝鎮所墾，岡山區
畢　宿 / 畢宿鎮所墾，今高雄橋頭區筆秀里
角　宿 / 角宿鎮所墾，有兩處，一是高雄燕巢區角宿里，另一處是臺南六甲區角秀
援剿右 / 援剿右鎮所墾，燕巢區安招里。
援剿中 / 援剿中鎮所墾，燕巢區中華、中興路一帶
中　權 / 中權鎮所墾
仁　武 / 仁武鎮所墾，仁武區仁武里
北領旗 / 侍衛領旗協所墾
三　鎮 / 戎旗三鎮所墾
左　鎮 / 宣毅左鎮所墾

「境」，神明的轄區
臺灣社會最核心的結構

小吃與古廟可說是府城臺南最亮麗的城市名片。

臺南的古廟建築和小吃一樣，規模都不大，可是名目繁多，意味淳厚，淵遠流長。許多廟宇還都是全臺開基祖廟，例如奉祀保生大帝的開山宮、有小上帝廟之稱的開基靈祐宮，還有赤崁樓旁的開基武廟、開基天后宮等。

除了開基祖廟多之外，府城廟宇還有一個特別之處，常在廟名與地號名之上冠上一個某某境。例如「八協境」東門大人廟、「仁厚境」福德祠、「八吉境」馬兵營保和宮、「中和境」鷲嶺北極殿、「三協境」下南河南沙宮、「四安境」北線尾良皇宮，甚至連公園路上一所基督教會也以「太平境教會」為名。不過這所基督教會的原址據說也是一座土地廟，就叫太平境福德祠，後來廟沒了，廟中的土地爺被寄祀於擁有大名鼎鼎「一字匾」的天壇天公廟內。神明寄祀或合祀在臺南市十分普遍。

拆廟之事，在日本時代因築路、修官舍常常發生，限於經費不足或土地難

1875 年福州馬尾船政學堂學生來臺繪製的府城地圖。圖中顯示有些街道以「境」為名。

中協街
觀音亭
興濟宮
中營
右營埔
天后
米街
臺灣縣署
竹仔街武館
打銀街
大井頭
下橫街
草花街
打鐵街
下打石街
上打石街
天君廟
臺灣兵備道署
重慶寺
米粉街
海東書院
府文廟
柱仔行
龍王廟
考棚
府城隍廟
馬公廟
臨水宮
御碑亭
油行尾
仁和境

《臺灣縣志》附圖，謝金鑾主修。

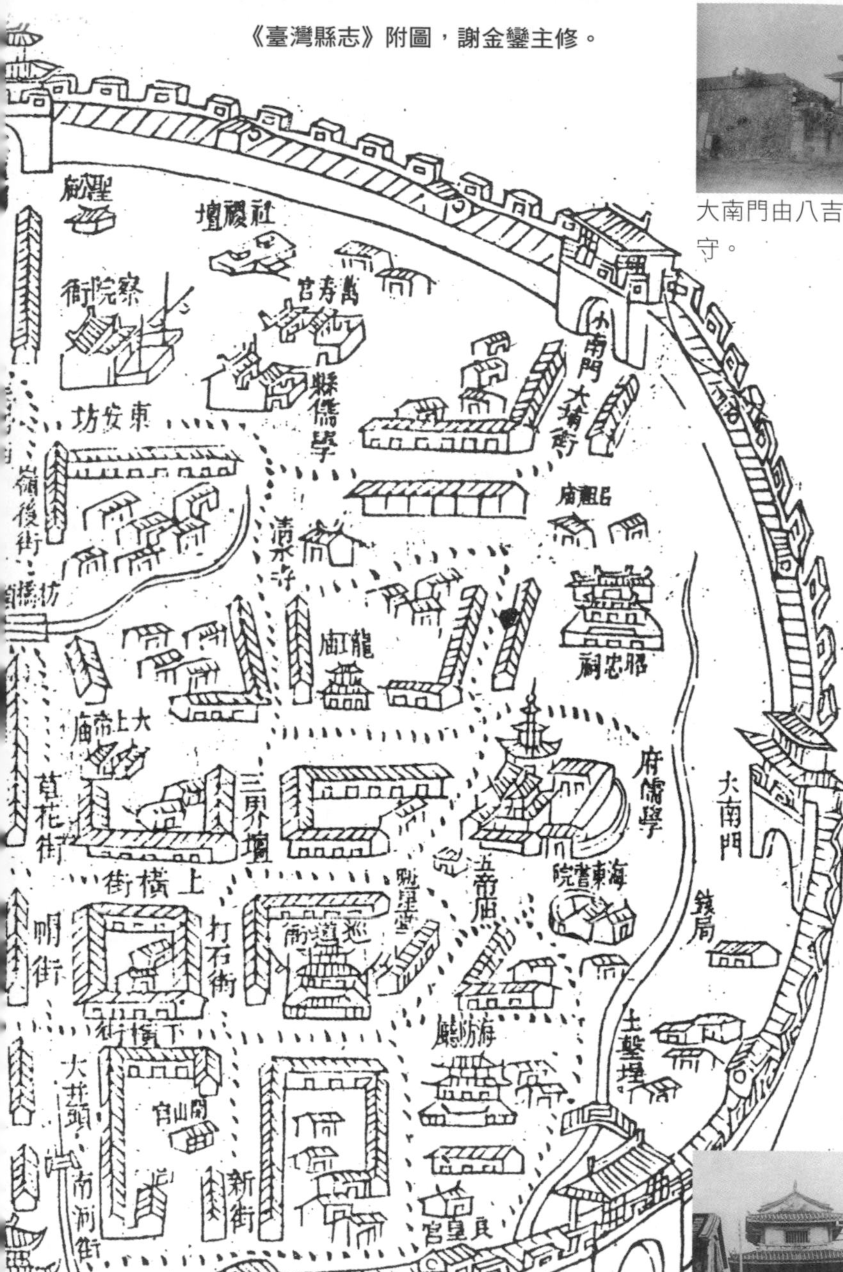

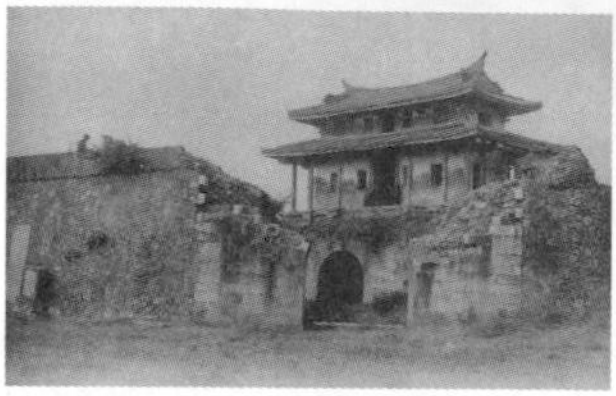

大南門由八吉境信眾負責防守。

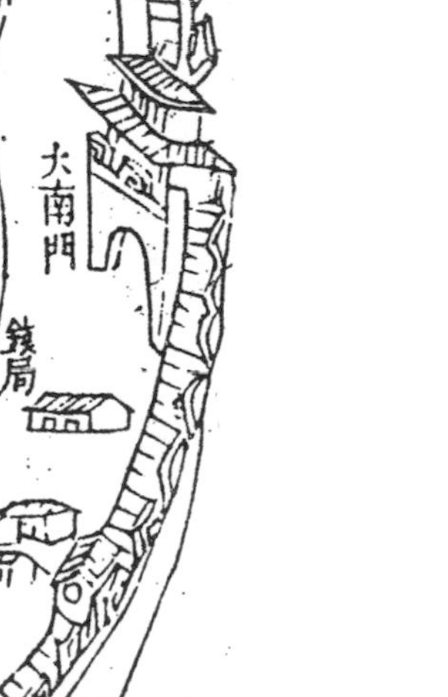

大西門由六興境信眾負責防守。

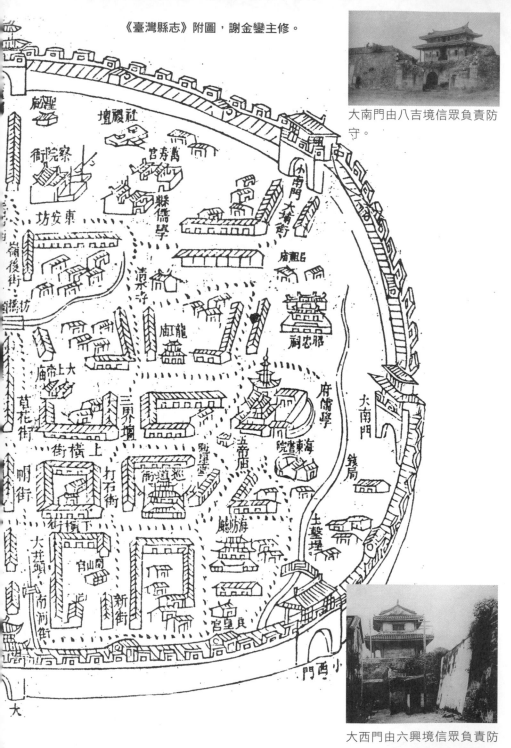

覓，被拆的廟宇，不是暫時寄祀於同一聯境組織之交陪廟中，便是與他廟合祀，例如四安境牛磨後的神興宮便是由神安廟、保興宮、濠林宮合併而成，而八吉境的馬兵營保和宮和樣仔林朝興宮也在同一座廟內分庭抗禮。

「境」到底是怎麼一回事？為什麼全臺只有臺南市的廟宇會冠上境名？「境」真的是地名嗎？有人認為「境」是民團組織的稱呼，即所謂的聯境組織，不能算是地名。

其實不僅廟宇聯境組織以「境」為名，從古地圖中也可以發現，清代臺南一些小街區也以「境」為名。例如仁厚境、三四境、七娘境（七良境）等，由此可見「境」並不僅限於聯境組織，「境」至少可視為城市中非官方性質的基層區塊。

那麼我們要問，臺南為什麼會以「境」為某個區塊的地名呢？臺灣其他地區似乎不曾出現類似的例子。清代臺灣地區基層單位的名稱有里、保（堡）、社、澳之分，曾文溪以北稱保，以南稱里，澳僅限於澎湖，社則是原住民的聚落。除了臺南城區，其他地方沒有出現和「境」有關的地名。

中國古代城市最常出現的基層單位名稱是「坊」、「里」，日本為「町」，韓國則是「洞」、「里」。福建閩南地區一些城鎮也曾出現「境」等非官式區域劃分。古代臺南府城內的基層單位和中國古代一樣城市內以「坊」，城外以「里」

為區劃，這是明鄭時代規劃清代沿用的。

明鄭時代臺南稱之為東寧府，以十字街為軸心劃分為東安、西定、寧南、鎮北四坊。之後清代直到日治初期，「坊」一直是臺南府城正式的基層單位。既然已經有「坊」了，為什麼還會出現「境」呢？「境」又根據什麼原則來劃分？

謝奇峰在《臺南府城聯境組織研究》一書提出一個很有見地的看法，他認為「境」是一座廟宇的管轄範圍，用人類學的說法便是「祭祀圈」。難怪在提及和廟宇有關的地域區塊時，都會使用「境」字，如合境平安、遶境、巡境、香境等。

中國古代社會，聚落以同姓村落為主，所以宗祠是村落中的權威機構，也可視為最基層的行政管理機構，這點在著名的大陸電影《白鹿原》中刻畫得淋漓盡致。臺灣是個移民社會，宗族勢力發揮不了作用，取而代之的是同鄉團體，所以清代在臺灣發生無窮無盡的分類械鬥，都是以籍貫為劃分。而凝聚同鄉團體的依託便是從原鄉分火而來的神明。所以，在臺灣，廟宇取代了祠堂，神明崇拜取代了祖宗家法，成了社區的權威中心。直到今日，閩客、漳泉之分已不復舊貌，然而各地角頭的廟宇及其信眾組織，依然是臺灣基層社會中最牢不可破的核心結構。

府城臺南是臺灣漢人移民的原點，廟宇在地方事務中所扮演的角色，也表現

《臺灣縣志》附圖，謝金鑾主修。

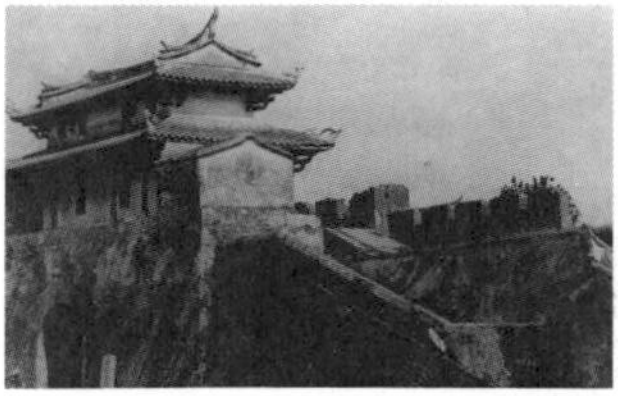

大北門由十八境信眾負責防守。

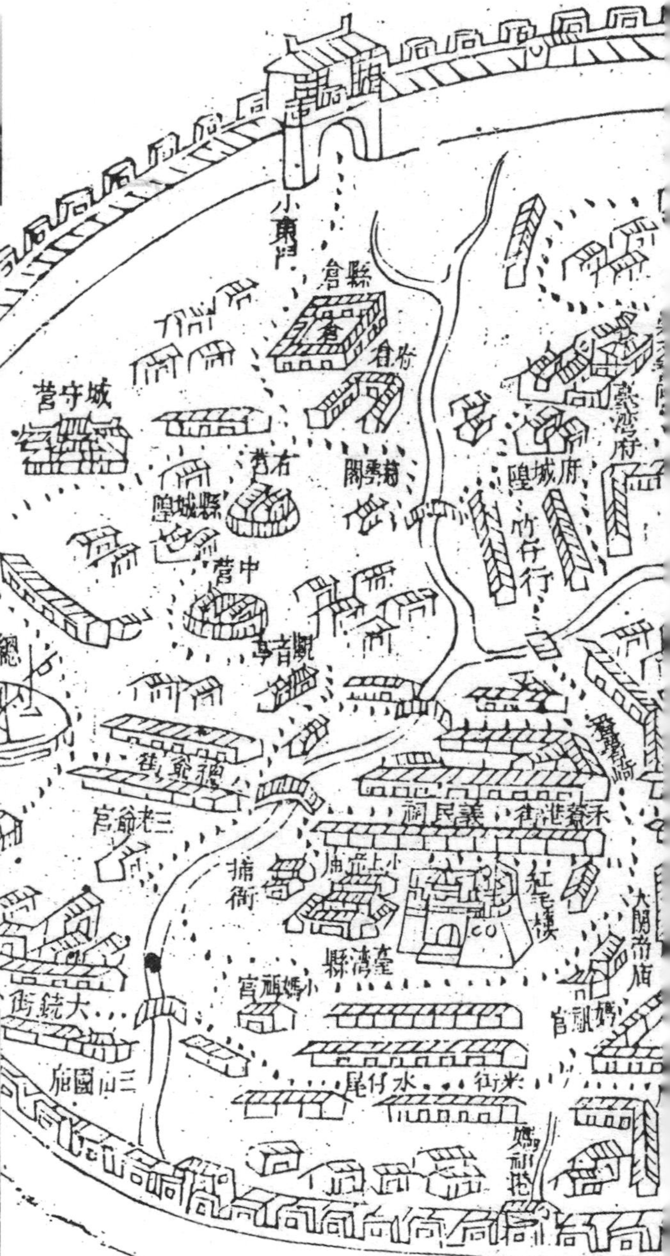

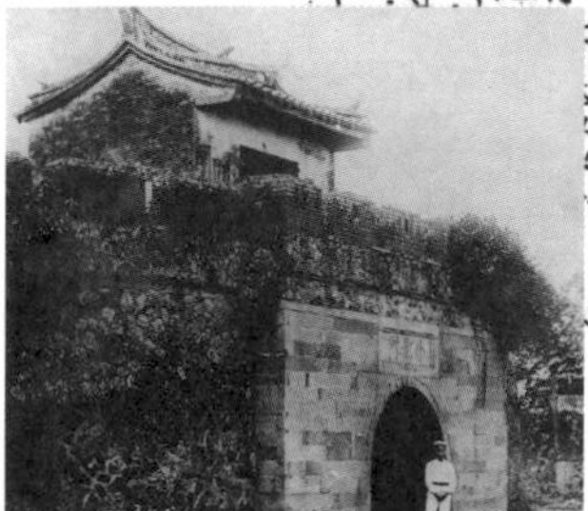

小北門由十八境信眾負責防守。

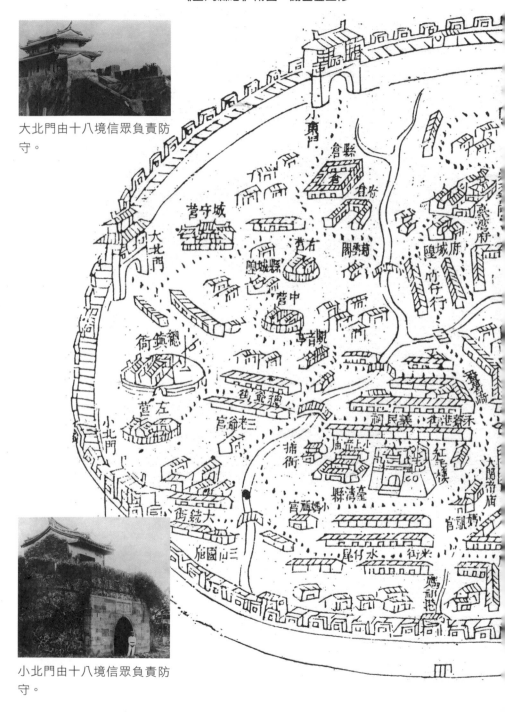

得最明顯的，不誇張的說，如今臺灣民間社會的結構模式，基本上是在臺南形成的，然後依次移植或複製到其他各地。「境」便是這套社會結構的基本單元，雖然「境」之名僅存於臺南，但無礙於此社會結構模式向全臺擴散之實。

那麼「境」又是什麼時候發展為聯境組織的？至少可以追溯到清代中後期。鴉片戰爭時，臺灣兵備道姚瑩、總兵達洪阿感於府城防務單薄，遂將城內各街坊分七十二境，每境責成紳士舖戶各募壯勇三、四十名，授以器械分段協防。

道光二十二年（一八四二年）姚瑩奏報清廷府城已成立八十二境。這些境很自然的以各個境之角頭寺廟為動員組織單位。因為即使清廷的地方官員再無能，總不會無視於府城內大大小小廟宇的存在，就像今天即使是無宗教信仰的政客在選舉之時，也要到各大廟宇故作虔誠一番。

咸豐三年（一八五三年）府城成立團練總局，戰時動員為民團、義軍協助官軍，太平無事則仍由廟境壯丁負責巡查，維持治安。同治元年（一八六二年）戴潮春之役起，總兵林向榮和水師副將王國忠將府城的營兵、義勇全數移防北臺，致使府城防衛空虛，人心浮動，巡道洪毓琛只得更進一步將各境寺廟組織起來成為聯境組織，作為府城城防的主力，並加強地方治安。

當時共成立十個聯境組織；二十一境，十八境、八協境、六合境、八吉境、六興境、六和境、四安境、三協境及七合境。各聯境有主廟、屬廟之別，並規定各聯境組織防守的責任區域。聯境之主廟基本上是由聯境之內神格位階較高、規模較大的廟宇擔任。例如六和境的聯境主廟是典祀武廟，主神關公是清代官方極力推崇的武神，祭典都由官方主持。典祀武廟不但是六合境的聯境主廟，廟內設有六和堂為聯境辦事處，同時也是全城的冬防指揮中心。聯境組織的名稱和組成廟宇的數目有關。例如七合境除主廟之外，由七座屬廟組成。

從清代中期一直到日本占據臺灣，聯境組織在府城的治安與地方事務上發揮了極大的影響力。府城的住民自然而然，將聯境組織視為認同的對象。這種認同感再加上原本所屬角頭廟宇的宗教信仰進一步強化，應該是超過地域上的認同。當然，聯境組織組成之時，原本就有地域上的考慮，所以將聯境組織之名視為地域名稱也不為過。

日本時代之後，聯境組織被官方廢棄，但聯境廟宇之間仍能透過強韌的民間信仰力量，相互扶持，渡過拆廟毀寺的殖民時代。如今，府城許多廟宇仍執著的在山門上、門楣上大書境名，不但訴說一段可歌可泣的歷史，也顯示了府城住民牢不可破的鄉土意識。

東門大人廟曾是八協境的主廟，現在廟還在，但常常無人看守，處於關閉狀態。

【府城聯境廟宇】

開基七娘媽廟
天壇天公廟
坑仔底王爺廟
三官廟
龍王廟
三界壇（不存）
元會境土地廟（不存）
仁壽境土地廟（不存）
竹仔街土地廟（不存）
禾寮港土地廟（不存）
嶺後街土地廟（不存）
頂打石街土地廟（不存）
枋橋頭土地廟（不存）
太平境土地廟（不存）
下打石街土地公廟（不存）

四安境
主廟：北線尾良皇宮
屬廟：頂太子沙淘宮
二府口福安宮
南廠保安宮
牛磨後檬林宮

三協境
五條港
主廟：風神廟
屬廟：下南河南沙宮
金華府
全臺開基藥王廟

七合境
主廟：老古石集福宮
屬廟：普濟殿
佛頭港景福祠
媽祖樓天后宮
佛頭港崇福宮
玉旨金安宮
聖君廟（不存）
粗糠崎土地廟（不存）

六和境
主廟：祀典武廟
屬廟：開基靈佑宮
開基武廟
米街廣安宮
祝融廟（不存）
倉神廟（不存）
赤崁土地廟（不存）

十八境
主廟：全臺首邑臺南縣城隍廟
屬廟：三老爺宮
開基玉皇宮
赤崁樓大士殿
開基天后宮
辜婦媽廟
祀典興濟宮
陰陽公廟
興隆宮
廣慈庵
黃蘗寺（不存）
大銃街元和宮
神農殿
慈雲閣（不存）
總祿境土地廟（不存）
鎮轅境土地廟
安祿境土地廟
林投井土地廟（不存）
柴頭港土地廟（不存）

二十一境
主廟：中和境鷲嶺北極殿（大上帝廟）
屬廟：全臺開基府城隍廟
溫陵媽廟（不存）
小南天土地廟
首貳境開基萬福庵
三四境載福祠
辜婦媽廟

六合境
主廟：奉祀延平郡王的開山王廟
屬廟：柱仔行開基永華宮
清水寺
馬公廟
仁厚境土地公廟
油巷尾土地公廟
大埔街土地公廟

八協境
主廟：東門大人廟
屬廟：東嶽殿
市仔頭福隆宮
彌陀寺
龍山寺
崙仔頂聖公廟
祝三多土地公廟
西竹圍土地公廟（不存）
龍泉井土地公廟（不存）

八吉境
主廟：馬兵營保和宮
屬廟：總趕宮
重慶寺
五帝廟
下太子開基昆沙宮
興南宮（不存）
羨仔林朝興宮
東轅門土地廟（不存）
莊雅橋土地廟（不存）

六興境
主廟：開基開山宮
屬廟：帆寮慈蔭亭
蕃薯港保西宮
南巷土地廟（不存）
西轅門土地廟（不存）
雙興境土地廟（不存）
神安宮土地廟

鯤鯓，臺南海岸線上的鯨群

府城臺南歷史積澱深厚，地名也是獨樹一格不同於他處，鯤鯓即為一例。

吾友杜君家住臺南灣裡，古名七鯤鯓。杜君鄉土意識濃厚，喜談和臺南有關的古老事物，對於家鄉灣裡的一切，更是情有獨鍾，閒暇之餘，開車到灣裡海邊，帶上兩瓶啤酒，一張躺椅，靜靜的望著遼闊的鹽田，可以耗上一個白日將盡的炎熱午後。當然那已是三十多年前的往事，現在灣裡怕是一畝鹽田也沒有了。

一回閒聊之中，和他談到「鯤鯓」一詞的出處，我說「鯤鯓」的「鯓」應該是身體的「身」，不能寫成「鯓」，而「鯤」是古詞，是鯨的意思。「鯤身」便是指大鯨魚的身體，用以象形海邊的大沙丘。他對我此一說法大為驚喜。連忙問我，怎麼知道「鯤」是大鯨魚的典故。

我笑他不讀書，沒學問，《莊子》〈逍遙遊〉的第一句話不是說：「北溟有魚，其名為鯤。鯤之大，不知其幾千里也。」還有比鯨更大的魚嗎？

誰知他一聽說家鄉地名和《莊子》〈逍遙遊〉「沾親帶故」不但沒「與有榮

《臺灣府志》附圖　康熙中葉

高拱乾主撰

本圖在安平到二層行溪（二仁溪）口的鯤鯓群，只標示了一個「七鯤身」。

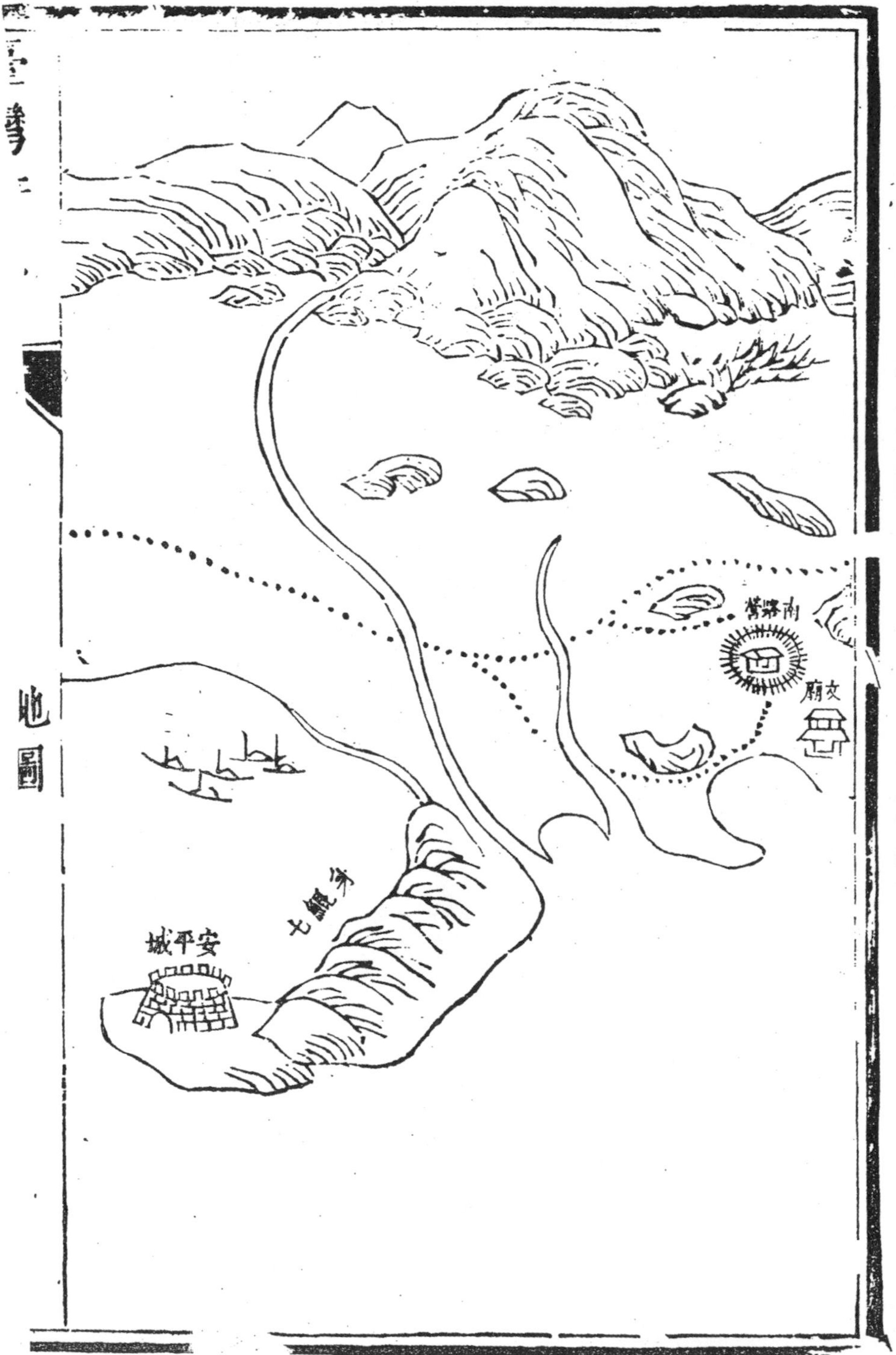

231　鯤鯓，臺南海岸線上的鯨群

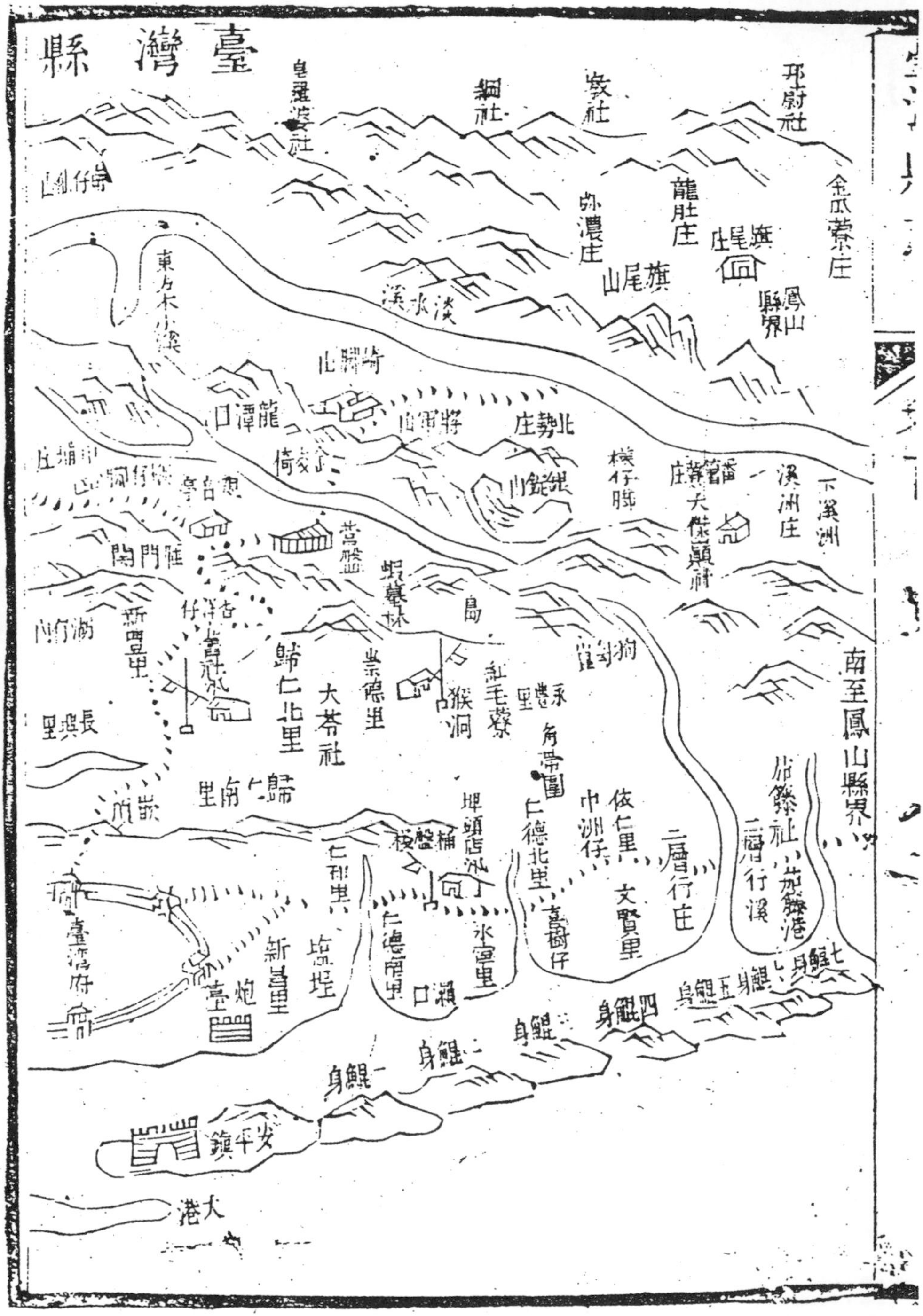

臺灣縣
淡水溪
旗尾山
旗尾庄
龍肚庄
鳳山縣界
金瓜寮庄
北勢庄
龍潭口
歸仁北里
歸仁南里
崇德里
猴洞
永豐里
長興里
依仁里
中洲仔
二層行庄
二層行溪
南至鳳山縣界
文賢里
仁德北里
仁德南里
新昌里
永寧里
瀨口
臺灣府
砲臺
安平鎮
一鯤身
二鯤身
三鯤身
四鯤身
五鯤身
六鯤身
七鯤身
大港

焉」，臉色竟如秋霜敷面，立即岔開話題。當時南部社會臺灣意識已急速升級，一部份人極力切割自身的一切與中國的關聯，杜君即屬於這一類型。我也落得悻悻然，自討沒趣。話雖如此，卻也使我對「鯤身」此一地名，印象深刻。

後來我還特別查了一下有關鯤身的地名，發現了幾個有趣的現象。首先，和「鯤鯓」有關的地名全在臺南，如北鯤鯓、南鯤鯓、青鯤鯓、上鯤鯓、一鯤鯓、二鯤鯓、三鯤鯓、四鯤鯓、五鯤鯓、六鯤鯓、七鯤鯓等。除臺南之外，臺灣其他地方，至今我還沒有找到和「鯤鯓」有關的地名。

「鯤鯓」指的是海邊大型沙丘，臺灣西部海岸除了高雄、屏東部分海岸為珊瑚礁地形之外，百分之八九十為沙岸地形，海邊大型沙丘不在少數，為何除了臺南，沒有一處以「鯤鯓」為名，大多以「崙」為名，如沙崙、三條崙，崙背等。難道是臺南人較有文化，凡是都能引經據典，連地名也與眾不同？當然這不是一個科學的說法、理性的態度。更何況「崙」也不是一個低俗的字眼！

其實臺南也有沙丘地貌，以「崙」為名的地方，如安南區的青草崙、沙崙腳，七股區的沙崙寮等。可能是「鯤鯓」盛名在外，使得這些以「崙」為名的小村落較不為人注意。那麼問題又來了，為什麼同是臺南，同是沙丘地貌，竟有「鯤鯓」、「崙」之分？回答這個問題，得再回到「鯤」這個字眼。因為崙不需

〈臺灣縣境圖〉《臺灣縣志》

謝金鑾主修

本圖將七鯤身畫在茄籐港（高雄茄定漁港）外，和《康熙臺灣輿圖》繪製的不太一樣，造成「七鯤身」確切位置的爭議。

《臺灣府古圖》伊能嘉矩 改繪

本圖改繪自《康熙臺灣輿圖》涵蓋各類信息，具有極高的參考價值。

廣儲東
長興里
火燒店
鯽魚潭
蔦松汛
中營盤
右營盤
洲仔尾
左營界
中營界
教場
柴頭汛
海會寺
左營盤
左營界
鹿耳門汛
鹿耳門汛
媽宮
砲臺
紅毛城
左營
中營

多談，不外沙丘、土丘之義，外貌較和緩，沒有劇烈的起伏，意思相當單純。

而鯤在不同的古籍中，卻有不同的說法。大魚、鯨是其一，另一說法是魚子、魚卵之義，在此「鯤鯓」之名取是的第一義應無異議。而先民之所以將這些大型沙丘取名為「鯤鯓」，應該是因為這些沙丘遠望有如海面上露出脊背的鯨魚。依此定義，叫「鯤鯓」的地方應該是海中的大沙丘，而非沙岸上的大沙丘。

可是如今這些叫鯤鯓的地方不但不在海中，甚至遠離海岸之外，如安平古堡所在的上鯤鯓離海岸線起碼有一里之遙，「鯤鯓」是海中沙丘的命名原則說得通嗎？

滄海桑田，古有言之，如果我們查閱清代的古地圖，會發現這些叫鯤鯓的地方的確都在海中。尤其是康熙時期繪製的臺灣輿圖，安平附近的一鯤鯓到七鯤鯓，有如海中露脊的巨鯨，由北而南，依序排列，連接安平古堡與二仁溪口之間。經過兩、三百年的河川沖積，鯤鯓與古海岸線之間的海域，逐漸被填平，甚至連叫鯤鯓的地方也遠離海岸成為陸上的小丘。

在此我必須表揚一位已故去的、畢生貢獻於臺南歷史地理與地方文獻的素民學者盧嘉興。他早年憑一己之力，完成歷年臺江內海變遷的考據，獲得中研院院士方豪高度的讚許，也為自己贏得學術上的榮譽。我們從盧嘉興繪製臺南海岸變

【有關鯤鯓的地名】

一鯤鯓：安平區灰窯尾
二鯤鯓：安平國中至億載金城一帶
三鯤鯓：安平區漁光分校一帶
四鯤鯓：南區鯤鯓里
五鯤鯓：南區喜樹
六鯤鯓：南區灣裡（一說為喜樹）
七鯤鯓：高雄茄定區白沙崙（一說為灣裡）
北鯤鯓：南鯤鯓北面的沙洲，相當於「北馬」位置
南鯤鯓：臺南北門區東壁、鯤江里
青鯤鯓：將軍、七股區濱海交界處
上鯤鯓（1）：安平區國平里
上鯤鯓（2）：南區廣州里
上鯤鯓（3）：安平區延平老街

遷圖中，可以清楚看出這些叫「鯤鯓」的地方原來所在的位置。如今座落於臺南友愛街的盧嘉興紀念館已落成，希望能入館參觀，聊表對斯人之追慕。

解決了「鯤鯓」之地名定義及其與「崙」之差異後，我還想到一個地名定義之外的問題，為何古臺江內海的外緣會出現系列的海中沙丘，而臺南以北的嘉義、雲林的海岸外沙洲地勢卻較為低平？如外傘頂洲。當然此一問題也是想解釋為何「鯤鯓」之名僅出現在臺南，而臺南以北的西部海岸線無「鯤鯓」地名之謎。我假設的前提：早期的漢人移民如果看見海中大型沙丘應當會以「鯤鯓」命名，如果海上只是出現低平的沙洲，則多半以「汕」命名，如北汕尾、外傘（汕）頂洲等。由此推論，因為「鯤鯓」之名只出現在臺南，可見別處海岸並無海中沙丘。我認為「鯤鯓」只出現在臺南海岸，和嘉義以南的海岸線由東北、西南走向，轉折為西北、東南走向有關，當然這是一個屬於自然地理學的領域，非個人專業所長，不敢妄言。

打狗；高雄VS.艋舺；萬華同樣是改名卻是兩種結局

三十年前第一次去香港，才知道什麼叫殖民地。大概是因為殖民地的關係，英國人在香港規劃的公共建設顯得十分馬虎。市街狹隘，高樓、廣告看板亂「長」也就罷了，連環島公路也搞得像羊腸小道一樣，路肩都不捨得弄寬一點。搭乘巨大的雙層巴士，行駛在風景如畫的淺水灣的環島路上，山壁駁坎上的樹枝不時掃進車窗，乘客被弄得十分狼狽，根本無心觀賞美景。碰上兩車會車時，常給嚇出一身冷汗，這些香港司機真是藝高人膽大啊！

也是因為殖民地的關係，香港街道的名稱一大半是英國人的姓氏。大馬路、主要幹道如德輔道、荷李活道、羅便臣道、軒尼詩道等中文譯名還算是中規中矩，可一些小街道就翻得叫人不敢領教了，畢打街、泄蘭街、租庇利街、域多利皇后街、鴨八甸街，還有發鈔票的銀行叫渣打……這都是些什麼亂七八糟的，英國殖民政府的官員是真不懂，還是裝糊塗、不在乎？

〈中環街道詳圖〉《香港年鑑》1962

華僑日報

香港除了少數音譯地名可能是被惡搞之外，大部分音譯地名所用的字眼和臺灣不太一樣。

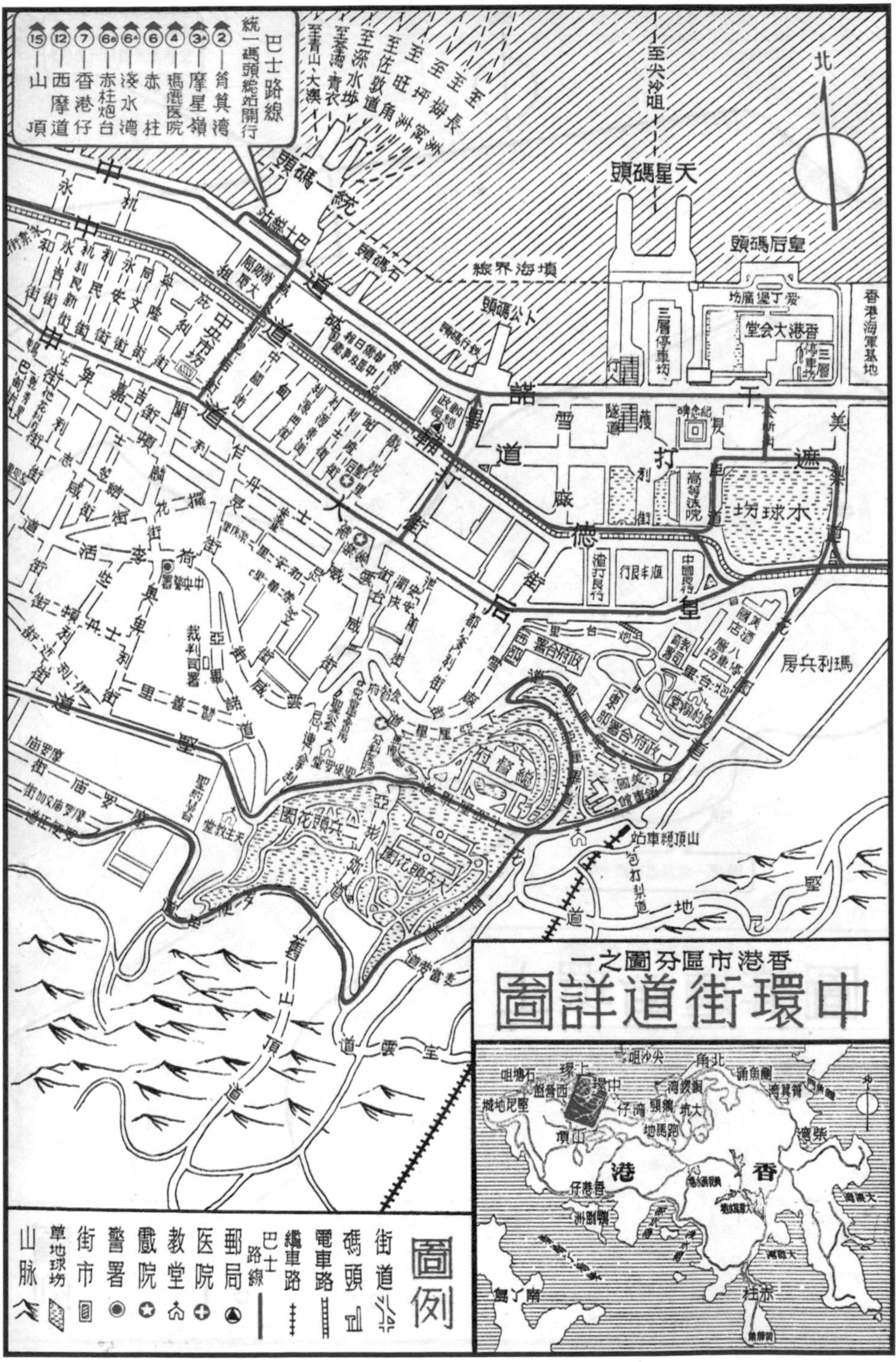

香港市區分圖之一
中環街道詳圖
巴士路線
統一碼頭總站開行
② 筲箕灣
③A 摩星嶺
④ 瑪麗医院
⑥ 赤柱
⑥A 淺水灣
⑥B 赤柱炮台
⑦ 香港仔
⑫ 西摩道
⑮ 山頂
北
天星碼頭
至尖沙咀
皇后碼頭
統一碼頭
巴士總站
填海界線
卜公碼頭
愛丁堡廣场
香港大会堂
三層停車坊
香港海軍基地
干諾道
德輔道中
皇后大道
雪厰街
木球场
高等法院
美利兵房
中央市坊
中央警署
裁判司署
總督府
兵頭花園
山頂纜車站
舊山頂道
堅尼地道
圖例
街道
碼頭
電車路
纜車路
巴士路線
郵局
医院
教堂
戲院
警署
街市
草地球场
山脉

加務朗社
陳阿修社
大龜文
卑南覓
姜園
六根庄
港東里
放索社
大崑麓
枋寮口
加洛堂
下淡水社
茄藤社
瑯嶠
下赤山
新園
東港
淡水港
小竹橋
沙碼磯頭
下埤頭
鳳山
鳳山庄
南門
小琉球
西門
打鼓港
岐後
打鼓山
石佛嶼
涼傘嶼

不過，回過頭再想一想，臺灣過去不是也有打狗、打貓、貓貍、阿猴之類的平埔音譯地名嗎？相較之下，更為惡劣。香港那些「瞎翻」的街名，可能是被殖民者對統治者一種阿Q式的洩恨方式，而打狗、打貓、貓貍、阿猴之類的音譯地名只能說是漢人對原住民的蔑視。

香港除了少數音譯地名可能是被惡搞之外，大部分音譯地名所用的字眼和臺灣也不太一樣，如Robinson香港翻成羅便臣，臺灣則是魯賓遜；堅尼地（Kennedy）在臺灣是甘迺迪；荷李活（Hollywood）在臺灣為好萊塢，等等。這些差異除臺、港兩地習用字眼不同之外，最主要的差異在於兩地翻譯基準，一個是普通話，另一個則是粵語。因為此次的經驗，使我注意到臺灣古文獻中一些原住民的舊地名也存在新舊譯法的差異。新的音譯，基本上一律使用普通話音譯，舊的音譯絕大多數是以閩南語為主。有些學者可能沒注意其中的異同，或是不熟悉閩南語，碰上這方面的問題時往往會鬧笑話。

有的舊地名的演變更為複雜。和香港一樣，臺灣也曾經歷過殖民地時代。一些古老的原住民地名原本以閩南語音譯，可到了日治時代，殖民政府官員覺得地名的字眼不雅，或是日語發音不順，便加以改造。

日本殖民政府官員更改地名最常見的模式，是以閩南語發音為準，再以日語

〈鳳山縣圖〉《臺灣府志》 乾隆7年

劉良璧主修

圖中打狗之名被雅化為「打鼓」。

發音相似的漢字取代，例如打狗改成高雄，艋舺改成萬華，打貓改成民雄等。光復後官方語言改成普通話，地名改以普通話發音，和原來閩南語、日語的音譯地名已風馬牛不相及了，使得一般民眾對地名的由來，更加莫名所以。高雄就是一個很好的例子。

高雄古名打狗，早在明嘉靖四十二年（一五六三）就出現在中國的古代文獻。之後明清時代的方志、宦遊之作，均曾提到打狗，形式不一而足。如打狗山、打狗仔港、打鼓山、打鼓、打狗等。打鼓、打狗發音相近，打鼓應該是打狗的雅化地名。明鄭以迄清末，打狗在行政管理上一直是鳳山縣興隆里下屬的一個庄名，範圍相當於現今高雄市的鼓山區。打狗山是壽山的古名，打狗仔港指的是現在的高雄港。

根據日治時代日籍學者幣原坦及伊能嘉矩的考據，打狗之名源於平埔族馬卡道族的打狗社，打狗社原居地在壽山一帶，因為當時的鼓山、鹽埕、三民區一帶不是淺灘便是沙洲，並不適合居住。平埔語 Takao 為竹林或竹圍之意，據說打狗社的外圍密植刺竹以為防衛設施，「打狗」是 Takao 的閩南語音譯。打狗社後來遷移到阿猴（即屏東）。

清代鳳山縣的縣治始終在左營與鳳山兩地打轉，打狗一直不受重視。當時打

《高雄州大觀》1934 金子常光 繪（上圖）

〈Formosa（Taiwan）〉英文版《日本年鑑》

1933 Terry's Japanese Empire（下圖）

1920 年日本人將「打狗」改名為「高雄」，「高雄」日語發音和閩南語「打狗」相似。有趣的是，臺灣人從此以「高雄」稱呼「打狗」，日本人卻仍舊以Takao(打狗)稱呼「高雄」。

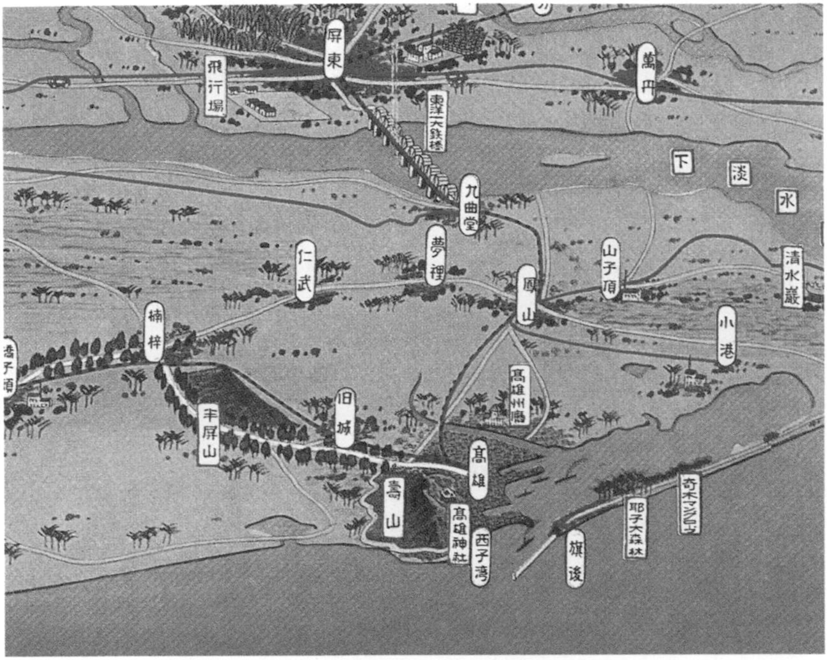
屏東
飛行場
東洋一大鉄橋
萬丹
下
淡
水
九曲堂
夢裡
仁武
鳳山
山子頂
清水巖
楠梓
小港
高雄州廳
旧城
半屏山
高雄
壽山
高雄神社
西子灣
旗後
耶子大森林

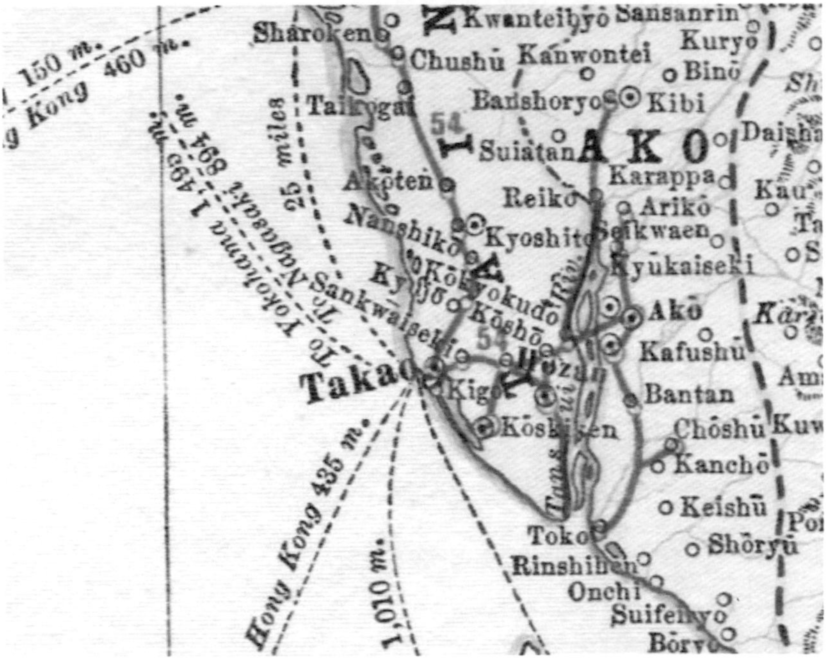
Sharoken
Kwanteibyo
Sansanrin
Kuryo
Chushu
Kanwontei
Bino
Taikogai
Banshoryo
Kibi
Suiatan
AKO
Karappa
Akoten
Reiko
Ariko
Kyoshito
Seikwaen
Kyukaiseki
Sankwaiseki
Ako
Kafushu
Takao
Hozan
Bantan
Kigo
Koshiken
Choshu
Kancho
Keishu
Shoryu
Toko
Rinshihen
Onchi
Suifenyo
25 miles
To Nagasaki 894 m.
To Yokohama 1,499 m.
Hong Kong 460 m.
Hong Kong 435 m.
1,010 m.
150 m.

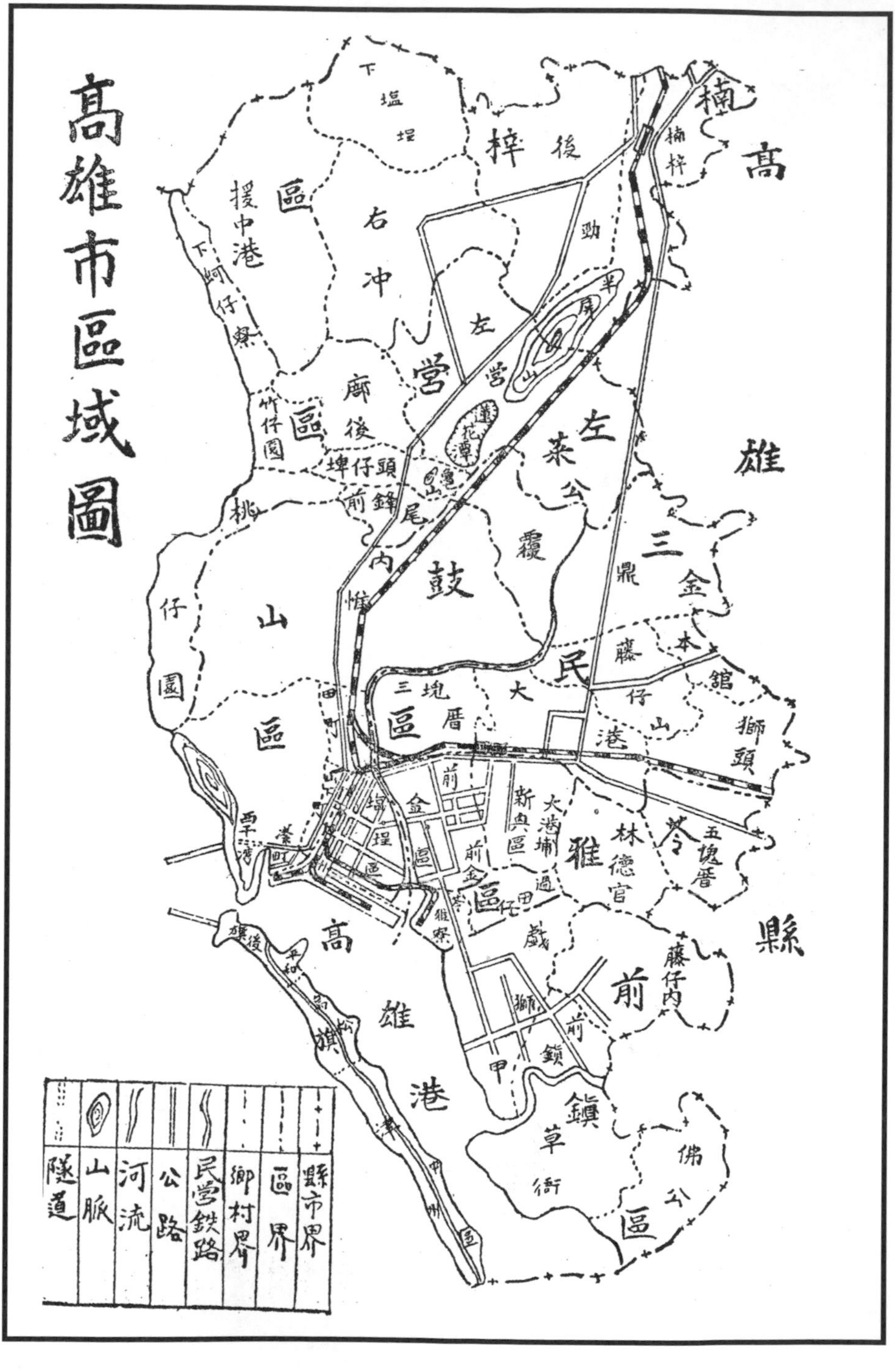
高雄市區域圖
縣市界
區界
鄉村界
民営鉄路
公路
河流
山脈
隧道
高雄縣
楠梓
下塩埕
援中港
下蚵仔寮
右冲
左営區
後
竹仔園
埤仔頭
半屏山
蓮花潭
鼓山區
内惟
仔園
三塊厝區
三鼎
金
民
館
獅頭
新興區
大港埔
林德官
五塊厝
前金區
苓雅
藤仔内
前鎮區
草衙
佛公區
旗後
平和
高雄港
旗津區

狗之所以不受官方的重視，和打狗港有關。當時打狗港口出入的水道，即現今高雄港的第一港口，尚未疏濬，水道上夾雜著大量珊瑚礁，大型船隻通過不易，所以貿易量不大，只能算是安平的輔助港口。

日治之後，殖民政府看準了打狗港的巨大潛能，決定大力開發。殖民政府從據臺之初起，便將打狗升格為與鳳山相當的行政層級。一九〇九年打狗升格為支廳，一九二〇年獨立為市，一舉取代鳳山成為高雄州治所在。

同年日本政府在大規模行政區域調整之際，還將打狗改名為高雄，之所以改名當然是嫌打狗之名過於粗鄙，作為州治所在難登大雅。而日本本土正好有個叫「高雄」的地方，「高雄」日語發音和打狗相近（閩南語發音為 Takao），因此將打狗改名高雄。二戰期間，日本海軍一艘著名的重巡洋艦以「高雄」為名，但其命名之源為日本本土的「高雄」，而非臺灣的「高雄」。

打狗改成高雄，現在看來似乎難以想像，但在當時問題其實不大。首先，當時臺灣官方的語言是日語，日本官員將高雄念作 Takao 理所當然，跟打狗的閩南語發音一樣，而臺灣人可以繼續以打狗（Takao）稱呼高雄，只要書寫文字改成高雄就得了。高雄這兩個漢字的字義不錯，一般臺灣人似乎也很滿意這個新地名。

不但臺灣人接受這個新地名，連光復後來臺接收的國民政府官員對這個地名

《高雄市志》 1957 高雄市政府

光復後，國民政府繼續延用「高雄」，沒有恢復「打狗」舊名。光復初期的高雄市地圖在區之下仍標示日治時代的「大字」地名。

也不覺得日本味道太重，需要恢復舊地名打狗。如今不論是講普通話還是閩南語，都是以「高雄」這兩個漢字發音，沒有人會將「高雄」念作「打狗」。據老一輩的說法，早在日治時代臺灣人便以「高雄」二字的閩南語發音，取代了早先「打狗」的叫法。可見在地人對打狗這個已擁有三四百年歷史的老地名並沒有太大的忠誠度。

可是另一個類似的改名案例，艋舺，卻出現了截然不同的情況。

艋舺地名的由來和原住民的舟楫有密切的關係。文獻上記載：漢人初到此地，原住民常駕著小舟來此交易。原住民稱他們的小舟為「艋舺」，久而久之，漢人便把艋舺當作這個市集的地名。清代的文獻中，艋舺還有蟒甲、莽葛、蚊甲等幾種寫法，文字雖不同，但意思相同，指的都是原住民的小舟。

和打狗一樣，日本人不喜歡艋舺這個地名，於是從佛典中取「萬華」二字代替艋舺。「萬華」日語發音與艋舺的閩南語發音類似，改名的思路和打狗改高雄一個模式。但萬華在日治時代並非正式的地名，因為一九二〇年代行政區域「町名化時「大字艋舺」被取消，原來屬於大字艋舺的區域改劃為西門、新富、築地等十三個町，其中並沒有以「萬華」為名的「町」。可見日本人在地名上似乎並沒有明確地以「萬華」取代「艋舺」的想法。

《臺北市街圖》1897（上圖）

〈Taihoku〉英文版《日本年鑑》1933 Terry's Japanese Empire（下圖）

日本人不喜歡艋舺這個地名，於是從佛典中取「萬華」二字代替艋舺。「萬華」日語發音與艋舺的閩南語發音類似，1933 年日本官方出版的英語版臺灣地圖標示為 Manka。

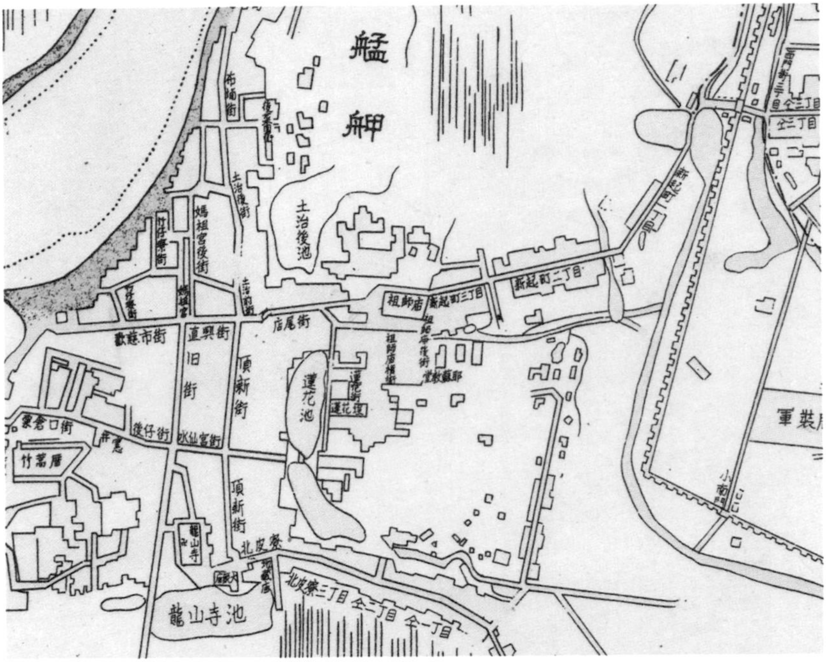
艋舺
土治後池
蓮花池
龍山寺池
龍山寺
媽祖宮後街
布埔街
直興街
旧街
頂新街
店尾街
歡慈市街
後仔街
北皮寮
新起町二丁目
軍裝局
小南門

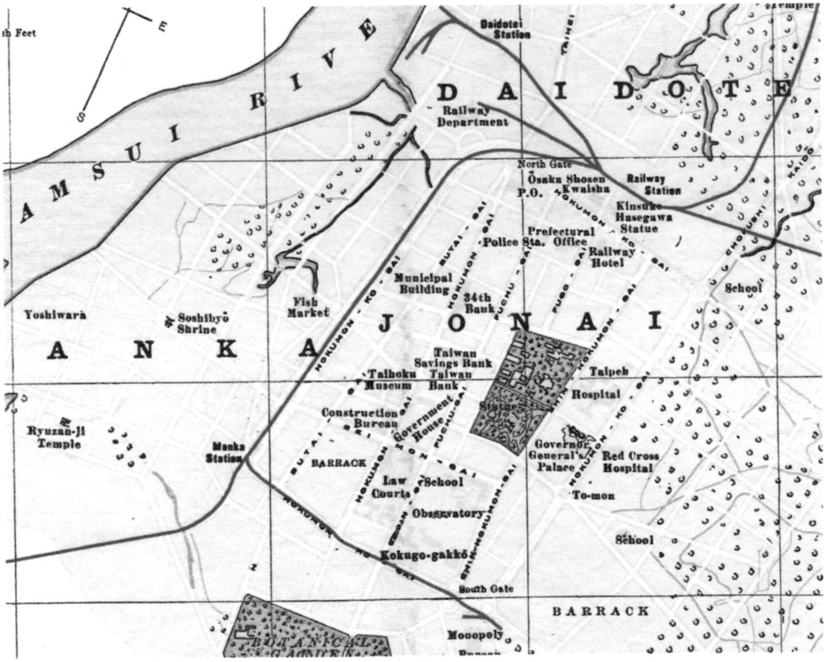
TAMSUI RIVER
DAIDOTE
Daidotei Station
Railway Department
North Gate
Ōsaka Shosen Kwaisha
P.O.
Railway Station
Kinsuke Hasegawa Statue
Prefectural Office
Police Sta.
Railway Hotel
Municipal Building
34th Bank
Fish Market
School
Yoshiwara
Soshibyo Shrine
MANKA
JONAI
Taiwan Savings Bank
Taihoku Museum
Taiwan Bank
Taipeh Hospital
Construction Bureau
Government House
Statue
Ryuzan-ji Temple
Manka Station
BARRACK
Governor General's Palace
Red Cross Hospital
Law Courts
School
To-mon
Observatory
School
Kokugo-gakkō
South Gate
BARRACK
Monopoly
BOTANICAL GARDEN

日本時代唯一出現「萬華」取代「艋舺」的地方，即「大字艋舺」被取消的同時，縱貫鐵路的「艋舺停車場」改名為「萬華驛」。但車站並非地名，所以很難說在地名上日本人以「萬華」取代了「艋舺」。

光復後，國民政府對「萬華」這個日式地名的執著似乎遠遠超過日本人。首先「萬華驛」的萬華繼續沿用，改為「萬華站」，其次國民政府並沒有打算恢復艋舺這個當地居民慣用的老地名，反而將西門、新富、築地等十三個町改為龍山區，龍山得名於區內的古剎龍山寺。或許官方認為此舉有「反映民情」的美意，有意思的是，在地居民對「龍山」這個新地名似乎並不買帳，除了官方文書之外，講閩南語的人繼續以艋舺稱呼龍山區。後來連講普通話的人也不認可「龍山」這個新地名，而以萬華稱之。

一九九〇年龍山區與雙園區合併為萬華區，至此萬華才成為正式地名。但是在地居民仍繼續使用艋舺這個老地名，還是沒人認可「萬華」這個官式地名。

高雄；打狗，萬華；艋舺，為什麼會有如此截然不同的差別，我也還想不出具體的答案，在此就教讀者。

龍泉，一個曾經令新兵戰慄的地名

一九八三年十月的清晨，我在高雄仁武陸軍一〇一師結束新兵訓練，等待分發。入伍前同學瘋傳「淚灑關東橋，血濺車籠埔，歡樂滿仁武」，我被分發到仁武新訓中心，當時還在同學間炫耀了好一陣子，以為地獄般的苦難將化解於無形。結果到仁武報到的第一天就證明這是一則不負責任的謊言。

前一天晚上全連官兵會餐痛飲啤酒慶祝新訓結業準備下連隊。艱苦的新訓使得「同梯們」倍感離情依依。官兵之間原本對立的情結也在酒精的催化下溶解了，很多人都醉了，我忘了是如何上床睡去的。一早醒來，整個新兵連的寢室剩下不到十個人，其他一百多個新兵不見了，半夜緊急集合後，全上路了。

連上的班長說依慣例，只有抽中「金馬獎」的才會如此的「緊急」，我們這幾個鐵定是不用去外島的，搞不好還是個很「涼」的單位。當時大家心中的第一志願是位於「衛武營」的二〇三師，因為離家近，我們都是來自高雄市的新兵。當然當兵分發單位是沒有填志願這回事的。

《全臺前後山輿圖》1878

龍泉當時叫「浮圳」。

浮圳
冷水山
老東番庄
內埔街
虎舍庄
義民亭
萬巒庄
東岸新庄
嚮口
大潭西港
見公庄
塭層新庄
東港街
大軍麓汛
北勢寮
率芒溪恆鳳交界
東港口
南港淺水三四尺
北港深水六七尺
琉球
九曲塘
鳳山縣城
芎蕉腳
山仔頂
大林蒲
鳳鼻
小坪
竹仔內
舊城

番仔寮庄
深水庄
公館庄
阿里港街
鹽埔庄
銃眼坑
番社庄
甘宅庄
田彭厝庄
大垢圍庄
半份庄
檨仔庄
新庄
番仔寮庄
份仔庄
頭份埔庄
火燒庄
阿猴街
新潭頭庄
田寮庄
番仔埔庄
老潭頭庄
竹仔脚庄
劉厝庄
歸來庄
麟洛庄
頭前溪庄
水香店
磚仔磘庄
柳仔林庄
大新庄
西勢溪
大湖庄
頂仔林庄
頂社皮庄
西勢庄
新庄
竹圍庄
內埔庄
忠心崙庄
四溝水庄
溪埔
紅次呈
中洲庄
萬丹街
田厝庄
橋頭庄
頭崙
二崙庄
新街庄
溝仔墘
萬巒庄
頭溝水庄
新庄
潮洲寮庄
西勢仔庄
鳳山厝
崎頭新庄
潮洲庄
林後庄
新園庄
好合庄

一直到中午還沒有人告訴我們將被分發到何處，倒是炊事班長放話了，吃完這頓晚餐沒我們的份了，……大夥兒原本樂觀的情緒，頓時 down 了下來。直到午後三點，一輛不明單位的兩噸半軍用卡車把我們拉出仁武營區，一路向南疾駛，目的顯然不是高雄市區的「衛武營」。一個小時後，卡車在屏東麟洛國中旁駛出省道，進入一條單向道，十來分鐘後，突然出現「龍泉」的路標，大家面如死灰，難道陸軍不要我們了，將我們「轉讓」給海軍陸戰隊了？

當時陸戰隊新訓中心在龍泉，對我們這些「菜鳥」而言，龍泉等於陸戰隊，陸戰隊等於十八層地獄，所以龍泉就是地獄的代名詞。

還好卡車沒把我們拉進陸戰隊新訓中心，又開了不到十分鐘，我們到達龍泉崇文國小旁的陸軍二〇三師的師部，我們在此進行將近兩個星期的銜接訓練，有人如願分發到衛武營，我則留下來。

在龍泉待久了，怡人的南國村野景色，使我漸減軍旅生活的苦悶。夏日午後，暴雨如約而至，不到三、四點，又是一片陽光燦爛，一洗晨霧山嵐，壯麗的南大武主峰像是一座綠色巨人一般俯視整個龍泉營區，此時南大武山上依稀可見掛滿了數以百計，如針線般的小瀑布，飛濺而下，蔚為奇觀。當時，我常想「龍泉」這個地名應該是這麼來的吧！

《南部作戰圖》1896

日本陸軍大本營

本圖標示的地名相當多，但有一些是錯誤的。龍泉那時叫「杜君英庄」，杜君英為康熙末年「朱一貴事件」的叛軍領袖，有學者認為他才是起義的實際領導人。

此時龍泉對我而言，早已不再是「地獄」的代名詞，龍泉之美使我淡忘了苦悶的軍旅生活。即使日正當中在火砲場站衛兵，我仍能愉悅的眺望鳳梨山、桑留守山、吐蛇流山、南大武主峰，那真是層巒疊嶂，氣勢磅礴啊！

一個夏日的清晨，全師列隊在大操場上接受師長校閱，然後舉行分列式。此時南大武幽黑的山影下，突然竄出兩架閃著刺眼銀光的 **F-104** 戰鬥機低空高速通過營區後方的鳳梨山，全體官兵被這一幕，震懾得目瞪口呆……。

退伍後北上謀職，長年為生活奔波，再也沒有機會回過龍泉。後來曾有一支以「龍泉」為品牌的啤酒，逐漸打出名號，看到電視上的廣告，常令我回想起在龍泉當兵的那段日子，連帶的也想了解「龍泉」之名到底語出於何典？

《臺灣地名辭書》第四卷屏東縣（上冊）說：「本村在光復以前，只有頂浮圳、下浮圳兩個聚落。浮圳地名與本地原為河川浮覆地（沙洲）有關，再加上兩聚落的南、北相對位置，故有頂浮圳及下浮圳的地名。日治時代大正九年（一九二〇）後，分屬犁頭鏢及老埤兩個大字；光復後這兩個聚落改名為『上龍泉』及『下龍泉』，村名為『龍泉村』，村名由來不詳。」

由此可知龍泉原名浮圳，光復後改名應是外省公務員的「傑作」吧！總算不失本義，屬地名雅化之類。至於為何叫浮圳？《臺灣地名辭書》的說法有點含

〈臺灣省農田灌溉分布圖〉1946

臺灣省行政長官公署農林廳

此圖顯示隘寮溪整治後，龍泉位於整個屏東平原的灌溉樞紐位置。

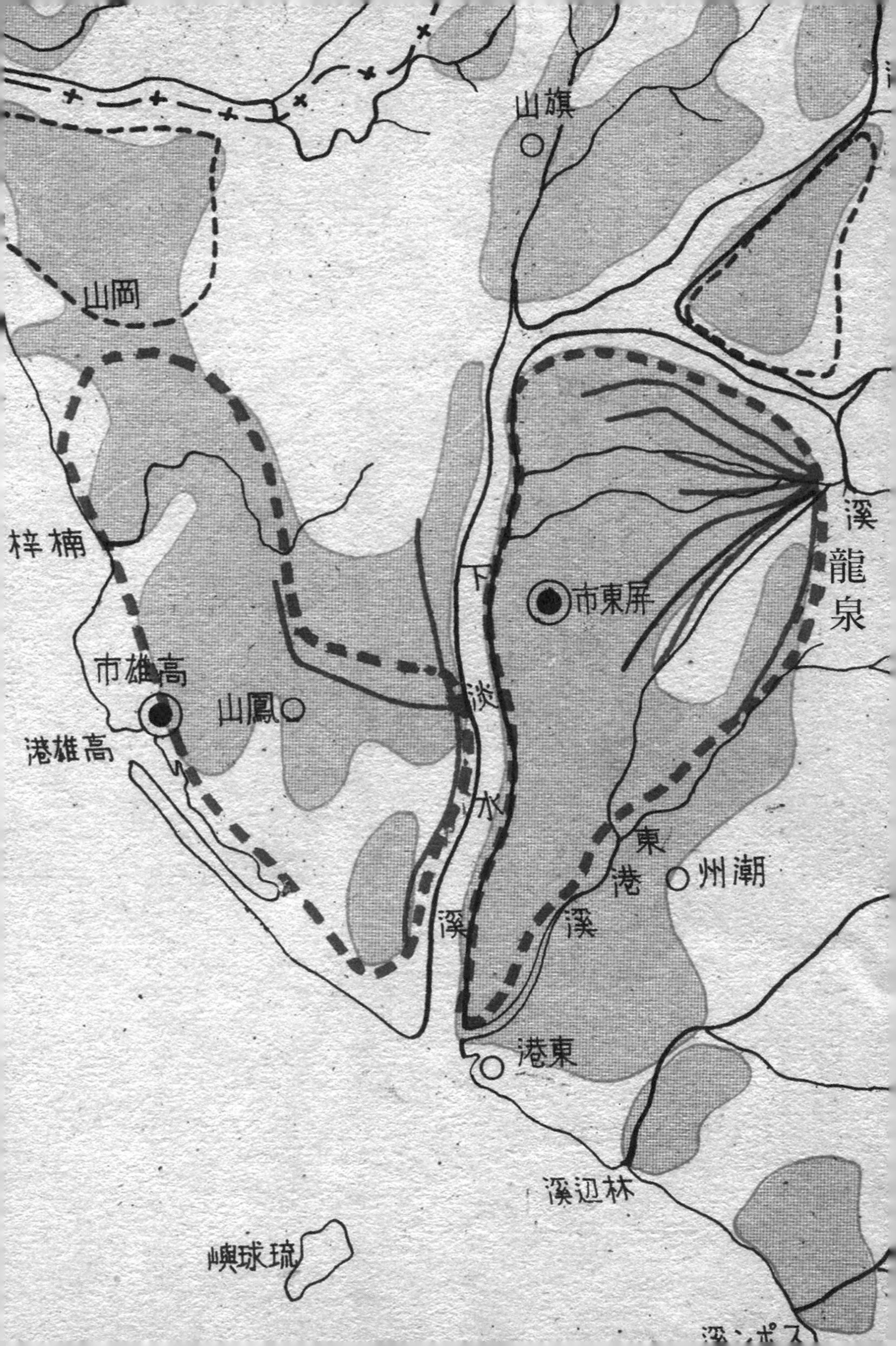

旗山
岡山
楠梓
高雄市
高雄港
鳳山
屏東市
下
淡
水
溪
溪
龍泉
東
港
溪
潮州
東港
林辺溪
琉球嶼

糊，我又查了一下陳正祥的《臺灣地誌》，才得到較清楚的答案。

《臺灣地誌》中冊第十八章〈屏東平原〉一節處寫道：「隘寮溪出山後漫流的溪灘，占了廣大的面積，並且時常氾濫。一九二九年起興起水利工程，在該溪出山口南側建築長堤，至一九三八年完成；逼使該溪之水集中改向西北流，繞鹽埔與里港等地之北匯注下淡水溪。原先廣大的荒蕪溪灘，皆逐漸變成了農田。從新舊地形圖上所見的隘寮溪出山口以西，其景觀完全不同；此亦可視為臺灣地變遷或現代工程如何影響地理的有趣實例。」陳正祥的《臺灣地誌》雖然有了較清楚的答案，但似乎未得「浮圳」之名的真髓。

一九三八年之前隘寮溪向西南漫流，雨季、颱風時雖然為害下游地區，但水勢較低時，隘寮溪仍是滋養內埔一帶農田的生命之源，浮圳之「圳」，正說明其所擔負的灌溉功能。

所以《臺灣地名辭書》第四卷屏東縣上說：「浮圳地名與本地原為河川浮覆地（沙洲）有關」之說也未能得其真髓。其實浮圳也罷，龍泉也罷，都說明了其滋養、澆灌屏東平原眾生的角色。所以，「龍泉」並非得名於南大武山上，夏日午後暴雨形成的數以百計的小瀑布。這點我並不覺得奇怪，我訝異的是，似乎從來沒人提過這幅臺灣罕見的奇景。

《臺灣省縣市行政區域圖．屏東縣》

1955

龍泉當時還維持犁頭鏢、老埤兩個舊地名。

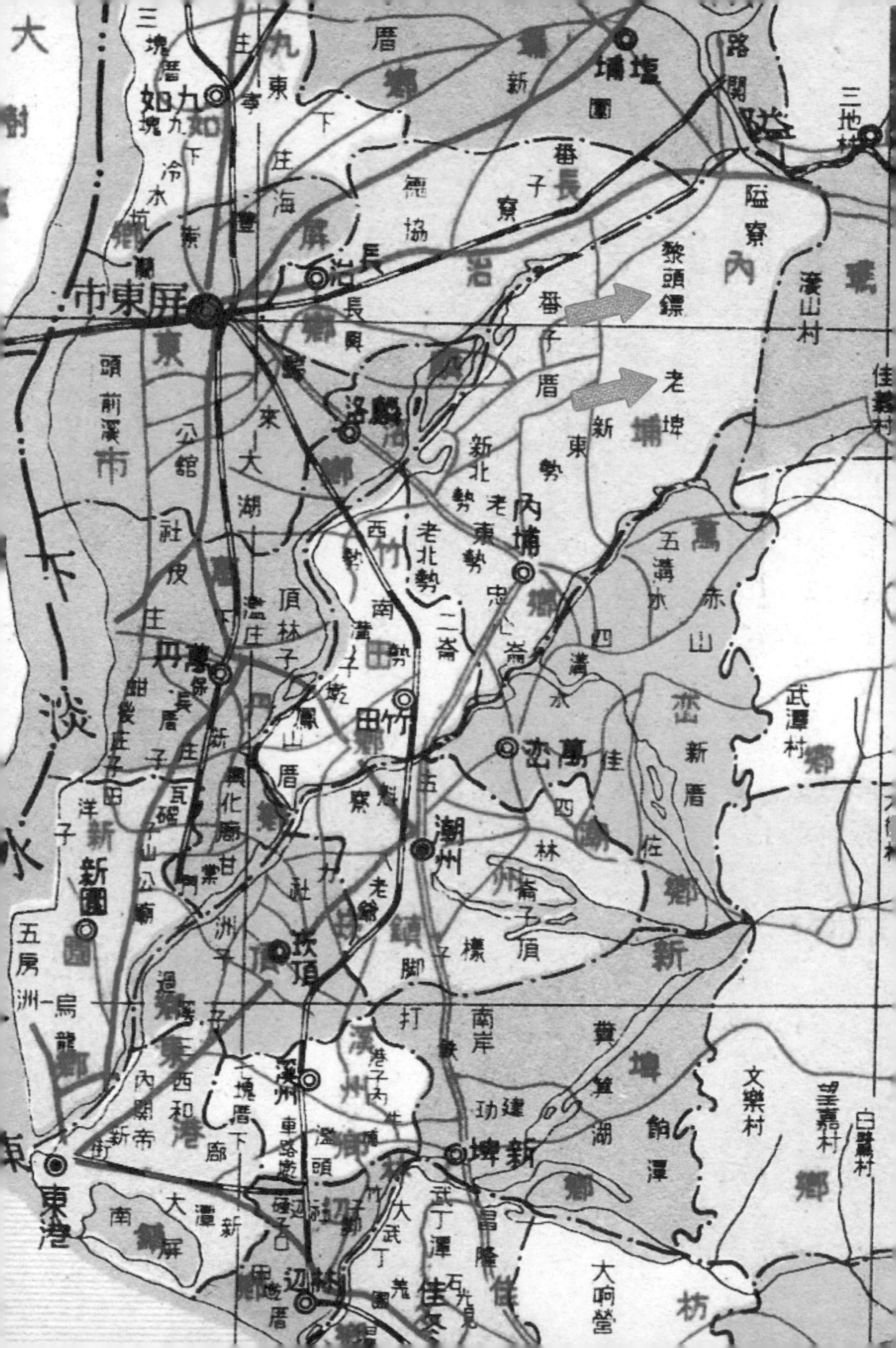

屏東市
九如
長治
麟洛
內埔
竹田
萬巒
潮州
崁頂
新園
東港
林邊
新埤
佳冬
鹽埔
黎頭鏢
老埤
三地村
瑪家村
佳義村
武潭村
文樂村
望嘉村
白鷺村
溪州

不在鳳山的鳳山八社

有一回到臺東旅行時，夜間在臺東舊火車站改建的鐵花村聆賞原民歌手？演唱閩南語歌曲〈臺東人〉。原歌詞是述說一位風塵女子對薄情恩客的哀怨感嘆，但在歌手的詮釋下，我絲毫沒有感受任何煙花無情的世俗無奈，反而在她極富滄桑感的嗓音中，從悲涼的旋律感受到馬卡道人「攀山過嶺到臺東」的心酸，久久不能自已。早年陳達的「思想起」也給我過相同的感受。

馬卡道人原本住在高雄、屏東，為何會移居臺東？

康熙中期繪製的《康熙臺灣輿圖》，高屏溪以東，潮州斷層以西，由北而南標示了大澤機社、搭樓社、阿猴社、淡水社、下淡水社、力力社、茄藤社及放索社等八個平埔聚落，這便是所謂的鳳山八社。此圖雖然為山水式畫法，但鳳山八社分布的相關位置基本上是相當可靠的。

再根據同時期撰寫的《裨海紀遊》及稍後出版的《臺海使槎錄》，兩書都有類似的記載：「上淡水（一名大木連）、下淡水（一名麻裡麻崙）、阿猴、塔樓、

〈鳳山現全圖之二〉，乾隆 29 年，
《鳳山縣志》，王瑛曾主修

圖中的茄藤社位於屏東縣佳冬鄉佳冬村；放索社位於林邊鄉水利村；力力社位於崁頂鄉力社村。

力力社
茄藤社
放索社
茄藤港

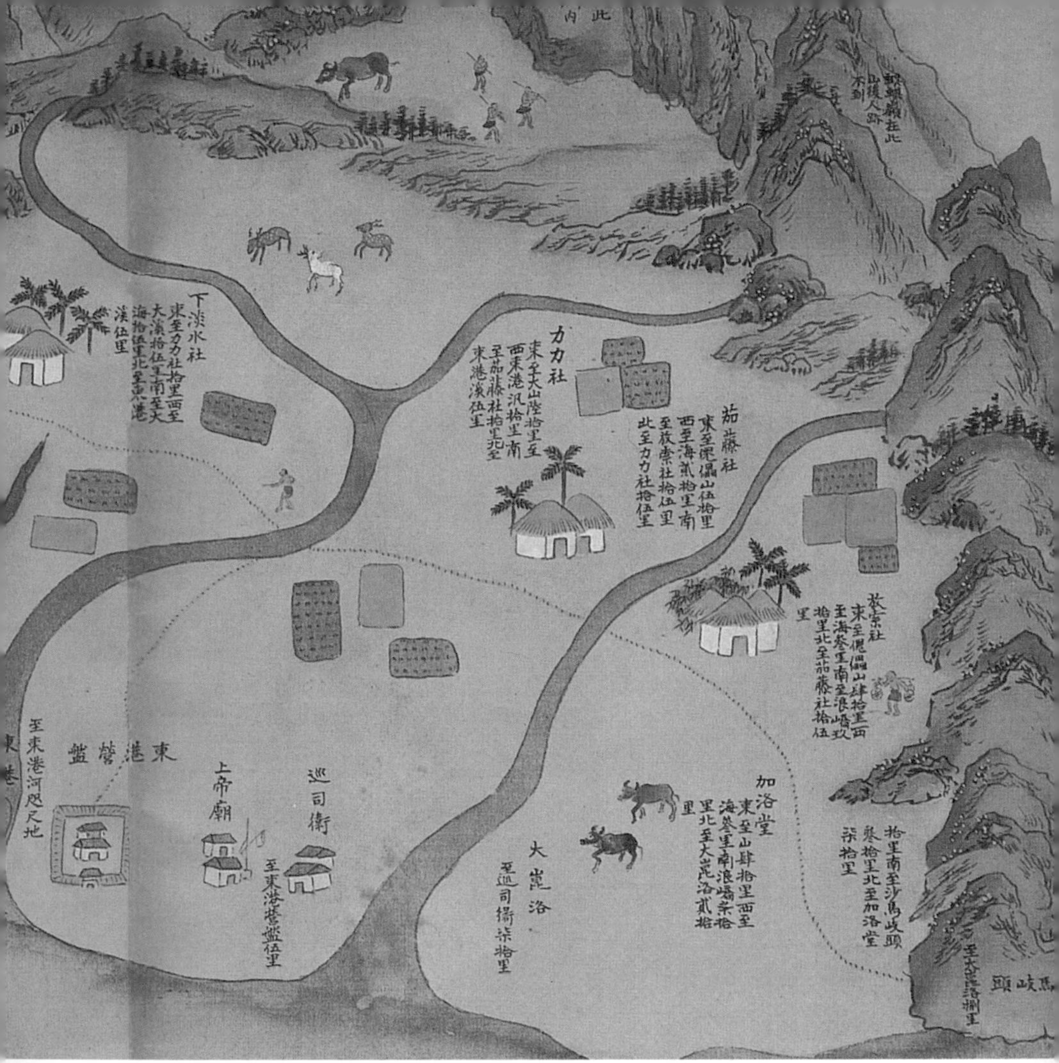

【屏東和鳳山八社有關的地名】

萬　丹 / 萬丹鄉萬全村
社　皮 / 萬丹鄉社上村
加禮濫 / 萬丹鄉加興村
番　社 / 萬丹鄉鄉香社村
茄苳門 / 萬丹鄉甘棠村
力　社 / 崁頂鄉力社村
先　英 / 崁頂鄉力社村
社　尾 / 崁頂鄉園寮村
社　皮 / 崁頂鄉園寮村

彌力肚 / 里港鄉彌力村
番　社 / 九如鄉洽興村
老阿拔泉 / 高樹鄉東振村
新阿拔泉 / 高樹鄉源泉村
加蚋埔 / 高樹鄉泰山村
仕　絨 / 鹽埔鄉仕絨村
高朗朗 / 鹽埔鄉高朗村
番仔寮 / 長治鄉繁華村
麟　洛 / 麟洛鄉麟蹄

番仔埔 / 屏東市光華里
新番仔埔 / 屏東市武麟里
番仔厝 / 潮州鎮九塊里
武　丁 / 潮州鎮興美里
龜夷庄 / 東港鎮興東里
茄藤港 / 東港鎮大鵬灣
塔　樓 / 里港鄉塔樓村
篤　加 / 里港鄉三廍村
武　洛 / 里港鄉茄苳村

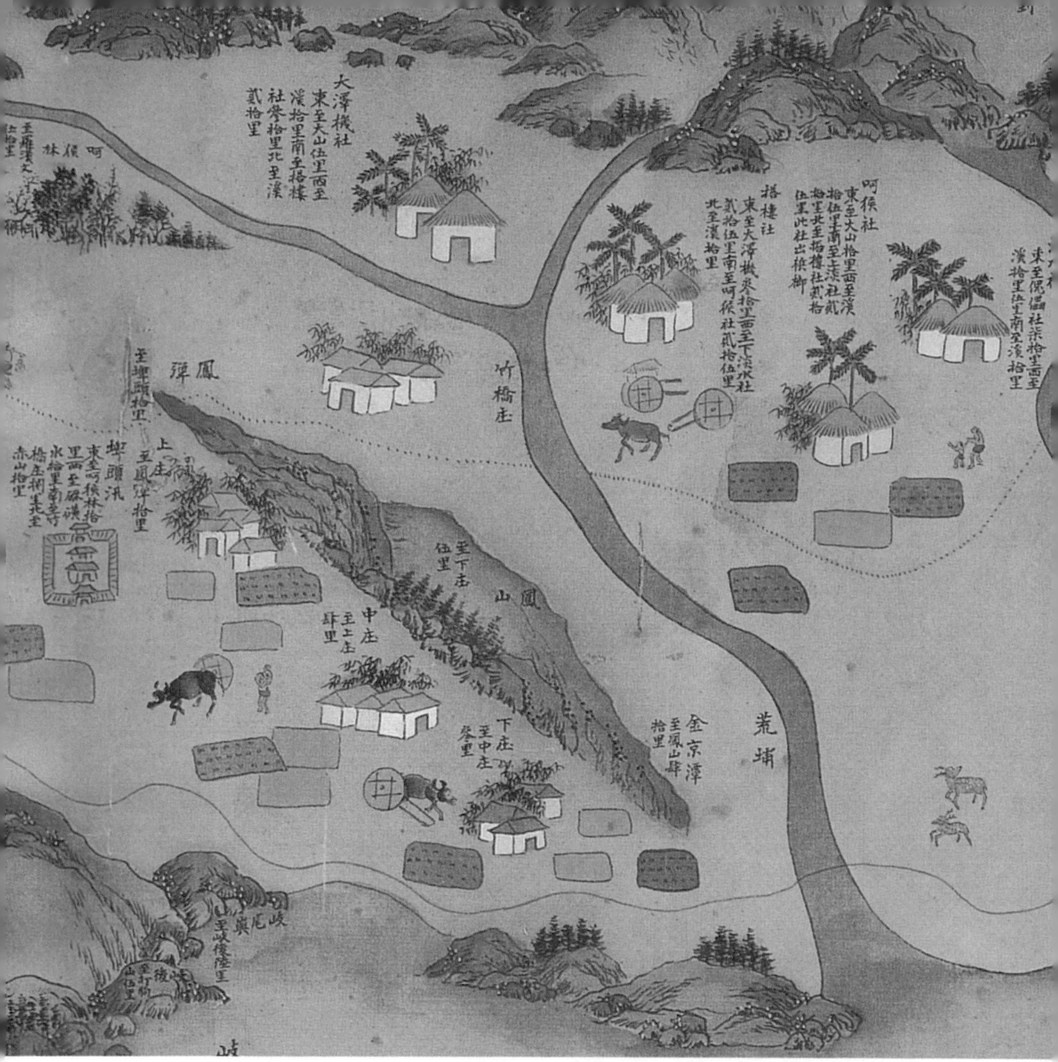

番仔角 / 萬巒鄉萬全村	**番仔寮** / 佳冬鄉羌園村	**番厝庄** / 南州鄉萬華村
佳　佐 / 萬巒鄉佳佐村	**武丁潭** / 佳冬鄉豐隆村	**社　埔** / 南州鄉萬華村
沓　沓 / 竹田鄉糶糴村	**番　社** / 佳冬鄉豐隆村	**番仔厝** / 南州鄉七塊村
番仔角 / 新碑鄉建功村	**番仔厝** / 內埔鄉大新村	**社　邊** / 南州鄉南安村
番仔崙 / 枋寮鄉新龍村	**番仔埔** / 內埔鄉興南村	**社　口** / 南州鄉南安村
番仔腳 / 枋寮鄉新龍村	**老　碑** / 內埔鄉老碑村	**放　索** / 林邊鄉水利村
大武力 / 枋寮鄉新龍村	**萬　巒** / 萬巒鄉萬巒村	**佳　冬** / 佳冬鄉佳冬村
	加匏朗 / 萬巒鄉新厝村	**石光見** / 佳冬鄉石光村
	萬　金 / 萬巒鄉萬金村	**大武丁** / 佳冬鄉大同村

茄藤（一名奢連）、放索（一名阿加）、武洛（一名大澤機、一名尖山仔）、力力。」

《康熙臺灣輿圖》高屏溪以東，除鳳山八社之外，只有東港附近有一兩個軍事機構及廟宇，完全沒有漢人村落，所以這張地圖顯示屏東平原上，漢人大舉入墾以前的原始狀態。其實至今鳳山八社的地名基本上沒有消失，只是以不同的方式留存下來，例如阿猴之名一直沿用到一九二〇年代；茄藤社變成佳冬；搭樓社成了里港鄉塔樓村；力力社成了崁頂鄉力社村等。不僅地名得以延續，基本上鳳山八社的原社址，也為現今屏東的聚落空間格局與行政區域劃分奠下基礎。

根據簡炯仁的考據，鳳山八社的原居地如下：阿猴社以屏東市為中心，社域東達鹽埔鄉洛陽村茄苳仔，至長治鄉德協村一線為界；上淡水社以萬丹鄉社上村的社皮為中心，涵蓋屏東市的頂柳仔林及內埔鄉的義亭村；下淡水社以萬丹鄉香社村的下社皮為中心，向東涵蓋竹林村的頂林仔及內埔鄉東勢村的新東勢；搭樓社以里港鄉塔樓村為中心，向東涵蓋里港鄉三廍村的篤加及九如鄉後庄村；茄滕社以南州鄉壽元村車路墘之番厝為核心，涵蓋佳冬鄉豐隆村的武丁潭、新埤鄉萬隆村畚箕湖以及南豐村南岸內之區域；放索社以林邊鄉水利村為核心，涵蓋枋寮鄉枋寮村、人和村的水底寮、東海村的北旗尾、大庄村下寮、佳冬鄉羌園村以及大同村的大武丁、武丁潭；武洛社以里港鄉茄苳村的武洛為核心；力力社以崁頂鄉力社村為核心，涵蓋潮州鎮泗林里及萬巒鄉鹿寮村之內的區域。

鳳山八社屬西拉雅族馬卡道支族，阿猴社位於鳳山八社的中樞，最為富饒；大澤機人數最少，但最強悍，得以鎮壓山區的「傀儡番」；下淡水社人丁最旺。但今天除了地名，我們很難在鳳山八社的原居地找到他們的後裔。根據荷蘭時代與乾隆中期人口資料的比對，一百一十年間鳳山八社的人口沒有增加，反而大幅減少。主要原因不外是被漢人同化，或是被迫遷移。那麼他們究竟遷向何處？

伊能嘉矩在《踏查日記》上記載：「武洛社（大澤機）移往高樹加蚋埔；塔樓社則移往高樹加蚋埔、隘寮；阿猴社先移往長治鄉番仔寮，再移往高樹鄉浮圳（今內埔鄉龍泉）、隘寮；下淡水社則移往內埔鄉頂林、中林、下林、老碑等地；上淡水社先移往杜君英庄（今內埔鄉中林），後因大水沖失，一部份再各移往新杜君英庄、中林、番仔埔、柳仔林。」

由伊能嘉矩的考察可看出上下淡水社、阿猴社、塔樓社、武洛社已退居於老碑以北的潮州斷層線上。至於力力社、放索社、茄藤社，根據戴炎輝的考察則分布在老碑以南的潮州斷層沿線赤山、萬金、畚箕湖、餉潭、萬隆、九塊厝、新開、大响營、石光見各地。還有一部分則遷移至恆春甚至臺東縣。

六堆，比行政區更有效率的自治體系

一九七五年我在高雄就讀高中時，全班同學有三分之一是來自屏東的客家鄉鎮。其中一位和我頗為相知，我們相約暑假時通信聯絡。當看到他留給我的地址時，當場傻了眼，屏東縣竹田鄉糶糴村，「糶糴」？怎麼唸？什麼意思？他說：「ㄊㄧㄠˋ、ㄉㄧˊ，一個出米，一個入米，不就是買賣稻米的意思。」

當時我想客家人真有學問，連取地名也都不一般，不像高雄市不是三塊厝就是五塊厝，要不然什麼苓仔寮、籬仔內、凹仔底的。「糶糴」使我第一次對地名感到興趣。過了很久我才知道糶糴村原名杳杳，原來也是平埔族聚落，糶糴其實是杳杳的雅化地名，但早年當地稻米交易興盛倒也是事實，所以也不負「糶糴」之名。

大學時代，室友是來自屏東內埔的客家同學。我還記得邱連輝當選屏東縣長時，平時沉默寡言的他，竟然興奮得難以自抑，後來他和我聊起的「六堆」的故事。畢業後服兵役，我被分發到內埔龍泉的陸軍部隊，營區旁就是康熙六十年「朱一貴事件」的首腦人物杜君英的舊址。

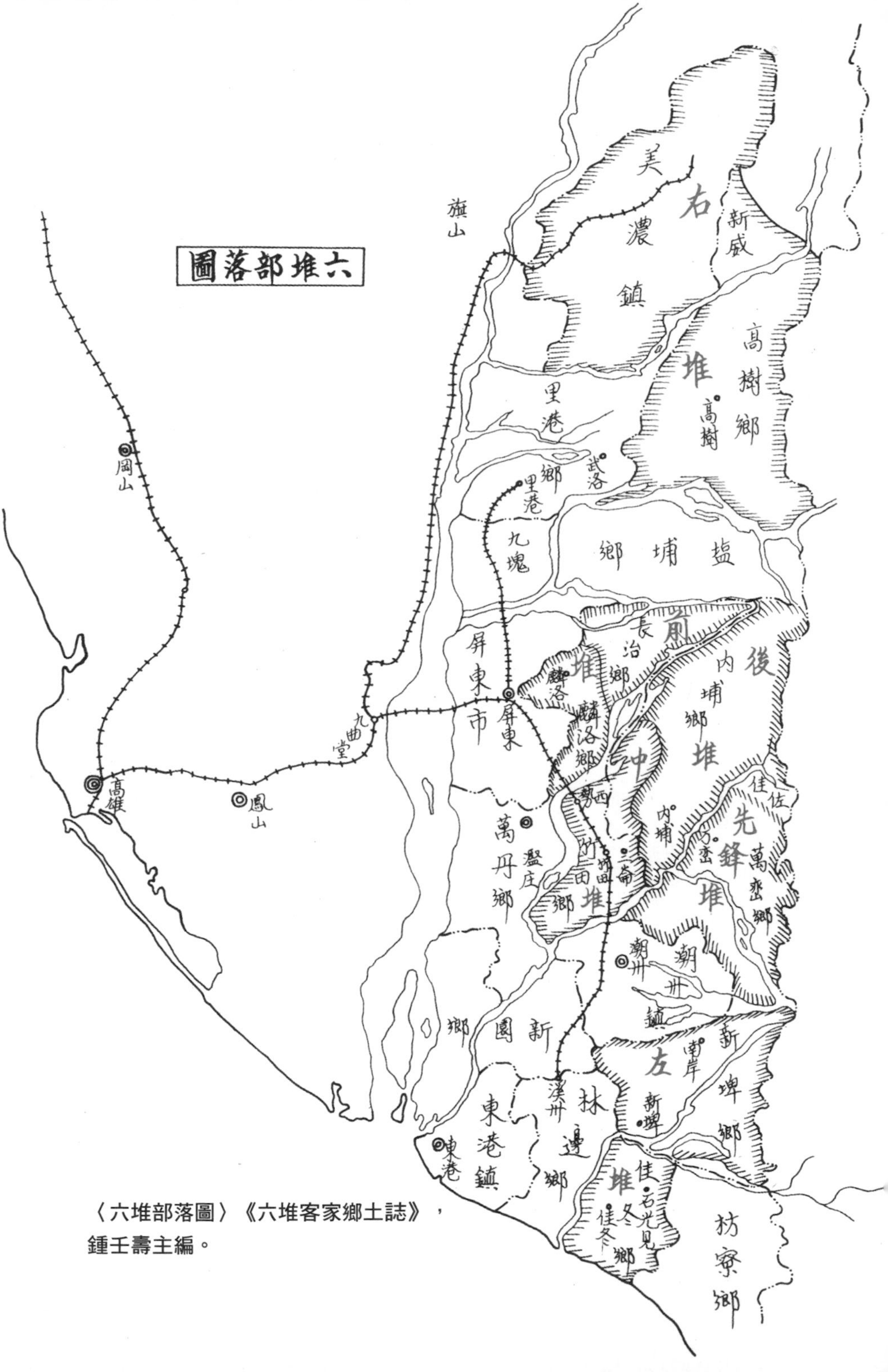

〈六堆部落圖〉《六堆客家鄉土誌》，
鍾壬壽主編。

屏東的六堆和臺南的聯境組織都是因防衛而形成的民間組織，所以六堆和聯境究竟算不算是地名？是值得商榷的。鍾壬壽主編的《六堆客家鄉土誌》是迄今有關六堆歷史較全面的著作之一，作者認為「六堆」並不是一個行政區域「而是同一族系之精神的結合體，只因其言語、風俗、習慣相同、彼此間有婚姻血統的交流，二百餘年來同一個歷史、守望相助團結一志而迄於今。」

清代時期，清政府以東港溪為界，將六堆地區分為港東上里（萬巒鄉）、港東下里（屏東新埤鄉、佳冬鄉）、港西上里（高雄美濃區、屏東高樹鄉）、港西中里（屏東麟洛鄉、長治鄉）、港西下里（屏東竹田鄉、內埔鄉）。但是這些官式地名不過徒具形式，並無實際之行政機構，所以幾乎沒人以此官式地名相稱，反而六堆中之各堆均設有健全的組織及行政管理人員。以行政職能而言，六堆是當地唯一具有行政職能的組織，比港東上、下里，港西上、中、下里更接近實際之行政區分。所以，說六堆是地名，其實也不為過。但六堆究竟是哪六堆？六堆具體的行政組織又是何種形式？要回答這些問題，先得從六堆的形成說起。

清初，高屏溪的東岸沿線已有閩南人建立的村落，但廣大的東部平原地區除了少數平埔族聚落外，仍屬處女地，這時萬丹濫濫庄的客家人開始向東開疆闢地。這些客家人從何而來？有兩種不同的說法，一說是鄭成功的舊部，一說是被

《南部作戰圖》，1896 年
日本陸軍大本營

施琅編遣的征臺部隊，何者為是？似乎並不重要。比較能確定的是，他們大都是原籍廣東嘉應州人士，其中以梅縣、蕉嶺居多。

或許是迫於生計，或許是高屏溪沿岸地區已被閩南人占滿，無地可墾，於是他們沿著東港溪的上游五魁寮溪向東開拓。結果，一進入竹田糶糴村之後，開拓行動勢如破竹，客籍移民以竹田、萬巒為核心向東、南、北三個方向擴展。不到三十年間，客籍移民已在里港以南、佳冬以北的廣大的平原地區先後建立了數十個村落。後來糶糴村成了萬巒、內埔、竹田三鄉米穀的交易中心。

好景不常，一七二一年爆發的朱一貴之亂讓客家的新墾地區陷入險境，各庄共同推舉代表到府城求援。結果代表還在半路，消息傳來，府城已被叛軍攻陷，清政府官員逃到澎湖避難。求援不成只得自救，各庄於是公推李直三為大總理，依各庄田畝、丁壯多寡，籌集糧餉，組織民團，分區防守。

濫濫庄初戰大捷之後，李直三決定協助官軍平定高屏溪之餘黨。後來更率軍赴府城為閩浙總督覺羅滿保駕護航。亂平後，清廷特別嘉獎六堆民團，除重賞有功人員外，特頒「懷忠」敕額，敕建「忠義亭」於內埔西勢，祭祀六堆死難義軍。

朱一貴之亂對六堆地區影響極為深遠，因為六堆組民團自保、且協助官軍平亂，引發閩南人對六堆的敵視。六堆為了防範閩南人的攻擊，決定將六堆組織常

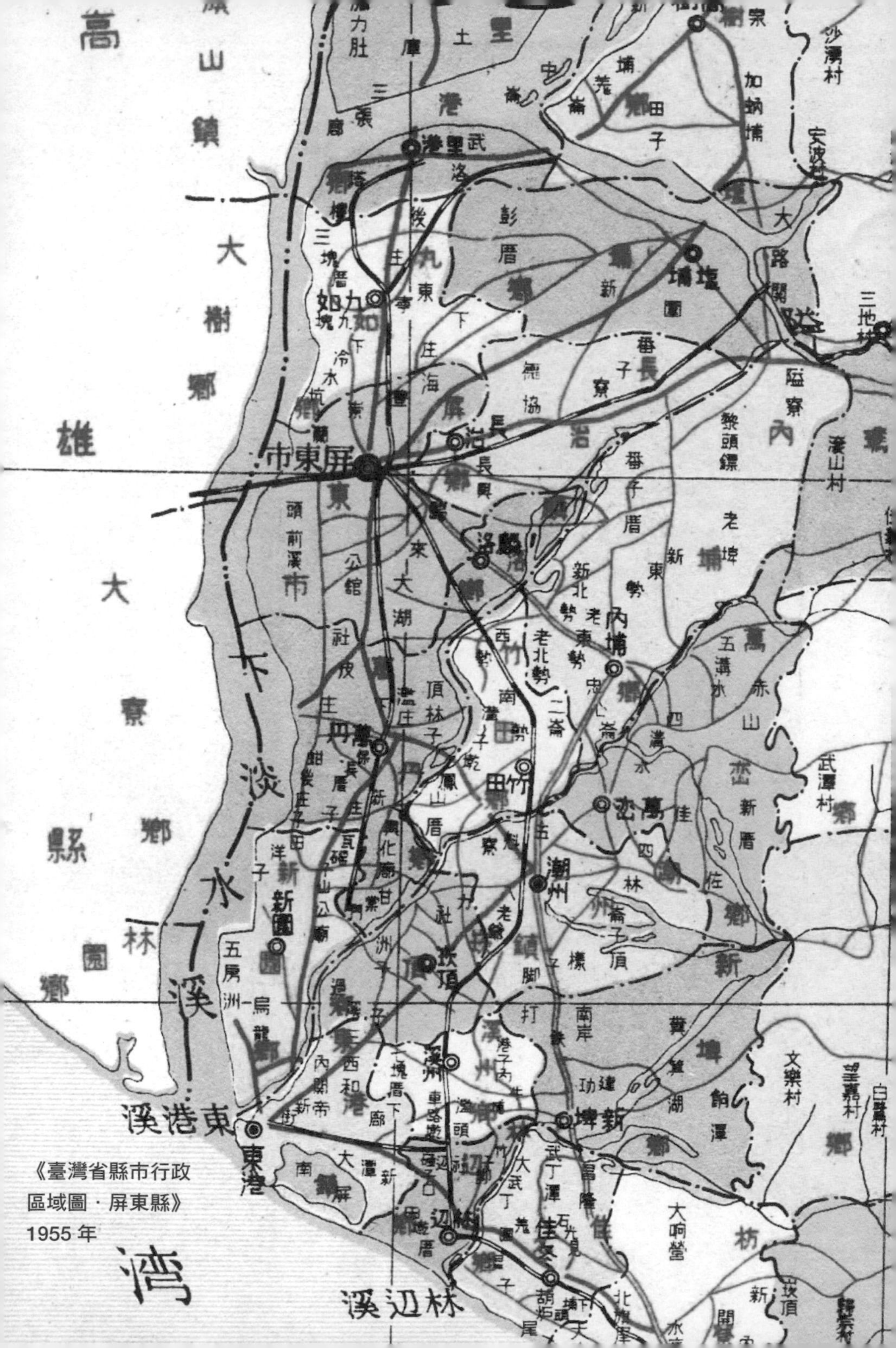

《臺灣省縣市行政
區域圖・屏東縣》
1955 年

設化，推選專職人員負責團練事物。常設化的團練組織使得客家屯墾地盤獲得確保，甚至進一步擴張。原本居住里港武洛庄的客籍居民越過荖濃溪向北擴展，將美濃、高樹、杉林、六龜、甲仙納入六堆的勢力範圍。

由於六堆民團的自衛能力與行政協調功能，使得整個清代，雖歷經多次民變，叛軍始終未能攻入六堆地區，這在臺灣幾乎絕無僅有的特例。六堆民團始終與清政府保持合作關係，所以朱一貴之亂後又數次協助官軍到外地平叛。

一九二〇年是臺灣行政區域調整與地名變革的關鍵年代，對六堆地區也是如此。之前原本同屬阿猴廳的六堆地區，雖然仍同屬高雄州，但卻被肢解為旗山、屏東、潮州三郡，日本殖民政府是否藉此削弱六堆的勢力？不得而知。

光復後，旗山郡劃歸高雄縣，其餘兩郡與東港、恆春合併為屏東縣。國民政府再次延續殖民時代支解六堆完整性的政策。原屬旗山郡的美濃，在六堆中後來居上，無論人口還是經濟都是最有實力的一堆。美濃被劃入高雄縣，對屏東客籍勢力是一大削弱。長期以來美濃一直爭取併入屏東，但始終未能如願。

至於為什麼以「堆」為地區區分？至今還沒有較具說服力的說法。不過六堆第一次集結時，只有竹田、萬巒以「堆」相稱，其餘四堆則以「營」為名，其演變過程，也是至今無考，難以說明。

【六堆相關地名】

下埔頭（佳冬鄉）
昌　隆（佳冬鄉）
半徑仔（佳冬鄉）
新埤頭（新埤鄉）
打鐵庄（新埤鄉）
南　岸（新埤鄉）
建　功（新埤鄉）
千三庄（新埤鄉）
餉　潭（新埤鄉）
畚箕湖（新埤鄉）
葫蘆尾（新埤鄉）

右堆

瀰　濃（美濃區）
牛埔仔（美濃區）
埤頭下（美濃區）
山　下（美濃區）
中　壇（美濃區）
三降寮（美濃區）
上下竹圍（美濃區）
柚仔林（美濃區）
石橋仔（美濃區）
南九芎林（美濃區）
金瓜寮（美濃區）
上下清水（美濃區）
吉　洋（美濃區）
上下九寮（美濃區）
月　眉（杉林區）
崁　頂（杉林區）
新　庄（杉林區）
新　威（六龜區）
新　寮（六龜區）
東振新（高樹鄉）
大路關（高樹鄉）
大　埔（高樹鄉）
菜　寮（高樹鄉）
武　洛（里港鄉）

得　勝（萬巒鄉）
成　德（萬巒鄉）

後　堆

內　埔（內埔鄉）番仔埔
檳榔林（內埔鄉）
早仔角（內埔鄉）
忠心崙（內埔鄉）
羅經圈（內埔鄉）
茄苳樹下庄（內埔鄉）
竹山溝（內埔鄉）
下樹山（內埔鄉）
泥碑子（內埔鄉）
新東勢（內埔鄉）
東片新（內埔鄉）
景　興（內埔鄉）
上樹山（內埔鄉）

上前堆

竹葉林（長治鄉）
崙　上（長治鄉）
火燒庄（長治鄉）
新潭頭（長治鄉）
舊潭頭（長治鄉）
下　厝（長治鄉）
香楊腳（長治鄉）
溪　埔（長治鄉）
新　威（長治鄉）
田　寮（長治鄉）
三座屋（長治鄉）

下前堆

麟　洛（麟洛鄉）
上竹架（麟洛鄉）
下竹架（麟洛鄉）
老田尾（麟洛鄉）
徑子莊（麟洛鄉）
田　心（麟洛鄉）

左堆

茄苳腳（佳冬鄉）
石公徑（佳冬鄉）

上中堆

新北勢（竹田鄉）
竹投角（竹田鄉）
西　勢（竹田鄉）
竹圍子（竹田鄉）
四十份（竹田鄉）
楊屋角（竹田鄉）
八讀陂（竹田鄉）
四座屋（竹田鄉）
和順林（竹田鄉）
老北勢（竹田鄉）
頂頭屋（竹田鄉）

下中堆

二　崙（竹田鄉）
頭　崙（竹田鄉）
南　勢（竹田鄉）
頓　物（竹田鄉）
和尚林（竹田鄉）
新　街（竹田鄉）
糶　糴（竹田鄉）
頓物潭（竹田鄉）
溝　背（竹田鄉）
履　豐（竹田鄉）
崙　上（竹田鄉）
美　崙（竹田鄉）

先鋒堆

萬　巒（萬巒鄉）
頭溝水（萬巒鄉）
二溝水（萬巒鄉）
三溝水（萬巒鄉）
四溝水（萬巒鄉泗溝）
溝　背（萬巒鄉）
五溝水（萬巒鄉五溝、成德村）
高　崗（萬巒鄉）
鹿　寮（萬巒鄉鹿寮村）
硫磺崎（萬巒鄉硫黃村）
大　林（萬巒鄉）

4.5 k，是地名不是薪水

幾年前的冬天，為了避開臺北人事的喧囂與濕冷，我在臺東南王住了三個月，希望在好山好水中，安安靜靜的度過一個冬天。三個月我跑遍了臺東的縱谷地區和海岸地區，認識了許多臺東的朋友。

回到臺北後，才知道金城武拍攝的一支廣告片已經風靡了整個臺灣。這支廣告片廣告的商品究竟是什麼，相信很多人和我一樣，從來沒弄清楚過，所以就廣告效果而言，這可能是一支失敗的商業廣告片。當然大家不會忽略了片中的金城武，不過這支廣告片之所以引起轟動，是因為拍攝地點的獨特景色。

我第一次看到那支廣告片時，一眼就認出那兒是在臺東池上海岸山脈的西麓，一九七號公路旁。我怎麼可能認不出來呢？那兒不正是我魂牽夢縈、希望購屋置地、終老餘生的桃花源。

每回看到這支廣告，我便不自覺得神遊到一九七公路沿線的錦園、萬安、魏家村。那兒的客家人似乎只種稻米，稻田由一九七公路向西越過新武呂溪，延伸

稻米成熟即將收割的時候，由 197 號公路邊向西望去，稻浪翻風，墨綠色的中央山脈氣勢磅礡的縱貫南北，蔚藍的青空中，白雲一朵朵向大關山縱谷的方向飛馳而去。

池上大坡池
Chihshang
Dapolchih
錦園社區1km
Jinyuan
Habitation1km

到臺九省公路邊的瑞源一帶，視野極其遼闊，有的地方甚至連一棵樹也沒有。

在臺東的三個多月，我常開車從南王出發沿著「臺九」北上，過初鹿，上龍田，再下到永安，然後一路直奔池上。我通常會在萬安路邊的一家野店，叫一碗野菜麵和一杯老米酒，耗上一個寂靜的午後。店裡一角的爐火架上，支著一隻薰的烏漆墨黑的鐵壺，滿滿的溫了一壺普洱咖啡。天氣冷的時候，爐火坑圍了一圈旅人，米酒、普洱一杯接著一杯直到天色昏暗，還不願離去。

那家野店叫「4.5 k」，老闆是一位寡言的年輕畫家，高大挺拔，不像畫家，更不像小店的老闆。「4.5 k」在臺東知名度很高，店面裝潢、飯食都很有特色，是臺東文化人招待外地朋友的私房景點。久而久之，「4.5 k」成了臺東特定人群中耳熟能詳的地名，當然這個地名在地圖上是找不到的。經常在山區活動的朋友，對「數字＋K」的地名都不會陌生。

四十年前上大學時，大學生流行暑假上梨山打工掙學費。那一年我們去晚了，水蜜桃剛收，蘋果、水梨還要半個多月才下來，正值青黃不接的時候，整個梨山到處是一波又一波找農活幹的大學生。我們幾個同學都還沒強壯到可以到溪谷去挑高麗菜，掙一天五百元的「高薪」，只得加入這群「失業大軍」到處流竄。

那幾天，我們幾個栖栖徨徨的沿著橫貫公路「98 k」徒步到宜蘭支線松茂、

「2.7 k」等地，挨家挨戶找零工活幹，晚上就和一大群同樣找不到工作的山地青年睡在梨山救國團活動中心禮堂的水泥地板上。一連幾天下來，沒有一家果園願意收留我們，連飯錢也快花完了，只得下山回家。

我家的經濟狀況小康，並不需要我打工掙學費。上梨山摘水果，純粹是圖個打工、山地旅遊的浪漫經驗，結果敗興而返，倒是因為那回經驗，我才知道竟然有地名是以里程命名的。為什麼人們不願為那個地方正正經經的取個地名？即使是「反共八股式」的地名也好，為什麼竟會以冰冷的數字作為地名呢？我始終沒弄懂。三十多年過去了，九二一大地震之後，中部橫貫公路封閉，沒有機會再去梨山，「98 k」、「2.7 k」還在嗎？

臺東一九七公路的「4.5 k」有個店招，但和店面的裝潢一樣，很不起眼。設計個醒目花俏的店招對畫家老闆而言，應該是小事一樁，他之所以沒有在此費功夫，正顯示出他過人的審美觀與寬闊的視野。

在雄渾壯闊的視野，畫家巧思與畫筆其實已無用武之地，同樣的，地名、店名對此天地更是「民無能名」，何必野人獻曝、多此一舉？「4.5 k」蠻好的！

「4.5 k」喚起了我對「98 k」、「2.7 k」遙遠的回憶，也帶給我美好的回憶，同時接下來的幾年，我希望努力的工作，為歸隱「4.5 k」作準備。

花蓮，沒有原住民地名的原住民大縣

花蓮原住民占全縣人口的比例在臺灣算是比較高的縣份，如太魯閣、泰雅、阿美、布農、噶瑪蘭甚至西拉雅，不論在山區、海岸、縱谷、平原、鄉村、甚至城市都不難發現他們的聚落，但是令人不可置信的是，從縣到村里的地名，除了新社等極少數地名之外，在縱谷地區我們幾乎找不到和原住民相關的地名，其實新社也不能算是原住民的地名。

不但如此，不少殖民時代日本人取的地名竟然大行其道，一字不變的保留下來，而光復後更改的日式地名，大多也只是改掉部分字眼，基本上仍算是日式地名。以地名而言，花蓮算是和風最濃郁的縣份。

當然現在似乎情勢稍有轉變，吉安鄉最寬闊的大馬路名為知卡宣大道，算是一個好的開始，或許這還得感謝前總統陳水扁。陳水扁甫一當選臺北市長，便將介壽路改名凱達格蘭大道，之後全臺各地陸續出現馬亨亨大道、馬卡道大道、新港大道等等以原住民族名、人名、聚落名命名的大馬路。

◎《海國圖志．臺灣後山圖》花東部份

圖上有些地名，如今已難知其確切位置。

◎《遙寄臺灣》　馬偕牧師

馬偕在花蓮向奇萊平原上知卡宣部落附近的「南勢番」原住民傳教。

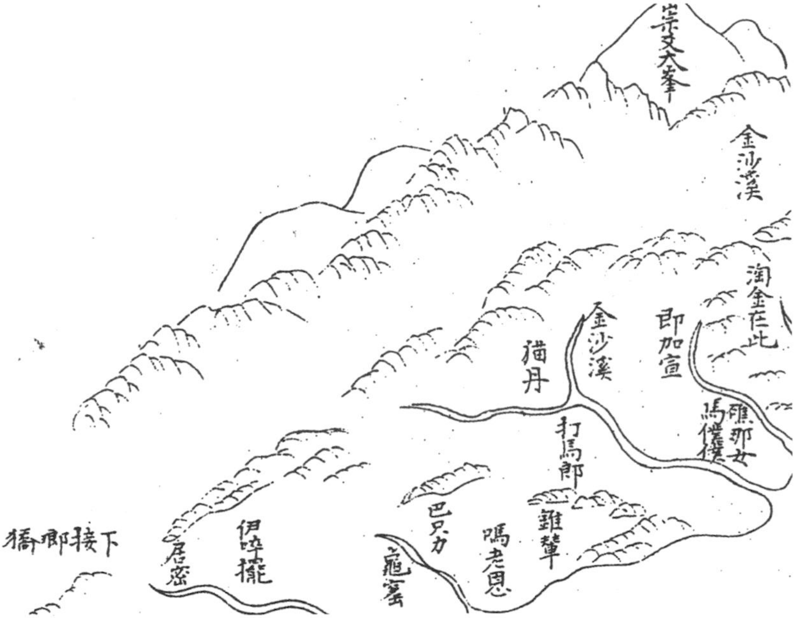
金沙溪
淘金在此
即加宣
金沙溪
猫丹
打馬郎
嗎老恩
巴只力
下接瑯嶠

早年，花蓮在文獻中的地名有哆羅滿、崇爻、奇萊、洄瀾等。十七世紀西班牙文獻曾提到臺灣東海岸的 Turumoang 盛產沙金。同一時代來臺的郁永河也在〈番境補遺〉中提到：「哆囉滿產金，淘沙出之，與雲南瓜子金相似；番人鎔成條，藏巨壁中，客至，每開壁自炫，然不知所用。近歲始有攜至雞籠、淡水易布者。」

西班牙人所說的 Turumoang 和郁永河在〈番境補遺〉中提到的「哆囉滿」應該是同一個地方，指的是今天花蓮立霧溪出口處新城一帶。

直到清初，東部還是一個傳說的國度。郁永河在《裨海紀遊》書上記載康熙中葉一則名叫賴科的生意人，到東部探險的故事。後來藍鼎元的《東征集》上說：「山後有崇爻八社（康熙二十四年，賴科等招撫歸附，原是九社，因水輦一社，數年前遭疫沒盡，今虛無人，是以止有八社），東跨汪洋大海，在崇山峻嶺之中。其間密箐深林，岩溪窮谷，高峰萬疊，道路不通。土番分族八社：曰筠椰椰、曰斗難、曰竹腳宣、曰薄薄，為上四社；曰芝武蘭、曰機密、曰貓丹、曰丹郎，為下四社。八社之番，黑齒紋身，野居草食，皮衣革帶，不種桑田。其地所產，有鹿麇、野黍、薯芋之屬；番人終歲倚賴，他無有焉。」

崇爻（tsongau）一詞是阿美族對太魯閣族稱呼，原意是猿猴，因為太魯閣

《全臺前後山輿圖．後山圖》花蓮部份。

族身手矯健有如猿猴，所以阿美族以崇爻（tsongau）稱呼太魯閣族。後來演變為奇萊一帶的地名，之後再轉變為對整個花蓮的稱呼。

清初，藍鼎元《東征集》上說崇爻八社中的竹腳宣，歷史上曾出現多種寫法，如直腳宣、竹仔宣、七腳川，今音譯為知卡宣。知卡宣為南勢阿美族的一支，南勢阿美族除了知卡宣還包括荳蘭、薄薄、里漏等社。

光緒初年，知卡宣因為協助清政府平定新城噶瑪蘭族的加禮宛社及富里大庄的西拉雅族群起義事件，而勢力大作，成為現今吉安鄉一帶的南勢阿美族群中最強大的社群。

但好景不常，進入日本時代後，知卡宣的命運急轉直下。知卡宣成為新的殖民統治者鎮壓的對象。殖民政府對花蓮地區原住民族的鎮壓，以佐久間左馬太總督對新城地區太魯閣族的討伐較為學者熟知，有關於知卡宣的「七腳川事件」則較為陌生。直到一九九五年張良澤在東京舊書店中購得有關「七腳川事件」的寫真帖、舊相簿，並公諸於世之後，學界才對殖民政府鎮壓知卡宣的「七腳川事件」有了較直觀的認識。

日本移民村改變花蓮的地名面貌

花蓮有一個鄉名叫光復，早年光復鄉分屬阿美族馬太鞍、太巴塱兩大社群，日本時代馬太鞍改名「大和」，太巴塱改名「富田」。光復後大和改成大平、大華、大全、大安、大馬、大進等一系列和「大」有關的村名；富田則改為東富、西富、南富、北富等一系列和「富」有關的地名。這種地名的變更方式，對花蓮的原住民而言，不過是殖民政策的延續，實在談不上什麼「光復」。

大和是日本民族的稱號，保留「大和」、「富田」之類的純日本地名，對抗戰八年的接收大員而言，實在太交代不過去了，但是在地名上留個「大」「富」的尾巴，再加上個東、西、南、北，這種更改方式形同兒戲。

光復後，國民政府對於臺灣地名的態度，似乎並沒有一套明確的地名更改政策。花蓮地區的地名，除了一些日本味道太重的，稍作更改之外，其餘像是玉里、春日、松浦、長良、鶴岡、舞鶴、見晴、富里、奇美、紅葉、瑞穗、磯崎、豐濱等等，基本上一字不動的被保留下來。這是不是顯示花蓮的接收官員較喜愛

◆〈臺灣鐵道路線圖〉1934

◆1896 年前後鳥居龍藏拍攝的阿美族舞蹈。

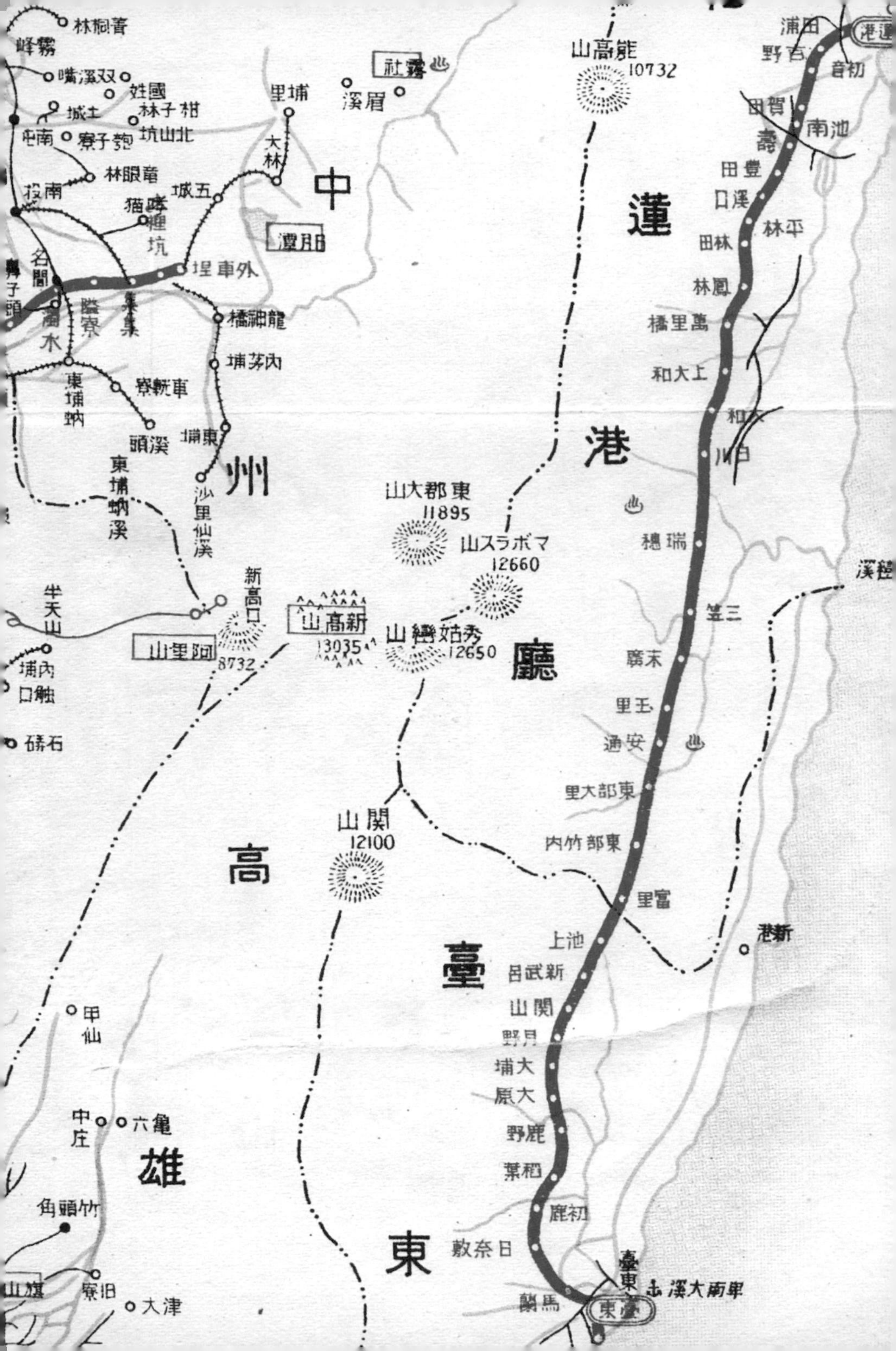

菁桐林
霧峰
國姓
土城
柑子林
南屯
北山坑
龍眼林
南投
埔里
大林
眉溪
霧社
五城
外車埕
集集
名間
濁水
二水
龍神橋
內茅埔
車輄寮
東埔
溪頭
東埔蚋溪
沙里仙溪
新高口
8732
阿里山
新高山
13035
秀姑巒山
12650
東郡大山
11895
マボラス山
12660
能高山
10732
關山
12100
半天山
內埔
觸口
甲仙
六龜
中庄
竹頭角
旗山
大津
日奈敷
臺東
馬蘭
卑南大溪
花蓮港
田浦
吉野
初音
賀田
壽
池南
豐田
溪口
平林
林田
鳳林
萬里橋
上大和
大和
白川
瑞穗
三笠
末廣
玉里
安通
富里
池上
新武呂
關山
月野
大埔
大原
鹿野
稻葉
初鹿
新港
中
州
蓮
港
廳
高
雄
臺
東

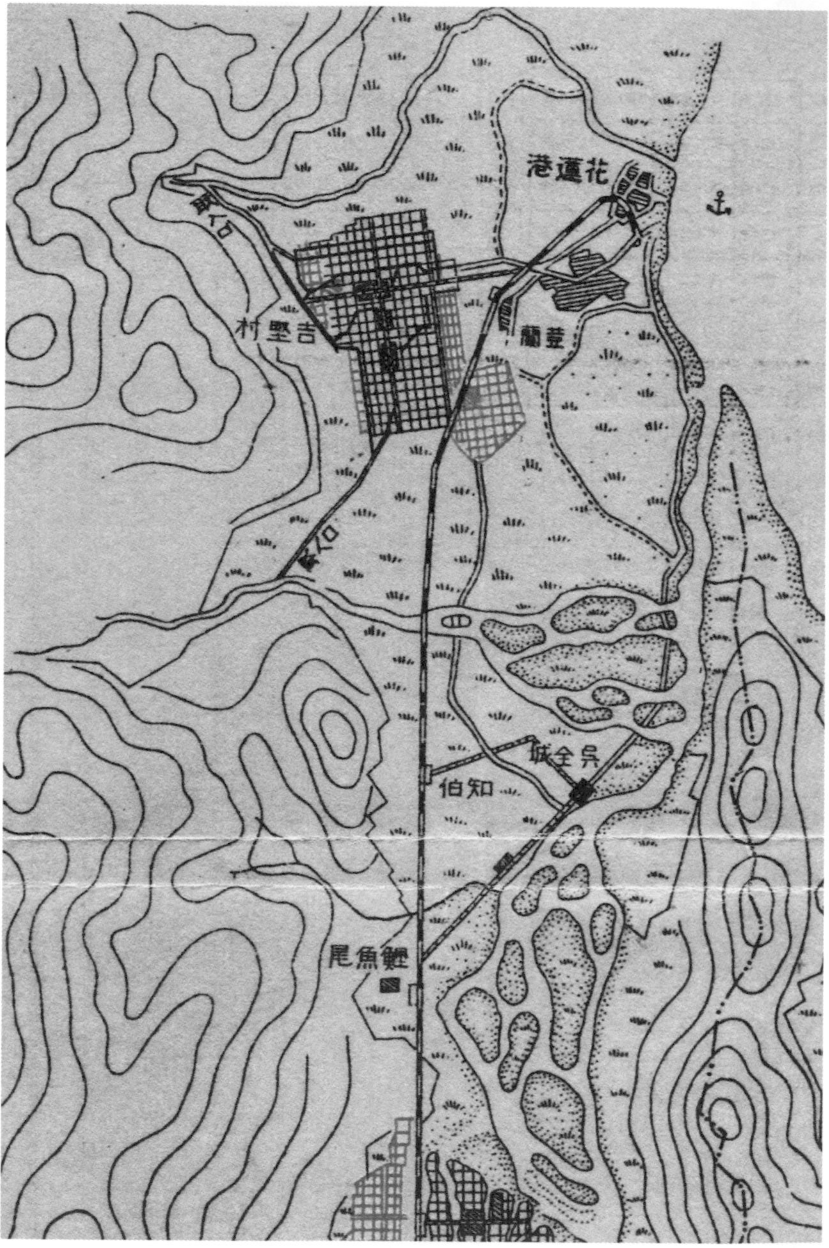

〈花蓮港附近移民地略圖〉，1930 年代中期

吉野、豐田、林田三個移民村是臺灣總督府全力扶植的日本人移民據點，吉野村位於吉安鄉，豐田村位於壽豐鄉，林田村位於鳳林鎮。至 1934 年為止，臺

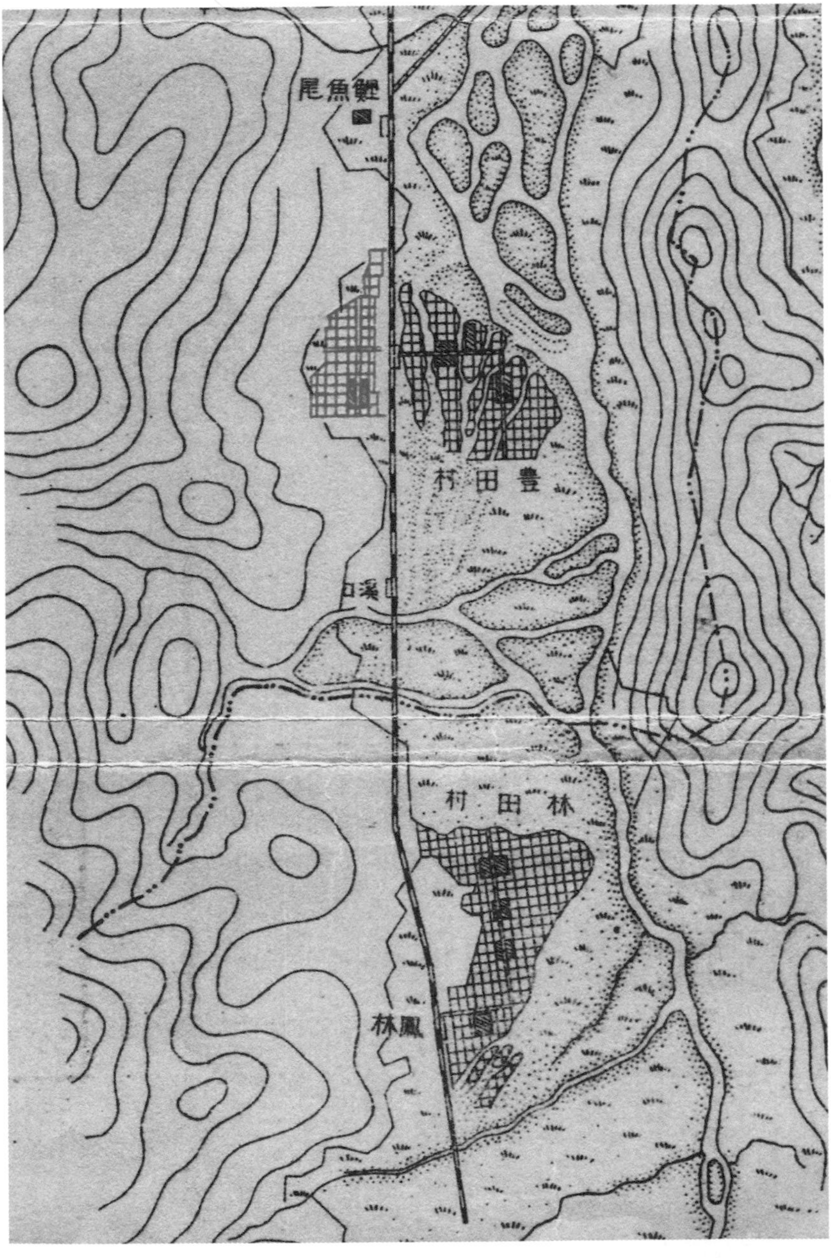

灣總督府共花費 450 萬日圓補助臺灣東部的日本移民事業，比整個花蓮廳的預算還多出一百多萬。日本的移民事業並不成功，卻留下不少日式地名。

日本式地名？我想應該不能如此看待這個問題。

清政府真正開始經營花東地區，是在一八七四年牡丹社事件之後，到乙未割臺，才不過二十年。因為當時島內東西交通困難，所以經營成效不彰，直到日本時代之前，漢人的村落還十分稀少。當時花東縱谷全部人口才不過三萬五千人，而漢人也才三千出頭而已。所以地名基本上還是以原住民地名為主。在地名上，這是花東地區和西部地區最大的差異。日治之後，地名命名權落在殖民政府手中，直接由原住民地名轉換成日式地名。所以，這也可以說明為什麼花蓮地區的客家族群雖然占多數，但客家式地名卻是非常罕見，甚至可以說根本沒有的原因。

花東地區日式地名較多的原因，除了地名命名權在殖民政府手中之外，另一大原因是殖民政府在此推行移民政策，引進日本內地農民。根據一九一六年的統計，花蓮地區的日本農業移民總共三千六百餘人，而臺灣其他地方的日本農業移民還不到花蓮的零頭。

「七腳川事件」之後，日本人沒收了知卡宣社所擁有的土地，開始引進日本移民，經營官辦移民村。因為日本移民中以四國德島縣人最多，新移民便以德島縣境內的吉野川為名，正式命名移民村為「吉野村」，於是七腳川被吉野所取

〈花蓮港 管內圖〉約 1930 年代中期

上半部含研海、花蓮支廳，一九二〇年新城支廳改名研海支廳。吉野移民村，現為吉安鄉。即今新城鄉、花蓮市吉安鄉、壽豐鄉。

山大湖南
山ンサヤビマ
研
山尖央中
12260
海
イサウタ
里山
クッラシ
園梅
ンカチバ
オサロ
ウパイシルサワソ
ラブト
山鼠海
山祿畢
11150
山歡合北
11200
合歡
社霧至
セキガハラ
畢祿
カラパオ
セラオカ
見晴
クバヤン
シキヤン
タビト
ドヨン
合流
錐麓
斷崖
バダカン
溪畔
アヨ
シラガン
サカタン
ハロク台
リキッタ
ンガセブ
溪リキ
ンリスブ
棧三
新城
支
峰北山主萊蒔
山主萊蒔
11695
峰南山主萊蒔
ンワワカ
花
ンサトカエ
廳
埔北
木
加礼宛
社霧至
東能高
萕萊
坂辺
桐里
瀧見
瓜
ウイリ
米崙
浜北
港蓮花
蓮
烏帽
溪
初音
吉野
荳蘭
山高能
10732
峰南山高能
銅門
ンナモタ
溪蓮花
池南
ブラナオ
賀田
支
山石白
壽
月眉
チ
ヤ
山軍東安
10197
豐田
カ
ン
溪
口溪
廳
大安
安來
チヤカン
平林
水璉
鳳
林田
林鳳
マ
リ
バ
シ
林

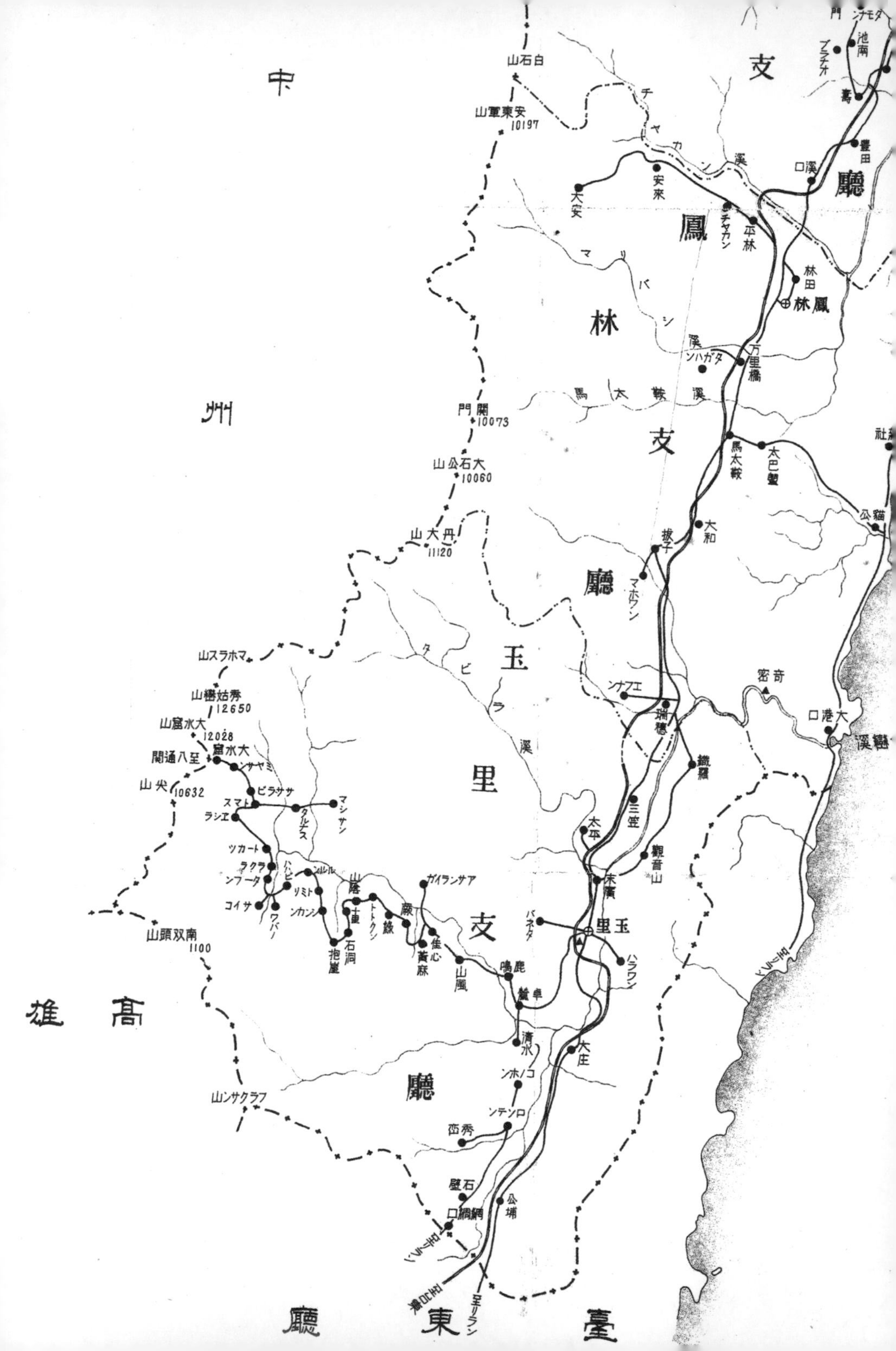

鳳林支廳
玉里支廳
臺中州
高雄州
臺東廳
白石山
安東軍山
10197
關門
10073
大石公山
10060
丹大山
11120
マホラス山
秀姑巒山
12650
大水窟山
12028
八通關
犬山
10632
南双頭山
1100
フラクサン山
チヤカン溪
マリバシ溪
馬太鞍溪
タビラ溪
大安
安來
チヤカン
平林
林田
鳳林
万里橋
タガハン
馬太鞍
太巴塱
大和
拔子
マホワン
エフナシ
瑞穗
鐵羅
三笠
觀音山
太平
末廣
玉里
タネバ
ワラハン
大庄
清水
卓麓
鹿鳴
風山
麻荖
佳心
ササランイガ
綠
蘭
ヌクト
十重
洞石
崖抱
山陰
ルルン
トミリ
ビハハ
ノバワ
サイコ
クーフン
ラクラ
トーカツ
エシラ
トマス
ササラピ
ミヤサン
大水窟
スナルタ
ナサシマ
コノホン
ロンテン
秀巒
石壁
網綱口
埔公
關山
新武路
至リラン
至ヨナテ
溪口
豐田
壽
池南
オチラブ
タモナン
門
奇密
大港口
秀姑巒溪
新社
猫公

代。花蓮地區類似的例子，還有壽豐鄉的豐田移民村、鳳林的林田移民村。

十九世紀末日本發動甲午之戰，為國內過剩的人口找出路是原因之一。占領臺灣之後，當然想在臺灣推動殖民事業。但殖民政府為什麼將農業移民選擇在花蓮，而非西部平原地帶？主要是考慮西部平原地區，人口壓力已重，如果再移入日本農業人口，可能會與在地農民發生衝突，不利殖民統治。而當時花東地區地廣人稀，似乎是較適當的選擇。經過幾次調查，殖民政府認定臺灣東部還有近三萬公頃土地可供利用，於是開始進行農業移民政策。

為了在臺灣東部推動日本農業移民政策，臺灣總督府特設移民事業委員會及移民課，專管移民事宜。並在基礎建設上，如道路、醫療、自來水、學校等設施給予極大的補助。到一九三四年為止，臺灣總督府共花費四百五十萬日圓補助臺灣東部的日本移民事業，比整個花蓮廳的預算還多出一百多萬。但即使殖民政府花費了那麼大的力氣，花蓮的日本移民事業並不成功。

主要的原因在於花蓮的特殊地理條件。花蓮多颱風，如果沒有完善的水利設施，根本無法從事水稻耕作，因此移民村只能以種植甘蔗為主，而食用米就必須以高價購入，如此一來日本移民的淨收入反而不如當地一般的臺灣農民。日本農業移民事業如今留給花蓮最大的遺產，大概就是這些未被改掉的、獨具日本風情的地名。

〈花蓮港 管內圖〉約1930年代中期
下半部含鳳林、玉里支廳，即今鳳林鎮、玉里鎮、富里鄉。
花蓮日本移民村。

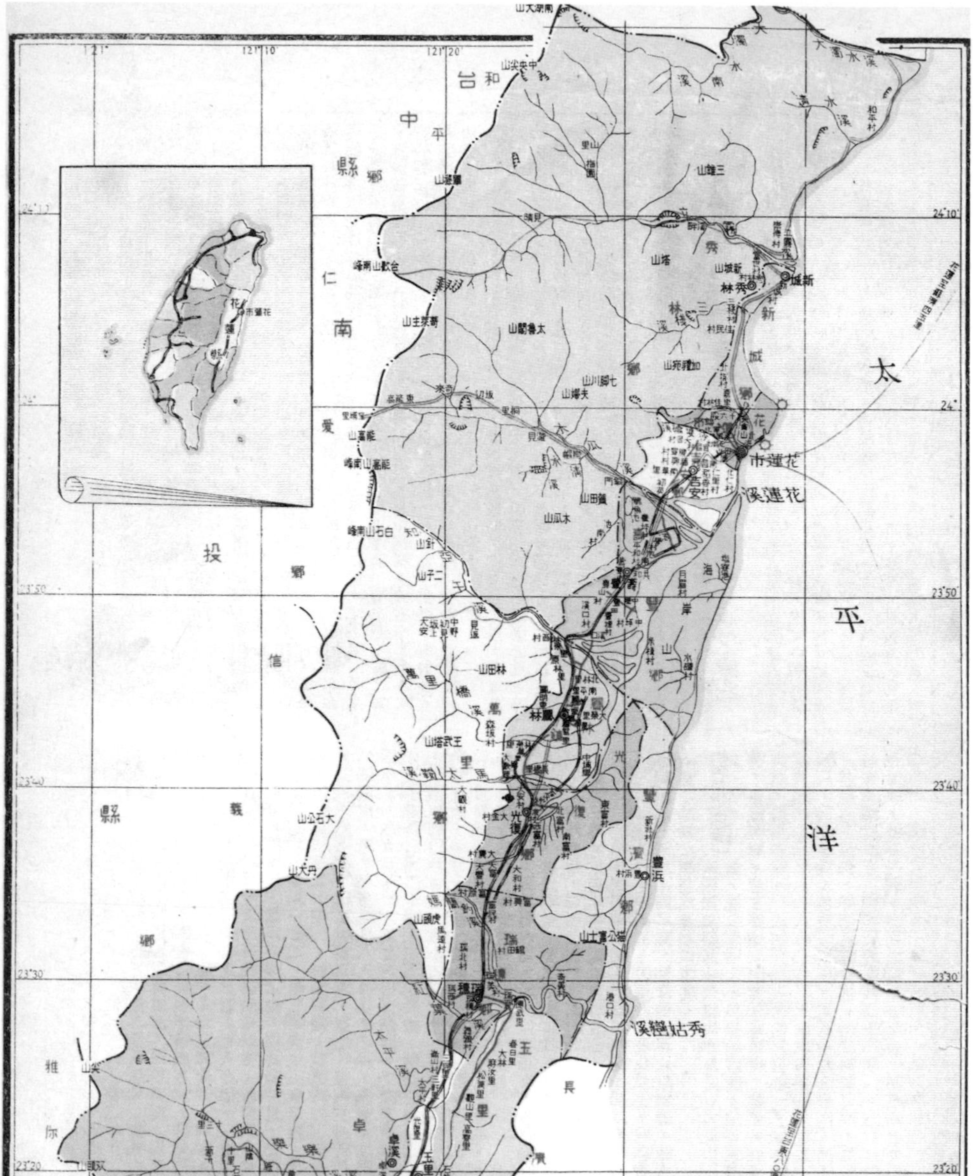

《臺灣省縣市行政區域圖．花蓮縣》1955 年

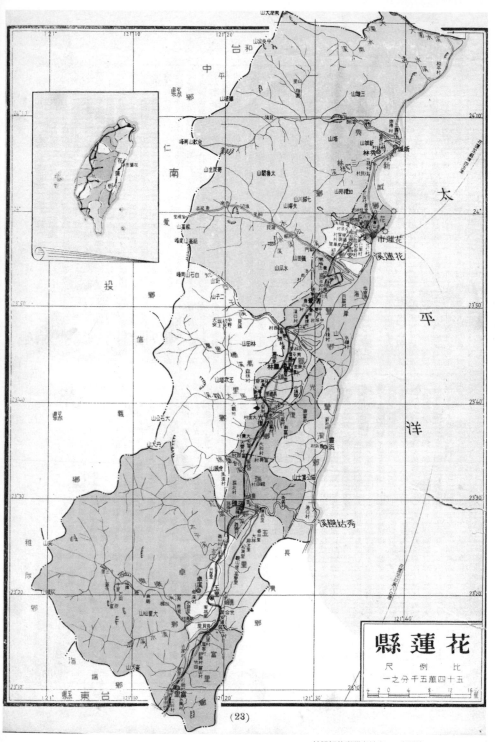

【光復後花蓮日式地名的變遷】

太巴塱→富田→東富
（加里洞）
→西富（馬佛）
→南富（砂荖）
→北富（卡基大安）
馬太鞍→大和→大平
→大華（洛福洛夫）
→大全（Laso'ay）
→大安（Nalacolan）
→大馬（Cicopoya）
→大同
→大進
貓公→豐濱→豐濱（貓公）
靜浦→靜浦（納納）
磯崎→磯崎（加路蘭）
水尾→瑞穗→瑞穗（Kuko）
舞鶴→舞鶴（馬於文）
鶴岡→鶴岡（烏鴉立）
奇美→奇美（奇密）
公埔→富里→富里
大里→東里（Basai）
馬里勿→森坂→萬榮
見晴→見晴（Kbayan）
紅葉→紅葉（Ihunang）
姑律→戶敷→姑律
尾尾→友名→主和
竹窩宛→佐倉→國慶
奉鄉→鳳林→鳳林
平林→林榮
林田・北林→北林
林田・南岡→大榮
林田・中野→大榮
山崎→山興（六階鼻）
森坂→森榮
璞石閣→玉里→玉里
落合→樂合（下僗灣）
松浦→松浦（猛仔蘭）
春日→春日（織羅）
三笠→三民（迪加）
末廣→大禹（針朗）
長良→長良（舊庄）
哆囉滿→研海→新城
加禮→嘉里（加禮宛）
七腳川→吉野→吉安
草分→永興（知卡宣）
宮前→慶豐（知卡宣）
清水→福興（知卡宣）
北園→太昌（知卡宣）
南園→南華（知卡宣）
津舟→化仁（里漏社）
南浦→仁和（薄薄社）
田浦→宜昌（荳蘭社）
里閫→壽→壽豐
賀田→志學
豐田・大平→豐坪
豐田・山下→豐山
豐田・中里→豐裡
豐田・森本→豐裡

媽宮改馬公，是日本人的忌諱作祟？

一九二〇年，對日本殖民政府而言，是個欣欣向榮的年代。但也就在這一年，媽宮改名馬公，這真是一個莫名其妙、令人百思不得其解的地名變更方案。然而，就是這麼一個莫名其妙的地名，一直延用到現在，迄今沒有恢復舊名的跡象。

一九二〇年，在臺灣地名演變的歷史上，是一個極為關鍵的年代。因為從這一年開始，經過二十餘年反反覆覆的行政區域調整，殖民政府終於找到了一個他們認定的最佳方案，五州三廳制。這套體制一直延用到一九四五年結束殖民統治為止，沒有再變更過。

一九二〇年行政區域調整的同時，許多古老的地名也被新地名取代。一般說來，當時變更的新地名都還算令人耳目一新，例如「艋舺」改為「萬華」，「阿猴」改為「屏東」，「打貓」改為「民雄」，「打狗」改成「高雄」，「湳仔」改為「名間」。雖然有些地名的變更帶有濃厚的日本色彩，但總算不出格，基本

《武備制．占度載．度．海防》
明 茅元儀
明代中期的海防圖已清楚標示出澎湖島的位置，明代福建水師以金門為基地巡邏臺灣海峽，澎湖是折返點。澎湖對福建當局而言是極具戰略價值的據點。

彭湖山
崎沙門
石城烽堠
石獅烽堠
嵌頭烽堠
嵌頭巡檢司
上歐烽堠
支頭烽堠
穀城烽堠
石井烽堠
平海衛

紅毛城址
媽宮
龜鼈港
尖山仔
嵵裡
風櫃尾
虎井

上，達到雅化地名的目的，意識形態也不太明顯，算是皆大歡喜。

日本使用漢字超過千年以上的歷史，已經發展出漢字獨特的使用習慣，但對一般字眼好壞的看法，和中國傳統並沒有太大的差別，所以新變更的地名基本上是可被一般民眾接受的，所以大都沿用到現在。在所有地名的變更方案，媽宮變為馬公是個很特別的例外，實在令人想不出其中的道理。

單從字面而言，媽宮可以完全清楚的說明，這個地名是起源於澎湖、乃至全臺最古老的廟宇，馬公天后宮。這座廟宇的創建年代相當久遠，甚至比馬公聚落的形成還要古老。現在已經沒有人能清楚的說明它具體的創始年代，只能推測大概是不晚於明天啟年間。根據荷蘭東印度公司的紀錄，一六〇四年荷蘭艦隊第一次抵達澎湖的時候，便發現了這座廟宇。荷蘭人說這座廟宇的周圍並沒有住家，他們猜測這座廟宇應該是福建水師官兵與中國漁民休憩、交換情報的地方。

明代，福建水師以金門為基地巡邏臺灣海峽，澎湖是折返點。澎湖對福建當局而言是極具戰略價值的據點，如果澎湖為敵對勢力盤據，那麼整個中國大陸的東南沿岸便會陷入險境。所以，近千年來福建當局只要力所能及便會經略澎湖。

福建水師官兵進入澎湖內澳時，需要一處休憩、整補、避風雨的地方，所以馬宮天后宮的前身很可能是水師官兵建造，類似魚寮的小屋。基於海上祈福的習

《臺灣縣志》附圖　康熙 59 年王禮主修

當時媽宮似乎就只有一條街。

俗，小屋內可能也供奉了媽祖神位，久而久之，便發展成初具規模的廟宇。早期荷蘭東印度公司繪製的澎湖地圖，天后宮幾乎是現在的馬公市街上唯一的人造建築物。

因為它的古老與明確的地標作用，自然而然就成了地名最佳的選擇。根據明末清初的文獻記載，關於馬公的地名出現了「娘媽宮」、「娘娘澳」、「娘宮嶼」、「天妃宮」、「媽祖宮」與「媽宮」等幾種寫法。「媽宮」閩南語念起來比較順，所以至今，澎湖人仍以閩南語發音的「媽宮」來稱呼馬公，一般人還真不知如何用閩南語唸「馬公」這兩個字。

那麼，日本官員又為什麼會莫名其妙的以馬公取代媽宮？

有人會認為日本官員可能是想淡化中國的傳統信仰，所以才將媽宮改成馬公。這個說法不能完全排除，但以當時較寬鬆的政治氛圍而言，可能性不大。而且日本人真正開始毀廟滅佛的皇民化運動也是在中日戰爭爆發之後才開始實施的，一九二〇年離中日戰爭爆發還有十七年的時間，媽宮改名馬公和皇民化運動應該挨不著。

從當時地名變更的幾個案例看來，意識形態的角度不能說完全沒有，但並不明顯。當時地名變更的主要著眼點還是在雅化，尤其是郡、縣層級以上的地名，

1885 法國遠東艦隊入侵澎湖所繪製的澎湖地圖。法國人將「媽宮」拼寫成 Makung，可能是根據北方官話的發音。

Sommets Nord
72m
ILE PEHOË
Pointe Niu
Village
Baie Niu-kung
Récif Mark
(ne couvre pas)
ILE TRIANGLE
(ne couvre pas)
Sable et corail
(ne couvre pas)
Mamelle
Pointe Fish
Pescadores
Village
Village
Village
Baie de Tatsang
ILE FISHER
Village
I. TATSANG
Village
Corail
Village
Corail
Petite Ile
Pointe Rhan
Baie de Tampi
I. TAMPI
Sable Vase Corail
Pointe Sycea
Sable Corail
I. du Projectile
PORT PONGHOU
Pointe Mung
Pyramide
Pyramide
Pointe Noire
Poudrière
Pyramide
Rocher noir
le Duchaffaut
(le 29)
TANG-HOC
Pointe Siau
SIAUCHI
TACHI
Baie de Tachi
le Bayard
(le 29)
Gde Pagode
Pagode
Camp
Ouvrage
Fort du Nord
MAKUNG
Ouvrage
AMO
Colonne de droite
Colonne de gauche
Baie de Siauchi
Fort Bayard ou Bie Siauchi
Barrage
Fort du Sud ou Ft Dutch
I. Plate
Fort
I. Observatoire
Batterie
Village
Village
la Triomphante
(le 29)
Baie de Makung
Pointe blanche
Bouton
Vase
la Vipère
(le 31.)
Bivouac du 30 au 31
Point de débarquement des Cies de débarquement
I. Dôme
Village
Ilot Vipère
la Vipère
(le 30 à 11h.)
KISAMBOUÉ
le d'Estaing
(le 29)
Bivouac du 29
Sommet Dôme
Vase
Village
Point de débarquemt du 29 mars
Baie du Dôme
l'Annamite
(le 29)
ILE
Position des Chinois le 31 au matin
Départ de la colonne
Ilot Table
Village

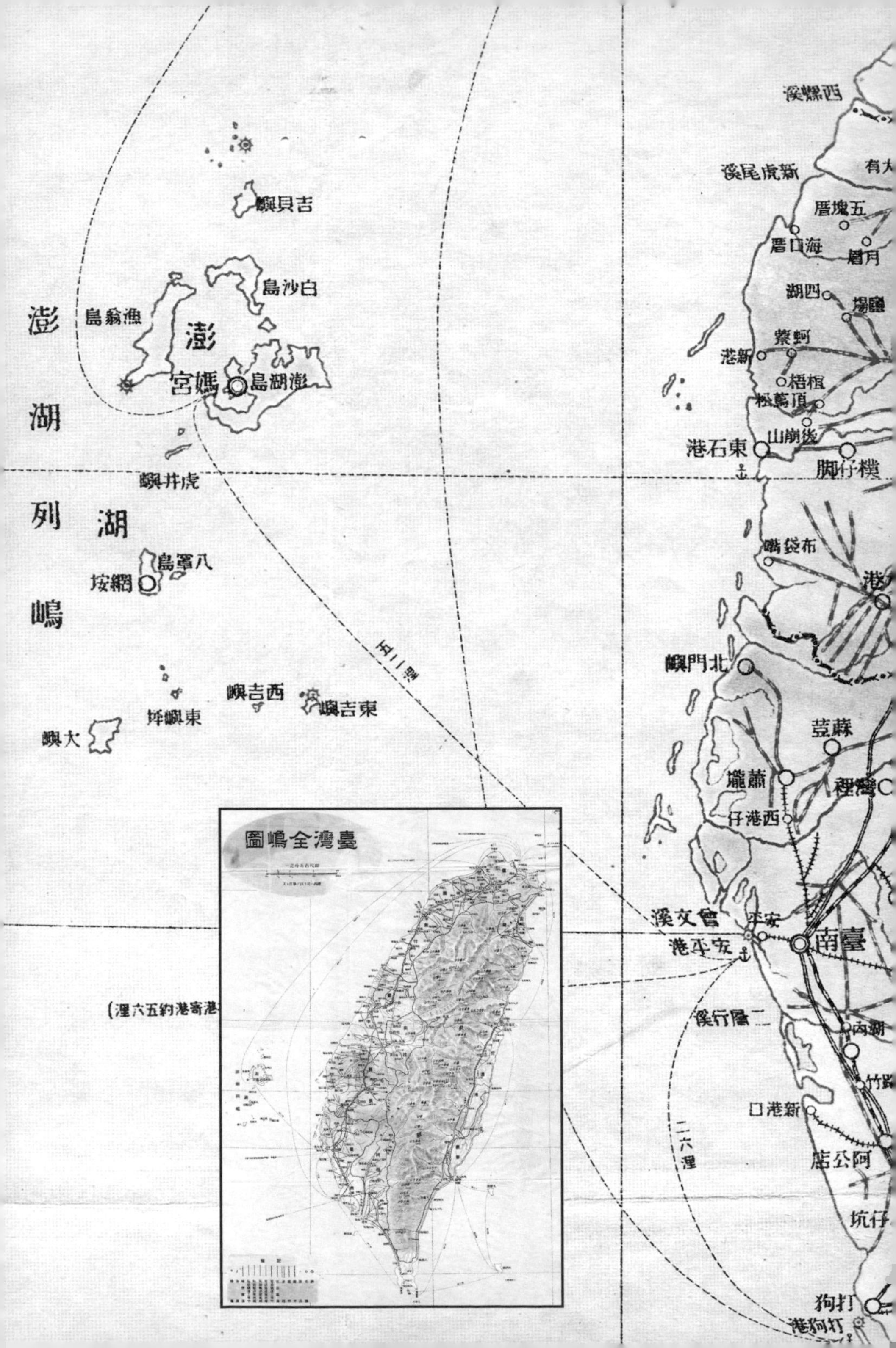

澎湖列嶋
吉貝嶼
白沙島
漁翁島
澎
湖
媽宮
澎湖島
虎井嶼
八罩島
網垵
西吉嶼
東吉嶼
東嶼坪
大嶼
五二浬
港寄港約五六浬
臺灣全嶋圖
西螺溪
新虎尾溪
五塊厝
海口厝
月眉
四湖
鹽場
蚵寮
新港
植梧
頂蔦松
後崩山
東石港
樸仔脚
布袋嘴
北門嶼
蔴荳
蕭壠
西港仔
灣裡
曾文溪
安平
安平港
臺南
二層行溪
湖內
新港口
阿公店
二六浬
打狗
打狗港

什麼貓呀，猴呀，狗的，日本官員看著一定很不順眼，當然想一改而快之。高明一點的官員在改名的時候會留意到發音的問題，盡量使新地名的發音和老地名不要差太遠，保持地名稱呼的一貫性。

以「湳仔」改為「名間」為例，「名間」日語發音為 na-ma 和「湳仔」的閩南語發音近似，雖然「名間」的字意和「湳仔」完全無關，但這種地名變更，顧及到原地名的發音，而且新地名的字義也不錯，所以這個變更方案應該算是善意的。

「艋舺」改「萬華」，「萬華」的日語發音和「艋舺」差不多，兩者的閩南語的發音雖然風馬牛不相及，但看在換了兩個還不錯的漢字份上，一般民眾也能接受。

「打狗」改名「高雄」，雖然山寨了日本本土的地名，但兩者發音一致，而且從字義與字眼的角度而言，「打狗」改成「高雄」無異烏鴉變鳳凰。但「媽宮」改「馬公」完全談不上雅化作用，甚至還有反作用。

也有人認為可以從發音的難易，來思考日本官員將媽宮改成馬公的原因。日本人將「媽宮」念作 ma-ging，「馬公」念作 ma-ko。ma-ging 並不是「媽宮」二字的日語漢字音讀念法，而是根據閩南語的念法。ma-ko 則是依據日語「馬公」

《臺灣島全圖》 1919

當時地名還未正式變更，馬公那時的正式地名還叫「媽宮」。

二字音讀的念法。對日本人而言，ma-ko 似乎是比 ma-ging 好念一點，但是單單是為了好念，改兩個說不出意思的漢字，發音又不同於當地人的習慣，這個改法和當時更改地名的主流作法並不相同，說服力不夠強。

筆者認為可能還可以從日本人的漢字使用習慣來思考這個改法。首先「媽」不是日本人慣用的漢字，既然不是慣用字，念起來肯定也不會順口，所以得找個發音類似的漢字取代「媽」。「馬」便是「媽」的替代字。

另一點值得注意的是，「宮」的日語訓讀發音是 miya，在日本，「宮」是對皇族中，親王級別的敬稱，例如「北白川宮」，一般人大概不敢妄用「宮」這個字，以發音相似的漢字「公」，換掉可能犯忌諱的「宮」，應該也是可以理解的。

日治時代，臺灣正式的地名中，帶「宮」字的很少，我所能查到的，大概只有臺北市的「大宮町」、「宮前町」，新竹市的「宮前町」、嘉義市宮前町、臺南市的「大宮町」、花蓮港街的「宮下」……等等。這幾個帶「宮」字的地方，無一例外，不是「官幣神社」的所在地，便是在其附近。可見日本人對帶「宮」字的地名是有嚴格的定義的，不得妄加使用。一九二〇年之前，維持「媽宮」舊名，對日本人而言，可能只是權宜之計。

據澎湖老一輩的長者說，早在一九二〇年之前，住在澎湖的日本人便普遍的以「馬公」（ma-ko）稱呼「媽宮」。如果這個說法屬實，那麼「馬公」似乎是一九二〇年之前，一般日本人對「媽宮」的變通念法，才影響後來地名的變更。高雄、民雄、名間、屏東、萬華都是高明的改法，馬公則令人錯愕。殖民政府在改名之前，已經使用媽宮這個地名長達二十餘年之久，但日本官員對「媽」這個既不常用、「宮」又可能犯忌諱的地名肯定是有意見的。至於為什麼會改成馬公？如果只是順應一般日本人的習慣，那只能說當時澎湖的日本官員在地名的變更上過於草率，完全無視於一般住民的習慣與感受。

光復後，許多日本味太重的地名都被改回舊名，或換成八股味十足的「黨化」地名，但是馬公這個毫無意義的地名，竟然被保留了下來。令人洩氣的是，地方上對恢復媽宮舊名似乎也沒那麼熱中，所以馬公便一直延用到現在。

如今為了表達對原住民的歉意，我們將介壽路改成凱達格蘭大道。在此同時，是否也能恢復一些殖民時代被改掉的老地名？特別是像媽宮這樣古老、又有草根性的地名。改朝換代，被欺凌、被打壓的不僅僅只有原住民。

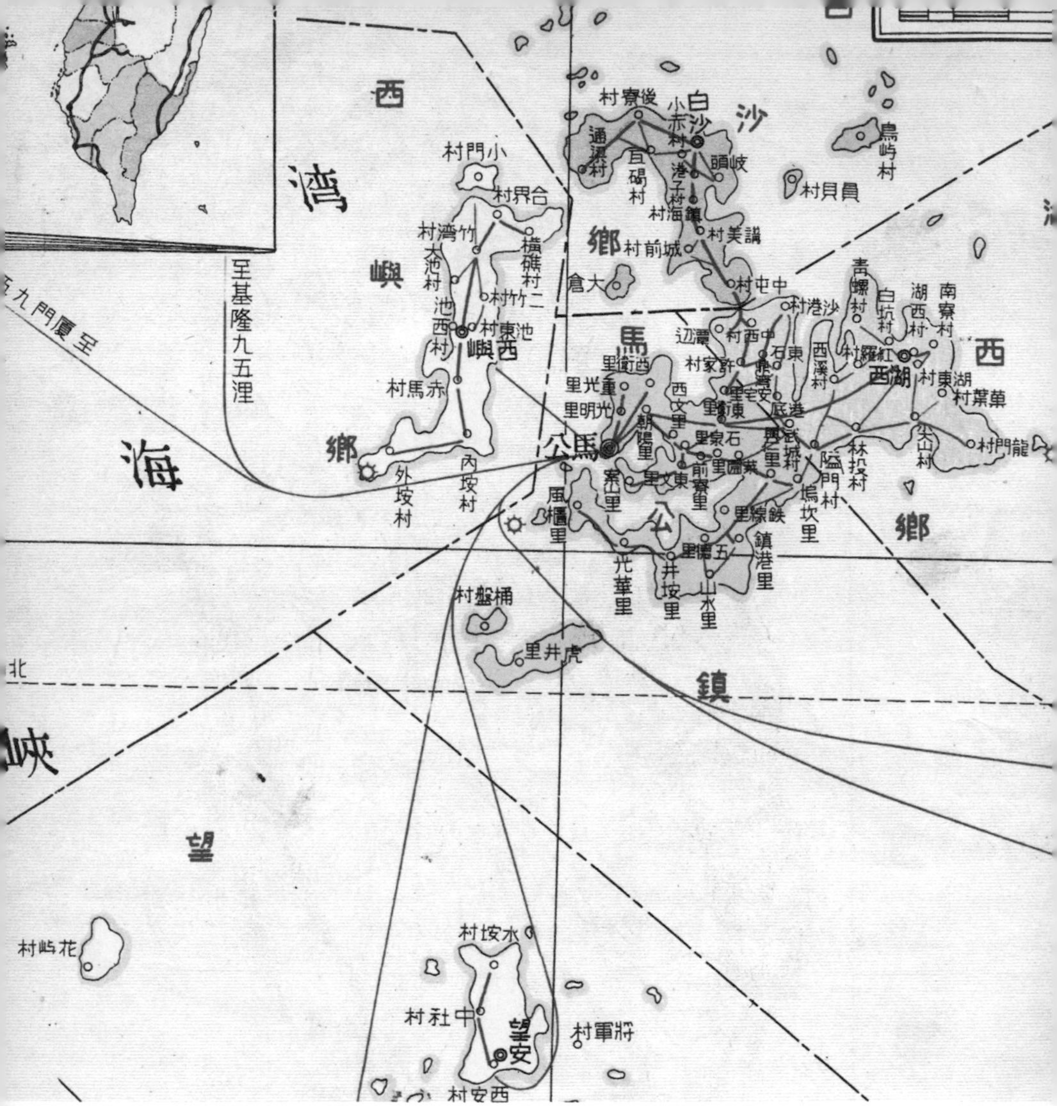

《臺灣省縣市行政區域圖・澎湖縣》

1955

光復後，澎湖的地名基本上沒有變化。

【1920 年後雅化的和式地名】

打　貓 / 民雄
竹頭崎 / 竹崎
樸仔腳 / 朴子
店仔口 / 白河
布袋嘴 / 布袋
蕭　壠 / 佳里
噍吧哖 / 玉井
埔姜頭 / 永康
打　狗 / 高雄
半路竹 / 路竹
阿公店 / 岡山
橋仔頭 / 橋頭
湳仔坑 / 楠梓
林仔邊 / 林邊
甲仙埔 / 甲仙
蕃薯寮 / 旗山
瀰　濃 / 美濃
阿　猴 / 屏東
阿里港 / 里港
蚊　蟀 / 滿州
成廣澳 / 新港
里　壠 / 關山
新開園 / 池上
巴塱衛 / 大武
新　城 / 研海
水　尾 / 瑞穗
冬瓜山 / 冬山
叭哩沙 / 三星
媽　宮 / 馬公
網　垵 / 望安

艋　舺 / 萬華
錫　口 / 松山
水返腳 / 汐止
三角湧 / 三峽
和尚洲 / 蘆洲
金包里 / 金山
桃仔園 / 桃園
大坵園 / 大園
石觀音 / 觀音
安平鎮 / 平鎮
楊梅壢 / 楊梅
大嵙崁 / 大溪
咸菜棚 / 關西
樹杞林 / 竹東
斗煥坪 / 三灣
崁頭厝 / 頭屋
三叉河 / 三義
牛罵頭 / 清水
葫蘆墩 / 豐原
東勢角 / 東勢
大里杙 / 大里
阿罩霧 / 霧峰
和美線 / 和美
茄苳腳 / 花壇
田中央 / 田中
二八水 / 二水
草鞋墩 / 草屯
林圮埔 / 竹山
湳　仔 / 名間
車輒寮 / 鹿谷
他里霧 / 斗南

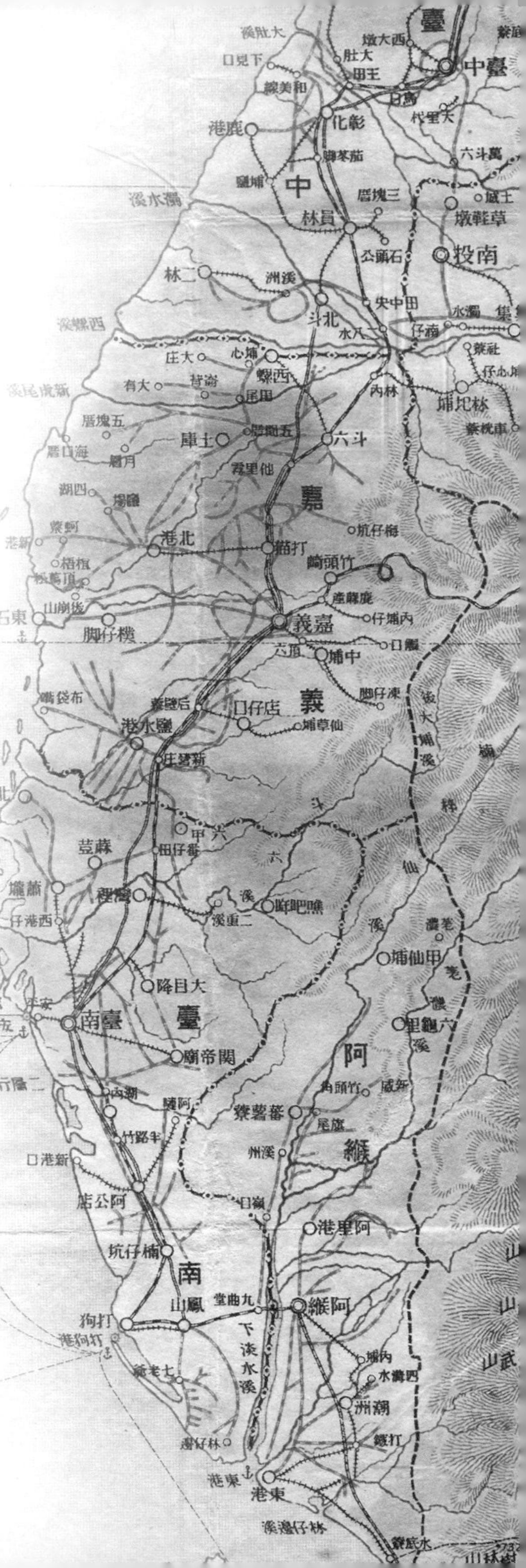

《臺灣島全圖》1919 年

這張地圖發行於地名變更之前一年，許多地名仍保持傳統的名稱。

「垵」是碗狀，還是鞍形？

陳正祥在《臺灣地誌》第二十二章〈澎湖群島〉一開頭便說：「澎湖群島不單是臺灣，並且也是全中國的一個很特殊的地理區域；其地質、地形、位置價值、氣候、人口以及生產事業，都有很明顯的特徵。……」這是一個很精闢的觀察。

因為地理位置的高度戰略價值，中國歷代政權在很早的年代，可以棄臺灣於不顧，卻長期經略澎湖；又因為地理條件的惡劣，無法長期經營，以至數度棄守，搬遷居民回內地；不過因為高度戰略的需求，不得不再次回頭勉力經營。自三國以來，澎湖便在漢人政權的棄、守循環中度過千餘年的漫長歷史。十七世紀初，福建水師兩度以強硬的軍事動員，逼迫荷蘭人退出澎湖，卻任其轉移臺灣，由此可看出臺、澎兩地在當時中國官方的戰略價值份量。

澎湖地理位置的戰略價值，在此無須賣弄，僅就地質、地理條件略作說明，因為關係到澎湖的特殊地名類型。澎湖特殊的地理條件，其源頭來自特殊的地質

《臺灣縣志》附圖　乾隆 17 年

王必昌主修

此圖繪製相當精緻，地名標示清楚，不少帶「垵」字的地名。

姑婆嶼
民房
橫礁
空殼嶼
通梁
中墩嶼
小門
塘汛
竹篙灣
小烈
大烈
大倫仔
雁晴
大池角
欶葉
小欶葉
獅公礁
紅毛城
西衛
上帝廟
小池角
半心灣
井
協鎮衙門
右營
媽宮
左營
水仙宮
教場
內垵
外垵
塘汛
西嶼頭
西城
市仔
案山仔
花嶼
塘汛
風櫃尾
嵵裡汛
四角仔
桶盤嶼
貓嶼
雞籠仔
水垵
民房
總名八罩
草嶼
右營
左營

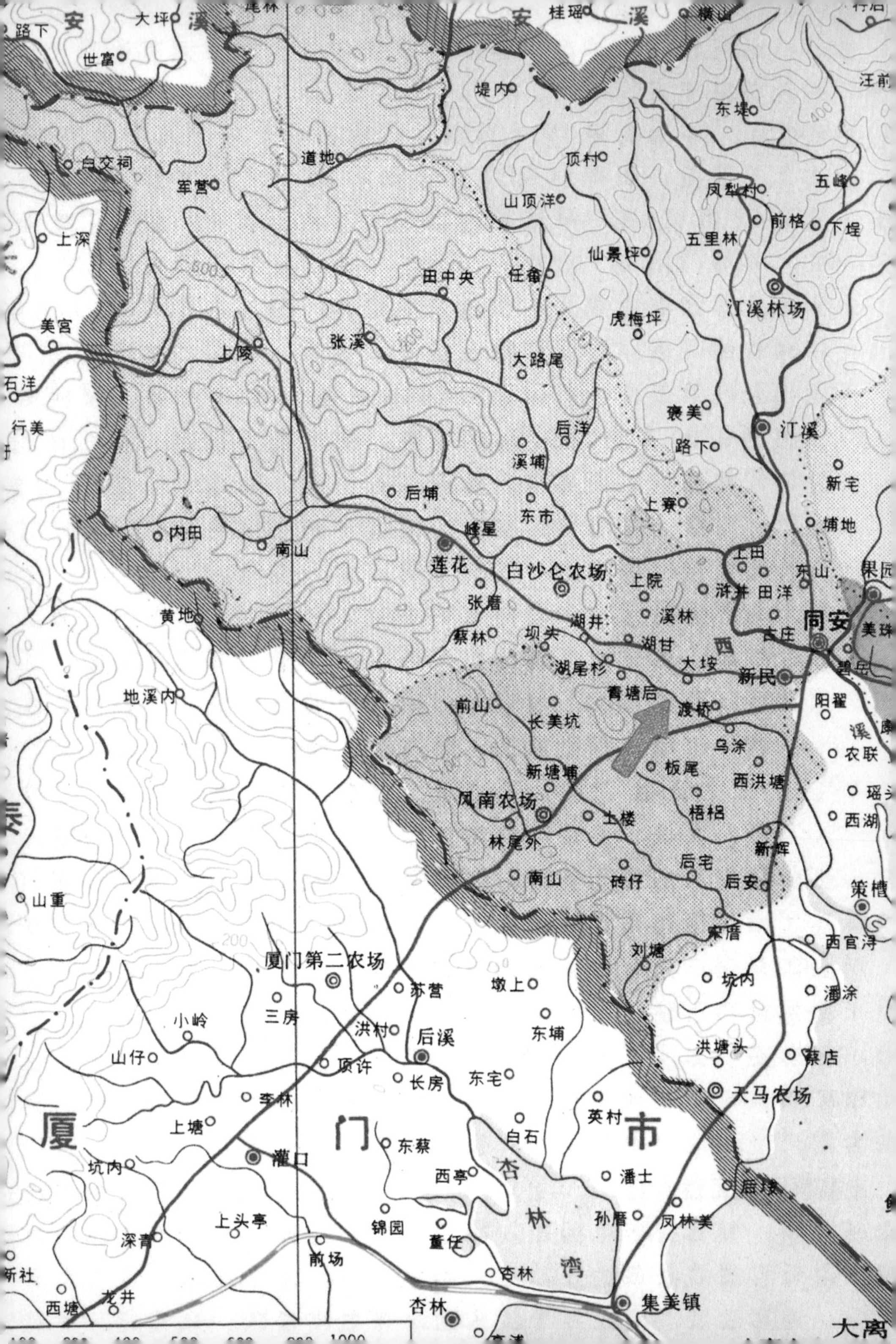

安
溪
大坪
路下
世富
桂瑶
横山
堤内
东堤
白交祠
道地
军营
顶村
凤梨村
五峰
山顶洋
前格
下埕
上深
五里林
仙景坪
田中央
汀溪林场
美宫
张溪
虎梅坪
上陵
大路尾
石洋
行美
褒美
汀溪
后洋
路下
溪埔
新宅
后埔
上寮
东市
埔地
内田
南山
峰星
上田
莲花
白沙仑农场
上院
东山
田洋
张厝
溪林
同安
黄地
湖井
蔡林
坝头
湖甘
古庄
西
碧岳
湖尾杉
新民
地溪内
前山
青塘后
渡桥
阳翟
长美坑
溪
乌涂
农联
新塘埔
板尾
西洪塘
凤南农场
土楼
西湖
林尾外
新辉
后宅
南山
砖仔
后安
策槽
山重
西官浔
刘塘
厦门第二农场
墩上
苏营
坑内
潘涂
三房
小岭
东埔
洪村
后溪
山仔
顶许
洪塘头
蔡店
长房
东宅
天马农场
李林
英村
厦
门
市
上塘
东蔡
白石
灌口
坑内
西亭
杏
潘士
林
上头亭
锦园
孙厝
凤林美
深青
董任
前场
杏林
湾
新社
西塘
龙井
杏林
集美镇
大离
400
600
200

構成條件。

地理學上將澎湖群島的地形歸類為「玄武岩方山」。簡單的說，澎湖群島是火山熔岩由地殼裂縫漫溢而形成的。因為不是劇烈的火山噴發，所以並沒有形成像太平洋、加勒比海上的錐狀火山島，而是漫溢攤成「披薩狀」的熔岩平臺。冷卻後形成柱狀玄武岩，經過長期的海浪侵蝕，便形成所謂的「玄武岩方山」地形地貌。

地質學家估計澎湖群島至少歷經三次大規模的熔岩漫溢，以及長期的海蝕作用，所以不但陸地是玄武岩方山，連海底也是成片玄武岩構成的海蝕平臺。因為這特殊的地形地貌，造就出澎湖土地貧瘠，多風少雨的氣候形態，非常不利於農業的經營，糧食需要由外地供給。由於閩、粵本身就是缺糧大省，根本無法轉運糧食供應澎湖的守軍，作長期經營，所以造成千年來數度棄守的情況。清初之後，中國得以固守澎湖，主要是從臺灣轉運糧食，滿足澎湖軍民之需。也因為這種特殊的地理條件，產生澎湖特有的地名類型，如「澳」、「垵」、「滬」、「塢」、「窩」等，以下僅就「澳」、「垵」兩字加以說明。

「澳」並非澎湖獨有，但卻是澎湖最具代表性的地名類型，早年澎湖有三十六澳之說。清代臺灣府基層行政區劃分，府城為「坊」，曾文溪以北稱「堡」或

〈同安縣〉《福建省地圖冊》　1982　福建省地圖出版社

同安古名「銅安」，閩南語念作dang-wuang，「銅安」的「安」和澎湖的「垵」發音相同，可見「銅安」按原意的話，應該寫作「銅垵」。同安縣城附近還有個叫「大垵」的地方。

「保」，曾文溪以南稱「里」，獨獨澎湖以「澳」相稱，這可能和澎湖獨特的地理條件有關。

澎湖有「風島」之稱，冬季北風強勁，只有朝南的灣澳較適合人居，所以聚落多在面南的灣澳之中，我想這應該是以「澳」為行政區劃的原因吧！但為什麼不用「灣」字呢？

漢語中灣、澳常並稱，使人難以區分灣澳之別。首先提一下灣澳共同之處。弧形、半圓形甚至接近圓形的海岸線，只要有出海口，都可以稱為灣或澳。但如果臨海灣的陸地有一定的高度，腹地又較狹隘，那就只能稱澳，不能稱灣了。臺灣東北角一帶，也有許多類似的地形，也都以「澳」為名，例如深澳、卯澳、南方澳、澳底等。恰好澎湖與東北角都屬於火山地形。

澎湖子弟潘安邦一首「外婆的澎湖灣」，唱遍海內外，是華人世界知名的歌曲之一。事實上，澎湖並沒有一個叫「澎湖灣」的地方，甚至澎湖地名中帶灣字的，除了鼎灣、緝馬灣、竹篙灣之外還不多見。而且，我認為這三個地方的地形都較符合澳的定義，之所以稱灣，應該是為了使地名唸起來較合韻，不然鼎澳、緝馬澳、竹篙澳用閩南語唸起來多拗口！

「垵」也是澎湖特有的地名類型，或許有人會認為垵等同於鞍部的鞍，我不認為這個說法有所依據。鞍部是指分水嶺上馬鞍狀的部位，而垵是指碗狀的窪地，兩者截然不同，不是一個概念。

澎湖為什麼會有那麼多的碗狀窪地？當然和玄武岩方山的侵蝕、崩塌有關。而且我發覺以「垵」為名的地點和「澳」一樣，絕大多數位於各島嶼的南部海岸線上，這是巧合還是特定的地質條件所形成的地名命名規律？在此求教學者專家。

閩南地區也有許多叫「垵」的地方，最有名的屬同安。同安古名「銅安」，閩南語念作 **dang-wuang**，「銅安」的「安」和澎湖的「垵」發音相同，可見「銅安」按原意的話，應該寫作「銅垵」。

和「澳」一樣，臺灣本島以「垵」為名最多的地方，也是在東北角一帶，兩地除了地形相似之外，是否還有其他的關連性？這點我也無法回答。

另外，閩南語中「垵」與「碗」發音相同，只是韻不同，「垵」是陽平「碗」發去聲。為此，我常懷疑「垵」可能是由「碗」引申而來，當然這是一個沒有依據的猜想，有類似想法的人或可賜教。

【澎湖以垵為名的地方】

水垵 / 望安鄉水垵村
柴垵仔 / 望安鄉花嶼村
柴垵港仔 / 望安鄉西坪村
柴垵仔壚 / 望安鄉西坪村
柴垵仔 / 望安鄉西吉村
柴垵仔壚 / 望安鄉西吉村
垵仔 / 馬公市風櫃里
沙垵仔 / 馬公市虎井里
網垵 / 西嶼鄉大池村
內垵 / 西嶼鄉內垵村
外垵 / 西嶼鄉外垵村
網垵 / 望安鄉東安村
沙垵仔口 / 望安鄉西安村
案山（垵山） / 馬公市案山里
海翁垵 / 馬公市鎖港里
豬母水垵（**大垵**）/ 馬公市山水里
泊船垵 / 馬公市五德里
井仔垵 / 馬公市井垵里

「車埕」為什麼大都在城門外？

如果由一般民眾票選一種最能代表「臺灣精神」的動物與交通工具，我想牛與牛車大概會以壓倒性的票數獲得勝出。

不過現在一般臺灣百姓心目中的傳統牛車，常指的是一種兩小前輪、兩大後輪的四輪牛車。攝影家、畫家常以此為懷舊題材。但嚴格的說，這種四輪牛車並非真正的臺灣傳統牛車，而是日治時代，日本人根據美國馬車「改良」而來的。其實這種「美裔日籍」的改良牛車，很難稱之為「臺灣傳統牛車」。

真正能代表臺灣牛車的，是一種被清代文人稱之為「笨車」，而臺灣民間稱之為「牛車」、「大車」、「荷車」、「番仔牛車」、「在來車」、「柴車」、「大憨車」、「番仔大輪」等等名稱的板輪牛車。由名稱便可以看出漢人，不論文人雅士還是村夫匹婦，對這種牛車都沒有好感，甚至以「非我族類」的態度視之。

現在學術界將這種牛車命名為「板輪牛車」。「板輪牛車」在臺灣起碼超過三百年的歷史，說它是「臺灣傳統牛車」應該不為過。

◆清末，西方傳教士拍攝的板輪牛車。

◆呂宋島上的板輪牛車。

雖然板輪牛車在臺灣的歷史相當久遠，但臺灣叫「車埕」的地方卻不多，絕大部分在臺南，「車埕」指的是牛車攬貨的停車場。臺南市左鎮區草山里有一個叫「車厝」的聚落，住戶幾乎全是車姓人家，據說是平埔族的後裔。板輪牛車與平埔族的淵源頗深，目前僅存的板輪牛車師傅也是平埔族人，至於車姓平埔族後裔，是否是因為職業的關係，以「車」為姓氏，就不得而知了。

清代來臺任職的外省官員除了熱中於撰寫來臺遊記之外，還喜歡找畫師繪製所謂的「番社風俗圖」，也就是當時的「臺灣寫真集」。這類的畫冊流傳至今的，不下十來冊。這十來冊「番社風俗圖」的內容其實大同小異，主題不外乎「乘屋」、「插秧」、「穫稻」、「捕鹿」、「渡溪」、「遊車」、「賽戲」、「猱採」、「會飲」之類的名目，有些連構圖都相同，可能是摹寫之作，並非原創。

其中「遊車」指的是平埔族青年男女每年在莿桐花開之際，駕著板輪牛車結伴出遊的場景。乾隆時代的滿人巡臺御史六十七主編的《番社采風圖考》上，在這幅圖畫後的說明上寫道：

「番無年歲，不辨四時，以刺桐花開為一度；每當花紅草綠之時，整潔牛車；番女梳洗，盛裝飾，登車往鄰社遊觀，麻達執鞭為之驅。圖中親戚相遇，擲果為戲。若行人以目送之，而稱其豔冶者，則男女均悅，以為快。」

●清末、日治初期，臺北城內似乎只使用人力車沒有牛車。

●現在一般臺灣百姓心目中的傳統牛車，常指的是一種兩小前輪、兩大後輪的四輪牛車。這種四輪牛車並非真正的臺灣傳統牛車，而是日本人根據美國馬車「山寨」而來的。

麻達是未婚青年男子的意思，美人盛裝，男子駕車，以行人目送而自得，以為快意，……這分明是一幅平埔族版的「香車美人圖」！

從大量的采風圖冊與清初來臺官員的宦遊之作，可以感受到這些外地來的官員、文人雅士，對平埔族人駕駛板輪牛車印象是非常深刻的。當然這並不表示，板輪牛車是平埔族的獨門絕活，有些文獻也顯示漢人移民也使用這種牛車，但可以想見漢人對板輪牛車，純粹將它當作生產工具，談不上什麼好感。

對漢人而言，板輪牛車是一種原始的交通工具，因為環境條件使然，使用它，可能是無奈的選擇。但對平埔族人而言，板輪牛車是劃時代的新生事物因為荷蘭時代之前，臺灣連牛都沒有，根本不可能有牛車。所以板輪牛車對平埔族人而言，就相當於二十世紀初，「福特T型車」之於美國人。

荷蘭人引進牛之前，除了鹿，臺灣沒有可供馴化、役使的役獸，從而限制了農業生產的發展。因為農業生產的落後，社會文化也不可能有太大的發展，這是四百年前臺灣原住民社會長期處於蒙昧狀態的主要原因。

牛與板輪牛車的出現對平埔族而言，不但是生產力的躍昇，也是一種文化震撼。在牛車還沒出現的年代，平埔族凡事靠雙腳，因此練就了「走鏢」的好本領，但牛車出現後，負重、遠行變得輕而易舉，視野獲得極大的開展。

《番社采風圖》〈遊車〉　六十七主編

圖上說明：「臺郡各社民番，貿易以及來往，民番男女俱用牛車。」此處的牛車為板輪牛車，役獸有水牛也有黃牛。

遊車
臺郡各社民番貿
易以及米社民番
男女俱用牛車

一位美國人類文化學者曾說，福特T型車的普及，使美國人在心靈意志得到解放的程度，遠遠超過民主選舉。板輪牛車就是平埔族的「福特T型車」。這也說明了清人所繪的《番社采風圖》中駕馭板輪牛車馳騁原野的平埔御手，個個看來神采飛揚的原因。

《康熙臺灣輿圖》上，繪圖師在桃園南崁與屏東的塔樓之間畫了二十輛板輪牛車。當時府城臺南以北除了駐軍的汛塘之外，很難見到漢人的村莊，但是畫師在平埔聚落之間東畫一個平埔族人駕著板輪車，西畫一個平埔族人在地裡犁田，顯然傳達了一個明確的信息：在漢人還未大肆入侵之前，取得耕牛與板輪牛車的平埔族人終於脫離了刀耕火種的原始生計經濟，進入規模化的農業生產時代。耕牛與板輪牛車像一對巨大的歷史巨輪正加速推動平埔族走進歷史時代，當然也有人會認為這是漢人給平埔族套上的枷鎖，將他們推入血淚斑斑的剝削體制。

但，板輪牛車是怎麼來的？和牛一樣，也是荷蘭人引進的嗎？有些文獻說是一位蘇姓印尼華人由印尼引進的，但是印尼的傳統牛車和臺灣的板輪牛車差距頗大，不是一個類別。我始終認為臺灣的板輪牛車是西拉雅人創造出來的，因為閩南人將板輪牛車稱之為番仔牛車、番仔大輪，其實已經說明閩南人認為此車「非我族類」，而是平埔族的「專利」。我想荷蘭人或漢人之類的「文明人」，大概

◆清末、日治初期，運送甘蔗的板輪牛車隊。
◆日治時代，到日本糖廠交運甘蔗、過磅的板輪牛車。

不會那麼「直觀的」將一張車皮安放在兩個板輪上，直接了當的作出這麼一輛簡單大方的牛車。只有從沒見過牛車的西拉雅人才有如此「直觀的」思維，畢竟製作這種牛車並不需要什麼了不得的技術、工藝手段。

臺灣的板輪牛車不但令清初的滿漢官員、文人雅士「興意盎然」，到了清末，一些來臺遊歷、探險的西方冒險家也對它饒有趣味，不僅留下文字紀錄，幾乎每個西方冒險家都拍下它的身影。我特別注意這些駕車「牛郎」的長相，確實不太像漢人。我想或許從荷蘭時代起，當第一輛板輪牛車被西拉雅人製造出來後，製造與駕馭板輪牛車就成了西拉雅人所壟斷的行業，直到一九六〇年代花東地區還存在板輪牛車，這些板輪牛車也都是從西部平原遷移來的西拉雅人製作的。如今僅存的板輪牛車製作師傅也在花蓮，他正是東遷的西拉雅後裔。

板輪牛車幾乎是西拉雅族所唯一掌握優勢的行業，但板輪牛車並沒有像「福特T型車」改變美國人的命運一樣，改善西拉雅人的生活，甚至連叫「車埕」的地方都很少。日治時代之後，日本人認為板輪牛車的板輪對路面破壞甚大，禁止板輪牛車進入街區攬貨，所以叫「車埕」的地方大都在城門外。

後來引進四輪改良型牛車後，板輪牛車完全失去了競爭力，只得跟隨族人流浪到東部，一直到一九六〇年代初期，花東一帶，板輪牛車還相當普遍。

車關仔寮 / 臺南市東山區高原里，日治時期番仔寮、班芝花坑、土地公崎是山區牛車最多的地區，搬運甘蔗至大埔赤糖廠，因離家較遠，在此搭寮。

早年臺東原住民的板輪牛車。臺灣東部的板輪牛車應該是隨著西拉雅族人的東移而傳入的。

【板輪牛車相關之地名】

牛車寮 / 臺南市北區興北里
馬車寮 / 臺南市北區六甲里
車埕 / 臺南市東區泉北里
牛車寮仔 / 臺南市東區大福里
車層 / 臺南市左鎮區草山里
車埕 / 臺南市龍崎區石槽里
車行 / 臺南市永康區王行里
車埕 / 臺南市中區小南門

蔗廍；天下第一憨，種甘蔗給會社磅

臺灣諺語：「天下第一憨，種甘蔗給會社磅；第二憨，打球相撞；第三憨，帶女朋友吹東風。」所謂「種甘蔗給會社磅」，是指蔗農將甘蔗交付日本人經營的糖業株式會社過磅，為什麼是「天下第一憨」？因為日本糖業株式會社的地磅很「坑人」。日治時代，曾因此引發「二林事件」，從而帶動風起雲湧的臺灣農民運動。也有歷史學家說過，十六世紀以來，全世界的蔗糖生產歷史便是一部血跡斑斑的殖民史。

從十七世紀起，西方白種人爭奪熱帶與亞熱帶殖民地、販賣黑奴，全和蔗糖的生產有關。臺灣蔗糖規模化的生產始於荷蘭時代，也是在這個時代背景下進行的。當時蔗糖生產所需要的技術與設備，平埔族人還不具備，荷蘭人便從中國招募漢人來臺從事蔗糖生產。後來，閩南農民不堪剝削，起而反抗，爆發「郭懷一事件」。閩南農民被荷蘭人殘酷鎮壓，死傷近萬，這也是促始鄭成功攻臺的原因之一。

日治初期的蔗田工人，當時民國還未成立，臺灣人仍保留滿人的薙髮習俗。

昭和製糖株式會社苗栗製糖所。

所以臺灣漢人社會的形成和蔗糖的生產，關係是十分密切的。閩南人將生產蔗糖的作坊稱作「廍」，這便是臺灣許多帶「廍」字的老地名的由來。

我們先來談一談什麼是「廍」。

清代文獻中談到臺灣蔗糖生產的相當多，我覺得黃叔璥的《臺海使槎錄》敘述相當簡潔又明確，且摘錄於下：「……。十月內，築廍屋，置蔗車，雇募人工，動廍夾糖。上園每甲可煎烏糖六、七十擔，白糖六、七十漏（沙土陶成）；中園、下園只四、五十擔。煎糖須覓糖師，知土脈，精火侯。用灰（湯大沸，用礪房灰止之）、用油（將成糖，投以蓖麻油），恰中其節。煎成，置糖槽內，用木棍頻攪至冷，便為烏糖。色赤而鬆者，於蘇州發賣，若糖濕色黑，於上海、寧波、鎮江處行銷。至製白糖，將蔗汁煎成糖時，入糖漏內，下用漏鍋盛之；半月浸出糖水，名頭水；次用泥土蓋漏上十餘日，得糖水，名二水；再用泥土覆十餘日之糖水，名三水；合煎可為糖膏。或用釀酒。每漏白糖只五十餘觔。地薄，或糖師不得其人，糖非上白，則不得價矣。每廍用十二牛，日夜夾蔗；另四牛載蔗到廍，又二牛負蔗尾以飼牛，一牛配園四甲或三甲餘。每園四甲，現插蔗二甲，留空二甲，遞年更易栽種。廍中人工：糖師二人，火工二人（煮蔗汁者）、車工二人（將蔗入石車夾汁）、牛婆二人（鞭牛夾蔗）、剝蔗七人（園中砍蔗，

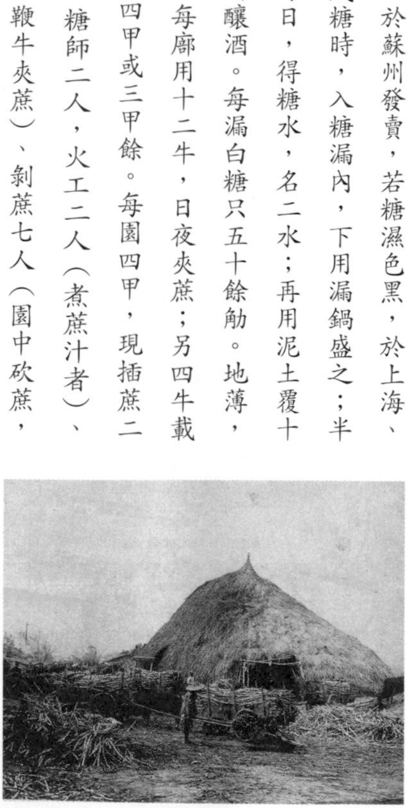

《番社采風圖》〈蔗廍〉 六十七主編

◐清代平埔族人應該還不具備製糖的技術，所以此圖雖納入《番社采風圖》圖冊之中，但圖中所描繪的製糖工匠，從服飾髮型判斷，應該都是漢人，並非平埔族人。

◐傳統蔗廍由茅草搭成，屬於臨時建築，製糖季節一結束，便立即拆除。

去尾，去擇）、採蔗尾一人（採以飼牛）、看牛一人（看守各牛），工價逐月六、七十金。」

文中不但說明蔗糖的製作流程，以及糖廍內的分工情形，另外黃叔璥還記載了白糖的製作方法。

根據清末稅賦上的統計，光緒六年（一八八〇）時，臺灣地區的舊式糖廍總數高達二百餘所，蔗糖輸出達一〇六萬擔，創下新式糖廠誕生之前的最高紀錄。這也說明了臺灣許多的地方的老地名帶有「廍」字的原因。有意思的是，當時臺茶的生產也進入高峰時代，產值甚至超過蔗糖的生產，從而帶動經濟重心北移的效應，但是和茶業相關的老地名卻是極為稀少，原因為何？值得地名學者深入探討。

進入二十世紀後，日本資本家大量引入機械化設備，開辦新式糖廠，此後舊式糖廍迅速消失。

日本結束殖民統治之前，一九三九年臺灣年產糖二、三六〇餘萬擔，達到殖民時代的生產高峰。「工業日本，農業臺灣」是殖民時代的口號，殖民政府在臺灣一切的建設都圍繞著增加稻米和蔗糖的生產進行。但蔗糖和稻米都需要大量的土地，所以兩者的種植比例為何，殖民政府內部時常發生爭論，這便是學術上知名的「米糖相剋論」誕生的背景。

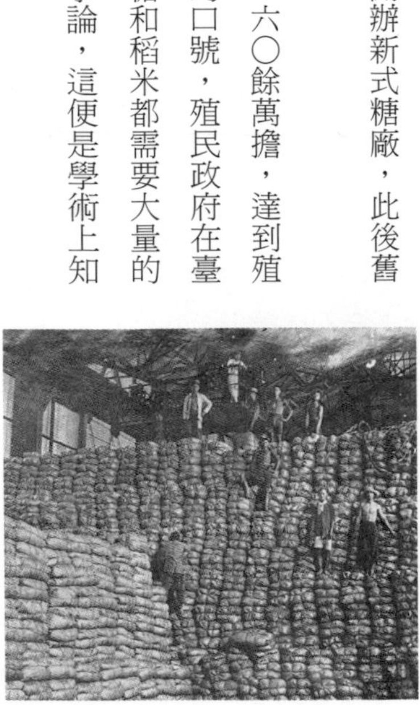

〈臺灣糖業圖〉20 世紀初

當時剛引進新式糖廠，資本勢力還未進行整合，大小糖廠林立。

高雄港倉庫內堆積如山準備輸出日本的砂糖。

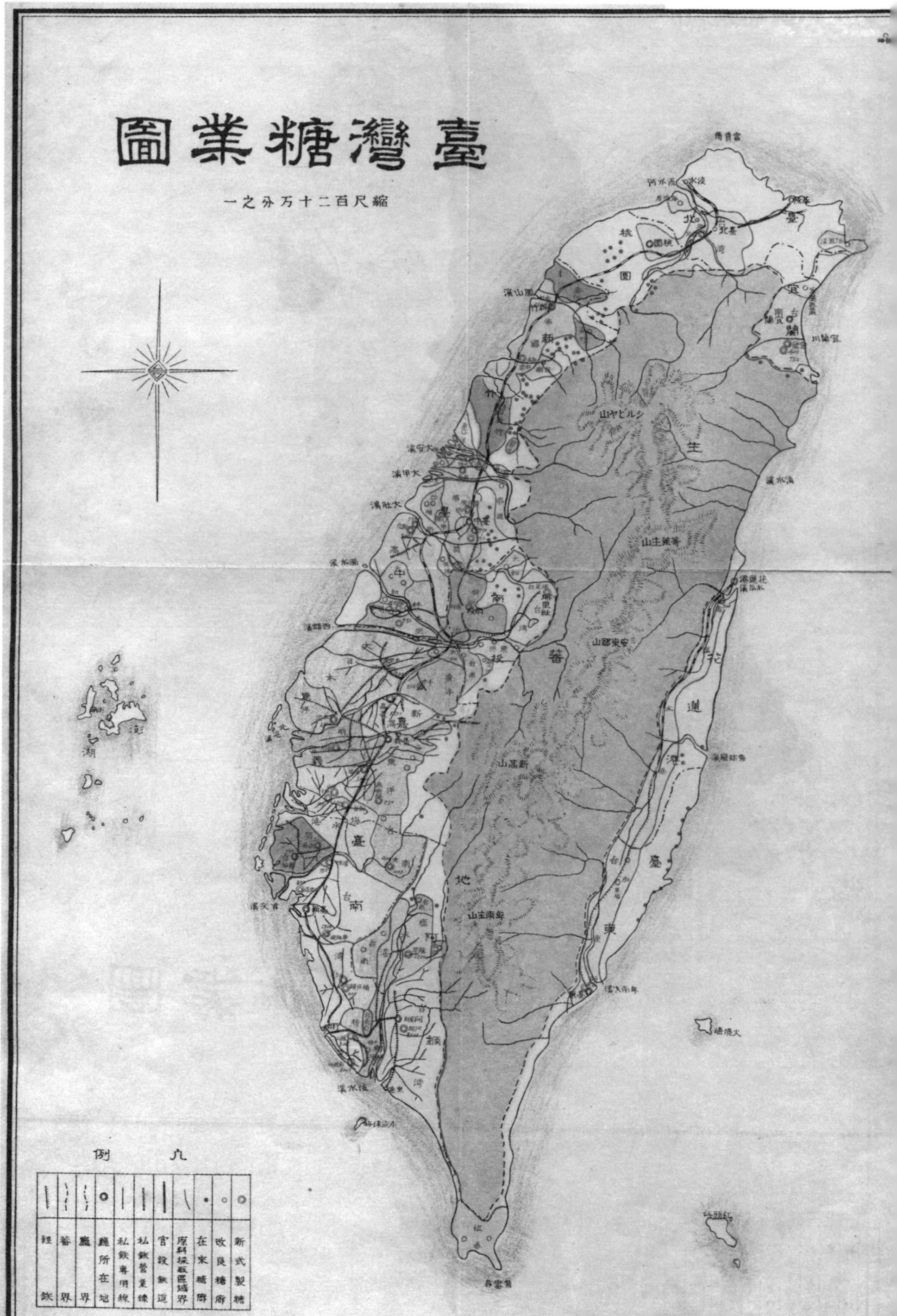
臺灣糖業圖
縮尺二百十万分之一
凡例
新式製糖
改良糖廍
在來糖廍
原料採取區域界
官設鐵道
私鐵營業線
私鐵專用線
廳所在地
廳界
番界
輕鐵

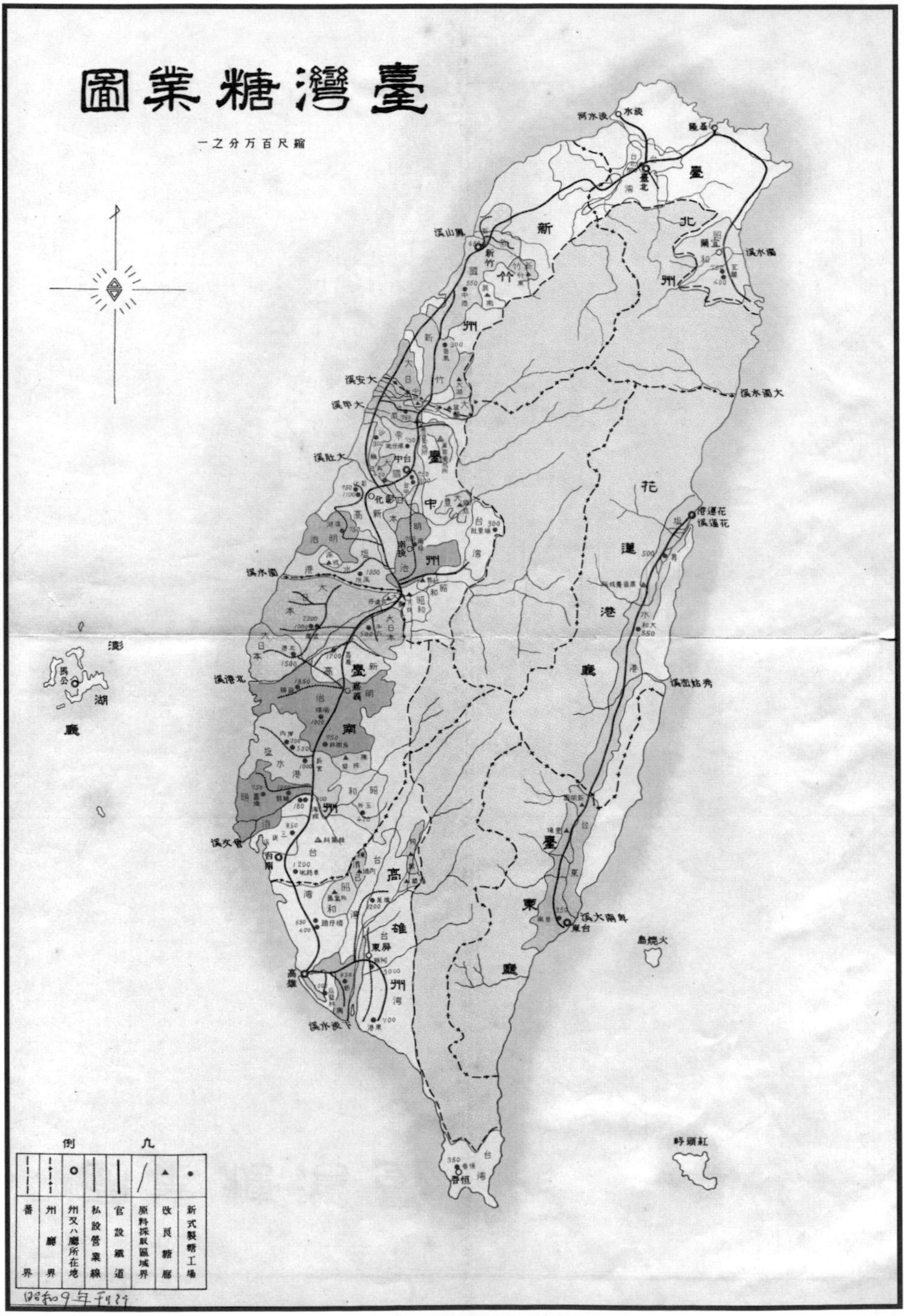
臺灣糖業圖
縮尺百万分之一
臺北州
新竹州
臺中州
臺南州
高雄州
花蓮港廳
臺東廳
澎湖廳
凡例
新式製糖工場
改良糖廍
原料採取區域界
官設鐵道
私設營業線
州又ハ廳所在地
州廳界
番界
昭和9年刊行

光復後，直到一九六〇年代之前，砂糖的輸出仍是臺灣主要的外匯收入。當時臺糖繼承了殖民時代所有日本糖廠擁有的土地，成為臺灣最大的地主，意氣風發。直到七〇年代，我就讀的高中四周還全是蔗田，為學生逃課提供了十分便利的隱密性，但每逢甘蔗收成時，採蔗工人放火燒甘蔗林，燒成黑色的甘蔗葉脆屑，像雪花一樣，漫天飄落整個校園……。

近年，臺灣糖業在國際市場失去競爭力，臺糖轉向多角化經營。有一年臺灣省議會發現臺糖竟然成了臺灣最大的養豬戶，一位省議員認為是與民間養豬場爭利，震驚之餘，竟然建議臺糖公司乾脆改名為「臺豬公司」。如今臺灣的砂糖主要是靠進口，各地的糖廠都成了觀光休憩園區。

話題再回到糖廍。

前面說臺灣地區的舊式糖廍數量最多時，達到二百餘所。這是一個很有意思的數字，因為目前在臺灣地區我所能查到和「廍」相關的老地名，也是兩百多個，兩者之間竟然有高度的重疊性，令我十分訝異。這兩組高度重疊的數字，似乎說明，只要曾經設立舊式糖廍的地方，地名大概都會出現「廍」字。這在地名的發展上是個十分特殊的例子。

更令我訝異的是，一般學術界的說法，認為舊式糖廍主要分布在臺南、高雄

〈臺灣糖業圖〉1934

臺灣製糖株式會社橋仔頭酒精工場。臺灣製糖株式會社是日治時代臺灣最大的糖業公司，據說日本皇室是主要股東成員。

一帶，但是從和「廍」相關的老地名的分布看來，這個說法似乎不太成立。

當然，臺南、高雄一帶，尤其是臺南，和「廍」相關的老地名相當多。但如果說和「廍」相關的老地名，和糖廍的分布地具有高度的重疊性，這個說法成立的話，那麼我們只能說臺南、高雄的糖廍比較多，甚至還可以說是最多的，但我們不能說臺南、高雄的糖廍占臺灣糖廍的大多數。

因為，從和「廍」相關的老地名分布地點看來，早期臺灣糖廍，除了北北基、宜花東和澎湖之外，其實分布的地點還算相當平均的。尤其是竹苗一帶的糖廍也有相當的分布，這個現象似乎顛覆了糖廍主要分布在南部的傳統說法。

另一個值得注意的是，幾個叫「興化廍」的老地名。興化位於閩中地區，臺灣興化籍的移民並不算多，但有意思的是，和興化相關的地名大多是「興化廍」或「興化店」。

臺灣早期糖廍生產的蔗糖以烏糖為主，也就是一般人所說的黑糖，白糖是由黑糖精煉而來的。南部有些老地名叫「糖間」的地方，就是精鍊白糖的作坊所在，可見白糖的生產有時是在獨立於糖廍之外的地方進行，不過叫「糖間」的地方，相對於糖廍，數量少到幾乎可以不必另計的程度。清代臺灣輸出的蔗糖以黑糖為主，這似乎也能說明「糖間」之所以稀少的原因。

【臺灣地區和廍相關的地名】

蔗廍跡 / 苗栗縣頭屋鄉明德村
蔗廍坪 / 苗栗縣三義鄉勝興村
蔗廍跡 / 苗栗縣獅潭鄉和興村
蔗廍坑 / 苗栗縣獅潭鄉新豐村
蔗廍坪 / 苗栗縣大湖鄉富興村
蔗廍崀 / 苗栗縣大湖鄉大南村
蔗廍坑 / 苗栗縣大湖鄉大南村
蔗廍坪 / 苗栗縣大湖鄉大寮村
上蔗廍 / 苗栗縣大湖鄉大寮村
下蔗廍 / 苗栗縣大湖鄉大寮村
蔗廍坪 / 苗栗縣大湖鄉義和村
蔗廍跡 / 苗栗縣大湖鄉義和村
蔗廍坪 / 苗栗縣大湖鄉栗林村
蔗廍坪 / 苗栗縣大湖鄉新開村
蔗廍坪 / 苗栗縣大湖鄉新開村
蔗廍坪 / 苗栗縣大湖鄉武榮村
蔗廍坪 / 苗栗縣大湖鄉武榮村
蔗廍坪 / 苗栗縣大湖鄉武榮村
蔗廍坪 / 苗栗縣大湖鄉東興村
蔗廍坪 / 苗栗縣大湖鄉東興村
下廍子 / 臺中市外埔區廍子里
上廍子 / 臺中市外埔區土城里
中廍子 / 臺中市外埔區土城里
蔗　廍 / 臺中市外埔區土城里
蔗　廍 / 臺中市神岡區山皮里
糖　廍 / 臺中市新社區中正里
三友廍 / 臺中市新社區福興里
下　廍 / 臺中市太平區中興里
廍子坑 / 臺中市太平區大興里
蔗　廍 / 臺中市大肚區蔗廍里
下廍仔 / 彰化市下廍里
寶　廍 / 彰化市寶廍里
廍　口 / 彰化縣田中鎮香山里
蔗廍邸 / 宜蘭縣壯圍鄉大福村
廍　後 / 宜蘭縣壯圍鄉東港村
廍　宅 / 宜蘭縣五結鄉大吉村
蔗　廍 / 宜蘭縣員山鄉深溝村
新廍城 / 宜蘭縣冬山鄉柯林村
新　廍 / 宜蘭縣三星鄉萬富村
柏腳廍 / 宜蘭縣三星鄉尚武村
蔗　廍 / 宜蘭縣蘇澳鎮南強里
蔗　廍 / 新北市三重區成功里
蔗　廍 / 新北市鶯歌區二甲里
舊　廍 / 新北市永和區和平里
窑　廍 / 新北市永和區保順里
新　廍 / 新北市永和區新廍里
廍　崙 / 桃園縣大園鄉南港里
蔗　廍 / 新竹縣關西鎮錦山里
糖　寮 / 新竹縣關西鎮錦山里
蔗廍坪 / 新竹縣峨眉鄉峨眉村
蔗廍坪 / 新竹縣峨眉鄉石井村
蔗廍壟 / 新竹縣峨眉鄉石井村
蔗廍坪 / 新竹縣峨眉鄉富興村
蔗廍坪 / 新竹縣峨眉鄉湖光村
蔗廍跡 / 新竹縣峨眉鄉湖光村
蔗　廍 / 新竹縣橫山鄉橫山村
蔗　廍 / 苗栗縣通霄鎮城南里
蔗　廍 / 苗栗縣苑裡鎮中正里
糖　廍 / 苗栗縣卓蘭鎮苗豐里
糖　廍 / 苗栗縣卓蘭鎮上新里
蔗廍跡 / 苗栗縣卓蘭鎮景山里
蔗廍坪 / 苗栗縣卓蘭鎮坪林里
蔗廍坪 / 苗栗縣卓蘭鎮西坪里
蔗　廍 / 苗栗縣造橋鄉龍昇里
蔗廍跡 / 苗栗縣頭屋鄉飛鳳村
蔗廍坪 / 苗栗縣頭屋鄉鳴鳳村

後壁廍 / 嘉義縣六腳鄉潭墘村
廍　內 / 嘉義縣六腳鄉蒜頭村
下廍仔 / 嘉義縣六腳鄉正義村
廍　後 / 嘉義縣新港鄉安和村
廍　內 / 嘉義縣新港鄉溪北村
廍後潭 / 嘉義縣新港鄉大潭村
廍溝底 / 嘉義縣溪口鄉柳溝村
溪底廍 / 嘉義縣民雄鄉三興村
廍　地 / 嘉義縣民雄鄉大崎村
廍後角 / 嘉義縣義竹鄉義竹村
頂　廍 / 嘉義縣義竹鄉頭竹村
草仔廍 / 嘉義縣鹿草鄉鹿東村
廍仔地 / 嘉義縣鹿草鄉後寮村
頂　廍 / 嘉義縣水上鄉溪洲村
後廍仔 / 嘉義縣中埔鄉隆興村
興化廍 / 嘉義縣中埔鄉富收村
廍　仔 / 嘉義縣中埔鄉和睦村
尖山廍 / 嘉義縣中埔鄉沄水村
糖　廍 / 嘉義縣中埔鄉三層村
司公廍 / 嘉義縣中埔鄉和美村
廍亭坑 / 嘉義縣梅山鄉雙溪村
廍　仔 / 嘉義縣梅山鄉大南村
廍　腳 / 嘉義市東區新店里
舊　廍 / 嘉義市東區後湖里
廍仔後 / 臺南市北區新勝里
西勢廍 / 臺南市東區富強里
廍　邊 / 臺南市東區後甲里
廍　堀 / 臺南市東區東光里
太爺廍 / 臺南市東區新東里
廍　前 / 臺南市南區省躬里
新廍仔 / 臺南市南區喜東里
舊　廍 / 臺南市
後　廍 / 臺南市後壁區後廍里
廍 / 臺南市東山區東河里
廍　後 / 臺南市左鎮區光和里

廍後仔 / 彰化縣北斗鎮中寮里
下　廍 / 彰化縣埔鹽鄉埔南里
廍　子 / 彰化縣埔鹽鄉廍子里
廍子口 / 彰化縣二水鄉倡和村
頂　廍 / 彰化縣芳苑鄉頂廍里
新廍子 / 南投縣南投市軍功里
水廍子 / 南投縣埔里鎮水頭里
新舊廍 / 南投縣草屯鎮平林里
頂廍仔 / 南投縣名間鄉中山里
廍　下 / 南投縣民間鄉廍下里
下廍仔 / 南投縣鹿谷鄉永隆村
廍　地 / 南投縣中寮鄉永福村
老糖廍 / 南投縣國姓鄉長流村
下糖廍 / 南投縣水里鄉民和村
二　廍 / 南投縣水里鄉郡坑村
三　廍 / 南投縣水里鄉上安村
廍　仔 / 雲林縣二崙鄉來惠村
舊廍仔 / 雲林縣林內鄉烏麻村
後　廍 / 雲林縣斗六市嘉東里
廖廍仔 / 雲林縣斗六市江厝里
保長廍 / 雲林縣斗六市保庄里
雙廍崙仔 / 雲林縣古坑鄉湳仔村
廍　埕 / 雲林縣古坑鄉永光村
廍後仔 / 雲林縣斗南鎮大東里
廍前寮 / 雲林縣大埤鄉嘉興村
田尾廍 / 雲林縣大埤鄉聯美村
廍　仔 / 雲林縣元長鄉鹿北村
廍後仔 / 雲林縣水林鄉松中村
大　廍 / 雲林縣褒忠鄉新湖村
溪埔廍 / 雲林縣虎尾鎮中溪里
舊　廍 / 雲林縣虎尾鎮三合里
新　廍 / 嘉義縣太保市北新里
廍前園 / 嘉義縣大林鎮上林里
半廍仔 / 嘉義縣大林鎮過溪里
菜舖廍 / 嘉義縣布袋鎮菜舖里

新　廍／高雄市阿蓮區復安里
新廍仔／高雄市田寮區西德里
廍　洋／高雄市田寮區新興里
廍　後／高雄市大社區三奶里
廍　口／高雄市大社區三奶里
道爺廍／高雄市鳳山區協和里
興化廍／高雄市大樹區溪埔里
後廍仔／高雄市大樹區大樹里
三張廍／高雄市林園區王公里
廍　邊／高雄市林園區港埔里
半　廍／高雄市林園區西溪里
糖間仔／高雄市旗山區上洲里
半　廍／高雄市旗山區廣福里
糖廍裡／高雄市六龜區新威里
崇蘭廍／屏東市廣興里
廍　地／屏東市湖西里
下　廍／屏東縣東港鎮下廍里
北勢廍／屏東縣潮州鎮三星里
廍　邊／屏東縣潮州鎮興美里
北路廍／屏東縣里港鄉玉田村
廍　仔／屏東縣里港鄉過江村
廍　後／屏東縣里港鄉玉田村
三張廍／屏東縣里港鄉三廍村
王厝廍／屏東縣九如鄉大坵村
糖　廍／屏東縣長治鄉潭頭村
下　廍／屏東縣萬丹鄉寶厝村
本縣廍／屏東縣萬丹鄉四維村
興化廍／屏東縣萬丹鄉興全村
新興廍／屏東縣新園鄉田洋村
後廍仔／屏東縣新園鄉南隆村
後　廍／屏東縣崁頂鄉北勢村
頂廍庄／屏東縣南州鄉米崙村
糖　廍／屏東縣枋山鄉枋山村
黑糖廍／臺南市龍崎區楠坑里
糖　間／臺南市仁德區仁義里
龜仔廍／臺南市仁德三甲里
廍崎子／臺南市仁德三甲里
糖　間／臺南市仁德三甲里
瓦厝廍／臺南市永康區中興里
廍　裡／臺南市永康區崑山里
草廍仔／臺南市安定區中榮里
雙張廍／臺南市西港區港東里
廍崎頭／臺南市麻豆區南勢里
寮仔廍／臺南市麻豆區寮廍裡
火燒廍／臺南市麻豆區寮廍裡
四六廍／臺南市麻豆區安東里
東　廍／臺南市麻豆區安西里
西　廍／臺南市麻豆區安正里
廍　地／臺南市麻豆區麻口里
溫厝廍／臺南市柳營區光福里
南　廍／臺南市官田區南廍里
北　廍／臺南市官田區南廍里
廍　頂／臺南市大內區大內里
草廍仔／臺南市大內區石城里
糖　間／臺南市大內區二溪里
下廍仔／臺南市山上區山上里
糖　廍／臺南市善化區坐駕里
草廍仔／臺南市善化區溪美里
廍　邊／高雄市湖內區文賢里
舊　廍／高雄市路竹區甲北里
糖　間／高雄市路竹區甲南里
外　廍／高雄市岡山區華崗里
廍宅堀／高雄市岡山區嘉興里
瓦　廍／高雄市岡山區為隨里
廍　堀／高雄市岡山區前鋒里
廍　仔／高雄市岡山區福興里
廍仔埕／高雄市橋頭區白樹里
瓦　廍／高雄市阿蓮區阿蓮里

「竹圍」、「木柵」為什麼比「土城」多得多？

城門樓、城牆是中國城市的象徵，「國」其實就是城的意思。古代的中國人認為一個城市有了城牆，才能獲得最基本的安全保障，沒有城牆的城市，就像一個人沒穿衣服一樣，是不可想像的。中國不但縣以上的城市有城牆，有些地方甚至連村莊都有城牆。

我的父親一九二〇年代末期出生於華北，他說他的外祖父就是一個擁有「土圍子」的大地主。「土圍子」相當於臺灣的「土城」。外曾祖父的「土圍子」設有槍樓，長槍、土炮一應齊全，自衛武力就是家中的長工。有一年土匪鬧的凶，祖父帶著全家投奔到他岳父的「土圍子」，躲了好幾個月。

一六八三年，清廷將臺灣納入版圖，照說設治、納貢之後，理應築城派官以安民，但竟然有將近一百年的時間，無論各級官員如何苦求，清帝硬是不允許臺灣築城，這又是為什麼呢？

康熙降服明鄭之後，朝中大臣先是對是否將臺灣納入版圖進行大辯論，後來

〈諸羅縣城〉《乾隆臺灣輿圖》

諸羅縣一直是清代民變的「高發」地帶，雍正初期將木柵城垣改為土城。

〈諸羅縣城〉《諸羅縣志》

康熙 43 年諸羅縣「奉文歸治」，縣治由府城移駐諸羅山社，第一代縣城城垣為木柵與竹圍混合組成。

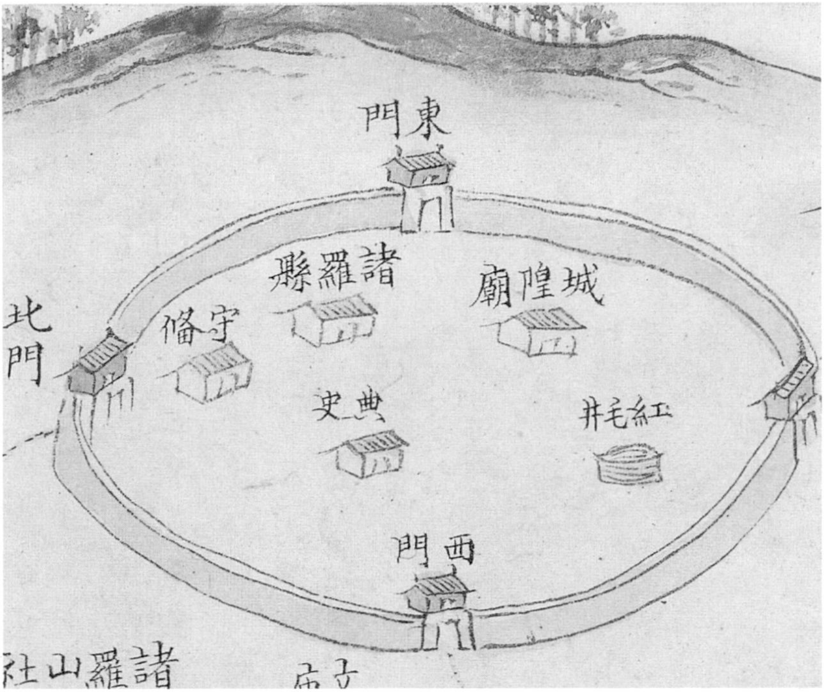
東門
諸羅縣
城隍廟
北門
守備
典史
紅毛井
西門
諸羅山社

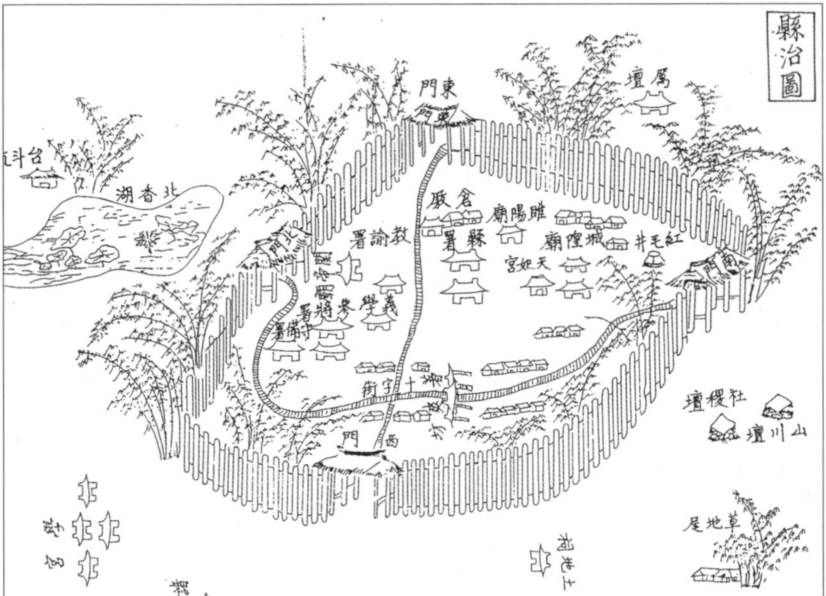
縣治圖
東門
厲壇
北香湖
倉廒
睢陽廟
教諭署
縣署
城隍廟
紅毛井
天妃宮
北門
義學
十字街
西門
社稷壇
山川壇
草地厝
土地祠

小東門
大東門
新建敵樓
新建窩鋪
山川壇
小南門
中營署
右營署
枋橋
新建坊
道臺署
臺防署
紅毛樓
天后宮
西門
新小南門
南砲臺
新建砲臺

在施琅再三陳請之後，康熙才勉強將臺灣納入版圖。後來在是否築城的問題上，康熙便堅持己見不允許臺灣各縣築城自衛。

康熙認為臺地經過荷蘭、明鄭的長期統治，民心一時無法全然收服，除了重兵駐守之外，決不能築城「資匪」。他認為萬一反叛勢力一旦占領城池，大軍跨海平亂反而增添困難。如果沒有城池，即使叛軍挫敗官軍占領城市，也是無險可守，屆時大軍渡海平亂遭遇的阻力會較少。

從北京紫禁城的立場，築城僅足以「資匪」，這個想法似乎蠻合理的，但是從臺灣官員與百姓的觀點，城市不設防，恰好是鼓勵強人造反的誘因。但封建時

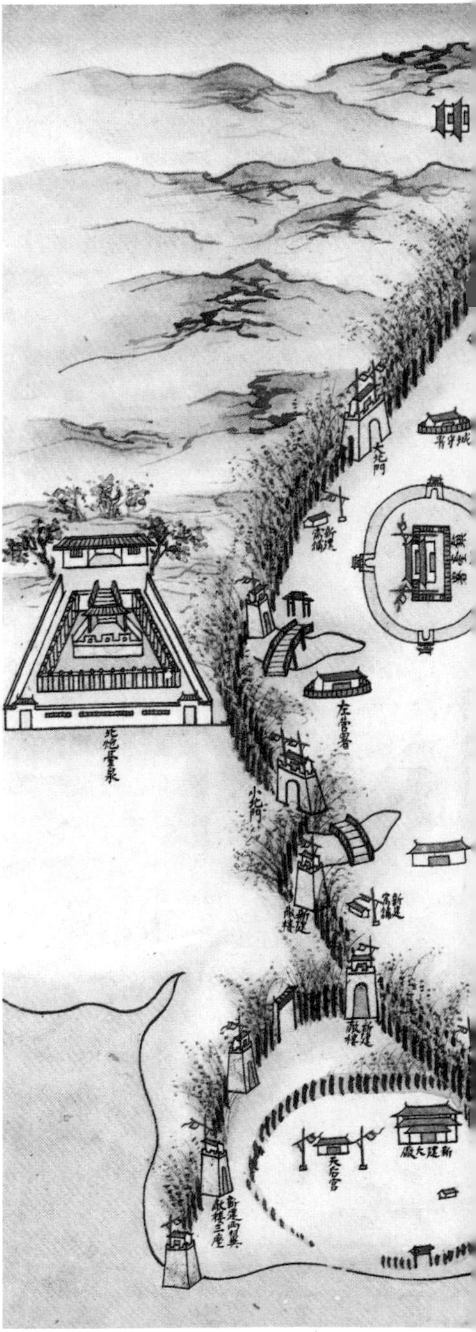

《重建臺郡各建築圖》

〈重修臺灣郡城圖〉

當時臺南的木柵城垣比後來的磚石城垣所涵蓋的範圍還大，但當時乾隆仍不准臺灣修築磚石城牆，故城垣由木柵與竹圍組合而成。

代，皇帝說了算，不論歷任閩浙總督、以及臺地官員如何陳情，一百餘年間，康熙、雍正、乾隆三任皇帝始終不為所動，堅持臺灣不能築城。

雍正繼承康熙的觀點，他認為：「臺灣乃海外孤懸之地，易為奸宄逋逃之藪，故不宜廣闢土地以聚民。」但他對是否築城的問題，作了稍稍讓步，他同意臺灣各縣可以築木柵城，以為防禦。

清帝不願築城「資匪」，看法正不正確，另當別論，但總是個說法，我比較好奇的是，明鄭政權在臺三十餘年，一府二縣也是設治派官，但似乎也完全沒有築城的打算，這又是出於什麼樣的考慮？我還沒找出答案。

康熙三十六年，來臺採硫的福州知府幕僚郁永河發現城市的設防問題，正困擾著臺地官員，他在《裨海紀遊》上寫道：「……。近有建議植竹為城者，以竹種獨異內地，叢生合沓，漸不容髮，而旁枝橫勁，椽節皆刺，若夾植二三重，雖狐鼠不敢穴，矢礮不能穿，其勢反艱於石，而又無舂築之勞；但令比戶各植數竿，不煩民力，而民易從，朞月之間，可使平地有金湯之壯。其說可採，所當亟為舉行，不待再計者矣。至若諸羅鳳山二邑，各有疆域，捨己邑不居，而寄居郡治臺邑之地，若僑寓然，似宜各度地勢，植竹建城，不獨撫字為便，而犄角互援之勢亦成矣。……」

書中所說的「植竹建城」也就是現在一般人所說的「竹圍」。

然而，「竹圍」並非郁永河所獨創發明，也非出自當時臺地官員天才的發現，應該是從平埔族人那兒學來的。高雄古名「打狗」，據說「打狗」就有竹圍的意思。早在漢人來臺之前，平埔族群已經採用「植竹為籬」的方式作為防禦設施。

後來「植竹為城」不僅成了清代臺灣縣級城市正式築城之前的「代用品」，也成了臺灣民間普遍採用的自衛設施，目前我查到全臺老地名中，和「竹圍」相關的大約二百多個，數量相當龐大，可以說是臺灣老地名中數量最大的一種。這個現象能說明什麼呢？答案很明顯，清代臺灣普遍的治安狀況，應該是不會太好的。除了頻繁的民變之外，還有無窮無盡的分類械鬥，所以既然皇帝不准築磚石之城，官民便有志一同，竹圍成為最普遍的防衛設施，也是經濟上的選擇。

相對於「竹圍」，臺灣地區有關「木柵」或「土城」之類的老地名，要少得多，數量幾乎不到「竹圍」的零頭。原因為何？其實也很簡單，用大木樁築木柵城，或夯土堆壘土城，比竹圍要費事費錢，只有官家、富戶才辦的到，相對而言，「植竹圍城」幾乎接近零成本，一般人家當然較能接受。

關於老地名「竹圍」的的分布，我還發現一個有趣的現象，除了澎湖和花東

乾隆中期彰化縣城形勢已十分完備，但受限於政策，城垣仍由刺竹組成。

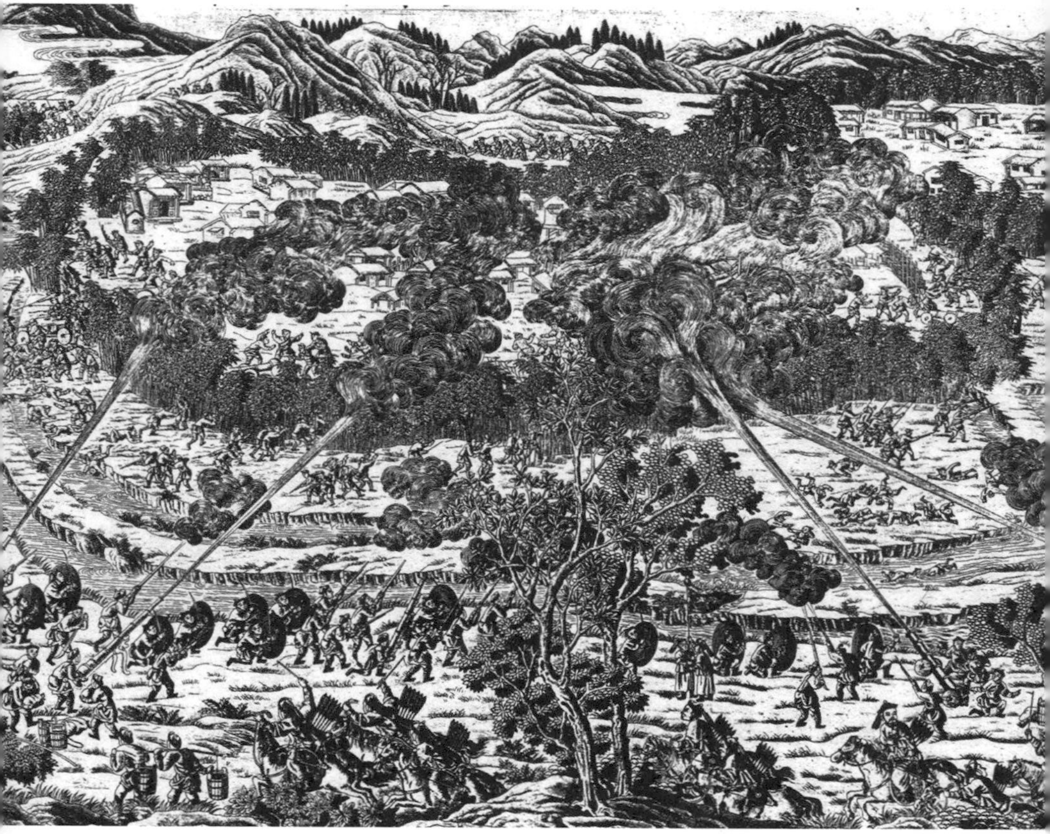

乾隆末年，林爽文事件爆發，福康安大軍對林爽文的根據地「大里杙」（今臺中市大里區）進行總攻。圖中大里杙聚落很明顯的是一座標準的「竹圍」。

林爽文之役尾聲，福康安大軍圍攻中部叛軍最後根據地小半天 (鹿谷鄉竹豐村)。叛軍在小半天的根據地是一座木柵城。

地區，屏東的六堆地區大概是全臺灣「竹圍」最少的地區，這是為什麼呢？

康熙六十年朱一貴之亂，事件的起爆點就在六堆附近，六堆的客家村落派員向官府求救，可是當時連府城臺南都淪陷了，官員也逃到澎湖去了。無奈之餘，六堆的客家村落只得自組民團以求自衛，這便是六堆的由來。

後來，六堆的義軍成了平叛的主力。事平之後，六堆民團組織一直延續下來，成為自治與維繫地方治安的堅實力量，直到日治後才被迫解散。因為擁有這支堅實的維安實力，六堆地區維持了長治久安的太平歲月，所以也就不太需要「植竹圍城」以求自衛。

花東地區幾乎沒有叫「竹圍」的地名，原因也很簡單，日治之前，除了少數官衙，漢人聚落幾乎不存在，所以也就談不上「植竹圍城」了。

澎湖也是沒有「竹圍」的地方，原因並非澎湖早年民風淳樸、治安良好，而是澎湖苦旱，農作物都難以成活，那裡談得上「植竹圍城」？澎湖居民為求自衛，除了聚落採取集村形式之外，住家與住家之間，間隔狹隘，僅容一人，且側門相通，彼此援引，形成聯防體系。此外古代澎湖民居幾乎全採用老古石構築外牆，向外的窗戶，均成石條狀，更是增加防禦的可靠性。所以澎湖可能是臺灣唯一沒有「竹圍」的縣份。

上下竹圍 / 高雄市美濃區祿興里
竹　圍 / 高雄市杉林區月美里
竹　圍 / 屏東縣屏東市長安里
竹圍仔 / 屏東縣高樹鄉東興里
新　圍 / 屏東縣鹽埔鄉
新　圍 / 屏東縣麟洛鄉新田里
竹圍仔 / 屏東縣萬丹鄉四維里
竹圍內 / 屏東縣崁頂鄉圍內里
五竹圍仔 / 屏東縣林邊鄉竹林里
九甲圍 / 高雄市橋頭區甲南里
竹圍仔 / 高雄市大社區保社里
籬子內 / 高雄市大社區神農里
竹圍仔 / 高雄市大樹區溪埔里
竹圍仔 / 高雄市大寮區翁園里
大竹圍 / 高雄市大寮區翁園里
竹圍仔 / 高雄市旗山區南洲里
大竹圍 / 高雄市旗山區新光里
竹圍仔 / 高雄市旗山區南勝里

【臺灣地區和竹圍相關的地名】

新竹圍仔 / 嘉義市西區重興里
竹圍仔 / 嘉義市西區竹圍里
西竹圍 / 臺南市東區圍上里
新圍仔 / 臺南市北門區鯤江里
竹圍仔 / 臺南市北門區仁里里
竹圍仔 / 臺南市學甲區西進里
竹圍仔 / 臺南市鹽水區飯店里
竹圍仔 / 臺南市新營區太南里
竹圍頭 / 臺南市後壁區嘉民里
無竹圍厝 / 臺南市後壁區土溝里
竹圍仔 / 臺南市後壁區頂長里
竹圍後 / 臺南市後壁區竹新里
竹圍仔 / 臺南市後壁區崁頂里
竹圍仔 / 臺南市白和區崁頭里
竹圍仔 / 臺南市白和區大竹里
竹圍仔 / 臺南市白和區竹門里
竹圍圍 / 臺南市玉井區竹圍里
竹圍仔 / 臺南市南化區南化里
圍仔內 / 臺南市歸仁區武東里
竹圍仔 / 臺南市仁德區新田里
圍仔內 / 臺南市新市區大洲里
竹圍仔 / 臺南市麻豆區大山里
竹圍 / 臺南市大內區二溪里
竹圍仔 / 臺南市大內區環湖里
大竹圍 / 臺南市善化區光文里
下竹圍 / 臺南市善化區牛庄里
圍仔內 / 高雄市湖內區文賢里
圍仔內 / 高雄市路竹區社西里
竹圍仔 / 高雄市內門區內豐里
竹圍仔 / 高雄市內門區觀音里
大竹圍 / 高雄市內門區中埔里
竹圍仔 / 高雄市內門區瑞山里
竹圍仔 / 高雄市內門區金竹里
下竹圍 / 高雄市鳳山區竹圍里
竹圍仔 / 嘉義縣大林鎮義和里
圍子內 / 嘉義縣布袋鎮東港里
圍仔內 / 嘉義縣東石鄉圍潭村
竹圍仔 / 嘉義縣六腳鄉蒜頭村
竹圍仔 / 嘉義縣六腳鄉灣北村
竹圍仔 / 嘉義縣六腳鄉塗師村
竹圍仔 / 嘉義縣六腳鄉溪厝村
竹圍仔 / 嘉義縣六腳鄉灣南村
竹圍仔 / 嘉義縣六腳鄉港美村
大竹圍 / 嘉義縣新港鄉潭大村
竹圍仔 / 嘉義縣新港鄉楠崗村
竹圍仔 / 嘉義縣溪口鄉坪頂村
竹圍仔 / 嘉義縣溪口鄉游西村
竹圍內 / 嘉義縣民雄鄉中樂村
下竹圍 / 嘉義縣民雄鄉中樂村
竹圍仔 / 嘉義縣民雄鄉中和村
竹圍仔 / 嘉義縣民雄鄉興南村
頂頭竹圍 / 嘉義縣義竹鄉傳芳村
南邊竹圍 / 嘉義縣義竹鄉傳芳村
下頭竹圍 / 嘉義縣義竹鄉傳芳村
頭竹圍 / 嘉義縣義竹鄉頭竹村
下竹圍 / 嘉義縣鹿草鄉下麻村
下頭竹圍 / 嘉義縣鹿草鄉三角村
竹圍仔 / 嘉義縣鹿草鄉三角村
竹圍仔 / 嘉義縣鹿草鄉豐稠村
竹圍仔 / 嘉義縣鹿草鄉松竹村
頂頭竹圍 / 嘉義縣鹿草鄉碧潭村
竹圍仔 / 嘉義縣水上鄉國姓村
圍仔內 / 嘉義縣水上鄉南和村
竹圍仔 / 嘉義縣中埔鄉隆興村
竹圍仔 / 嘉義縣中埔鄉深坑村
竹圍仔 / 嘉義縣大埔鄉茄苳村
竹圍仔 / 嘉義縣番路鄉下坑村
大竹圍 / 嘉義縣竹崎鄉紫雲村

頂竹圍 / 新竹市頂竹里
大竹圍 / 新竹市興南里
蘆竹圍 / 新竹市西雅里
竹圍仔 / 新竹市內湖里
竹圍仔 / 新竹市頂埔里
竹　圍 / 新竹縣竹北市崇義里
大竹圍 / 新竹縣湖口鄉湖口村
老竹圍 / 新竹縣竹東鎮瑞峰里
新竹圍 / 新竹縣竹東鎮瑞峰里
竹　圍 / 苗栗市維新里
竹　圍 / 苗栗市新川里
舊竹圍仔 / 苗栗縣竹南鎮竹興里
下竹圍 / 苗栗縣竹南鎮海口里
竹圍仔 / 苗栗縣通霄鎮城北里
大竹圍 / 苗栗縣通霄鎮南和里
內竹圍 / 苗栗縣苑裡鎮水坡里
竹圍底 / 苗栗縣卓蘭鎮豐田里
竹　圍 / 苗栗縣卓蘭鎮上新里
大竹圍 / 苗栗縣西湖鄉四湖村
竹　圍 / 苗栗縣銅鑼鄉樟樹村
大竹圍 / 苗栗縣銅鑼鄉新隆村
下竹圍 / 苗栗縣三義鄉鯉魚潭村
竹圍子 / 臺中市大甲區頂店里
後竹圍 / 臺中市大甲區武曲里
竹圍子 / 臺中市大甲區岷山里
大竹圍 / 臺中市神岡區社口村
竹圍子 / 臺中市神岡區三角村
竹圍內 / 臺中市神岡區神洲村
烏竹圍 / 臺中市大里區祥興里
頂竹圍 / 臺中市大里區金城里
下竹圍 / 臺中市大里區瑞城里
大竹圍 / 臺中市潭子區東寶里
長枝竹圍 / 臺中市潭子區嘉仁里
竹圍仔 / 臺中市清水區高西里
竹圍仔 / 臺中市清水區臨江里
大竹圍 / 宜蘭縣礁溪鄉白雲村
大竹圍 / 宜蘭縣礁溪鄉吳沙村
竹圍底 / 宜蘭縣五結鄉上四村
竹圍內 / 宜蘭縣冬山鄉大興村
竹圍內 / 基隆市仁愛區書院里
大竹圍 / 新北市淡水區忠寮里
竹圍仔 / 新北市淡水區忠寮里
竹圍仔 / 新北市淡水區八勢里
圍子內 / 新北市八里區大崁里
大竹圍 / 新北市八里區大崁里
下竹圍 / 新北市八里區訊塘里
竹圍內 / 新北市八里區下罟里
三竹圍 / 新北市泰山區楓樹里
竹圍仔 / 新北市林口區東勢里
大竹圍 / 新北市五股區成泰里
下竹圍 / 新北市五股區更寮里
新竹圍 / 新北市蘆洲區得仁里
竹圍仔 / 新北市三重區成功里
大竹圍 / 新北市三重區大園里
後竹圍 / 新北市三重區厚德里
下竹圍 / 新北市三重區永吉里
八角竹圍 / 新北市板橋區新民里
新竹圍仔腳 / 新北市板橋區溪頭里
尾竹圍 / 新北市板橋區文翠里
竹圍仔 / 新北市板橋區廣福里
大竹圍 / 新北市樹林區潭底里
竹圍內 / 新北市樹林區潭底里
大竹圍 / 新北市鶯歌區中湖里
竹圍內 / 新北市三峽區弘道里
公竹圍 / 新北市永和區中溪里
外竹圍 / 新北市永和區中溪里
下竹圍 / 桃園市青溪里
大竹圍仔 / 桃園縣八德市大安里
大竹圍 / 桃園縣蘆竹鄉富竹村
竹　圍 / 桃園縣大園鄉竹圍村

竹圍仔 / 南投縣草屯鎮坪頂里
竹圍仔 / 南投縣竹山鎮雲林里
竹圍仔 / 南投縣竹山鎮桶頭里
竹　圍 / 南投縣名間鄉竹圍村
竹　圍 / 南投縣名間鄉大庄村
竹　圍 / 南投縣名間鄉炭寮村
竹圍仔 / 南投縣鹿谷鄉竹豐村
竹圍 / 南投縣中寮鄉永和村
下　竹圍 / 雲林縣崙背鄉舊庄村
竹　圍 / 雲林縣二崙鄉義庄村
竹圍仔 / 斗六市溪洲里
大竹圍 / 斗六市八德里
竹　圍 / 斗六市保庄里
竹圍仔 / 雲林縣斗南鎮西伯里
竹圍仔 / 雲林縣大埤鄉北鎮村
竹　圍 / 雲林縣元長鄉長南村
竹圍仔內 / 雲林縣北港鎮東陽里
許竹圍 / 雲林縣北港鎮草湖里
竹圍仔 / 雲林縣北港鎮好收里
竹圍仔 / 雲林縣北港鎮扶朝里
林投圍 / 雲林縣口湖鄉埔北村
林投圍仔 / 雲林縣口湖鄉梧南村
粿　圍 / 雲林縣土庫鄉崙內村
竹圍仔 / 雲林縣土庫鄉興新村
竹圍仔 / 雲林縣土庫鄉埤腳村
頂竹圍 / 雲林縣虎尾鎮頂溪里
頂頭竹圍 / 雲林縣虎尾鎮安溪里
下竹圍 / 雲林縣虎尾鎮中溪里
竹圍仔 / 雲林縣虎尾鎮興南里
竹圍仔 / 嘉義縣太保市東勢里
下竹圍 / 嘉義縣朴子鎮竹圍里
東竹圍 / 嘉義縣朴子鎮永和里
竹圍仔 / 嘉義縣朴子鎮順安里
新竹圍 / 嘉義縣朴子鎮新庄里
竹　圍 / 嘉義縣大林鎮西結里
竹圍仔 / 臺中市梧棲區永寧里
竹圍仔 / 臺中市龍井區龍泉里
下竹圍 / 臺中市大肚區山陽里
大竹圍 / 臺中市大肚區永順里
刺仔內 / 臺中市大肚區大東里
竹圍仔街 / 彰化市信義里
大竹圍 / 彰化市大竹里
竹圍仔 / 彰化縣鹿港鎮街尾里
竹圍內 / 彰化縣鹿港鎮詔安里
東竹圍 / 彰化縣和美鎮地潭里
竹圍仔 / 彰化縣和美鎮中圍里
竹圍仔 / 彰化縣和美鎮竹營里
竹圍仔 / 彰化縣和美鎮源埤里
竹　圍 / 彰化縣溪湖鎮中竹里
竹圍仔 / 彰化縣溪湖鎮大竹里
大竹圍 / 彰化縣溪湖鎮大竹里
圍仔內 / 彰化縣田中鎮香山里
竹圍子 / 彰化縣二林鎮原斗里
溪邊竹圍 / 彰化縣伸港鄉埤墘里
拔仔腳竹圍 / 彰化縣福興鄉三合里
竹　圍 / 彰化縣秀水鄉鶴鳴里
竹圍仔 / 彰化縣花壇鄉北口村
大竹圍 / 彰化縣芬園鄉大竹村
竹圍子 / 彰化縣埔鹽鄉部子村
竹　圍 / 彰化縣埔鹽鄉部子村
竹圍子 / 彰化縣埔鹽鄉大有村
竹　圍 / 彰化縣埔鹽鄉太平村
竹　圍 / 彰化縣永靖鄉永興村
大竹圍 / 彰化縣社頭鄉廣興村
尾竹圍 / 彰化縣社頭鄉廣興村
竹圍仔 / 彰化縣埤頭鄉竹圍村
竹圍仔 / 彰化縣竹塘鄉竹元村
竹　圍 / 彰化縣溪洲鄉張厝村
竹圍內 / 彰化縣溪洲鄉圳寮村
竹圍仔 / 南投縣草屯鎮新豐村

泉州厝、海豐寮；來自故鄉的印記

一九二六年臺灣總督府進行了一次「臺灣在籍漢民族鄉貫別調查」。這是臺灣歷史上唯一的一次祖籍調查，以後大概不可能再進行此類調查。即使再作調查，結果應該不會具有太大的參考價值。所以這次調查的數據彌足珍貴。

一九二六年距離乙未割臺正好三十年，基本上大陸移民的浪潮已經中斷，島內的分類械鬥也已平息，所以不管是來自島內還是島外，臺灣漢人的移動，應該處於相對的穩定狀態。另外，整個日治時代，除了日治末期的少數軍需工業外，臺灣在殖民政府「工業日本，農業臺灣」的定位下，都市化尚未有太大的進展，都市中所增加的人口，日籍占了相當大的部分，所以漢人居住地的分布也處於相對的靜置狀態。這對祖籍的調查應該是個絕佳的時機，所得到的調查結果應該具很高的參考價值。遺憾的是，調查資料雖然珍貴，但至今還沒看到根據這份調查資料作出較有學術價值的研究報告。

一九二六年，全臺漢人三七五萬人，占全臺總人口的百分之八八，祖籍福建

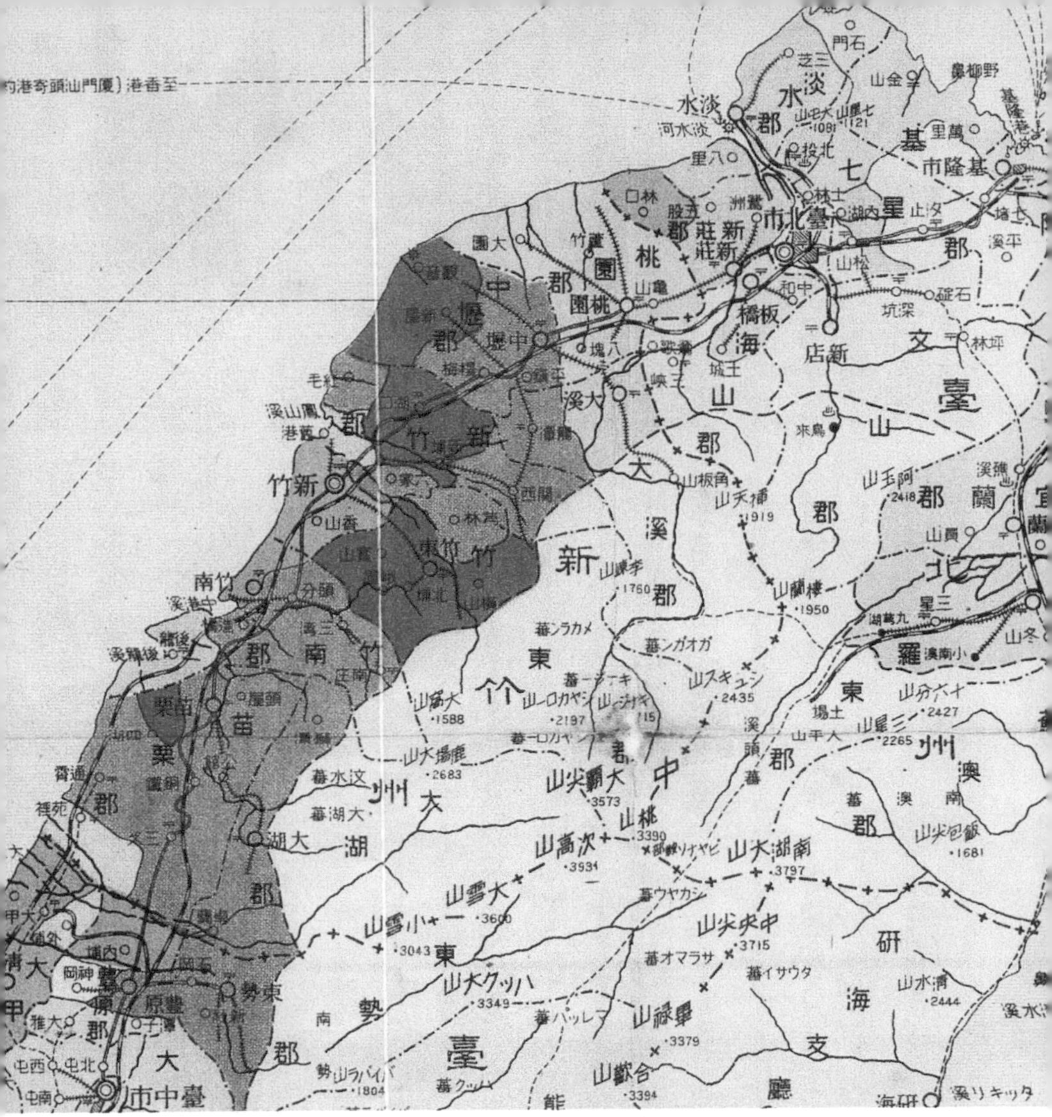

〈臺灣在籍漢民族鄉貫別分布圖〉1926

臺北州的漢人祖籍分布，漳州人主要在宜蘭、基隆、板橋、中和、士林；安溪人在景美、木柵、新店、深坑、坪林；同安人在淡水、八里、新莊、蘆洲、五股、三重；三邑人（南安、惠安、晉江）在臺北市區、林口。新竹州海線是三邑人（南安、惠安、晉江），山區以嘉應、惠州、潮州三府客家族群為主。

〈臺灣在籍漢民族鄉貫別分布圖〉1926
臺中州海線以三邑人（南安、惠安、晉江）為主，山線則是漳州客家族群。

者三一二萬，占總人口的百分之七三・五或漢人的百分之八三・一。祖籍廣東者五十九萬，占總人口的百分之十三・八；漢人的百分之十五・六。福建籍部分，泉州府最多，漳州府次之，兩者占福建籍人口的百分之九六，其餘的百分之四，依次為汀州府、福州府、永春府、龍岩府與興化府。廣東籍的有一半來自嘉應州（梅州），另一半，惠州府稍多、潮州府其次。

如果由分布地點來看，泉州人主要分布在臺灣西部沿海平原地帶、澎湖以及臺北。漳州人分部在西部平原的內側、北部丘陵地帶、蘭陽平原以及花東縱谷的南北端。廣東籍的人口主要分布在北部丘陵，屏東平原的北部與東部以及花東縱谷的中段。

從分布地點來看，祖籍是臺灣人口分布的主要特徵，這是非常值得研究的人文地理現象。首先，我們會發現各府人口的多寡和所占的地理位置是相關的。泉州府人口最多，所占有的地點最適合居住，交通、工商業也較發達，而且也是主要的城市地帶。漳州府、嘉應州次之，之所以如此，一般的說法是和「先來後到」有關。我對此說法不完全認同。

有幾個例子可以說明：

一、大臺北盆地最早的開拓者是漳州府的客家人，當時盆地內的最大商滬新莊是漳州府客家籍移民的地盤。一八五三年的分類械鬥中漳州客家人敗北，退到了新竹、桃園，此後不但新莊，連艋舺、大稻埕都成了泉州人的勢力範圍。一八五三年的分類械鬥蔓延全臺，類似新莊的例子不在少數。

二、現在的新竹市以閩南人為主，新竹縣則以客家人為主。主要的原因是新竹市的閩南人有許多是不在地地主，新竹縣的客家人大多是墾號招募來的佃戶，兩者是租佃關係，很難說是先來後到。

三、屏東平原六堆地區的客家籍移民雖然略晚於高屏溪沿岸的泉州人，但六堆的開發年代也不會晚於嘉義以北的地區。

「先來後到」對臺灣人口的分布當然有一定的影響，但是不是主要的因素，值得加以探討。分類械鬥是貫穿臺灣歷史的長期社會現象，它是以同一祖籍所結合的團體，與其他籍貫的人群展開勢力範圍的爭鬥，常常引發大規模的民變。分類械鬥、民變對人口的分布應該也有一定程度的影響。

我在臺灣老地名中總共查到一百三十餘個和祖籍或籍貫相關的老地名，數量不少，這些地名的分布和上述的祖籍分布，並沒有太大的關聯性，而且顯得相當零散，沒有什麼規律可言。或許便是這類地名出現的原因。

譬如說在泉州人為主的區域，出現了一座純海豐人的聚落，那麼這個聚落大

〈臺灣在籍漢民族鄉貫別分布圖〉1926

臺南州的族群分布，海線以三邑人（南安、惠安、晉江）為主，山線為漳州客家族群。

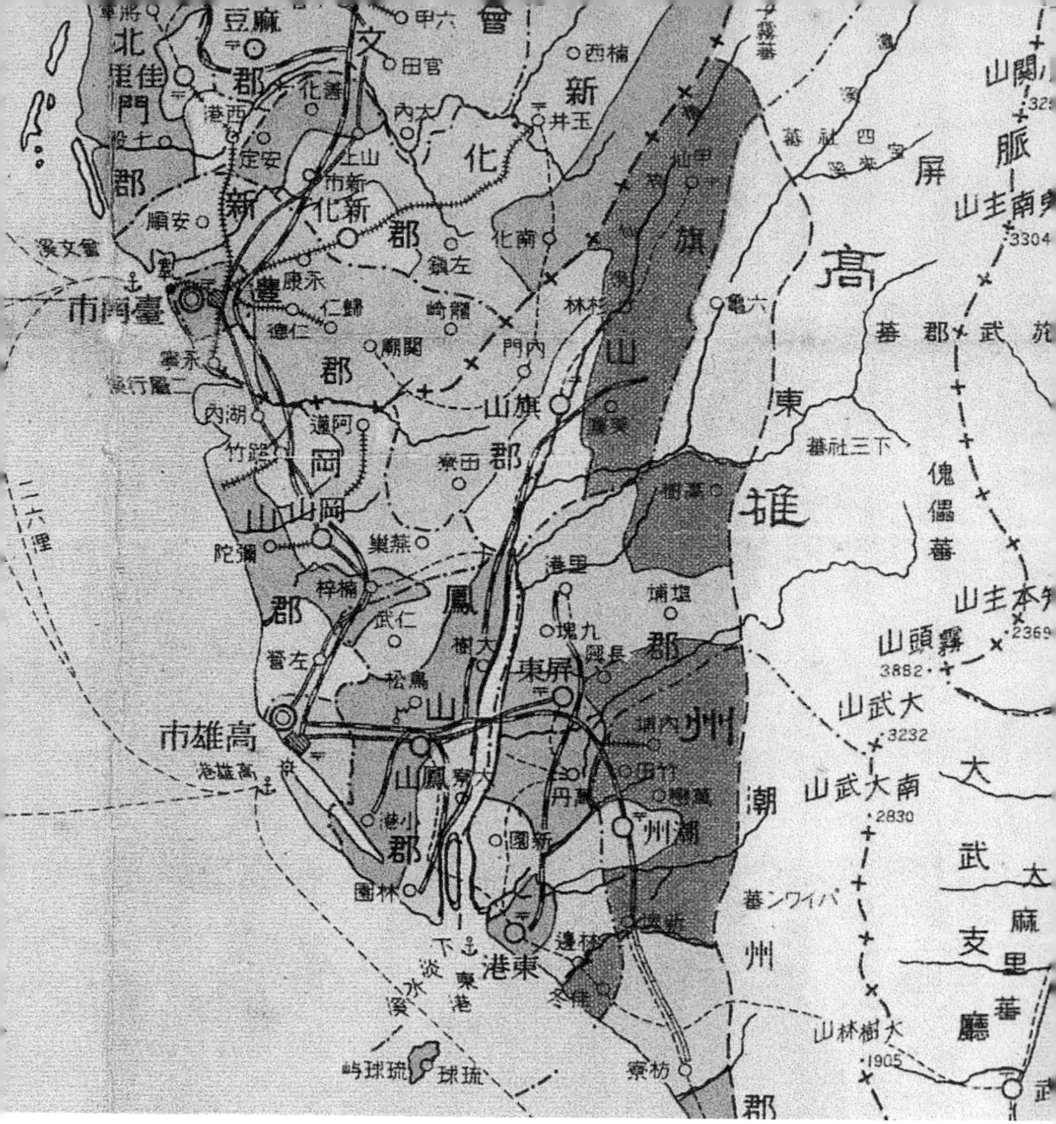

〈臺灣在籍漢民族鄉貫別分布圖〉1926

高雄州由西而東，呈海線三邑人（南安、惠安、晉江），中間漳州客家族群，最裡層是嘉應、惠州、潮州三府客家族群的三層分布狀態。

概就會被稱為「海豐厝」。所以此類的地名其實正反映了該籍貫的人群在當地是屬於少數的情況。

值得注意的是這類地名有三分之二，將近八十個左右，分布在彰化、雲林、嘉義三縣接壤的連續地帶，這個現象反映了什麼問題呢？我還無法說明。

還有一些地區，以祖籍為地名的一個也沒有，或是十分稀少，例如北臺灣、花東地區還有澎湖，我也無法說明其原因。

澎湖是一個很特別的例子，不但沒有以祖籍為地名的聚落，反而在臺灣本島出現一些叫「澎湖厝」之類的老地名，例如苗栗縣竹南鎮的「澎湖厝」、嘉義市西區的「小澎湖」，還有高雄市前金區的「澎湖社」等等。為什麼會出現這種現象呢？我是澎湖人，可以談一談這現象的原因。

早年我隨著家人為了謀生，從澎湖遷居到高雄，為什麼選擇到高雄？因為高雄是個通都大邑，機會較多，而且那兒澎湖人也多，彼此有個照應。澎湖是臺灣地區漢人最早進駐的地方，漁業雖然發達，但土地貧瘠，人口很快就處於飽和狀態，謀生不易。

土地貧瘠、島嶼面積狹小，本來就已經不利於生存發展了，更要命的是，有限的耕地，竟然被墳地占據了相當大的空間，真是「死人與活人爭地」。小時候一到鄉下，野地裡到處都是墳墓，埋的都是歷代的先人。離島更是嚴重，據說將軍澳有百分之七十以上的田地都是墳墓。

二十世紀初，高雄興築現代化港口，需要大量工人，很快就吸引了一大批澎湖人到高雄港打工。如今鹽埕區的「沙地」和鼓山區的「哈瑪星」主要住戶還是澎湖人。據說高雄市區的住民有三分之一是澎湖人的後裔。

近年高雄也是謀生不易，所以我退伍後只得北上謀職。三十年了，遺憾的是，臺北沒有「小澎湖」也沒有「澎湖厝」，倒是住家附近有「一江山社區」和「大陳社區」，遠處還有「緬甸街」、「韓國街」等。最近越南商店也如雨後春筍般到處開張，……。將來它們會不會成為地名呢？不得而知。

〈閩粵兩族分布圖〉1917 山崎繁樹

1926 年臺灣總督府舉辦「臺灣在籍漢民族鄉貫別調查」之前，日人山崎繁樹著述之《臺灣史》，書中附錄〈閩粵兩族分布圖〉。此圖對臺灣在籍漢民族鄉貫別的分類僅以省籍為區分，而臺灣總督府舉辦的「臺灣在籍漢民族鄉貫別調查」分類較細緻，以州府籍貫為區分。

閩粵両族分布圖

大正六年四月現在

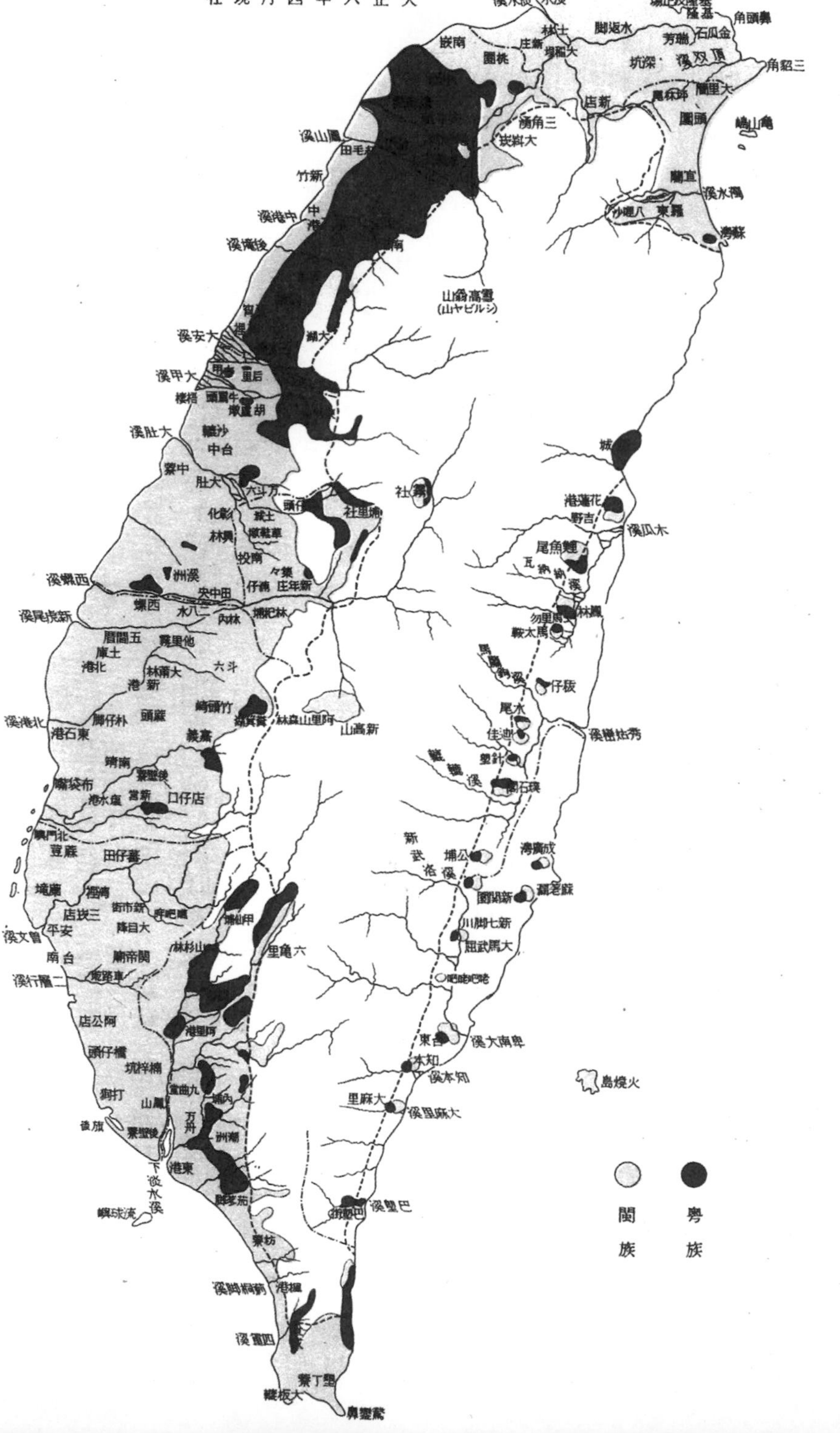

國家圖書館出版品預行編目 (CIP) 資料

被誤解的臺灣老地名 . 1, 空間篇 / 陸傳傑著 . -- 三版 . -- 新北市 : 遠足文化事業股份有限公司 , 2023.09
面； 公分
ISBN 978-986-508-263-5(平裝)
1.CST: 地名學 2.CST: 臺灣

733.37 112013345

被誤解的臺灣老地名 1：空間篇

作者——陸傳傑
圖片提供——陸傳傑、遠足資料中心

責任編輯——賴虹伶
封面設計——Bert.design
排版——立全電腦排版有限公司
資深主編——賴虹伶
副總編輯——賴譽夫
執行長——陳蕙慧

出版——遠足文化事業股份有限公司
發行——遠足文化事業股份有限公司（讀書共和國出版集團）
地址——231 新北市新店區民權路 108 之 2 號 9 樓
郵撥帳號——19504465 遠足文化事業股份有限公司
電話——(02) 2218-1417
信箱——service@bookrep.com.tw

法律顧問——華洋法律事務所 蘇文生律師
印製——呈靖彩藝有限公司

出版日期——2023 年 9 月 三版一刷
2024 年 3 月 三版三刷
定價——450 元
ISBN 9789865082635（紙本）；
9789865082659（PDF）；9789865082666（EPUB）
書號 0WWT6024